教育部人文社会科学重点研究基地云南大学
西南边疆少数民族研究中心文库·反思民族志丛书
云南大学民族学一流学科建设经费资助

# 风口箐口
## 一个哈尼村寨的主客二重奏

FENGKOU QINGKOU
YIGE HANI CUNZHAI DE ZHUKE ERCHONGZOU

马翀炜　张明华　著

人民出版社

# 反思民族志研究丛书

主　编：何　明
副主编：高志英

# 中国知识生产的反思——"反思民族志丛书"
# 总　序

何　明

在云南大学"211 工程"三期民族学重点学科建设中，我负责"云南少数民族调查研究基地"建设项目。2003 年开始在云南少数民族农村建设了 10 个调查研究基地（之后又有所增加），而该项目不仅要建设房屋及其相关设施设置等供师生进入农村进行田野调查时所需的生活和工作基础设施，而且要推进科学研究、人才培养等学科内涵建设，其中包括由作为"我者"的村民记录本村发生的事情的"村民日志"和作为"他者"的学者长期跟踪调查及民族志研究。"村民日志"和学者跟踪调查及民族志研究两项学术规划的目的，是推动中国民族学和人类学界从中国的田野经验回应后现代人类学及其反思民族志。

众所周知，中国学界自 20 世纪初引进民族学和人类学学科之后不久就出现了近半个世纪的国际学术交流"空窗期"，直到 21 世纪初期中国学界仍然延续着现代人类学及之前的理论方法，进化化、传播论、结构—功能主义在中国的阴影延长了半个多世纪。民族志研究主要受以实证主义认识论为基础的"科学民族志"影响而固化成马林诺夫斯基式民族志范式，设定学者的田野调查和撰写的民族志能够客观真实地呈现对象世界。

然而，国际的科学技术突飞猛进、哲学思潮不断更迭。爱因斯坦的相对论、海森堡的测不准定律等科学发现揭示了近代以来自然科学的局限性，德里达的解构主义、赛义德的"东方学"等后现代主义思潮则着力批判西方理性主义和殖民主义所形塑的意识形态、剥离"词"与"物"的"分离术"以及知识与权力、学术与政治的关系等。在此背景下，后现代人类学应运而生，对现代人类学及其科学民族志进行解构，对其所宣称的"客观性"进行"祛魅"，揭露田野调查和民族志文本写作过程中的权力关系、研究者的社会文化母体和个人观念意识等"主观性"的局限，强劲的"反思"旋风把马林诺夫斯基等人创立的现代人类学及其"科学民族志"拉下神坛。

后现代人类学所倡导的反思民族志与现代人类学的科学民族志的区别在什么地方呢？一言以蔽之，后者是本体论的民族志，前者是知识论的民族志。现代人类学承认"我者"与"他者"之间存在不同文化体系所形成的距离和隔阂，但认为这种距离和隔阂可以通过研究者深入研究对象的生活并参与观察、学习与掌握研究对象的语言等田野调查技术"钻进土著的心里"，从而缩小距离与消除隔阂，撰写出的民族志能够客观准确地呈现研究对象的真实世界。而后现代人类学则认为，"我者"与"他者"之间的距离根源于认识论，特别是近代以来西方剥离"词"与"物"关系的"分离术"，只采用一些技术或技巧根本无济于事，只有通过不断反思与批判西方近代以来形成的意识形态及"词"与"物"的"分离术"才能弥合与克服。因此，民族志的价值在于揭开民族志的知识生产面纱，揭露其中不平等的权力关系，批判西方与殖民地的支配与被支配关系及其意识形态。

为此，我们尝试用中国的田野故事与后现代人类学进行对话。组织撰写"村民日志"的目的是"释放被遮蔽或压抑的文化持有者的话语权，让其拥有自主的文化叙述与解释权利，形成独特的文化持有者的'单音位'文化撰写模式"①，故第一辑"村民日志"（共10部）于2006年出版时冠以"新实验民族志丛书"之名。该丛书组织老师们调查研究与撰写反思民族志，则是为呈现研究者与研究对象之间交互主体性的建构过程及其所达成的程度，反思中国学者研究中国的民族志知识生产。

如果说"村民日志"是文化持有者的"单音位""歌唱"，那么本套"反思民族志丛书"则力求为研究者和研究对象搭建起共同的"多音位"的"对唱"与"合唱"的舞台。我们坚信，我们能够为世界民族学和人类学的进步奉献中国经验和中国智慧。

是为序。

2019 年 10 月 6 日

于白沙河寓所

---

① 何明：《文化持有者的"单音位"文化撰写模式——村民同志的民族志实验意义》，《民族研究》2006 年第 5 期。

# 目 录

1

# 序

　　哈尼族民间谚语有云："要烧柴上高山，要种田去山下，要生娃娃在山腰。"这句话形象地说明了红河地区哈尼族关于选择寨址的原则。海拔1500米左右的半山地带被视为理想的建寨地点。几乎所有村寨的上方都是森林，村寨的下方都是稻田，村寨的左右都有山岭环抱。寨子总是建在如两只大手捧着的地方。森林中渗出的溪流穿过村寨，又流经梯田，然后汇入山下的河流。箐口村就是按照这样的建寨原则建立的。箐口村不在风口上，但是，何以要说风口上的箐口呢？

　　2004年初，云南大学实施"云南少数民族村寨跟踪调查与小康社会建设示范基地"项目。元阳县新街镇土锅寨村委会箐口村被选为哈尼族村寨跟踪研究基地。我从那时起开始负责该基地的工作。选择箐口村作为长期研究的对象是有各种原因的：这是一个典型的哈尼族村寨，这是红河哈尼族彝族自治州政府和元阳县政府打造的第一个哈尼族民俗文化村，这当然也是处于急剧变迁中的一个少数民族村寨。当地政府建议云南大学把研究基地建在这个村，也有希望学者们的研究能有助于该村文化品牌提升的原因，而在云南大学看来，能够得到当地政府的支持自然是有助于研究的开展的。从我个人的角度来看，对这个村进行研究是富有挑战性的。政府的开发行为必然会人为地加速箐口村的变迁，该村社会结构和文化观念等变化自然要大于其他的村落。箐口村是被"打造"的第一张文化名片，无论成功还是不成功，箐口村都处在风口上。是的，从2000年政府开始进行开发时起，箐口就处于风口上。这也是我要将该书主标题定为"风口箐口"的原因。

本书主要是由我与一些专业从事人类学研究的学者和一个箐口村村民张明华共同合作完成的。也许，令人有些奇怪的不是一些人类学学者写了一些关于箐口村这个哈尼村寨的事情，而是为什么会邀请一个箐口村民来一起写箐口村？

一般认为，从职业活动诞生和调查方法的体系化来看，人类学出现的时间不到 200 年，属于最为晚近的人文学科之一。如果将"人类学定义为一个往返于两个文化之间努力求知的见证者，那么它又属于最为古老的科学之一。"① 人类学学科是建立在民族志方法的基础上的。研究者亲自去到所要研究的社区或特定人群中，接触所谓"本土人"或"当地人"，按中国的习惯性说法，与当地人"同吃、同住、同劳动"，在他们的社会生活中进行观察、进行交谈，不断搜集材料，记录他们的生活，进行跨文化的比较，从整体观的视野理解他们的社会文化事象，同时也对自身的文化进行反思。最后，就社会文化某些方面的问题进行思考并提出自己的观点等工作，这就是人类学研究的主要任务。

赫兹菲尔德曾经说过"社会人类学和文化人类学是'对常识进行研究'的科学。"② 就人类学本身而言，一个基本的常识就是如拉比诺所说的，"田野作业曾经是、现在依然是界定人类学这一学科的标志。或者更准确地说，做田野作业在 21 世纪仍然是成为一个人类学家的必要条件。"③ 是的，要成为一个人类学家，就必须进行田野作业，田野作业甚至可以被称为人类学家的"成丁礼"。绝大多数人类学家在完成他们的"成丁礼"之后也依然在不间断地进行田野作业，在观察生活，在生活细节中进行或微观或宏大的理论思考。"不是在田野，就是在去田野的路上。"这大概是人

① ［法］弗洛朗斯·韦伯：《人类学简史》，许卢峰译，商务印书馆 2020 年版，第 3 页。
② ［美］麦克尔·赫兹菲尔德：《什么是人类常识——社会和文化领域中的人类学理论实践》，刘珩、石毅、李昌银译，华夏出版社 2005 年版，第 1 页。
③ ［美］保罗·拉比诺：《摩洛哥田野作业反思》，高丙中、康敏译，商务印书馆 2008 年版，第 1 页。

类学家对自己努力工作的多少有些骄傲的说法。

无论如何，田野工作是民族志的基础。"真正的人类学研究是不可能真正离开民族志而存在的，问题只在于作为讨论基础的民族志是不是讨论者自己做出的而已。"①

在人类学学科中，有关如何开展民族志工作、民族志记述的技巧以及如何进行文化分析的论述已经非常之多，可谓前人之述备矣！这些讨论归结起来大致就是想回答什么样的民族志算是好的民族志。人类学强调整体观，但这并不意味着那种把整个社区的方方面面都进行细致呈现的民族志就是好的。但仍有人认为只要有那样一本细致入微的民族志存在，就是这个社区都不存在了，还能按照民族志的记录再造一个原样的村落的民族志就是好的。这样的民族志作者坚信自己看到了真相，甚至看到了所有的真相，所描述的都是事实，在此基础上的结论也是科学的。这不是对自己过于自信，就是对于社区生活的理解过于简单。如格尔兹所说，"民族志是将陌生和杂乱的事实加以整理并归入熟悉和有序的范畴——这是巫术，那是技术——这一错觉被打破已经很久了。"② 由于民族志"可能是一种将素材置于纸上的写作"③。在反思以科学自我期许的人类学知识生产过程——写民族志的文集《写文化：民族志的诗学与政治学》④ 出版之后，人类学家似乎应该更加谦虚一点、谨慎一点的观念算是被大多数人所接受了。人类学家如何进行写作，其写作中的诸多文学手法也逐渐成为许多民族志作者和研究者重视的内容。当然，人类学不是文学这一点可能也意味着过于聚

---

① 马翀炜：《复数位的去蔽：对马库斯合作人类学思考的思考》，《广西民族大学学报》（哲学社会科学版）2020 年第 1 期。

② ［美］克利福德·格尔兹：《论著与生活：作为作者的人类学家》，方静文、黄剑波译，中国人民大学出版社 2013 年版，第 1 页。

③ ［美］克利福德·格尔兹：《论著与生活：作为作者的人类学家》，方静文、黄剑波译，中国人民大学出版社 2013 年版，第 1 页。

④ ［美］克利福德、马库斯编：《写文化：民族志的诗学与政治学》，高丙中、吴晓黎、李霞等译，商务印书馆 2006 年版。

焦如何写本身也可能导致将民族志视为小说，而人类学研究则变成了诗学。"人类学家使我们认真对待其论述的能力与真实的表面上的或者概念上的精确没有太大的关系，而与他们使我们信服其所说的是他们实际渗透进另一种形式的生活，以这种或那种方式真正'到过那里'的结果的能力相关。"① 也许，了解雷蒙德·弗斯的叙述策略很重要，了解提科皮亚人更重要；了解迈耶·福蒂斯的修辞方法很重要，了解塔伦西人更重要；了解埃文斯-普里查德的结构方法很重要，了解努尔人更重要。真正"到过那里"最重要。

对于人类学家来说，"到过那里"并不止于在那里溜达过一圈，而应该是与那里的人有较为深入的接触。听过那里的神话、传说和笑话，吃过那里的饭菜，喝过那里的水，住过那里的房子，参加过那里的各种各样的人生礼仪，了解了那里的各种年节习俗，甚至于知道了很多的东家长、西家短的故事。当然，如果只是知道那里的许多事情，不写下来，也不进行理论思考并回到人类学家自己的学术圈去进行讨论，田野工作也就算不得真正的完成。就自己在"那里"通过调查后了解到的事情按照民族志的范式写点什么，思考点什么，显然是民族志的本分。

无论是写了点什么，也无论是写得好不好，写了，终归是要拿给人看的。人类学同行大概是最重要的读者，当然，还有其他从事文化研究的人也是读者。写得怎么样，评价大都来自人类学同行。于是，问题也便出现了：被写的文化的文化持有者怎么看这些写出来的东西呢？事实上，人类学家与被研究的当地人之间的关系变得紧张也有些时日了。"在田野调查中，本土人被淋漓尽致地利用为情报源，调查结束后，民族志完成，人类学家就不再搭理这些人了。"② 不再搭理当地人的情况不只发生在西方人类学当中，中国的人类学者调查之后，完成研究，写出"精彩"的民族志作

---

① [美] 克利福德·格尔兹：《论著与生活：作为作者的人类学家》，方静文、黄剑波译，中国人民大学出版社 2013 年版，第 6 页。

② [日] 桑山敬己：《学术世界体系与本土人类学》，姜娜、麻国庆译，商务印书馆 2019 年版，第 27 页。

品，成为学术上有影响力的学者，但都不敢再回田野点的事情好像也是存在的。

当地人对外来者所写的关于他们社会文化的东西的不满有可能是由于外来者对他们的文化有误读，这当然重要，但这好像还不是最重要的。就我个人的经验来说，当地人对研究者大都是宽容的，只要不是恶意的诋毁，他们大都觉得作为外来者，已经知道那么多了，已经很不错啦，在一些小事情上出点错，也没关系。事实上，针对某些事情，我和村民之间的理解也会有些不同，他们往往都会很宽容地说，"你说的好像也有道理吧。我说的也不一定就对，你再问问其他人。"在箐口村，村民遇到一些新来的调查者，时不时会说出这样的话，"你问的这些问题我都和马老师说过了，要不，你去问马老师吧，我可以给你他的电话。"事实上，除了一些研究者以这种方式来找我之外，一些媒体工作者也是从村民那里得到我的电话的，我自然尽我所能回答他们有关箐口村的问题。每当我去到箐口村的时候，不少村民都是以"马老师回来啦"的方式和我打招呼。我以为这确实是对我最朴实无华的表扬。当然，我也非常清楚，我对箐口村、对哈尼族文化的了解依然是非常肤浅的，依然是要不断向村民和学者们讨教的。

当地人对于人类学家所写的不满可能在于他们发现了人类学家的问题，但是他们没有办法去表达，或者他们只是在非常有限的范围内，即当有其他的人类学家或者其他的文化研究者来说到这个问题的时候，他们只能在口头上发一点牢骚而已。那么，如果能够给本土人提供一个平台，一个学术讨论的平台，让他们的声音也可以在学术界发出，岂不是更好？事实上，我们已经在这样做了。

2004 年初，云南大学开始在箐口村等十个村寨开始实施"云南少数民族村寨跟踪调查与小康生活建设示范基地"项目，该项目中的一项重要内容就是聘请当地人担任记录员，从"本土文化"内部的视角对自己民族和村寨每天发生的事情进行叙述与评论。何明认为："还民族志的话语权予文化持有者，是当代实验民族志的重要目标之一。'村民日志'这种新型民族志撰写实践是以当代人类学关于文化撰写的学术实践和理论探索为基础的新型民族志实验，其核心是释放被遮蔽或压抑的文化持有者的话语权，让其拥有自主的文化叙述与解释权利，形成独特的文化持有者的'单音位'文化撰写模式。"①

对于箐口这样一个被不断"打造"的村寨来说，对整个村寨的方方面面做一个基本的呈现是可以的，从经济人类学的角度去考察其发展变迁是可以的，从政治人类学的角度甚至干脆就是政策研究的角度去分析政府的各项开发政策及实施过程是否成功也是可以的……2004年初，时任云南大学党委书记的高发元教授、社科处处长何明教授、红河州民族研究所的专家李期博研究员、师有福研究员、黄绍文研究员以及当地政府有关部门领导共同确定箐口村作为哈尼族文化研究基地之后，我开始进入箐口村进行初步的调查。这一年的暑假，我和云南大学的部分师生、红河州民族研究所的研究员黄绍文以及红河学院的何作庆教授、许敏教授等一些中青年学者在箐口村开展了一个多月的包括经济、政治、社会、文化、教育、科技、卫生等诸多方面的调查，之后我又与卢鹏、郑宇同学及孙信茹博士等部分师生进行了长则一个月，短则一个星期的多次调查，我们于2007年完成了较为全面介绍箐口村的《云海梯田里的寨子——云南省元阳县箐口村调查》②。在完成对箐口村的基本情况的呈现之后，我和我们的研究团队更多的是根据自己在村寨中的所见所闻去呈现我们认为有意义的事情，并针对这些事情来谈自己的看法。

村民对于我们的看法又有怎样的看法呢？实事求是地说，对于绝大多数村民来说，他们对自己的村寨生活是了解的，却也少有拿起笔来去写点

---

① 何明：《文化持有者的"单音位"文化撰写模式——"村民日志"的民族志实验意义》，《民族研究》2006年第5期。

② 马翀炜主编：《云海梯田里的寨子——云南省元阳县箐口村调查》，民族出版社2009年版。

什么的。真正看过我们这些外来者所写的东西的村民少之又少，他们需要打工、种田、做饭、孝敬老人、照顾孩子……他们要忙他们的日常生活。

我相信有许许多多的人类学家都在努力践行客位与主位相结合的方法，但是，所谓主位观点的呈现几乎都是经过人类学家之手完成的。这也就意味着客位与主位相结合其实是由基于客位观点的人类学者完成的，也只是文化书写者自以为代表了被书写的文化的结果。如果能够邀请到当地人参与书写，庶几可以真正让客位与主位的观点并置。我能够找到的愿意参与这项工作的人就是我们 2004 年初聘请来从事村民日志记录的记录员张明华。由于接受了我们委托的工作，他不仅十多年如一日地坚持记录村里发生的大小事情，也在他的日记中表达他的看法，而且他也一直是我们的调查合作者，也一直关注我们的研究工作。五年前，我和他说了希望他参与这项工作的时候，他更加关注我们的研究，并开始陆陆续续地写下他对我们关心的问题的看法。

箐口村研究基地建成之后，来这里进行了或长或短时间调查的人数已经有两百左右，这就注定使我这个基地负责人的自我期待就不可能是"经典的"人类学家形象——"独行侠"，就不能是那种背上行囊独自面对一个陌生的社区进行长达一年时间调查的"独行侠"。我个人在箐口村待过的时间早已经超过两年，但大部分时间里身边都有其他不同的研究者。我和这些人都有或深或浅的交流。这就注定了在一个社区搜集了一大堆材料，然后回到我的生活中进行思考，按照人类学的规范进行写作的时候，我的思想中不可能没有其他人的想法，即我的客位观点不可能只是我一个人的想法，一定融入了其他研究者的想法，当然，和我一起在村落中进行过交流的其他研究者的想法当中也应该有我的想法吧。我们关于箐口村的所谓客位观点都应该算是复数的客位观点吧。我们的研究自然也融入了包括张明华在内的诸多村民的主位观点。而且，由于长期与我们这些外来者相处，张明华村民日志中所写的东西也未必没有受到诸多客位观点的影响。

　　大致算一下，基于箐口村的调查而最终完成博士学位论文或硕士学位论文写作的同学不少于十个。2009年，云南大学开始承办教育部"全国研究生田野调查暑期学校"，箐口村作为一个重要的研究基地，先后接待了七批来自不同国家和国内不同高校的研究生，此外还接待了五批寒假实习的学生。十五年来，箐口村一直都是一个名副其实的学术研究基地。说我对这近200名学生进行了一些指导算是过誉的话，说我为100多名学生的生活和研究提供了诸多方便是不为过的。事实上，对于许多学生，从他们论文选题的确立、主题的明确到思想的深入，我都做出过一些指导。调查过程中的陪同，乃至帮学生进行专门问题的调查也是少不了的。非常高兴的是，我也从他们身上学到了很多东西，也得到了他们很多帮助。

　　在和这些同仁、学生共同生活、共同调查、共同学习的过程中，有诸多本属于我个人的感悟和认识都和他们分享过了。这当然不是知识产权的问题，做老师的，能够看到学生们的一点点进步都是开心的。然而，这也带来了一个问题，关于这个村的材料、感悟和理解都分享出去了那么多，我自己再来按照相对整体的方式进行写作的话，倒是真的会面对知识产权的问题。这是客观上我无法把属于我的关于箐口的事情完整地呈现的原因。当然，我也承认就是我对箐口村的认识里面也不会少了我的同仁、学生与我分享的东西。这是我感到最开心的地方。

　　我把我们外来研究者和当地村民张明华共同完成的这本民族志称为二重奏。长期与张明华等村民的相处，使我们在研究问题的选取、思考方法的遴择乃至表达方式的采用等都会受村民的影响。同样，张明华的写作过程中也会受我们的影响。这样，外来者和当地人共同完成的这个文本实际上非常类似音乐作品中的二重奏。

　　本书两个声部对同一文化事象的呈现和思考形成了人类学学者与文化持有者不同"乐思"的表达，这有可能在一定程度上打破以往一贯以人类学学者为主的单声部写作的状况。从人类学学者来说，力图把主位的观点进行吸收，从与人类学学者交往很多的当地人如张明华来说，也有对客位观点的吸收，客位与主位在互动中亦有模仿，在模仿中也有各自的调性。声部一的大部分内容是我或者我和我在箐口村指导过的学生的成果。

箐口村村民张明华坚持十五年所撰写的"村民日志"分为《最后的蘑菇房：元阳县新街镇箐口村哈尼族村民日志》和《清泉转弯的地方：元阳县新街镇箐口村哈尼族村民日志》①两本，这180万字的日志对于改变"本土人的声音很难传达到同他们相关的知识生产平台的中心"②的情况会有点作用吧。

从人类学世界体系来看，中国的人类学研究属于后来者，其边缘状况似乎依然存在。在中国学者看来，日本人类学在人类学世界体系中已经不算边缘，但他们也依然会发出"边缘的学者如果忽视中心的研究，就会被认为'无知''落后'……边缘生产的知识无论多么有价值，只要与中心的标准和期待不符，就很难见天日"③的感叹。这样说来，中国人类学学者真可谓任重而道远。

如果说从边缘向中心发问本来就是人类学研究的题中应有之义的话，那么，在坚持"洋为中用"的原则下，不唯所谓"中心的标准和期待"之马首是瞻，更加自信地研究自己发现的问题，坚定地进行自己的知识生产，则不仅仅有改变所谓"中心—边缘"格局的意义，而是更加具有真正的学术创新的价值，因而也是更有意义的文化的生产。鉴于此，邀请当地人一起进行民族志写作，进行针对一个个在人类学者看来有意义的话题进行讨论的实践，让学者和村民的声音同时发出，从而形成客位—主位的二重奏便是十分有意义的尝试。

---

① 马翀炜编，张明华等记录：《最后的蘑菇房：元阳县新街镇箐口村哈尼族村民日志》，中国社会科学出版社2009年版；马翀炜、张雨龙编，张明华记录：《清泉转弯的地方：元阳县新街镇箐口村哈尼族村民日志》，学苑出版社2020年版。

② ［日］桑山敬己：《学术世界体系与本土人类学》，姜娜、麻国庆译，商务印书馆2019年版，第31页。

③ ［日］桑山敬己：《学术世界体系与本土人类学》，姜娜、麻国庆译，商务印书馆2019年版，第34页。

　　我以为读者们最感兴趣的部分应该是声部二的那些内容，那是村民张明华写的。一般认为，民族志者最终总是要离开田野工作的地方，带回他之后将要解读的文本。由于这个叫张明华的村民的参与，我们会发现，有的民族志者可能一直待在田野。箐口村为人类学研究提供了非常大的帮助，我们不知道该怎么感谢这个村的村民。也许，和我们一起工作近二十年的村民张明华最终成为了一名优秀的民族志者就是我们对箐口村的回馈吧！

# 第一章　梯田

## 声部一

## 哈尼梯田历史溯源及景观价值探析 [①]

哈尼梯田是哈尼族、彝族等民族的先民历经千年的辛勤劳作而创造出的山地稻作灌溉文明奇迹，具有重要的景观价值。哈尼梯田主要分布在滇南红河水系南岸红河州的元阳、红河、金平、绿春等县区，在哀牢山脉向西延伸的澜沧江水系沿线的哈尼族散杂居地区也有分布。世界文化遗产意义上的哈尼梯田位于元阳县，该县境内的梯田总面积为46104.22公顷，其核心区面积为16603.22公顷，缓冲区总面积29501公顷，包括Ⅰ类缓冲区13700公顷，Ⅱ类缓冲区15800公顷。[②]

哈尼梯田遗产地世居哈尼、彝、汉、傣、苗、瑶、壮7个民族，梯田遗产核心区内的人口共计5.41万，缓冲区人口共5.94万，哈尼族人口最多，约占总人口的70%。遗产区内共有82个村寨，它们通常是拥有50户至100户村民的小规模村寨。[③]其中老虎嘴、坝达、多依树3个文化景观区内的梯田分布最集中、养护最完善。哈尼梯田文化景观是以哈尼族等各族人民因地制宜，利用"一山分四季，十里不同天""山有多高，水有

---

① 原文发表在《西南边疆民族研究》第27辑。作者马翀炜、罗丹。
② 云南省人民政府颁布实施：《红河哈尼梯田保护管理规划》(2011—2030)。
③ 云南省人民政府颁布实施：《红河哈尼梯田保护管理规划》(2011—2030)。

多高"的特殊地缘优势共同开创的农耕文明，它体现了当地世居民族在人居环境选择、生态环境保护、社会结构建构、水资源支配利用、生产方式管理等方面的独创经验。红河哈尼梯田所展现的生产生活方式反映了人与自然相处的和谐性，展现了人类在极限自然条件下的顽强生命力、伟大创造力和乐观精神。"红河哈尼梯田文化景观"在 2013 年 6 月 22 日被联合国教科文组织列入世界遗产名录之前，其重要的生态文化价值就已经不断被识别和被发掘：除"世界文化遗产"之外，它还拥有"国家湿地公园"（2007 年）、"全球重要农业文化遗产"（2010 年）、"中国重要农业文化遗产"（2013 年）和"国家级文物保护单位"（2013 年）等称谓。

## 一、哈尼族的迁徙

学界普遍认为，哈尼族是北来氐羌系统南向迁移分化后形成的主要民族之一。自春秋战国时期以"和夷"一名始见于汉文史籍以来，一直是"西南夷"的重要组成部分，史籍中出现过和夷、和蛮、哈尼、和泥、窝泥、倭泥、斡泥、俄泥、阿泥、阿木、卡堕等称谓。哈尼族是一个历史悠久、支系众多、文化多元的民族，语言属汉藏语系藏缅语族彝语支，无本民族传统文字。民间宗教信仰内容丰富。学界认为哈尼文化滥觞于长江上游和黄河上游地区的今甘青川藏结合部①，后沿纵贯甘青川藏的"民族走廊"南向位移并跨境而居，主要分布在我国云南省，以及境外东南亚的越南、老挝、缅甸和泰国北部山区等地。中国境内的哈尼族主要居住在云南"三江两山"地区，即红河、把边江、澜沧江、哀牢山和无量山。其分布轮廓东起我国云南省境的红河、金平、屏边等县区，境外延伸到越南北部山区，西至泰国北部的清莱、清迈等府，北至云南省昆明、楚雄、玉溪等地，呈扇形椭圆状分布。当前中国境内哈尼族人口为 163.0 万（2010 年），

---

① 白玉宝、王学慧：《哈尼族天道人生与文化源流》，云南民族出版社 1998 年版，第 363 页。

属云南省 15 个特有少数民族之一，占云南省总人口的 3.55%，居云南省少数民族人口的第 2 位。

迁徙和稻作农耕生产这两大社会历史活动是哈尼族形成与发展过程中的核心内容。迁徙活动和山地农耕活动中孕育了哈尼文化，形成了哈尼族传统哲学思想。① 一整套"以农耕文化为主要内容，以梯田文化为核心标志，以原始宗教为信仰，崇尚族规祖训、吸收了以儒家思想为中心的汉文化，但又不同于汉文化"② 的文化体系在应迁徙历程的过程中创造性地形构出来。哈尼族长达 5500 行的迁徙口述史诗《哈尼阿培聪坡坡》"系统地描述了哈尼族从诞生、发展到迁徙各地，直至今日所居之地的路线、历程、各迁居地的生产、生活、社会状况以及与其他民族的关系，包括各次重大争战等历史状况"③。《哈尼阿培聪坡坡》全文七章提到了哈尼族迁徙史上八个重要的地理区位：虎尼虎那—什虽湖—嘎鲁嘎则—惹罗普楚—诺马阿美—色厄作娘—谷哈密查—红河南岸哀牢山④。哈尼族迁徙的历史时间轴分别与八个空间区位相对应："虎尼虎那高山"⑤ 章节讲述的是哈尼先祖的创世神话，此时的哈尼先民尚处洪荒时代，在历史时间定位上无据可考；"什虽湖"⑥ 章节描述了哈尼先民完成第一次迁徙之后到达的湖滨之地，在这里，粗放式的原始农业开始作为一种辅助的生存手段，与采集狩猎生计方式并存，后因"哈尼先祖在此放火烧山撵猎物时，不幸引发山林

---

① 李少军：《论哈尼族传统哲学思想》，云南省民族学会哈尼族研究委员会编：《哈尼族文化论丛》（第四辑），云南民族出版社 2008 年版，第 25 页。

② 赵玲：《全球化进程中哈尼文化的适应机制》，《云南社会科学》2002 年第 4 期。

③ 史军超：《哈尼族文学史》，云南民族出版社 1998 年版，第 356 页。

④ 李路力：《试论〈哈尼阿培聪坡坡〉所载各迁徙阶段的历史分期》，《红河学院学报》2008 年第 6 期。

⑤ "虎尼虎那高山"具体位置，一说是巴颜喀拉山口两麓之黄河长江源出地区，一说是昆仑山。参见陈燕：《哈尼族迁徙研究的回顾与反思》，《思想战线》2014 年第 5 期。

⑥ "什虽湖"具体位置，一说为在川西北高原与青南高原隼合之纵谷地区，一说是青海湖，学界多倾向于后者。参见陈燕：《哈尼族迁徙研究的回顾与反思》，《思想战线》2014 年第 5 期。

火灾，七天七夜的大火让什虽湖从人间天堂变成了地狱，哈尼先民第二次踏上了迁徙之路"[1]；"嘎鲁嘎则"[2] 章节记了哈尼族与"阿撮"[3] 人交往交流的和谐民族关系；"惹罗普楚"[4] 是哈尼族迁徙史上的重要转折点"在这里哈尼先民的社会形态发生了巨大的变化，掌握了稻作生产方式，并且正式开始农耕定居生活"[5]，同时，哈尼族最典型的建筑形制——蘑菇房也开始出现；"诺马阿美"[6] 章节在哈尼族集体记忆中尤为重要，是哈尼族世代口耳相传的圣境密地和灵魂归栖之所，哈尼先民在第四次迁徙，抵达圣地"诺马阿美"之后"在这块土地上整整生活了十三辈"[7]；"色厄作娘"[8] 被描述为先民短暂停留的一片滨海平坝地区；到了"谷哈密查"[9] 哈尼族的族群文化、经济和社会发育程度都达到了历史高峰时期；当哈尼先民最终迁

---

① 李路力：《试论〈哈尼阿培聪坡坡〉所载各迁徙阶段的历史分期》，《红河学院学报》2008 年第 6 期。

② "嘎鲁嘎则"位于青甘川交界处，参见陈燕：《哈尼族迁徙研究的回顾与反思》，《思想战线》2014 年第 5 期。

③ "阿撮"是哈尼族先民在迁徙过程中建立了良好互动往来关系的一种族群，按照迁徙史对该群体相关文化、族群特质的描述，应该是指今天傣泰民族的先民。

④ "惹罗普楚"具体位置，一说为位于岷江上游，一说在进甘肃天水市一带。参见陈燕：《哈尼族迁徙研究的回顾与反思》，《思想战线》2014 年第 5 期。

⑤ 李路力：《试论〈哈尼阿培聪坡坡〉所载各迁徙阶段的历史分期》，《红河学院学报》2008 年第 6 期。

⑥ "诺马阿美"具体位置争议颇多，主流观点认为"诺马阿美"在今四川省雅砻江、安宁河流域；第二种观点认为"诺马阿美"在今四川凉山礼州一带；第三种观点认为"诺马阿美"在西昌邛海湖滨或西昌之西的安宁河"阿泥河"河谷平坝；还有一种观点认为"诺马阿美"在成都平原。参见陈燕：《哈尼族迁徙研究的回顾与反思》，《思想战线》2014 年第 5 期。

⑦ 李路力：《试论〈哈尼阿培聪坡坡〉所载各迁徙阶段的历史分期》，《红河学院学报》2008 年第 6 期。

⑧ "色厄作娘"具体位置在哈尼族不同的迁徙古歌中所指不同，在《哈尼阿培聪坡坡》中的"色厄"当指大理洱海地区。

⑨ "谷哈密查"具体位置在哈尼族历史中不确定，有观点认为"是一个随着民族迁徙而移动的地名，不同哈尼族地区所称的谷哈可能确有不同所指，但《哈尼阿培聪坡坡》中的'谷哈'当属昆明"。参见陈燕：《哈尼族迁徙研究的回顾与反思》，《思想战线》2014 年第 5 期。

往山高林密的红河南岸哀牢山区定居后，与其他原住民族一起创造了哈尼梯田稻作农耕文化景观。

## 二、哈尼梯田的创造

梯田稻作农耕种植方式并非仅在红河水系南岸而为当地哈尼族等民族所独有，但就其规模、历史、人文内涵而言，唯哈尼族、彝族等民族聚居区的梯田具有典型的代表性，故形成哈尼梯田文化。而宏伟壮观的哈尼梯田之创造则经历了漫长的发展变迁过程。

就哈尼梯田出现的具体时间上限和确切空间位置而论，学界给出了不同的理解。大多学者援引《尚书·禹贡》的"其土青骊，其田下上，其赋下中三错.'"[1] 倾向于推断哈尼族在 3000 多年前的春秋战国时期已掌握梯田垦殖技术。也有学者对相关史料持更加谨慎的态度，在考证《尚书·禹贡》相关文字的基础上，结合《释名·释地》《玉篇·田部》《乐府诗集·相和歌辞七·君子行》等典籍，界定我国古代对"田"的释义是包含"水田"含义的，但多指旱地。而"下上"则是指土地等级高低，而非指地势方位概念，根据这些凭据指出：将《尚书》的记与哈尼梯田联系在一起是不合适的。哈尼族何时开始耕种梯田，史无明确记载。[2] 在汉文史籍中，对云南出现梯田的明确记录始见于唐《蛮书·云南管内物产》[3]"从曲靖州已南，滇池已西，土俗唯业水田。种麻豆黍稷，不过町疃。水田每年一熟。从八月获稻，至十一

---

[1] 《哈尼族简史》编写组：《哈尼族简史》，民族出版社 2008 年版，第 113 页。

[2] 古永继：《哈尼族研究中史误的三点辨正》，《民族研究》2007 年第 3 期。

[3] 笔者注：樊绰撰的《蛮书》（或称《云南志》）原文谬误颇多，故学界多引注后人校注和补注（释）版作为参考。目前《蛮书》（或称《云南志》）较常用的校（补／释）注版有三种，分别为：（唐）樊绰撰，向达校注：《蛮书校》，中华书局出版社 1962 年版；（唐）樊绰撰，赵吕甫校释：《云南志校释》，社会科学出版社 1986 年版；（唐）樊绰撰，向达原校，木芹补注：《云南志补注》，云南人民出版社 1995 年版。本文选取较新的木芹补注版（1995 年）作为参考，下文内容也原文引自木芹补注版。

月十二月之交，便于稻田种大麦，三月四月即熟。收大麦后还种粳稻。小麦即于冈陵种之，十二月下旬已抽节，如三月小麦与大麦同时收刈。其小麦麪软泥少味。大麦多以为麨，（达案：麨，《文津本》作麪，疑误。）别无他用。醯（达案：醯，《文津本》作醨）。酒以稻米为麴（达案：麴，《闽本》误作麥米。）者，酒味酸败。每耕田用三尺犁，格长丈余，两牛相去七八尺，一佃人前牵牛，一佃人持按犁辕，一佃人秉耒。蛮治山田，殊为精好。悉被城镇蛮将差蛮官遍令监守催促（达案：催促，《文津本》误作催足）。如监守蛮乞酒饭者，察之，杖下捶死。每一佃人佃，疆畛连延或三十里。浇田皆用源泉，水旱无损，收刈已毕，蛮官（达案：蛮官，原作官蛮，《琳琅本续校》云，官蛮依上文当作蛮官。其言是也，因据改。）据佃人家口数目，支给禾稻，其余悉输官。"[1]在宋、明、清三代相关文献中亦分别能找到云南、梯田、哈尼族梯田等关键词的相关论述，故有学者总结道："说哈尼族清代才耕种梯田，显然太晚；但如仅根据问世于春秋战国时的《尚书》之《禹贡》篇中有'田'字即认为始于春秋战国，则未免失之武断，有'以今人之心度古人之腹'的嫌疑"[2]。

自新石器时代到元明清时期，西南氐羌族群系统贯穿着"同源异流与异源同流"的发展主线，经历了多次大规模的分化和发展。今天西南地区包括哈尼族在内的十数种氐羌后裔民族的形成和发展历经数千年历史，纷繁复杂，而中原王朝政权对西南地区的实质性控制仅发生于1000多年前，且在此过程中，汉文有关史料记系统性不强，对西南地区各少数民族及其文化现象的叙述难免有缺漏或谬误，严格按照汉文典籍记的时限来考证哈尼梯田历史源流是有困难的。因此，有学者认为"在可以借用的汉文历史文献资料、民族学田野调查资料、哈尼族古歌资料中，只有古歌资料包含着较为丰富而详细的梯田形成史信息。因此，对古歌的解读就成为一种必

---

[1] （唐）樊绰撰，向达原校，木芹补注：《云南志补注》卷7《云南管内物产第七》，云南人民出版社1995年版，第96页。

[2] 古永继：《哈尼族研究中史误的三点辨正》，《民族研究》2007年第3期。

不可少的基础性工作。"①在借用汉文文献史料、民族学田野调查资料及哈尼族古歌资料中关于梯田的口传史内容的基础上,有学者推论"红河哈尼梯田最早出现的时间为唐代或稍前(距今约 1500 年),在类似的中央王朝政令影响微弱的少数民族地区,依赖平整的梯田提供生活之资,形成具有垂直地带特征的红河哈尼梯田社会,属于我国历史上少数民族合理而巧妙地利用自然之利的一种典型。"②

　　当然,关于哈尼梯田出现的时间上限,无论是通过汉文历史典籍查证剖析,还是从在哈尼族各支系互异的迁徙口述史中寻找蛛丝马迹,都需要注意几个问题:首先,哈尼族是一个历时漫长的迁徙民族,"从先秦以来不断南迁的西北氐羌系统民族,经过秦汉魏晋南北朝和唐宋时期的发展,历经了同源异流即民族分化、异源同流即民族融合的发展途径"③。从中国西北的甘肃、青海、宁夏到西南的西藏、四川、云南之间,自公元前 2000 年以来就存在着一条"民族走廊"古道,氐羌部落就是通过这条"民族走廊"在数千年间逐渐南迁的。在迁徙分化中,由于地理区位条件的变更,哈尼先民有可能在江河流域就完成了从逐水草游牧状态向平坝农耕半定居状态的转型。"元明清时期是氐羌系统民族分化发展的最后时期,通过这一时期的融合,特别是分化与重组,中国西南地区氐羌系统民族及其分布格局最终形成。"④无论梯田具体是什么时候出现的,哈尼梯田都是哈尼、彝等民族的先民在迁徙过程中因地制宜所创造的文明成果,同时不排除吸收和采借其他民族优秀稻作农耕经验系统的可能性。

---

①　侯甬坚:《红河哈尼梯田形成史调查和推测》,《南开学报》(哲学社会科学版)2007 年第 3 期。

②　侯甬坚:《红河哈尼梯田形成史调查和推测》,《南开学报》(哲学社会科学版)2007 年第 3 期。

③　王文光、段丽波:《中国西南古代氐羌民族的融合与分化规律探析》,《云南民族大学学报》(哲学社会科学版)2011 年第 5 期。

④　王文光、段丽波:《中国西南古代氐羌民族的融合与分化规律探析》,《云南民族大学学报》(哲学社会科学版)2011 年第 5 期。

哈尼族的迁徙史诗不断表述着先民坚持在滨湖平原、崎岖山地探索稻作农耕经验的历史。在"惹罗普楚"和"诺玛阿美"时期，哈尼族传统社会中的平坝田制农耕文化首次出现。"哈尼忘不记惹罗——那头一回安寨定居的地方！那头一回开发大田的地方"。建寨安家之后的先民要开始沿着地势开挖水田，水田并非胡乱没有章法的肆意开垦，而是沿着"水路"开挖，在哈尼族口述史《哈尼古歌》第七章"湘窝本"①中描述道：最先挖田的是哪个？是先祖三兄弟。他们的帮手是哪个？是尖蹄平角的水牛。水牛不愿去挖田，被人穿通了鼻子，拉着细细的牛索，抵得拉着水牛的命。最先引水的是哪个？是先祖三兄弟。他们的帮手是哪个？是多脚多手的螃蟹。凹塘里的螃蟹啊，引水累得凸出了眼睛。高能的先祖三兄弟，兴下了挖田的规矩。没有规矩不会挖田，后人要把这些规矩听清。挖田像盖房子吗？不是哟，兄弟，盖房倒着朝上盖，挖田顺着朝下挖，房子盖了在百年，大田挖了吃千年。挖田不像盖房子吗？也不是哟，姐妹，盖房房脚要伸直，不直的房脚啊，墨线斧子会扯直；挖田田脚也要直，田脚不蹬直啊，锄头兄弟来拉直。水田挖出九大摆，田凸田凹认不得，哪个才会认得呢？泉水才会认得清。挖田要挖水的路，没有水路不会成，水不够到山坡上去短，水不够到石崖里去引。石崖中间去挖沟，崖神阿松的肝子啊，挖出来三朵；陡壁上头去开沟，壁神巴拉独姿的腰花啊，挖出来三斤。挖水路啊，水源头上不给它积沙土，水源脑上不给它出壕沟，水源身上要拿石头铺平，水源脸上不给枯叶遮眼睛。一月不到日已到，一年不到月已到，到了打埂犁田的日子啊，要动手动脚地去打埂了，要跳手跳脚地去犁田了。打埂要望一望锄头，犁田要望一望犁耙，望望锄头安正，瞧瞧耙口安紧。安不正的要拿牛筋木安正，安不紧的要凿九个孔安紧。安正安紧了，才能拿起赶牛棍，才能把牛索扯紧。到了田边不要忙，先拿眼睛望一望。

---

① "湘窝本"："湘"在哈尼语哈雅方言区中是水田"xaldei"的意思，"窝"意为"耕种"，这一章在口述史《哈尼族古歌》中主要是讲述哈尼先民开沟造田的起源。

望望自家的田里，像不像水碗一样满；望一望兄弟的田里，像不像水缸一样满。又把犁耙棕索支好，犁沟不直，用棕索挡直；水田不平，拿耙子耙平。热烘烘的一月到了，是挖田埂的时候了。砍埂子的短把锄头，好玩一样老实轻。上边埂头薄薄地挖，不要怕把土狗挖绝种；下边埂脚薄薄地铲，不要怕砍断蚯蚓的脖颈。① 哈尼先民在"惹罗"大寨开垦大田并开始了系统的水田稻作活动，积累了丰富的地方性水资源支配及管理知识。当然，这里的水田是否就是今天的梯田，却无从考证。

哈尼族的水田稻作农耕文化始于"惹罗"建寨时代，但滨湖农耕经验的主要成就则在"洗水"之畔，"洗水"很可能位于今川滇交界处河川纵横的平坝谷地之间，即史诗中的"诺玛阿美"及之后的"谷哈密查"等地。因为在富庶的家园"惹罗"遭遇自然灾害，哈尼先民带上了稻种和农耕生产工具，再次南迁到达两条河水环绕的"诺玛阿美"平原，继续开展稻作农耕生计。先民在"诺玛阿美"建寨开荒，把记忆中的稻作经验移植到土肥水丰的江河平原地区，并掌握了套种和休耕技术，将稻作农耕技艺发展到一个新的高度。之后，由于不断遭遇自然和社会战争灾害，哈尼先民继续向东南、南、西南三路迁徙，其活动及于川、滇、黔三省安宁河、大凉山、乌蒙山、六诏山和哀牢山广大地区。② 其后进入今云南省境内的哈尼先民，最初主要活动于滇东北、滇西北直至洱海、滇池岸边的广大地区，之后在"色厄作娘"短暂停留后，再迁徙到滇中腹地"谷哈密查"。

从"惹罗普楚"、"诺玛阿美"至"色厄作娘"再到"谷哈密查"的集体历史记忆，都表明哈尼先祖从未停止过对河湖平坝这类稻作宜耕的地理环境的追求，他们将起源于"惹罗"的稻作经验不断地移植到迁徙沿途各地，继续总结和更新平坝农耕经验，在"谷哈密查"时已经培育出了至今

---

① 西双版纳民族事务委员会编：朱小和演唱：《哈尼古歌》，卢朝贵译，史军超、杨叔孔采录，云南民族出版社 1992 年版，第 58—59 页。

② 《哈尼族简史》编写组：《哈尼族简史》，民族出版社 2008 年版，第 28 页。

为人所称道的哈尼红米"寨脚开出了块块大田，一年的红米够吃三年，山边栽起大片棉地，一年的白棉够穿三年"①。今天红河南岸的梯田里依旧大面积地种植着传统的红米稻种。

之后，因人地矛盾和族际矛盾的激化，哈尼先民不得不告别"谷哈"平坝，继续向滇南方向迁移寻找适合的生存空间。学者认为"这次南迁活动路向不只是沿今昭通、曲靖一带至滇东南六诏山区和由洱海岸边至巍山、景东、镇沅、墨江、元江、普洱、西双版纳……两条，还应有经今安宁、易门、峨山、石屏、建水等地，直至红河（礼社江）南岸哀牢山区这样一条哈尼族南迁路线"②。或许就是在公元7世纪的早期，仲牟由（措莫耶）成为哈尼族的共祖。唐宋以后仲牟由及其部落集团后裔在今元江流域（包括今普洱市全境）形成了强大的和尼路集团。至明朝，部分哈尼族先民逐步迁徙到今越南、老挝、缅甸等地。

红河水系南岸是哈尼梯田景观的集中分布区。哈尼族进入哀牢和无量山区后，把江河稻作生产技术运用到山区，创建了梯田农耕生态系统，在此生息繁衍近千年。陆续见诸于文献的有：南宋范成大的"岭阪上皆禾田，层层而上至顶，名梯田"③；明徐光启的"梯田，谓梯山为田也。夫，山多地少之处，除磊石及峭壁，例同不毛"④，并将哈尼梯田列为七种田制之一；清初吴应枚的《滇南杂咏三十首》"梯田百级计双耕，曲直高低地势成。芒种未过秧出水，山农日日听雷鸣。梯田以高下形似名，候雷雨而栽，故又曰首鸣田"⑤；清嘉庆《临安府志》的"临属山多田少，土人依山麓平旷处开作田园，层层相间，远望如画。至山势峻极，蹑坎而登，有石梯磴，

---

① 王清华：《哈尼族的迁徙与社会发展——哈尼族迁徙史诗研究》，《云南社会科学》1995年第5期。

② 毛佑全：《哈尼族历史源流及其南迁活动》，《玉溪师专学报》1996年第3期。

③ （南宋）范成大：《骖鸾录》（丛书集成初编），中华书局形印本1985年版，第10页。

④ （明）徐光启：《农政全书》（上册）卷五《田制》，中华书局点校本1956年版，第101页。

⑤ 古永继：《哈尼族研究中史误的三点辨正》，《民族研究》2007年第3期。

名曰梯田。水源高者，通以略约，数里不绝"①，等等。

就地理空间而言，一些学者认为哈尼先民在"长江和珠江上游地区完成了由原初的游牧文化向农耕文化的嬗变转型"②，并在迁徙和定居的各个历史时期逐渐与其他民族发生经济和社会上的交往，血缘上的交流，不但形成了自身的一套文化系统，而且在滇南红河与澜沧江之间和其他兄弟民族一起创造出了人与自然和谐相处的梯田文化生态系统。尽管哈尼族稻作农耕文化发展各阶段的具体时间尚无法精准确定，但大致可以肯定的是，哈尼族先民经历了从游牧文化向农耕文化的转型之后，又在南迁活动中将平坝农耕经验转换为山地梯田稻作灌溉垦殖方式。哈尼梯田文化景观最终形成于滇南红河、澜沧江水系的哀牢、无量山脉。

### 三、哈尼梯田景观的价值

景观概念在不同时期的不同领域中具有不同的界定方式，通常涉及"视觉美学意义上的概念（与'风景'同义）；地学意义上的概念（与'地形'、'地物'同义）；作为生态系统功能的结构"③等学科内容。自景观生态学作为独立的学科出现以来，生态学意义上的景观概念也随之确立，这类景观概念融合了地理学及相关学科的提法，运用生态学语言系统阐述而来。景观生态学意义上的景观概念"作为一个由不同空间单元镶嵌组成，具有明显视觉特征与功能关系地理实体，它既是生物的栖息地，更是人类的生存环境，从而具有经济、生态和文化的多重价值"④。

典型的哈尼梯田景观包括：涵养水源的森林、人群集聚的村寨、粮食生长的梯田、水流涌动的沟渠、阡陌纵横的小径等有机要素，它是"处在生态

---

① 古永继：《哈尼族研究中史误的三点辨正》，《民族研究》2007年第3期。
② 白玉宝、王学慧：《哈尼族天道人生与文化源流》，云南民族出版社1998年版，第363页。
③ 俞孔坚：《论景观概念及其研究的发展》，《北京林业大学学报》1987年第4期。
④ 肖笃宁、解伏菊、魏建兵：《景观价值与景观保护评价》，《地理科学》2006年第8期。

系统之上具有明显视角特征的地理实体，兼具经济、生态和美学价值"①。同时，梯田又是人类对自然精心雕琢形成的文化景观，是"居住在其土地上的人的集团，为满足某种实际需要，利用自然界所提供的材料，有意识地在自然景观之上叠加了自己所创造的景观"②。要客观综合评价哈尼族梯田景观，既不能流于景观生态结构的简单归纳，也不能陷于对景观区内人类活动的具象描述，而是要着重研究其空间结构与形态特征，以及这些特性给生物与人类活动所带来的影响，在价值评价中强调梯田景观的"整体性及其空间异质性"③，通过对哈尼梯田景观的经济价值、生态价值、文化价值、美学价值等展开多角度的分析与探讨，可以在科学合理评价的基础上探寻其深刻的意义。

哈尼梯田景观的稀有性价值。梯田景观外在的结构形态、形成过程，以及所表现出的地质年代结构的稀有性，是它区别于一般景观文化的重要特征，这些稀有性和重要性又决定了其世界级的价值意义。哈尼梯田首先符合"存在的罕见文化和自然价值超越了国家界限，对全人类的现在和未来均具有普遍的重要意义"的世界遗产总体价值标准。此外，能够从世界各地的同质梯田文化事象中脱颖而出，主要因为它还承了"突出普遍价值"④ 等几项要素。

---

① 李少军：《论哈尼族传统哲学思想》，云南省民族学会哈尼族研究委员会编：《哈尼族文化论丛》（第四辑），云南民族出版社 2008 年版，第 25 页。
② 江金波：《宁夏区域西夏建筑文化景观及其开发利用》，《资源开发与市场》2003 年第 1 期。
③ 肖笃宁、解伏菊、魏建兵：《景观价值与景观保护评价》，《地理科学》2006 年第 8 期。
④ 关于"突出普遍价值"，国际公认的六项标准为：(1) 代表一种独特的艺术成就，一种创造性的天才杰作；(2) 能在一定时期内或世界某一文化区域内，对建筑艺术、纪念物艺术、规划或景观设计方面的发展产生过重大影响；(3) 能为一种已消逝的文明或文化传统提供一种独特的或至少是特殊的见证；(4) 可作为一种建筑或建筑群或景观的杰出范例，展示人类历史上一个（或几个）重要阶段；(5) 可作为传统的人类居住地或使用地的杰出范例，代表一种（或几种）文化，尤其在不可逆转之变化的影响下易于损坏；(6) 与具有特殊普遍意义的事件或现行传统或思想或信仰或文学艺术作品有直接和实质的联系（只有在某些特殊情况下或该项标准与其他标准一起作用时，此款才能成为列入《世界文化遗产名录》的理由）。

　　第一，哈尼梯田景观既代表着地球演化主要阶段的突出事件或有意义的地貌、自然地理特征，同时还是包含有不同寻常的自然美和美学重要性的地区，并且对生物多样性就地保护具有活态意义。哈尼梯田景观处于云南境内哀牢山脉（呈"东南—西北"走向，区分云南东西部的重要地理分界线）西侧的横断山纵谷区。哀牢山南部水系丰富，纵横交织的山区径流多为江河源头，横断山的断面层河床的流水速度大、势能强、下蚀能力剧烈，哀牢山南部众多的 V 形河谷由此形成。V 型谷内降水充沛，光热条件优越，哈尼先民与当地世居民族充分利用高山谷地的水热资源气候优势，在半山开垦梯田，利用沟渠引深山活水浇灌旱地，通过长时段的灌溉活动把"这一地带的景观改造为半山区（海拔 500—1500 米）为人居村寨，下半山区（海拔 500—2000 米）为梯田，上半山区（海拔 1500—2800 米）为旱地和森林"[1]。红河哈尼梯田独特、系统的稻作灌溉技术，支撑了云贵高原红河流域的高山峡谷地区特有的稻作文明。哈尼梯田反映了梯田农耕族群在有限的资源空间内支配和利用土地、水热光照等自然资源，并将原始丛林改造为服务人口再生产的庞大生产机器的集体智慧。

　　第二，哈尼梯田景观集"规模、集中、险峻"等特性于一身，在世界同质文化事象中同样具备稀有性和不可替代性。全球梯田文化景观的分布广涉整个平洋沿岸，形成了环太平洋梯田文化圈。[2] 从西太平洋的末端开始，有久负盛名的印度尼西亚巴厘岛，以及邻近爪哇岛上的"尼加拉"梯田文化景观；向北有菲律宾吕宋岛北部伊富高省科迪勒拉山区的巴纳维水稻梯田群；到了中南半岛，因为山水相连，越南老街的沙巴梯田与中国广西的龙胜梯田在垦殖方式上较为相近；再到东亚地区幅员相对辽阔的中国本土，沿海地区较名的有广西龙脊龙胜梯田群、江西上堡梯田群、浙江云和梯田群等，内陆地区分别有湖北紫鹊界梯田群、贵州加榜梯田等五大梯

① 李少军：《论哈尼族传统哲学思想》，云南省民族学会哈尼族研究委员会编：《哈尼族文化论丛》（第四辑），云南民族出版社 2008 年版，第 25 页。

② 付广华：《环太平洋梯田文化圈论》，《广西民族研究》2008 年第 1 期。

田群、川南高坎梯田群、甘肃庄浪梯田群、云南元阳梯田群等；沿着西太平洋继续北上，东北亚日本的北部有面向日本海的千叶县鸭川大山"千枚田"、石川县轮岛"白米千枚田"、三重县丸山"千枚田"等，以及面向北太平洋的和歌山兰岛梯田群；到了东太平洋南部南，在南美洲面向太平洋的狭长地带秘鲁古老而神秘的古印加梯田赫然坐落在安第斯山脉间。在这些梯田中，红河哈尼梯田则以其气势恢宏，民族文化丰富多彩、气质内涵独特而独树一帜。哈尼梯田集中展现了人类挑战和合理运用自然条件并结合自身文明发展所缔造的"四绝"文化奇观：一绝为面积庞大，形状各异的梯田连绵成片，每片面积多达上千亩；二绝为地势险峻，从15度的缓坡到75度的陡坡上都有梯田；三绝为级数众多，一面坡上最多能开出3000多级梯田；四绝为海拔落差大，梯田由200米左右的干热河谷地区一直延伸到海拔2000多米的高山，创造了水稻生长的至高海拔极限。

第三，景观所蕴含的独特社会文化意义是其稀有性价值评级的标准之一。哈尼梯田景观能够成为世界遗产，不仅在于它具备了世界稀有的高等级地貌遗产特征，还因为其内蕴深刻的人文机制。"人与景观是相互作用和相互影响的，景观的外在形式和我们人类的个性、信仰及目标密不可分"[1]。哈尼梯田是伫立在岚霭氤氲的哀牢群山之间的人文景观杰作，也是哈尼文化的典型物化形式。哈尼梯田景观"直观地展现了哈尼族祖先在自然与社会双重压力下顽强地生息繁衍的漫长历程"[2]。哈尼先民在艰辛的迁徙过程中不断总结人与自然的最佳相处模式，以最小的环境代价对山地立体环境进行了最大限度的开发，集约利用了山地资源。作为哈尼族的传统哲学和文化思想的重要介质，哈尼梯田"反映了哈尼先民对自然、社会、人生的根本看法，根本观点和根本态度，即哈尼族传统的世界观和人生

---

[1]　张敏：《哈尼族聚落景观的美学思考》，《贵州大学学报》（艺术版）2005年第1期。

[2]　白玉宝、王学慧：《哈尼族天道人生与文化源流》，云南民族出版社1998年版，第367页。

观"①，历经数千年迁徙活动的哈尼先民在红河南岸梯田稻作生计空间内与自然长期相互作用，积累的生态智慧并内化到了族群社会经济宗教文化系统中。同时，梯田景观也折射出梯田稻作族群在极限条件下求生存的顽强意志，是他们对自然规律的成功把握和超高心智水平的卓越外化。

哈尼梯田景观的多样性价值。"景观多样性是指景观单元在结构和功能方面的多样性，它反映了景观的复杂程度"②。哈尼梯田景观结构的多样性表现为空间格局的多元同构"景观组分类型多样性与物种多样性的关系呈正态分布，景观多样性的评定对于生物多样性研究具有直接和重要意义"③。丰富的生态组分类型更成为哈尼梯田多样性特征的典型代表。

哈尼梯田景观区处于云南境内哀牢山脉西侧的横断山纵谷区，受东南暖湿气流和地形抬升的影响，形成以湿润多雨的季风气候为主的垂直气候特征，"一山有四季，十里不同天"。从山麓至山顶分别跨热带、亚热带、温带、寒带的数种气候类型。哈尼族与当地世居民族充分利用哀牢山区的气候和地理条件，通过神灵信仰体系和民族惯习法相结合的二元约束力保护山顶的林木系统，使海拔较高的山巅成为天然森林蓄水池，同时在"冬暖夏凉、气候适中的山腰地带建寨，而将村寨之下炎热湿润的山坡开垦为梯田，利于稻谷生长和农业生产"④构筑了上下联结左右关联的多样生态循环系统，该系统又包含若干相互影响、互相依存的生态子系统。

其一是"森林—村寨—梯田—水系"生态系统多样性。就涵养水源的森林系统而言，动物和植物品种丰富，自成一个生态系统。山顶的水源林既供应山腰村寨的生活用水，又经过沟渠系统的串联保障了村庄下方梯田的灌溉用水，地表径流通过沟壑水渠在集水线上顺势有序流淌，滋养了村

① 李少军：《论哈尼族传统哲学思想》，云南省民族学会哈尼族研究委员会编：《哈尼族文化论丛》（第四辑），云南民族出版社 2008 年版，第 35 页。
② 肖笃宁、解伏菊、魏建兵：《景观价值与景观保护评价》，《地理科学》2006 年第 8 期。
③ 肖笃宁、解伏菊、魏建兵：《景观价值与景观保护评价》，《地理科学》2006 年第 8 期。
④ 高凯：《红河哈尼梯田文化景观的形与神》，《昆明理工大学学报》（社会科学版）2013 年第 6 期。

寨和稻田。高山流水在低地江河中交汇，再通过蒸腾作用将水分搬运回森林和山川地表。"这套系统在千年的历史使哀牢山这样一个深山峡谷地带，人口密度达到了 300 人 / 平方公里，而同时又维护了有效的生态循环"①；就村寨而言，大村寨的人口多达几百户、上千人，小村寨十几户、不到百人，大小村寨错落分布，人们根据山水形变合理利用着各种生产生活资源；就梯田来说，大的田块大到七八亩，小的田块小到只能让牛在里面打个滚；就水系来看，大的可称河，小的只能叫沟。传统地方性知识维系下的梯田生态系统至今仍体现出茁壮的生机与科学的实践意义，在 2010—2013 年云南省四年持续旱灾中，红河哈尼梯田依然能够保产增值，得益于其"四素同构"的多样性水体自循环所支撑的强大灌溉功能。

其二是围绕梯田灌溉水资源支配的"神山圣水"多样性民俗文化子系统。神山圣水信仰是梯田稻作农耕民族坚守适合自己的生态文化传统的象征。各梯田稻作族群按照自身的传统文化及稻作实践逻辑，在生产和生活大小周期中维系着一套与稻作活动相适应的仪式庆典。当地哈尼族、彝族、壮族、傣族等民族的许多传统民俗文化都是与梯田稻作活动相呼应，例如，哈尼族有一套因四时节令不同而开展的节庆祭祀活动"一月份祭寨神（即'昂玛突'），三月份开秧门，六月份是'苦扎扎'节，七月份撵鬼节（把寨子中的瘟神撵出去），八月份祭田神和吃新米节，九月份祭仓神，十月份是传统的十月年"②；彝族在稻作生产的节令周期中还保持着传统的"米噶豪"③祭祀仪式，某种意义上也象征着一个生产大周期的终结和一个新周期的开始；而自上而下共饮一川水的哈尼族、彝族、傣族迄今还保存着突破族群边界的，共同祭祀"诸水之源"的神山的集体仪式。这些传统祭祀和节庆活动融合了哈尼族等各民族的历史农事经验和宗教哲学，在宗教意义上祈愿天佑神助，风调雨顺，五谷丰

---

① 张瑾：《哈尼梯田的价值》，《森林与人类》2012 年第 8 期。
② 江南：《美丽的民族符号：哈尼梯田》，《资源与人居环境》2010 年第 21 期。
③ "米噶豪"在当地彝语中意指：在竜树林中祈求风调雨顺的祭祀仪式。

登，农耕生产顺畅，彰显了梯田稻作农耕民族追求人与自然和谐共生的生态观。

哈尼梯田景观的功效性价值。"景观的功效性指的是其作为一个特定系统所能完成的能量、物质、信息和价值等的转换功能"①。哈尼梯田除有较高的观赏体验性价值外，其功效性价值主要体现在经济和生态功能层面。

近千年来，哈尼梯田支撑了当地世居民族的人口与社会再生产。随着人口膨胀与生产生活资源相对衰减之间的人地矛盾逐步凸显，梯田农耕族群通过开垦新的土地和兴建新寨的方法来分流人口以缓解人地压力。以哈尼族为例，"村寨的不断裂变，既是自然资源有限带来的迫力使然，同时也是哈尼人的文化选择。村寨不断裂变的结果既避免了对某一个地方的过度开发，又避免了许多地方没有开发，从而造成土地资源利用不均衡的情况"②。哈尼族对梯田垦殖数量、村寨大小、森林面积、水源流量等子系统、村寨和人口比例等方面的有效控制深受其传统生态观的影响。发展至今，传统的梯田垦殖土地利用方式已经将适宜的垦田土地完全利用。而人口数量的不断增长意味着单位面积的土地要面对更多的产出压力，面对单位面积的梯田产量急需有效提升的现实问题，在维系传统生态理念的同时，梯田农耕族群"逐步接受了现代农业的科学种田与管理、改良新品种、革新生产工具及调整产业结构等一系列旨在提高现有梯田面积的内在潜力，增加梯田耕作的科技含量等新举措"③。在技术结构层面，传统生态理念的规约作用依然有效。

伴随着全球化的发展，梯田生态景观及其所蕴含的文化精髓为越来越多的人所理解和欣赏，并成为供人观光游览的景观。"哈尼梯田，一个是

① 肖笃宁、钟林生：《景观分类与评价的生态原则》，《应用生态学报》1998 年第 2 期。
② 马翀炜、王永锋：《哀牢山区哈尼族鱼塘的生态人类学分析——以元阳县全福庄为例》，《西南边疆民族研究》2012 年第 1 期。
③ 黄绍文：《哈尼梯田：蛮荒高原的乐章》，《时代潮》1998 年第 7 期。

产品、一个是文化，这个产品生产的过程是一个文化创造和享受的过程，它的产品消费也是一个文化享受的过程"①。世界文化遗产符号身份使梯田景观和相应的文化获得了更大的发展机遇，同时也面临着较多的挑战。旅游业的逐步兴盛使世代垦殖梯田的淳朴山地农耕民族突然被推向一个陌生、开放、价值取向多元的舞台，"伴随遗产地商业旅游活动的兴盛及交通、通信等基础设施的配套，外来文化对其原生的生态智慧体系造成了严重的冲击"②，面对强大外来异质多元文化的冲击和影响，固守传统反而面临传统文化加速消失的威胁。

梯田景观的功效性价值还在于它对景观的创造者——哈尼族、彝族内在的精神文化和外显的物质文化具有很强的表达能力。世界遗产诸如"金字塔和万里长城已经完全丧失了原初的世俗功能，成为文物古迹，其价值仅限于文化心理上的象征意义"，而哈尼梯田景观却因为是这一区域的彝族及哈尼人赖以生存的物质基础③而具有活态遗产的性质，故其依然具有生动的表达能力。随着哈尼梯田旅游文化的逐步开发，梯田农耕民族的生态文化、筑居艺术、宗教哲学观、传统民俗内涵也面向了更开阔的空间，景观文化持有者的生产生活也将发生巨大变迁。

哈尼梯田景观的和谐性价值。哈尼梯田是各农耕民族社会内部及与外部能量流动和物质交换的重要保障，这是哈尼梯田景观和谐稳定性的基本前提。

以梯田文化事象的主要持有者哈尼族为例，在理解人与自然的关系逻辑上，哈尼族有一套"天地人神"相统一的哲学世界观，哈尼梯田景观高度凝炼了哈尼族对"自然属性"和"天人关系"的认知态度与思路。红河南岸的哈尼人依照四季时令顺序不同，举行相应的祭祀礼仪、节日庆典和

---

① 史军超：《哈尼梯田文明价值》，《世界遗产》2012 年第 2 期。
② ［加］Geoffrey Wall、孙业红、吴平：《梯田与旅游——探索梯田可持续旅游发展路径》，《旅游学刊》2014 年第 4 期。
③ 白玉宝、王学慧：《哈尼族天道人生与文化源流》，云南民族出版社 1998 年版，第 363 页。

祈祝活动，祈盼人与自然的平衡以及社会和谐。这套世界观同样影响着哈尼人对"人人关系"的处理，在哀牢山哈尼梯田景观核心区内尚有汉族、彝族、壮族、傣族、苗族和瑶族等其他六种民族与哈尼族毗邻而居，各民族在这片乐土上和睦相处，较早建构了交往、交流、交融的互嵌共生格局。

各民族在红河南岸所积累的卓有成效的水利资源运用、配置经验也是和谐的表征，他们在河谷纵横的群山之间，开凿主沟辅渠，充分利用地方性水利知识创造了古老的民间配水机制"刻木分水"制度，保证山顶到山麓的田地都有充足的水源，确保公正公平，避免了水源纷争问题，这一机制在当今的红河哈尼地区依然发挥着民间规约功能。各梯田农耕族群对梯田环境的用心呵护、精心垦殖，通过灌溉活动将山地稻作农业变得精致化，维护了梯田景观生态环境的和谐，开拓了更加可持续的生产生活空间。

哈尼梯田景观的美学价值。哈尼梯田景观生动地诠释了刚柔并济的极致美感，苍劲雄浑的壮丽之美和毓秀温润的空灵之美的完美结合。哈尼梯田宛如一部恢宏的历史画卷，悬挂在云雾缭绕的哀牢山中，铭刻着哈尼族等梯田农耕民族创造的世界农耕文明奇迹，浓缩了哈尼族迁徙文化精髓，成为哈尼族与各世居民族的精神象征。梯田景观之美在于神形兼备，丰富的文化内涵令其富有神采。壮美是哈尼梯田景观最为重要的特色。在大山上开凿出上千级的、数千亩甚至上万亩连成一片的梯田景观具有宏大、奔放、雄浑的特性。梯田景观壮美所蕴积的强盛的力量和磅礴的气势，表征的动态劲健之力，在无形中激发了观赏者浩然之气、英雄襟度和宽广壮伟的胸怀，提示观赏者去思考景观文化持有者的内在精神特质，这也是哈尼梯田能被人们称为"中华风度"的原因。

哈尼梯田景观的毓秀温润之美表现在其精致玲珑的田埂曲线形态之中。梯田景观的优美，以感性形式的和谐为主，其四时幻化的线条总体呈现出秀丽、妍雅、清新、明媚、轻盈之美，小巧、纤细、平缓、圆润的诸多形式因时令各异。梯田景观在四季时令变幻中频繁地更迭着自身的景致画面，"春天，哈尼梯田像一首歌，布谷鸟呼唤哈尼人播种希望的种子，哈尼人以手绣春色，歌声荡漾山谷；夏天，哈尼梯田像一首诗，群山碧绿，稻花十里飘香，生机盎然；秋天，哈尼梯田像一幅画，黄金铺地，金阶玉宇，郁香醉人；冬天，哈尼梯田像一个梦，云蒸雾绕，变幻万千，宛如仙境"①。梯田景观的优美常常就存在于村寨的一角，田边地头或林间的一隅。在云海梯田的大背景下，这些景致常常像一幅幅的水墨画。农人赶牛耕田、村妇田中插秧等都是非常典型的优美画面。

哈尼梯田景观的宜人性价值。哈尼族依然遵循迁徙记忆中"惹罗古规"和《普祖代祖》等的相关描述，选择植被葱茏、沟渠流畅的山区建村建寨并垦殖他们的梯田。梯田文化景观中哈尼人的房屋建筑和总体居住格局比较特别，土木结构草盖顶形式的蘑菇房点缀于森林梯田和潺潺沟渠水流之间，蘑菇房冬暖夏凉，十分宜居。蘑菇房周围种植翠竹、果木和各种蔬菜，寨内的人畜用水，多源自高山密林中的活泉水。森林和水田两大子系统形成的天然湿地有效调节着气候，使得哈尼村寨湿度充分，气候四季宜人。

总体而言，哈尼梯田景观是一个由"森林—村寨—梯田—水系"等要素或者说四种不同空间单元镶嵌组成一个宏大的文化生态系统，是具有明显视觉特征与功能关系的地理实体，它既是多种生物的栖息地，也是人类良好的生存环境。

在世界上，美丽的自然景观并不罕见，而像哈尼梯田这样由人的劳动创造而形成的以崇高美为主要特色的景观却不多见。哈尼梯田景观的美是人在实践过程中既改变世界又改变自己的一种结果。马克思曾经指出，"通过实践创造对象世界，改造无机界，人证明自己是有意识的类存在物……人却懂得按照任何一个种的尺度来进行生产，并且懂得处处都把

---

① 雷兵：《哈尼族文化史》，云南人民出版社 2002 年版，第 91 页。

固有的尺度运用于对象；因此，人也按照美的规律来构造。"①

　　哈尼梯田景观的壮美或者说崇高美是最突出的。哈尼族、彝族等民族开垦的梯田随山势地形变化，因地制宜，坡缓地大则开垦大田，坡陡地小则开垦小田，最能使人产生震撼并感受到崇高美的，是那些坡度在 15 度至 75 度之间级数达几千级的成千上万亩的梯田。崇山峻岭中的一座座的田山给人带来冲击感是毫不奇怪的，而当人们意识到那些使人在其中显得渺小的壮阔的景致恰好是在大自然面前渺小的人的伟大力量创造的，豪迈之情油然而生，对创造了这样人间奇迹的民族产生深深的崇敬之情也是十分自然的。同时，哈尼梯田的优美景观也是值得人们去细细品味的。村寨一角、田畴阡陌、一林小树、一汪清泉等都可以成为让人驻足凝思的小品景观。哈尼梯田在现代社会中日渐成为世界所凝视的文化符号，其景观价值在于可以满足来自异域的他者认知新的世界以及新的生态文化系统的需求。这一景观遗产其实也就是当地生态文化系统的具体体现。哈尼梯田生态文化系统也必然有着丰富的社会文化作为基础。人们已经将这一文化生态系统归结为"森林—村寨—梯田—水系"四素同构，这样的生态文化系统是人们在长期的生产劳作过程中创造的，人与自然和谐相处的境界是人们不断地认知世界，总结生产生活经验，不断地调适人与自然的关系以及人与人的社会关系的结果。人们如何维护森林，如何取用有度，如何为选址建寨，如何建构神圣性的村寨空间，如何开垦梯田，如何深耕细种，如何引水灌田，如何合理配水和退水，以及如何将这四个要素整合为一个有机的系统，都是蕴含了大量的地方性知识。这些人类智慧的结晶能够为观览者做出有意义的提示，促使他们去思考哈尼梯田景观"图像"背后那些不为世界所敞视的朴素事实，这对增加观者对未知世界的认知而言也是十分有价值的。

---

① 　[德] 马克思：《1844 年经济学哲学手稿》，人民出版社 2018 年版，第 53 页。

# 声部二

## 村民眼中的梯田

从 2000 年回到农村家里继承家业管理梯田到现在 20 年了，把自己差不多四分之一的岁月用在管理梯田上面了，我说不上管理梯田的能手，至少也算半个吧。春播秋收，年复一年。时间过去了，每年收获的谷子无非就是自给自足填饱家人的肚子，喂一点鸡鸭，我感觉种田有点累，想在梯田上面发展不大可能，时不时也会有种上当的想法。很想写一篇关于梯田的文章，对比以前生产和现在年轻人的务工情况，讨论怎样合理保护梯田和发展的话题。梯田申报世界遗产成功，能让世界人民共享梯田文化。哈尼梯田有生命力，是哈尼人民包括附近的彝族人民，壮族、苗族、瑶族等其他村民共同保护的结果。但是，随着现在社会的发展，村里的年轻人外出务工的人员增多，真正守护在这一片梯田的人逐渐老龄化。要和谐发展，继续保持原始的农耕文化已经是人们必须思考的问题。

"民以食为天"这句流传于世间的古话怕是家喻户晓、妇孺皆知的。人，本是有动物的本能，每天都要有食物，都要生存。每天要吃一定的食物，人的生命才得以维持。这一带的哈尼族，包括附近的彝族、瑶族、傣族、苗族、壮族等也开辟了这一带的梯田，哈尼梯田只是作为代名词称呼的。其实，梯田也有其他兄弟民族的份，也因为他们的辛勤劳作才有今天的哈尼梯田。

这一带的少数民族，主要是以种植水稻为主，缺少其他的产业。主产红米的元阳县属于亚热带垂直气候，人多地少，红米产量低，交通闭塞，技术水平低下，红米的产量是还不够自给自足的。这几年引进了杂交水稻，提高了水稻品种的抗病能力，产量也大幅度提高，很大程度上解决了村民的吃饭问题。到 2019 年，箐口村已经有三分之二的村民家是栽种杂交水稻了，村民不断换种，首先都以解决吃饱肚子的问题为主。

箐口村现有耕地面积 857.76 亩，其中水田 453.3 亩，旱地 404.46 亩，人均占有耕地面积为 0.951 亩。村民在梯田里种植水稻，有旱地的人家则还会种一些玉米、黄豆和土豆等农作物。箐口人辛苦耕种一年的粮食实际上不够他们自己消耗，不少家庭还需要从市场上购买 200 斤到 1000 斤左右的粮食。回想 20 世纪七八十年代，村民外出务工的就非常少，而且，务工回报的经济收益少之又少，他们只能春播秋收，在其他副食品很少的情况下忍饥挨饿，村民的生活是很辛苦的。

我是 20 世纪 70 年代出生的，我经历过一段粮食不够自家消费的时间。有些年的粮食还要购买一些，直到我读小学五六年级的时候，要交的伙食还要家里购买回来再背过去。听老人们说，以前地主家在当时也还是穿不上一双像样的鞋子，他们还要光着脚自己下田辛勤劳动，他们家的日子不会比其他村民好多少，也不过是比别的村民家多了两块田。很多的人家依靠栽种地主家的田，他们是要给地主交租子来过日子的。当时是分半的，也就是说，还要给田地的主人家分一半的收成。

现在，就以箐口村里来说，村里都是栽种着传统的老品种，有月亮谷、红脚老埂、爱者车、小谷等，这些品种现在看来抗病能力低，株高一米五六十，比较肥的田里甚至可以长高到两米左右，七八月份又是雨水的季节，风吹容易倒伏，谷子的产量极低，村民的生产科学技术有限，没有能力引进外地新品种。观念和技术制约限制了他们的思维，他们只得长期维持古老的生产方式。

没有办法，有限的生产技术，有限的资金限制着这里的村民，他们不可能再突破生产方式，更新思维，去创造更好的生产方式。从某种角度上来说，梯田就是他们的命根，他们得精耕细作，每年要修理水沟，用水冲肥，把家里的猪鸡牛粪当作宝，到秋收后用水冲到田里作底肥，保证来年的肥料，希望庄稼长得更好。

那么，哪里的田更好些呢？答案是：河谷的好些。河谷热量充足，水源最集中，产量比较稳定。寨子脚的田也好，因为容易引入寨子里猪鸡牛鸭的肥料。这样，弟兄分田地的时候，作为兄长或者家长就会选择这样的田地，他们是不会考虑路程的远近的，为的是保证产量，多有一斗谷子收回来。张某家的两兄弟在分田地的时候，做大哥的更有发言权，就选择了河谷的田，弟弟就分了在风口的寨子边的田块。很有意思的是，大哥家的后代现在又有了新的想法，大哥的儿子嫌去田里劳动的路程远，怪自己的老父亲当时没有选择一点附近的田给他们。这些老人都已经过世，现在的年轻人不再以梯田为主要的家产，他们需要的更多是就业，外出务工挣钱，梯田的管理不再是他们唯一的产业，更多的是想找到适合自己的路子挣钱。梯田的管理不过是为了不让它抛荒，一旦抛荒，再恢复梯田就是一件很费劲的事，所以要继续保持着。如果抛荒了一年甚至更长的几年，杂草丛生，不易积水，牛犁不动，微耕机也怕操作不了。现在有许多村民都这么想，"就担心放荒的梯田恢复很费劲而继续维持，要不然，夫妻出门几个月就可以挣回来一年要买的粮食钱。"

特别是最近几年，工人的工资上涨，就业机会增多，村里已经出现几户人家的田抛荒了。统计了一下，有张某的田、卢某的田、张某某的田，这几户家的田已经杂草丛生，很不像梯田了，要想恢复的话，就得付出很大代价。2019年，隔壁的黄草岭寨子的田有百分之九十近230亩田放荒了。据说这是因一个当地的老板承包了这片田，后来出现了资金问题，说是去年他就倒贴了100多万元，今年就没有栽种秧苗，育下的秧苗现在已经抽穗但长得很差，收割也没有什么粮食。当然，还是有少数的村民不愿意承包给他，而是自己家栽种着。他们是担心承包期间梯田被抛荒，换回来后再去打理是非常费事的。我自己也算过一笔账，我家是有5.07亩的水田，水源还算方便，每年就插秧和收割的劳动折合成钱的话要支出2000多元的现金，还不算平时的修理田埂和犁田耙田的钱，粮食产量以每亩400公斤计算，收成就是2000公斤左右，折成人民币也不过就是五六千元。这点收入还抵不上投入的资金。反过来说，如果去务工挣钱的话，两三个月就挣回来这么多钱了。赶牛种田对我们来说不是一道风景，双脚踩到田里深一脚浅一脚的甚是辛苦。

时代在前进，社会经济在发展，村民的观念也在发生改变。现在已经很少有年轻人真心愿意进田劳动了，他们看重的是打工挣钱。金钱能改变他们的命运，会给他们生活带来舒适。以前，村民栽种其他村民家的田的话，要交地租至少是收成的一半。现在的话，要叫其他村民栽种自己家的田的话，不但不会要求给租子，反过来还要给人家管理费，粮食还要全部给管理者。出于良心，多数管理者还是会给主人家一两百斤谷子，因为主人家过年过节祭祀祖先时要献饭，用自己家的田里产出的米来献饭要好一些。现在，我知道的有李永的田大概3亩多一点，每年要给管理者李文宽2000元，张云家2亩多也要给管理者1500元。这些田块淤泥不深，水源方便，便于管理，沾着一点亲戚关系的人，出于面子，有劳动力又有时间的话还勉强来帮着管理一下。那些水源不方便的田，很少有村民愿意来管理。比如，李志学家的田有5亩多，他们家给马卫华每年3000元的管理费，马卫华管理了两年后，今年不再愿意管理了。没有办法，为了不让它放荒，李家硬是自己出钱出力地请人简单栽种一点下去。

是的，这两年元阳县政府为了提高农民的收入，在全县实施"稻鱼鸭"共生项目，箐口村也在项目实施范围内。2017年，政府每亩发放10公斤鱼苗，25只鸭子。我家就领到135只鸭子，50公斤鱼苗。实际上，并不是每块田都适合养鱼的，小块的田鱼是长不大的。到收割的时候，我的田里捞上来的鱼不超过10公斤。鸭子也因为饲料缺少的原因只活下来不到一半。为了保证鸭子的食料，我在2017年买了1500斤苞谷，2018年买了1000斤苞谷，鸭蛋是收回来一些，多数自己家消费了，卖出去的不过是几百元。又打听其他村民家的情况，多数村民的意见是"鸭子养不起""要吃的饲料太多了""那些鱼苗可能是不适合气候，收谷子的时候，鱼非常少，拿来作吃中午饭的菜都不够""真是白养了"。对于此，仅我们箐口村就鱼苗和鸭苗是投入了几十万元资金的，收回来的效益从这几年的实践来看是不理想的。再想象一下，梯田的水位一般就是二三十厘米深，鱼放进去，鸭子在其中觅食，水被搅浑了，亲眼看见几十只鸭子在水中游动的情况，多数鱼是要被鸭子觅食的，再加上夏季的时候，老鼠、鸟类的破坏，要想在梯田里成功养那么多的鱼和鸭子还是要想出一种更科学的办法来的。

我打听过，现在外出务工的男工一天是 130 元，有的技术活的还要高到两三百元，妇女工资要低一些，本地打工的话一般是八九十元一天。这样计算的话，外出打工的话，一对夫妇一天就能挣到三四百元，一个月少说也要挣到四五千元。几年下来，还是可以省出十几甚至 20 万元的。现在，箐口村民外出打工的，全国各地都有，但大多数是去蒙自市当建筑工。有许多人外出打工已经十多年了，连子女也带在他们身边读书。李庆生夫妇、卢世文夫妇、李成夫妇、李庆峰夫妇、张学夫妇、张五夫妇、李世文夫妇等都是这样。他们挣钱回来，都已经把老房子建好，还都买上了自己的车辆做交通工具。用村民的话说："他们几个是村里最有钱的了。"因为业务熟悉了，家里播种和收割时候或者有什么特殊情况就回来，正常农闲时间情况下就出去蒙自市打工，他们几个建房子又买车的，让大部分村民很羡慕。

怎样保护梯田？这是一个很大的问题，认真考虑的话就是说来话长的大问题，不能三言两语就能说清楚的事情。保护水源林，修缮蓄水池是必须的，维护和修理水渠便于灌溉，人力和畜力是必须考虑的事。以前，村里的畜力还算足够的时候，村民外出务工的时间少，很多家庭都自己养着牛用于耕种。现在的话，年轻人外出的机会增多，在家养牛的人减少，微耕机的进入，肥料的使用，有的村民家管理梯田程序在减少。就 2019 年来说，也有大半村民只犁田耙田各一次就栽种了，有的村民直接用锄头钉把捞出杂草就插秧，很大程度上省去了劳动工序。除了还在养牛而又勤快的卢朝生进行了两犁两耙之外，再也没有看见其他村民进行两犁两耙，打听其他附近的村民也基本如此。以前的生产劳动方式不再适合现在的年轻人，因为没有养牛，也没有必要自己收谷草建蘑菇房，秋收后的谷草多数村民就直接烧在田里，很少有村民把谷草晒干捆拢又背回来。现在是市场经济时代，年轻人首先看重的是怎样挣钱。他们宁愿挣钱请人种田，也不愿意自己下田了。这个是很大的问题。虽然梯田很好看，是世界遗产了，但怎么把梯田保护下去呢？我还没有想清楚。

# 第二章　石头

## 声部一

### 遭遇石头：民俗旅游村的纯然物、使用物与消费符号 [①]

#### 一、问题的提出

经济欠发达地区"遭遇发展"的表现形式是多种多样的。[②] 视随处可见的石头为无物，而引进异地的石头进行文化装饰以便凸显当地景观特色，这是云南省元阳县新街镇箐口村正在发生的"遭遇发展"的故事。箐口村是一个位于世界文化遗产红河哈尼梯田核心区的哈尼族山寨，2016年底共计人口1026人。该村是从2000年开始被作为第一张"哈尼族文化名片"打造的"民俗旅游村"。层层梯田是这一区域最壮阔也最吸引人的景观。村内村外，田头地脚，溪旁林中，随处可见或大或小的石头。村民蘑菇房的墙角也都是由石头砌成的。非常有意味的是，"民俗旅游村"的打造历程也成了异地的石头不断进入该村的过程。显然，将大者有一米见方，小者仅鹅蛋大的石头以及巨大的用作雕刻图腾柱的石头从几十公里乃至上百公里之外拉到村中的花费必定不菲。除了做图腾柱及石碑的石头

---

[①] 原文发表在《思想战线》2017年第5期，作者马翀炜。

[②] 参见［美］埃斯科瓦尔：《遭遇发展——第三世界的形成与瓦解》，汪淳玉、吴慧芳、潘璐译，社会科学文献出版社2011年版。

外，绝大部分外来的石头都具有外表浑圆的特点，这类石头在城市公园中十分常见。在并不缺少石头的村落，在旅游开发中不断强调"原生态"，在所谓"本真性"文化更有价值的语境下，何以会出现以外来的石头装饰村寨以凸显民族文化特色的事情？游客是否会凝视这类石头暂且不论，在这样的视线引导下，游客对村落中的早已存在的石头视而不见却是常态。如果人们在公园里用这类浑圆的石头进行装饰是因为这类石头能够唤起某种情感的作用而具有了克莱夫·贝尔所说的"有意味的形式"①的话，那么，山寨中本就存在的石头是有形式而无"意味"的吗？事实上，这些石头也意味丰富。现在村寨空间中这些出自不同地方的石头，作为物，到底有着怎样的差异而受到了如此不同的对待呢？在此遭遇的石头问题是值得探讨的。

　　人类学通过对物的考察来认识文化是文化研究的诸多进路之一。在人类学发展早期，进化论学者有关物的研究就是卓有成效的。对食物、工具和使用物的技术的研究是摩尔根有关人类文化发展的蒙昧社会、野蛮社会及文明社会的进化阶段分析的重要基础。②泰勒在其有关万物有灵论的研究中，尤其是关于拜物教的研究中，包括石头在内的物及物的灵力都成为其关注的重要对象。③之后，物的分类、历史、符号象征、文化意义、交换交流等问题成为人类学有关物的研究的重点，且成果丰富。④如马克思所言："分析经济形式，既不能用显微镜，也不能用化学试剂"⑤，对箐口村本地石头与外来石头的分析，也一样不能用地质学或者化学等自然科学的方法，而是要从社会与文化的维度进行解析。人类学聚焦物而进行的讨论都是围绕人与物、人与人之间的关系展开的。此外，虽各有侧重，其理

① ［英］克莱夫·贝尔：《艺术》，薛华译，江苏教育出版社 2004 年版，第 4 页。

② 参见 ［美］摩尔根：《古代社会》，杨东莼、马雍、马巨译，商务印书馆 1977 年版，第 9—11 页。

③ ［英］泰勒：《原始文化》，连树声译，广西师范大学出版社 2005 年版，第 519 页。

④ 参见彭兆荣：《物的民族志述评》，《世界民族》2010 年第 1 期。

⑤ 《马克思恩格斯选集》第二卷，人民出版社 1995 年版，第 99—100 页。

论旨趣也各有不同，但除了万物有灵论的相关研究外，这些研究中的物大都是就在人手边的人的制作物。这也与研究者们基于人的文化体现于人的制作物中，制作物的存在状态表现了人的文化状态的共同认识有关。然而，那些并非人的制作物，即存在于自然界中的毫不起眼的诸如石头、土块、木头之类——如海德格尔所谓的纯然之物却较少被关注。即使在万物有灵论的研究中，由于涉猎面极广，内容驳杂而对特定的物何以会具有灵性的研究依然是不够深入的。纯然物之所以重要，就是因为"纯然物即本真的物"[1]。"'纯然'毕竟意味着对有用性和制作特性的排除。"[2] 何以排除了有用性和制作特性的物是更加值得关注的呢？马克思对此有过深刻的理解："人的普遍性正表现在把整个自然界——首先作为人的直接的生活资料，其次作为人的生活活动的材料、对象和工具——变成人的无机的身体。自然界，就它本身不是人的身体而言，是人的无机的身体。"[3] 换言之，对无机的物的理解就是对人的无机的身体的理解，进而就有可能成为对文化的人的理解。

称那些原本就散落在箐口村内外一些未经加工也未经使用的石头为纯然物，是因为它们是以本真状态存在的。那些石制的石磨、水碾、水碓、铺在路面、砌在墙角的石头，以及砌成供背负重物的人休憩的兼具引领失魂的人回家的"阿南南"（哈尼语"歇脚台"）则是与人的制作相关的形式存在的。这些石头是否具有社会意义，往往与它们是否在村寨社会文化空间建构中具有意义有关。伴随旅游业的开发而不断侵入村寨的石制图腾柱、巨大的石碑以及浑圆的石头，则显然是作为消费符号而存在于这个山寨的。这些异地石头也在村寨中建立起一种新的社会文化空间，只是这个空间由于未能与村寨的空间建构密切相关而在空间意义上讲是与村寨社会文化空间相区隔的。恰好是这些显得与村寨的整个景观形成紧张感的外来

---

① 孙周兴选编：《海德格尔选集》，上海三联书店 1996 年版，第 242 页。

② 孙周兴选编：《海德格尔选集》，上海三联书店 1996 年版，第 250 页。

③ 马克思：《1844 年经济学哲学手稿》，人民出版社 1985 年版，第 52 页。

石头与当地石头的并置，使得对这些作为物的不同的石头的关注有了深刻的意义。当地的石头是如何成为山村世界的一个部分的，它们是如何显现自身的，在人与石头的关系中，人们是通过何种不同的程序和不同的物产生关联的，人的不同的行动和不同的人际关系如何产生，人的世界以及这个世界的意义是如何的，以及外来的石头何以成为消费的符号，在村寨内部人的视界中消费符号的石头有何意义，村寨中的石头是否能够进入作为外部人的游客的视域等问题都是值得探讨的。当然可以依凭对石头这些物的分析去理解村落的文化，同时也可以对不同类的石头背后体现的不同的文化关系在村寨空间中的呈现进行思考。由此也可以实现人类学在村寨中进行文化研究的目的。

## 二、作为纯然之物的石头及其时间叙事

箐口村那些作为纯然之物的石头，就是那些在村民的记忆中从建寨之时就已经在那里的石头。这些石头的大部分都隐没在土里，露出身来的大者一米见方，小者不过一二十公分大小。从外观上看，这些石头没有任何特别之处。它们就分别散落在举行"苦扎扎"（六月节）的磨秋场旁、寨子内的路中间以及寨子的边上。在村民的日常生活中，这些石头毫不起眼，也无人理会。但是，当人们真的以为这些石头只是寻常之物，甚至由于它们妨碍行走而要清除却遭到村民反对的时候，这些石头便不再是寻常的石头了，其建构社会空间的意义便凸显出来。

箐口村的磨秋场位于村寨的东南部，三条村内道路都通达此地。在平整的村寨祭祀场地磨秋场旁边有几块凸出地面的大石头。2001 年，箐口村被当地政府确定为"民俗文化生态旅游村"进行开发。展示民族文化是吸引游客的一项重要内容，"苦扎扎"和"昂玛突"（祭寨神）这些村子中最重要的节日自然也成了需要特别打造的项目。当地开发部门的领导和请来的旅游开发专家在考察磨秋场的时候就曾认为，将来游客来的多了，磨

秋场的这几块石头会妨碍游客的参观，于是便决定要把磨秋场的这几块石头敲掉。这个决定最终被村民否定了，理由就是"这些石头老古老古的，老人们在的时候就有了，不能敲，敲掉了会对村里人不好"。旅游开发已经进行十多年了，磨秋场及周边都铺设了平整的石板，这几块石头却保存至今。据说，在特别早的时候，虽然石头也不算大，但小孩子就是爬不上去。大人则不可以站上去，如果站了就会生病。更有甚者，有人在旁边坐一会儿也可能肚子疼。当然，现在站上去，或者坐在上面休息也没什么了，但是，就是不能敲掉或者搬走。

除了磨秋场的这几块石头之外，箐口村里还有几块禁止敲掉或搬走的石头。从村头进来约六十米，路边有一块大部分已经被埋在了一户人家的墙角下的石头，偶有村外人会坐在只露出很小一角的石头上卖烤豆腐。村里小学大门旁有一块长约两米、宽约一米的石头，现在上面经常堆着些杂物。这两块石头都是不能动的。在村内东西向和南北向的两条小巷中，分别还有两块不能敲掉或移走的石头。特别是南北向的这块石头，愣愣地躺在路的中间，虽然会给行走带来些不便，但就是不能动。在村东头"民族文化陈列馆"背后的小溪旁，有一块一米多高的石头，也是属于这样的石头。这几块石头大致围出了一个区域。这块区域是最早建寨的地方。这些石头成为了村寨边界的象征。村民听他们的祖辈说起过，在很早的时候，村里负责祛除村内不洁之物的宗教头人摩批会在入村口及小学校大门旁的这两块石头边做仪式。这两块石头的所在就是村头和村尾的地方。村民出外参加葬礼活动回来，通常要摸一下寨头或寨尾旁的石头，这样可以把身上带着的不洁的东西留在村外。十几年前，小溪旁的那块石头因为雨水冲刷而动摇了基础倒了下来，为了防止不好的事情发生，村民们在做了仪式之后又赶紧将其扶正。

随着人口的增加，突破原有的空间建房子是必然的。现在的村寨比建寨时的村寨大了好几倍，这些石头也已经是村寨里面的石头了，其标识实体村落内外空间的功能早已失去。虽然实体的村寨改变了，但是，那个记忆中存在的或者说观念的建寨时的村寨空间却一直保留着。这也是实体的村寨可以变化而又万变不离其宗的根基所在。这几块石头随着村寨的不断扩张而从边缘"进入"了界内，石头并没有挪动，挪动的是村寨边界。甚至这些石头是否能看见也不重要，重要的是这些石头都完整地存在。如海德格尔所说："永远过往者乃是神圣。因为它作为原初之物在自身中始终是未受损伤者。"① 现实的村寨边界是可以挪动的，而那些曾经的历史边界记忆的符号是不可以挪动或损坏的。其神圣性也在其不容损毁或搬动中得以体现。

村寨扩大了，现在标志边界的任务由其他的石头来担任。村寨四周与梯田相邻的路边的石头成了界石。一些村民遇到不顺的事情的时候，有可能将原因归为丢魂，于是他们有时会请摩批选好时间在村子边与梯田交界处的石头旁做相应的仪式。石头上留下的黑色烟迹就是杀鸡做饭祭祀后的痕迹。在村寨边界做叫魂仪式是为了把在外丢的魂叫回到干净的村寨内。敬献过的东西吃不完也要留在村外，不能带回村内。每年举行的祭寨神节日中的一项重要任务就是由大摩批举行仪式以驱逐村内不洁之物，并且要在祭祀寨神之前封好寨门。对于当地村民来说，每年举行的村寨性的"苦扎扎"和"昂玛突"等仪式都在显示着村寨空间的神圣性。② 在日常生活中，在特定位置的石头旁偶尔举行的仪式也在显示着村寨空间的神圣性。这些石头占据的位置充满了区别村寨内外的意义。如海德格尔所说："位置总是开启某个地带，因为位置把物聚集到它们共属一体之中。"③ 神圣物各就其位是为了维护社会生活的秩序。也如列维-斯特劳斯所说，一切神圣事物都应有其位。"使得它们神圣的东西就是各有其位，因为如果废除其位，哪怕只是在思想中，宇宙的整个秩序都会被摧毁。因此神圣事物由于

---

①　孙周兴选编：《海德格尔选集》，上海三联书店1996年版，第342页。

②　参见马翀炜：《村寨主义的实证及意义——哈尼族的个案研究》，《开放时代》2016年第1期。

③　孙周兴选编：《海德格尔选集》，上海三联书店1996年版，第485页。

占据着分配给它们的位置而有助于维持宇宙的秩序。"①

　　大地广袤，并非任何非无的东西都是物。这些普通的石头作为物，原本就在那里，但并没有进入人们的世界，甚至有没有石头这个问题都是不存在的。只是当这些物与时间相关联，当建寨的祖先来到这里，把这块地方建成家园的时候，这个新的世界使石头就在那一刻存在了。因为这些石头从那一刻开始成为与人发生深刻关系的标识村寨空间的符号。人们并没有去占有这些石头，但这些石头就在人们的建寨活动中显现了自身而成了世界的一部分。同样也可以说石头也使人的寨子的内部空间有别于外部空间而具有了洁净和神圣的意义。石头不易变化的质地象征着时间的久远。人的历史的时间是不同于自然科学的单一同质而可度量的时间的，时间总是与某物或事情的展开和出现有关。如海德格尔所说："时间只有在人在的情况下才成其为时间。没有一种时间是人不曾在其中的；所以如此，不是因为人是从永恒而来又在入一切永恒中去，而是因为时间不是永恒而且时间只有作为人的历史的此在才成为一个时间……人领会在。只要人领会在是必须的，那么人也就是历史地现实的。"② 时间性的统一就是曾在、将在和现在的统一。曾在的是有意义的就是因为它关涉着将在，"只有当此在是将来的，它才能本真地是曾在。曾在以某种方式源自将来"。③ 记住历史是为了肯定现在的生活的意义，更为将来的发展铺垫意义基础。

　　从建寨的祖先来到此地，一直到现在的人们以及将来的子孙生活在这里，在空间中分出内外的石头在时间上永恒地联系了祖先和今人，见证了历史的变迁，村民与起源及归属的意义就此得以显现。材质十分坚硬，不可随意移动的石头在联系祖先的时候也占有了空间。这些石头因为进入人

---

① ［法］列维-斯特劳斯：《野性的思维》，李幼蒸译，商务印书馆1987年版，第14页。

② ［德］海德格尔：《形而上学导论》，熊伟、王庆节译，商务印书馆1996年版，第84—85页。

③ ［德］海德格尔：《存在与时间》，陈嘉映、王庆节译，生活·读书·新知三联书店2006年版，第371页。

的世界而使其历史久远性得到确认。纯然物的石头的存在使安家和栖居的世界得以敞开。恰好是这些纯然物面向人的存在使得观念中的村寨得以显现。实体的村落自然十分重要，观念的村落更为重要。这些有其神圣性起点的不能动的石头在村民的观念中是永恒的。永恒的石头永恒地叙说了这样的集体意识：这个村寨是我们的，这世界是有意义的，我们在此生活是有根的，我们是有美好未来的。

### 三、作为使用物的石头及其空间建构

在自然界中进行创造而拥有文化的人的生存是离不开对自然界中物的使用的。在山区，村寨生产生活少不了对石头的使用。碾米磨面、建房修路都离不开石头。作为物的石头在不同的使用中具有不同的社会文化意义。

安居才能乐业。建房这种建造属于自己和家人的家屋空间的工作算得上是村民一生中最重要的事。如开拓居住人类学先河的摩尔根专门指出的，居住方式和建筑是人类文明的重要成果，住宅建筑与社会文化紧密相关。[①] 箐口村被政府选定为"民俗文化村"进行打造的一个重要理由是该村保留了大量的能够体现哈尼族传统文化特色的蘑菇房。在最近十多年的发展中，真正意义上的蘑菇房已经基本消失。钢筋混泥土建造的房子自然比传统蘑菇房宽敞明亮且牢固。建这种类型的房子也是村民的愿望。政府资助村民在红砖墙外涂上一层土色，在屋顶上加盖茅草顶都是保持传统与适应现代发展要求的一种折中办法。但无论是过去用土坯还是现在用红砖，建房下石脚都是必须的。家屋不仅是居住的地方，还是灵魂平安的地方。虽然现在的房屋钢筋水泥柱支撑着房梁而使原先房屋中的木头的中柱没有了力学意义，但是，村民依然在水泥柱旁树立一根木头柱子以代表传

---

① 参见〔美〕路易斯·亨利·摩尔根：《美洲土著的房屋和家庭生活》，李培茱译，中国社会科学出版社1985年版。

统的中柱，中柱下端钉一个钱币的习俗依然保留，立这个中柱的时候依然有严肃的仪式。中柱边的神龛及楼下的神龛也同样保留着。迁新房也有一套隆重而复杂的祈望平安富足的仪式。年节活动中祭祀祖先等神灵的仪式也同样不能少。因此，建房即建造圣洁家屋空间时对于奠基石的要求以及相应的仪式也是不可轻易改变的。

用于建房的石头都必须是"干净的"。所谓干净是指这些石头是没有被"污染"过的。采石场的石头是从山里开采的，没有与人发生过关系，这类石头一般都没有问题。从山上搜集石头则要小心一些。如果在搜集石头的过程中突然出现身体不适的情况，则意味着很有可能拾到了不干净的石头。这类石头有可能是过去有人在做某种驱邪仪式时碰触过的。当然，只要把这样的石头依旧搬回原处也就没有问题。这种情况几乎不会发生，之所以有这样的说法，就是为了强化石头干净的重要性。路上的石头是一定不能用作房屋的基石的，因为送葬的人很可能踩到过这些石头，用这些石头很可能会对家人不利。此外，磨刀石不能用，烧火做饭用来做支架的石头也不能用。

用"干净的"石头下石脚时，也有许多规矩。首先要请摩批看日子。家屋空间的建造是要和吉利的时间相结合的。一般认为，男主人岁数是双数那年才可以动工盖房。如果与男主人的生日不合，而家里又有已经成家的儿子，他的岁数在那年是双数也可以动工。开工时由男主人来动第一锄头。铺地基的沟挖好后，由男主人来将三块石头挨着平放在挖出的沟里。摆放石头的时间通常都是在清晨四点至七点之间，也就是天即将亮的时候。这三块石头摆放的位置通常在房屋四角中可以被太阳照射的一角。摆放好石头后就要举行仪式，向神灵献饭，通常摆放一碗或三碗开水、一个糯米团、一颗煮熟的鸡蛋，谢天谢地以求保佑家人。之后就可以铺设其他的石头了。三块石头分别代表粮食、人、牲口。石头放置得合适，则人丁兴旺、粮食丰收、六畜兴旺。这样的寓意很显然是农耕文化里的一种美好愿望。这三块石头一般只有主人家知道，今后如果遇到不顺的事情也可以通过把这三块石头挪动一下来改变运道。这三块表达美好愿望的石头一般并不起到真正的基石作用，而是在观念上具有稳固美好生活的作用。通过赋予石头以特殊的意义，人们对家屋空间的重要意义的理解也在选择何种石头以及在何时以何种方式进行安放的规定中得到了体现。

用石头垒砌"阿南南"（歇脚台）最能体现村民个人福祉的获得与帮助他人有密切关系的信念。"阿南南"都是修建在进村的道路旁边，其功用就是给未成年人丢失的魂找到回村的路的。村民们认为，如果一个人做事不顺、精神萎靡或者身体不适，但又找不到原因，那很可能就是把魂丢在村外了，就应该修一个"阿南南"。"阿南南"大约长 1 米，宽 0.6 米，高 1 米。"阿南南"的上面都立着一块 20 厘米长、15 厘米高，2—3 厘米厚的小石片。小石片是用来给丢失的魂灵引路的。小石片指引的方向都是所居住的村寨空间。立这种小石碑的时间和地点一般要找摩批来算，箐口村的"阿南南"主要修建在从公路进入村子的路口以及通往另外两个村寨的三岔路口边。显然，在岔路口立"阿南南"是有助于把丢失的魂引领回来的。备齐石头和水泥沙子之后，主人家会请亲戚来吃饭。然后大家一起砌"阿南南"。之后杀红色公鸡敬献神灵，祭品还有糯米团、鸡蛋和水。这些祭品自然是献给神灵的，但同时也可以让在外游荡的魂吃了东西之后有力气找到回村的路。献饭之后，路过此处的第一个成年男性有义务给这个丢魂的人取个小名，而丢魂的人当天也要去磕头。如果做过仪式之后，情况仍然没有好转，则有可能换一个地方重新再立"阿南南"。从根本上讲，立起指路的小石片是最重要的，但要使其真正有效果，就必须做善事，给走山路背负重物的人修建歇脚的台子就是在表达个人的顺利与否以及健康的好坏实际上与是否帮助他人有密切的关系。建好"阿南南"之后，还要在其后面种棠梨之类的树，树慢慢长高了，就可以为歇脚的人遮荫。来此歇脚的人自然也会为"阿南南"的主人祝福。箐口村的几个路口有几十个这样的歇脚台，时间久远的已经布满了青苔，现在人们也还在修建。当然，人到底有没有魂，一个人萎靡不振，身体不适或者做事不顺是否就是丢了魂，以及修建了"阿南南"是否就可以解决问题之类的话题不是本书要探讨的。这里更关注的是修建"阿南南"的整个行为都在表达出个人福祉的获得是与对他人的奉献有关的理念以及村寨内部是居住在这个村寨中的人共享的平安祥和空间。

与那些纯然物的石头不同，这些本来就是基于现实目的而被使用的石头在使用的形式上会随着时代的变化而发生变化。早些时候"阿南南"上面指路的小石片上什么也没有，受外来文化的影响，现在的一些小石片系上了红色的绳子。有些新修建的"阿南南"上的小石片上会刻上"挡箭牌"几个大字，左右两边也会以对联形式竖排写着"箭到石碑挡，弓开弦自断"，或者"姓孩儿名犯将军箭已退出，此长命富贵永无灾难"之类的文字，有些小石片的下面写着"某年某月某日立"之类文字。一些小石片上也开始刻上主人的名字。另外，特别值得注意的是，一些新立的"阿南南"开始有了新的功能。随着旅游开发的不断深入，越来越多的背包客出现在田间地头，在穿行于各种村寨之间的时候，他们难免也有迷路的情况发生。新建的"阿南南"上的小石片上开始出现标识东西南北的指示标，并且标出不同方向的村寨的名字，如北指向哈尼小镇，南指向梯田，东指向全福庄，西指向箐口村。这些标识是针对游客的，能够在为乡亲们提供歇脚处的同时又能为游客指路，那么，在方便更多的人的时候，自己的福气自然会更多。这在一定程度上也透露出村民对新的社会交往关系意义的肯定。

很少有人会认为在村寨内会丢魂的，更无人认为会在家中丢魂。这些都说明了在村民的观念中家屋空间及村寨空间是最平安的。如果作为使用物的石头与构造这样的空间相关，那么就具有了特别重要的意义。石头能够作为使用物的关键在于其现实的有用性。能够可靠地用来实现生活某一目的的使用物就是有用的。作为房屋奠基的石头以及作为修建"阿南南"的石头都是物，是实现建筑安居的房屋以及引领灵魂回村寨的物质基础。只要作为物的石头能够以特定的方式构建社会空间，那么，物的聚集的方式是依旧制还是据新规都是可以的。与此不同，与构建社会空间无关的作为使用物的石头的意义则在于能够满足日常的需要。当生活的需要使新的使用物或者用具可以更好地满足日常生活的新的需要的时候，原有的使用物和用具如石臼、石碾、水碓、猪食槽等都可能退出生活领域。满足生产生活需要的物品的时代性需求的不断变化是这些使用物乃至用这些材料制成的用具会不断发生变化的根本原因。随着历史的发展，现实的需要会发生变化，满足新的需要而对物进行新的安排正表现了创造性之于人们发展的重要性。

### 四、作为消费符号的石头及其文化区隔

旅游开发活动对箐口村的影响从一开始就与异地石头的进入有关。这些异地石头也从一开始就因扮演着引导消费的符号角色而起作用。那条通往村内的 800 多米的土路之所以不像公路干线那样修成柏油路面而被修成了成本更高的石头路面，就是为了向外凸显村寨空间的异质性。因为规划者们相信柏油路是属于城市的，而石板路则是属于乡村的。进入箐口村岔路口旁用外来的石头铺就了巨大的观景平台。牛、田螺、青蛙、鱼和螃蟹五个石雕分布在观景台的周围。观景台中央树立了一根巨大的深红色图腾柱，它由五块圆柱体石头拼接而成，上面刻有蝴蝶、大象、孔雀、白鹇鸟等图案。村脚处修建的广场则立了三根小一些的图腾柱。观景平台旁还逐渐立起了各种石碑。最大的一块石碑立于 2001 年，高约 3 米，宽约 2 米。正面是"元阳梯田冠天下，红河风情醉国人"的题词，背面刻有赞美梯田的诗歌。"全国重点文物保护单位——红河哈尼梯田"石碑是 2014 年立的，碑文除汉字外，还有哈尼文和彝文。"民族团结示范村"的石碑也立在了村口。类似的题词碑和纪念碑在周边其他村寨和梯田边随处可见。这些石制品也在进行空间的建构，由异地石头建构的空间显然是从满足游客旅游审美的角度考虑的。游客的视域及体验都由这些新建的空间规训。

在现代旅游背景中，高大的图腾柱本身也已经成了消费文化的符号，

并且还是引导游客进行"异文化"消费的符号。显然，图腾柱并不是哈尼族的文化符号，而是北美印第安人的符号。从北美印第安人在他们的聚落中立起图腾柱到在各种博物馆门前以及民俗旅游村门前立起图腾柱的历程就是这一文化符号被规训的过程，并且，"图腾柱这一被驯化的文化符号又开始起着驯化新的地方文化的催化作用"①。图腾柱自身所带有的"异质文化"特性，使得这一异质性的符号成了引导消费的符号。哀牢山区是没有大象、孔雀之类的东西的，图腾柱上的这些图案显然是针对游客发声的。观景台上的牛、田螺、青蛙、鱼和螃蟹五个石雕只是在一些文化研究者的笔下具有神圣性，因为牛的角和螃蟹的鳌早就不知在什么时候被人掰折了，好像也没有人觉得这样的捣蛋行为会带来什么不利。向外显示当地文化神圣性的图腾柱、石雕和村民的关系是模糊的，被调查的村民也几乎都没有注意过那些新立的石碑，更是很少关注那上面写了什么。

在异地的各式各样的石头不断包围山寨的时候，那些大大小小的浑圆的石头也在不断进入村寨，被用做凸显"原生态"的各种装饰。在村寨内的路边和巷口的鹅卵石显然是为游客铺设的，因为在少有游客进入的巷子里面是难觅其踪迹的。进村不远处的一户人家的菜园被鹅卵石围起来，时间一久，石头上布满了青苔，游客路过此处很喜欢拍照留念。去往陈列馆的石板路两边不时地出现排列整齐、大小相近的圆形卵石，形成一个供游客流连的空间。为游客修建的"哈尼民俗陈列馆"东侧下方的小溪中布满了直径有七八十公分的浑圆的石头，潺潺溪流从石头边流过。那些石头成了引导游客通往梯田欣赏美景的桥。

鹅卵石在中国传统赏石文化以及古典园林设计中并不特别受青睐，受赏识的是所谓"瘦、皱、漏、透"或是"清、丑、顽、拙"的石头。② 这样的石头是稀有的。在各地城市大量兴建现代公园的情况下，河流中并不

---

① 马翀炜：《文化符号的建构与解读——关于哈尼族民俗旅游开发的人类学考察》，《民族研究》2006 年第 5 期。

② 刘显成、杨小晋：《中国"崇石文化"论》，《文艺争鸣》2011 年第 4 期。

稀有的鹅卵石成了承担构造园林意味的最常用的材料。也正是由于这些式样的石头不断出现在城市公园里，逐渐成为市民眼中公园的一种标识而日渐被接受。在外来游客眼中，这些熟悉的石头被置放于道路两旁，成了引导欣赏异质文化空间的符号，起着规定外来者的游客游览路线的标识。游客虽身处异域，但面对所呈现的熟悉的景观，他们是容易在这些景观中确认自己身份的。这从根本上讲是一种自我价值的消费。

以异地石头对异地来的游客进行旅游消费引导与更好地以符号来对旅游消费者进行控制的目的有关。这种以来自异地的石头引导游客的旅游活动也是一种美学清场行为，即一种按照美学高低标准来决定给游客看什么的行为。如迪克斯所说："受过教育的手和眼睛建构、接受、诠释一番景色，而忙碌的底层劳动者也在建构、接受、诠释另一番景色。经过社会与美学高低标准的过滤，透过表面意义和隐喻意义的'视角'，决定了哪些人能看到哪些景色。"[1]无疑，这样的美学清场行为在使当地的石头被遮蔽的时候，游客的主体性也在被放逐。游客成为了大脑中填满咀嚼过的文化食品而无法接受新的文化的被动者。

以产品的陌生性勾起消费的欲望，以产品的熟悉性保证消费的顺利进行是消费社会中建构消费符号的一种策略。对于游客来说，进入陌生的环境但又依靠熟悉的标识，沿着鹅卵石砌出的景观道走完一圈也就意味着妥帖地完成了对哈尼山寨的观光之旅。为了引导观光消费，这些异地的石头在向游客进行着一种诠释，使得他们在少数民族村寨找到熟悉的景观公园的感觉。"通过给自然风景添加文化图示和叙述，诠释把场所变成了某些特定含义——特别是有关环境保护的话语——被预先挑选出以展示给游客的地方。游客进入充满符号的风景区，并以可控制的方式与其互动。"[2]对哈尼梯田

---

① ［美］温迪·J.达比：《风景与认同：英国民族与阶级地理》，张箭飞、赵红英译，译林出版社 2011 年版，第 1 页。

② ［英］贝拉·迪克斯：《被展示的文化——当代"可参观性"的生产》，冯悦译，北京大学出版社 2012 年版，第 117 页。

包含的人与自然和谐相处文化的理解就在这样一种被控制的方式中展开。

这些异地的石头起到了把空间分割为两部分的作用。石头的这一面是熟悉的、有序的，从而是可以接受的；石头的那一面则是陌生的、无序的，从而是难以理喻的。由这些石头进行的区隔也表明了大众旅游所谓对异文化的欣赏的一般样态，即在表层化的欣赏中保持与异文化的距离。当地的石头除了走上去时能够感觉到那是石头之外，就是旅游开发商用村民废弃不用的石碾、石磨、猪食槽等在路边做装饰的石头。这些石头因为被规训到旅游的秩序当中成了显现的东西。相反，没有被纳入那个新的空间秩序的石头则是无法现身的。那些墙基里的石头自然是看不见的，村寨周边的石头也是看不见的，路边的"阿南南"看不见，就是那些磨秋场旁、小巷的路中间突出的石头也是看不见的。尽管这些石头与当地村民有着非常复杂的关系，也有着丰富的文化内涵。在旅游消费背景中，消费不是被动的吸收和占有，如布希亚（又译鲍德里亚）所说，"消费是一种［建立］关系的主动模式（而且这不只是［人］和物品间的关系，也是［人］和集体与［人］和世界间的关系），它是一种系统性活动的模式，也是一种全面性的回应。"① 事实上，在大部分情况下，建立这样的模式的目的很难说是为了真正理解文化，而是提供消费符号。"人们在重要而富有象征意义的风景区休闲，以此来建构自己的身份。"② 而当这些异地石头已经承担起被消费的作用的时候，旅游消费的目的就已经达到。当地的石头隐而不见也就不足为奇了。对于旅游开发者而言，引进并安置异地石头来建构旅游景观也是颇花心思的技术活，殊不知对于消费者的游客来说，"技术在承诺让我们获得对世界'自然'状态更加集中的体验的同时，不可避免地让我们更加远离自然……我们越是渴望真实和意义，它们就越是以模拟的形

---

① ［法］尚·布希亚：《物体系》，林志明译，世纪出版集团、上海人民出版社 2001 年版，第 222 页。

② ［美］温迪·J. 达比：《风景与认同：英国民族与阶级地理》，张箭飞、赵红英译，译林出版社 2011 年版，第 1 页。

式出现在我们面前。"① 技术活"所带来的'了解''他者'的亲密感不过是技术效果，而不是跨文化社会交往的结果"②。没有能够让旅游消费者真正深入了解当地的文化，与旅游规划设计者及实施者对当地文化理解不够深入有关，与当地的石头之类的包含了丰富文化内涵的物没有能够进入消费符号建构中有关，更与引导消费从而获取利益而不追求在文化交往中使外来者与当地社会建立一种新的社会关系这一原因有关。

现代社会的一个重要特点就是时空中所有的距离都在缩短，原本远离的物都可能近在眼前。现代旅游的兴起使那些有着文化差异的人们的直接交往得以经常性的发生。在现代社会，"人用最短的时间将最长的距离置于他之后，人在最小的范围内将最大的距离至于他自身之后，因此也将万物置于他之前。但是，这种所有距离的仓促取消没有带来任何亲近；因为亲近并不在于距离的微小度，"③而在于社会文化关系的建立。异地石头进村是消费社会为了满足旅游消费者的消费需求而实施的。只有那些成为消费符号以及成为引导消费的符号的石头才是看得见的。当地的石头没有成为消费符号，作为文化之物的石头就是看不见的，自然，真正意义上的对当地文化的理解也就无法达成。

诸多以挖掘传统文化，开发文化的形式进行的发展之所以会存在诸多问题，从实质上讲是"发展没有被看作是一个文化的过程"④。在呈现当地文化的山寨空间中，异地石头显眼而当地石头隐而不见，这本身也还是消费时代的一种文化僭越现象。并没有征得当地村民认可就引入异地石头也还表明了在整个旅游开发过程中村民始终处于被动位置的现实。此外，引

---

① [英]贝拉·迪克斯：《被展示的文化——当代"可参观性"的生产》，冯悦译，北京大学出版社 2012 年版，第 10 页。

② [英]贝拉·迪克斯：《被展示的文化——当代"可参观性"的生产》，冯悦译，北京大学出版社 2012 年版，第 45 页。

③ [德]海德格尔：《诗·语言·思》，彭富春译，文化艺术出版社 1991 年版，第 146 页。

④ [美]埃斯科瓦尔：《遭遇发展——第三世界的形成与瓦解》，汪淳玉、吴慧芳、潘璐译，社会科学文献出版社 2011 年版，第 49 页。

入异地石头的设计者和实施者们都相信他们确实是在凸显民族文化，他们的行动实际上正表明了"每一文明都倾向于过高估计其思想所具有的客观性方向，然而这一倾向总是存在的"①。这种自负使他们相信，他们的这些行为才是能够真正凸显山寨的"原生态"文化，从而可以更好地吸引游客的。入口处的巨石、道路边的卵石、小溪里的圆石、粗糙的石板路以及弃之不用的石磨等，都在村寨空间中占据了最为显著的位置。然而，对作为外来者的游客具有引导消费作用的这些石头，在村民的世界里几乎像是我们世界中的书生一样百无一用，甚至还有可能带来麻烦。例如鹅卵石的硬度高，不易敲成公分石去做建筑用的混泥土材料，整块的石头则滑溜溜的，与水泥之间的粘性不好，拿来砌墙也不合适。牛走在溪水中作为桥的圆形大石头以及一些用小鹅卵铺好的路面上也容易跌倒。异地文化僭越的空间中，可能会跌倒的是牛，但更可能跌倒的是当地的文化。

## 五、结论与关于物研究的进一步讨论

能否实现文化的传承和发展，与人们社会交往关系的扩大与否有着直接的关系。民族地区进行的"民俗旅游村"之类的开发活动就是一种通过社会交往的扩大来寻求发展的方式。大量的异地石头的进入其实也是扩展社会交往努力的表征。然而，真正具有当地文化内涵的本地石头被遮蔽本身也表明了在这类扩展社会交往关系的建构中，当地文化并没有能够得到足够的重视，也没有发挥应有的作用。哈尼梯田生态文化系统对于人类文明发展的重要价值要得到充分的展示并给人以启示，就必须让当地文化本身得到呈现。从文化消费的意义上来说，真正具有独特性文化内涵的产品才是具有个性的，也才是具有竞争力的。但这也并非简单地"标新立异"就可以实现的。在消费时代，"要成为消费的对象，物品必须成为符

_____

① ［法］列维-斯特劳斯：《野性的思维》，李幼蒸译，商务印书馆 1987 年版，第 5 页。

号"。① 而要使地方性存在的文化事象成为消费符号，就必须使这些文化能够进入现代社会生活，在扩大交往的过程中使其成为结构性的存在。正如前文提到的，物的存在是在人—物关系中得到实现的。外来者能否看得到当地石头之类的物和他们与当地人交往关系的深入与否有关。也如人们所知，文化包括了物质文化、精神文化以及制度文化等内容。村寨作为一个文化村寨既是实体的村寨，也是观念的村寨。仅仅关注物质文化或者说只是把实体的村寨以及村寨中人们的生活视为消费对象是无法真正进入村寨的。只有在不断的交往过程中使当地人与外来者的交往进入一种深层次的范围，即让外地人开始真正对当地人的生活以及观念有了一定的理解之后，外来者对当地的物的认识才是可能的。而当外来者能够开始对当地的物包含的各种意义有所理解以后，他们对当地文化才算是有了一定的理解。"恢复与特定地方相关的意识形态的历史，是理解风景的基础。"② 这些理解也将成为当地人与外来者之间更加深入互动的基础，扩展社会交往以获得发展的目的才有了实现的可能。这样的交往可能带来外来者知识的增长和审美经验的增加。当地文化景观也才能够成为超越当地社会的、为更多人认知的符号，从而使其成为文化消费的对象。

漫长的石器时代是人猿相揖别的时代。石头无论是历史上还是今天，都对人类具有非常重要的意义而值得关注。而更为重要的还在于对石头之类物的理解是对自然过程的理解。如阿伦特所说："自然过程只有进入了人为世界，才表现出盛衰的特征；只有我们让自然产物，这棵树或那只狗，从它们的'自然'环境中脱离出去，作为个别事物置于我们的世界，它们才开始生长或衰亡。"③ 换言之，这些物才是有生命的。如石头这类本

① [法]尚·布希亚:《物体系》，林志明译，世纪出版集团、上海人民出版社 2001 年版，第 223 页。

② [美]温迪·J.达比:《风景与认同：英国民族与阶级地理》，张箭飞、赵红英译，译林出版社 2011 年版，第 108 页。

③ [美]汉纳·阿伦特:《人的境况》，王寅丽译，世纪出版集团、上海人民出版社 2009 年版，第 156 页。

身并没有生命的物之所以应该成为人类学关注的一个重要问题，是和人是自然性与社会性的存在这一现实有关的。人与自然的关系以及人与人的关系是人类学文化研究中具有统一性的最为基本的两个面向。当自然界中那些看似与人没有直接关系且意义不清晰的物能够被我们直接地并清晰地理解之后，对他者的文化以及自身文化的理解才可能真正深入。如马克思所说的："人不仅像在意识中那样在精神上使自己二重化，而且能动地现实地使自己二重化，从而在他所创造的世界中直观自身。"① 对物的关注就是力图在对人所创造的世界中直观自身。

回到物本身意味着对物的研究也不能仅仅限于商品、制造物、礼物以及工具等那些与人的社会文化有着非常直接关系的范围之内，那些如石头、泥土之类的没有生命也不是由人制造出来的那些物，也许是更加需要用心去凝视的。因为进入人的世界的物恰好都是使人的世界得以存在的物，这些物其实就站在人与广阔无边的大自然交往关系的边界。作为文化存在的不同人群之间是有边界的，即使这些边界也可能是模糊的，但也依然是重要的，因为那正是不同文化之间差异性得以表现的地方，从而也是人类学理解文化差异、认知文化多样性之于人类意义的重要地带。对人与自然交往的边界中的物的理解，更应是对自身世界理解的一个起始点。而要弄清楚物之存在，就是"要了解物之物因素"②。或者更清晰地说，"'回到事物本身'就不是要回到那个与人无涉的自在之物，而是回到与人相关的事物本身。"③ 人的一整套的思想观念和价值观念等都产生自人的生产生活过程，而这些观念又会使这些生产生活方式具有意义。与生活相关的物质存在形式也可能因此而具有文化的意义。不同的民族因世界观、价值体系以及理解世界的方式的不同而呈现出不同的文化特征，并具体表现在节

---

① 《马克思恩格斯全集》第三卷，人民出版社 2002 年版，第 274 页。
② 孙周兴选编：《海德格尔选集》，上海三联书店 1996 年版，第 241 页。
③ 张一兵、苏明：《"回到事物本身"：马克思、列宁和海德格尔》，《南京社会科学》2012 年版，第 10 期。

庆活动、服饰、食物、建筑等诸多方面。石头可以成为与开启历史时间相关的纯然物，与构筑社会空间意义相连的使用物以及与构建新的社会交往关系相依的消费符号的这一事实就表明了，社会文化的建构及变迁可以在作为物的石头上得到充分的表现。石头是价值连城还是一文不值，是神圣的抑或世俗的，是干净的或者污秽的，都与人的社会文化世界有关。是人赋予了作为矿物质凝结物的石头以文化的意义。

纯然物、使用物抑或作为商品的物，乃至动物植物都是在人与自然以及人与人的关系的展开中获得自身规定性的。人—物关系也是人—人关系的映射。如马克思深刻指出的，"人（和动物一样）靠无机界生活，而人和动物相比越有普遍性，人赖以生活的无机自然界的范围就越广阔。从理论领域说来，植物、动物、石头、空气、光等等，一方面作为自然科学的对象，一方面作为艺术的对象，都是人的意识的一部分，是人的精神的无机界，是人必须事先进行加工以便享乐和消化的精神食粮；同样，从实践领域说来，这些东西也是人的生活和人的活动的一部分。"① 能进入世界而成为面向人而存在的才是物。物不仅是实体性的存在，也是社会文化的观念性存在。物在这个意义上说，不是简单的客观对象，而是在人与物发生的关系中使整个世界"站出"的方式。

## 声部二

### 箐口村的石头会说话

我的大哥云南大学马翀炜教授写我们箐口村石头的文章发表了，听说

---

① 《马克思恩格斯选集》第 1 卷，人民出版社 1995 年版，第 45 页。

还是在教育部名刊上发表的。来村里调查的一些老师和学生会和我说起这篇文章。我就想，箐口村的石头不过就是我们每天看得到的、用得到的很平凡的石头吗？这么平常，他是怎么写的？是横着写还是竖着写？我很惊讶！就是想不明白！这样在我们眼里最平凡的石头能在他的笔下生花？我感到很有兴趣，去找来他的文章看了几遍，或许是我读的书太少了，虽然觉得很有意思，但不能完全理解，只能理解他说的大概意思，多数部分还是等我加强学习后再去理解吧。我要一次又一次地去拜读，慢慢地去领会。

一个很优秀的人类学家说的肯定有他的道理，而且是在重点刊物上发表的，还有好多其他的学者和我说到这些石头和这篇文章，我真是意想不到。我得好好想一想为什么。我是在箐口村生活了四十多年的中年人了，箐口村这么平常的石头也能被他激活，还上了国家级重点刊物，很感动。我有点责备自己对生活中最平常的事情都不能很好地关注。我居然还有这么多东西是不知道的，不知道的不止是石头，不知道的还多着呢。他说的和我们箐口村民说的、用的是否大体一致？还有什么不一致的？这是我看了他文章之后的一些不成熟的想法，再说一点我知道的村里的石头的故事，以勉励自己加强学习，训诫自己以后要熟悉生活的环境，要热爱生活，做一个有心的人。

群山凹处，有一个寨子，四周树木庇荫，方圆几公里都是梯田，箐口村就坐落在梯田的中心，好像是一朵鲜艳的花朵在群山、梯田、树木中间静静地绽放，美丽极了，它的名字就叫作"箐口"，隶属云南省红河州元阳县新街镇土锅寨村委会。箐口坐西朝东，每天都在迎接太阳发出的第一束光芒，祥和又可爱。村里全是清一色的哈尼族，现有 238 户，1015 人，它就在中国红河哈尼梯田的核心区——"国家湿地公园""全国农业旅游示范点""世界文化遗产基地"。是的，她也是一个祖国边疆典型的山寨，四面群山环绕，周边是层层的梯田，寨子又被树木环抱，确实像一朵绽放的花朵，很美丽。当然，更主要的是她还是祖国领土的一分子，养育她的除了人，也还有很平常的石头和土，还有水源。

石头在我们村里，也和其他的村寨一样，不过是村民用来铺路搭墙、围墙筑地，最平常不过了。正如我们每天都要吃饭、睡觉，也如同阳光和空气一样，我们每天都要接触的，太平常了。我们每天都要生产劳动，获得我们生活的必需品。箐口村民大体一样，每个村民每天都要接触石头与土，我们每一个人身上都带上了泥土味。也不知道什么时候我们的祖先就与这块土地结下了不解之缘，一代人又一代人与之相依为命，在这里生产生活，我们就是舍不得离开，一天又一天，一代人而又一代人与它共同相处，我不知道这样生活是不是人们所说的与自然和谐相处的典范？反正，我们就是离不开这块土地，每天都与这里的石头与土壤以及空气接触，感受着石头与土壤的味道。但是，我就没有听说还有谁说起了箐口村的石头与土，这次有幸看了我的大哥马翀炜教授说了箐口村的石头，我的确很惊讶。有幸能看到他写了我们箐口村的石头的文章，我要说一声：大哥，辛苦啦。

建房子的石头。人活着总是想要安居乐业，有了安定的居所才会高兴地就业。我说的箐口村民建房子用的首先是石头，就地取材，每户人家建房子都首先用石头奠基。我知道村民有一个习俗，谁家要建新房子的，首先要选择对自己家来说是吉祥的好日子，之后，准备好三块较平整的石头在选择好日子的那天凌晨四点到七点之间在向阳方向用石脚奠基。这就是说，村民新建房子都要从石头开始，可以想象石头在箐口村民建房子的重要位置。我知道其他的很多地方建筑上都是用石头，而且用量还不少的，石头产量多的地方的房子可能全部是用石头建起来的。实际上，箐口村没有多少石头，田间地头也很少有，这可能就是以前箐口村都是土坯房，石头只能是尽可能找来建防水的墙脚，有五六十厘米高，有的房子的墙角甚至还低于这个数。四五十年前的箐口村公路还不畅通，阻碍了箐口村民的经济水平。记得二十年前箐口村所谓的茅草房多数就是就地取材，用的就是石头和土坯建房子。村民还是知道土坯不防水，所以，我记得以前多数人家的房子脚都是石头，以防渗水。村里公路不畅通，村民自己又没有钱，周围没有再多的资源，没有水泥，人要生活总要有个居所，房子总是要建的。所以，村民建房子就是用本地的石头和土。20世纪80年代以后，极个别的人会去建水一带做买卖，会运回来一点石灰，从汉族那里学来一点建筑知识把茅草顶拆了一部分浇灌一点石灰顶用来晒谷子。这就可以算是富贵人家了。很少，也记不得有几户了。但是，在那个年代来说已经是村里的大户人家了，去借用他们家阳台晒谷子的都是最好的亲戚朋友。其他的村民还得自己想办法用竹子编的"竹篾"（竹子编的，一块竹篾三四个平方米）铺在地上来晒谷子。

我们云南省道晋思线（晋宁县到思茅地区）的公路（214国道）从我们箐口寨子后方800多米的山腰间开通，才可以看到来往的车辆，渐渐地，村里的开明人士知道了交通的重要。20世纪80年代末到90年代初，上级政府关照了我们箐口村，开通村里公路的事情有少数村民出来反对，但是多数人是积极支持的，上级政府做好了他们的思想工作，每户村民都投工投劳，村里的毛路才得以挖通。刚挖通的路全是土，不可能有石头的，雨天便成了一条泥路，车辆不可能进出，只有在晴天一片灰尘中勉强通车。90年代前期，老式拖拉机可以进村了。那时，新街镇（当时就是元阳县政府所在地）又是大力建设期间，建设期间也需要石头，公路通了，公路上下属于箐口村地里有石头的村民可以挖了卖，记得一方石头开始是一元五角，之后是三元，之后是五元，再后是十元，十五元，三十元，这是我记忆中箐口村民挖石头卖的价钱了。现在已经是八十元一方了。那几年村里的年轻人都很少有出门打工的，外面就业地方少也就没有机会出门，最多的就是在新街镇干点建筑活，说是有人拿过一天一元五角的工资，之后是三元，很困难的。知道寨子头地里的石头可以挖了卖，一天要比出去务工赚的多，也就使劲的挖来卖。买工具买炸药（当时用来生产上的炸药也好买）的，特别有几户人家的地里石头多一点就请小工挖的，小工的价钱也不高，一天不过两三元。比如有卢荣家、卢保应家、李志和家等，他们家的地就在公路上下方，有石头可以挖，政府也不来干涉，自己也出力也请人地使劲挖，巴不得每天多挖一点、多挣一点钱。我们家也是其中的一户。我的侄子，村里第一个大学生张崇明就是依靠我大哥挖地里的石头卖钱供出来的，要是当年大哥不卖一点石头，也没有其他什么经济来源，恐怕供他读完大学是件很困难的事情，可以说我们村里的第一个大学生就是卖石头赚钱供出来的，或者说村里没有石头卖的话第一个大学生要出来晚一些。其他村里的几户能靠挖石头维持生活改变一点生活条件已经算是村里的中上等人家了。知识是从实践中来的。村民知道方整的石头好用，外表又美观好看。他们这些挖石头卖的几户人家挖出来或者说砸出来方整的能背得动的石头有的就留着不卖，到了傍晚回来的时候就用绳子背一块回来留着，这样坚持几年，还是会累积很多，他们就是用这样的石头建房子。记得堂叔张文和家就这样用每天背回来的石头建了一个十几个平方米的耳房，与家里的大人隔开来居住，可以住几个人，年轻人可以用来谈情说爱，制造恋爱的场所。卢保应家也是一户，李志和家也是一户，卢志明家一户，时至今日已经三四十年光景了，记不住这样的还有几户，他们也算是村里生活条件好些的人家了。我们家也在地里产石头，父亲和大哥们下班回来的傍晚时候背回来好多算是比较平整的石头，最后是用来铺设院子，防水又防滑，是很好用。

2000 年政府把箐口村作为民俗村来开发的时候，时任新街镇党委书记的高旭忠看中我们家院子里用石块铺着别有一番美景，之后的村里主要路面和几个广场也就是这样仿着用石头铺设的，说是这样生态又好看而成为一道景观。因为石头能做建筑材料，村里的石头卖了能挣钱，挣来的钱可以充实生活上的开支，所以，那几年村民就使劲地挖，原本这地方石头就少，加上人们挖得多，村里出现过滑坡泥石流，出现过淹没庄稼的情况。

2000 年，元阳县政府把我们箐口村列为民俗村来开发以后，政府明令禁止在寨子附近挖沙取石。很大程度上控制了挖沙取石给村民带来的危害，要是政府没有这样明令制止的话，我估计村民的生活环境破坏得更严重。这样的话，也就只有少数人家从自己家地里取一些石头回来家里自己用，再也没有出现村民卖石头到外面的事情了。相反地，现在村里建设什么工程或者村民自己要建房子等需要一点石头的也要到外面的村寨购买了，价钱已经不是以前的数字了。可以说我们箐口村民在困难的年代是卖过一点石头过日子，现在是买外地的石头建设自己的家园了。虽然，在我看来，这有点像是割自己的肉来治自己的病——伤害的还是自己，但是，我们也不得不承认很多村民还是依靠挖沙取石挣钱度过了几年的光阴。村里资源缺乏，社会也给村民提供不了就业机会，即使因为村民挖沙取石给寨子带来了一定的不利，也不能全归罪于他们吧？我要说的是，石头可以用来建房子是我们村民给它的一个职能。石头和土壤是箐口村最基本的元素，交通闭塞，经济落后，人要安居，箐口村建房子首选的肯定是石头，石头在箐口村民的生活中不可缺少。随着年代的改变，石头在箐口村的生活中有所改变，以前是卖石头建房子，现在是买石头建房子。有一个说法：箐口村民严禁用红石头和白石头建房子。只有建了房子才能生活，要承认，箐口村民的生活从石头开始。

生产生活工具的石头。人类曾经经历过石器时代，箐口村也不例外，到现在这个村里仍然有着它们的影子。这么多年在箐口村的生活中，我也发现在我们村民的生产生活用具中也有很多就是石头做成的，比如有石磨、石碓、水碾，还有基本上每个农户家庭都需要的磨刀石，这些用石头打造的生产生活工具在 20 世纪七八十年代在我们生活中占据了很重要的位置。刚通电的时候，村里的电力设施也不正常，村民的经济能力极其低下。刚通电时候，每个月几块钱的电费都交不起，很多村民还是用煤油或者火把照明，生活就是困难。记得那些年我的父亲管理了一个水碾，说是当时村里四个生产队中三个生产队就有水碾，其他两个队的由于管理不善就废了。我们第二生产队的水碾在我的父亲耐心的管理下正常地使用，每天不分白天黑夜地给村民碾米，他还可以适当地收一点费用，收费标准是每次碾米（大约一百斤）五角或者收大概两三斤的米。那个时候，村里基本上就是用水碾碾米或者碓舂米吃饭。

　　石磨是磨包谷黄豆的，村里没有粉碎机，村民做豆腐之类的只有用石磨手工劳动操作，包括吃苞谷饭的人家也要用得着石磨的。一百多户的寨子里有石磨的也不过就是几户人家，这些人家在那个年头来说是能工巧匠，属于勤劳致富了，其他多数人家还要跟他们借用的，我记得不用付钱，就是到关系最好人缘最亲近的人家里借用。还有个别人家是用石头雕出来石槽饲养猪，石槽牢固耐用，只是用得起石槽的人家少之又少，也是在我们寨子说来能工巧匠的人家才用得起。一个是村民的能力、意识、技术问题；一个是村里的石材资源少之又少，能为村民的生产生活再提供更多的已经不可能了。村民能在这样资源缺乏的环境中也能最大化地利用能源，付出劳动为自己的生产带来动力，能在这样的资源下利用这样的资源生活。我们不能否认：石器，曾经推动了，也正在推动着村民的生产。社会在发展，村里的电力设施不断改善，电器进村来，村里逐渐地有了碾米机、粉碎机，村民就逐渐地离开利用石器生产的年代。现在的水碾、水碓、水磨也不过是摆设给游客看，让游客知道箐口村民使用过这样的生产工具。原来手动的石磨、木碓都不再使用，基本都被碾米机、粉碎机等替代，偶尔能看到以前使用的人家都作为一块废石头摆放着或者直接砸碎用作其他用途。现在使用最多的可能要数磨刀石了，因为每个农户都还在使用着砍刀、镰刀等生产工具而使用着它。箐口村电器基本上代替了石器。石器生产工具在箐口村民的生活中一天比一天减少。

　　神圣的石头。听老人们说，哈尼族建新寨要立一些石头的，叫作"压寨石"。这块石头是村民世代都动不得的。在箐口村民来看，有的石头也是像压寨石一样神圣，所有的村民是不能去动它，动了它生怕会给生活带来什么不好。比如，磨秋场的两块石头，样子不好看，石块也不大，估计就是一两吨的重量，在一些人看来立在那里很绊脚的，但是，村民认为那里是村民祭祀的地方，是神圣的场所，人们是不能动它们的。2000年，开始开发旅游，箐口村要平整路面、平整磨秋场的时候，元阳县建设单位要移除这两块石头，引起很多村中老人争议，村民小组硬是到元阳县政府要求不能去动这两块石头，之后，施工方案有所改变得以保存了这两块石头。还有一块是卢氏家族（现在卢志明家门口）最集中的寨子中心过路的一块，也不太大的一块，有说是他们卢氏家族搬迁来的见证，像纪念碑一样，说是它们卢氏家族迁来箐口村的那一天就立在那里，与它们卢氏家族共同存在下来的，时间长久，大家会提起不要去动它。希望它能静静地长久地呵护着村民的平安生产和健康生活，兴旺发展，一起坚固而长久地保留下去。其他的村民知道的自然也就不会去动它了。我不知道，在我看来没有生命、静止不动的石头是否会有灵性真能庇佑人们生活平安、身体健康？我陪着马老师把寨子中不能动的那些石头都看了好多遍。他认为这些石头基本上是建寨初期寨子内外的分界线，我觉得是有一定道理的。

我们寨子头也就是村民叫"虎博"（石头多的地方）地里，以前有一百多立方米"比房子还大"的一块石头，当云南省晋思线公路开通的时候被炸开了，流出来人血似的很多血水，或者是当时的人都老去，我们没有办法考证谁见过了或者说当时的音像条件也不允许留下照片，说是那块石头砸开时"真的流出来很多血"。或许，之前是那块石头保佑着我们箐口村。之后，我们箐口村说是发生了很大变化，寨子逐渐衰退下去，寨子里人丁伤亡，牲畜减退。要不然，箐口村民在此之前是很团结、很厉害的。有人说，过去箐口村有汉子敢从马背上拖下从寨子边经过的土司或者土匪。我们箐口村当时在附近一带名气不小，说是过路的土司、土匪队伍都要让着一点的。是否石头保佑了箐口村给箐口村民长志了呢？这个我不得而知，有兴趣的人可以去探讨。

还要说一点的是，我们寨子以前就有一个石头雕塑的小老虎，以前是放在寨子下方磨秋场旁边，村民的说法是要与对面的山头对峙，没有这样一个镇邪的石老虎，对面的山头对我们寨子不利。所以，每年过"昂玛突"节的时候要请中老年人杀鸡去献祭的，参加献祭的两个人要求子女双全、身体健康，还要求保存好所杀鸡的肋骨备在"昂玛突"节结束的一天在咪古的院子里请村里的摩批看卦是否吉祥，这个石头雕塑的石老虎大人们是不会去动的，也要求不懂事的孩子们不要去动，希望它能好好地守护村寨与村民，让它的村寨平安宁静，村民健康长寿、村寨兴旺发展。

再讲一个故事吧：我的朋友李祥不知道从什么地方得来的消息，说是很久以前，有两个穷困潦倒的青年人，有一天去行乞，什么也没有讨到就返回家，走到半路已经是夜晚，实在是走不动了，就在路边的一块大石头下睡着了，半夜里又饿醒，听见大石头上有人在讲话："这两个穷鬼，要是每年的初三或者初六给我敬献一点好吃的，我就让他们发富了。"这两个青年人也没有去看看是什么人在说话，就只是把话记在心里。到了第二年的时间，他俩还是比较贫穷，抱着去试一试的心态，买了几个水果去敬献了一次石头。果然，日子逐渐好转。于是，到了来年又买了几只鸡去敬献，日子越是发达起来。第三年是买了大肥猪去敬献的。之后，他们两个真的成了当地的大富翁。这个地点据说是在金平县一个大山的山坳里，我和朋友李祥也抱着试一试的心态去过一次，确实有那么几块石头，那一天凌晨确实有很多人来敬奉的，天亮了要全部离开的。我就不知道是否真有其事，说是这样要连续去三年的，第一年要带的简单些，带一点水果，几炷香，几根蜡烛，几条红线等一些小东西。第二年要杀一只大公鸡和其他的几个附属物。第三年就要杀大猪了（说是杀大猪，其实是小猪就行了。说是大的它们不会喜欢，是给人吃的，小的它们才会喜欢）。我和李祥第二年因为交通的原因没有去成，之后就再也没有去过了，祭祀了石头就会发财，这在我们两个的身上就没有验证了，不知道其他人的身上显灵了没有。

建做图腾的石头。我不知道是图腾和图腾柱是从何方来的，也不知道进入箐口村的具体时间是何年何月。只记得大概是政府为了旅游的需要，当初就在我们寨子脚广场竖起了几根比较大的石头雕塑的图腾柱，上面雕塑着日月、禽兽等各种图案。首先是寨子脚磨秋场的三根图腾柱，之后是从公路进村口旁边观景台小广场上的一根红色的大柱子。这也许对游客来说是为我们箐口村增添了一道亮丽的景观。进村口的广场旁边还用石头雕塑着螃蟹、牛、鱼等动物。这是 2000 年政府为了打造箐口民俗村而竖立的，造价肯定不低，政府的用意我们可想而知，可是，又有多少村民能够理解支持呢？

分界的石头。也许这就是石头本身牢固的性能，最终决定了它要承担这一角色。村寨与村寨之间、乡镇与乡镇之间，甚至国家与国家之间，分界用的就是石头石碑吧。我们箐口村民与村民的田地之间的界限基本都是用石头，因为它的牢固与明显，使得它承担了分界线这一职能，无论在树林间、田地间、寨子里随处可见这样的用石头分界的情况。村民到田地里劳动都知道把挖出来的石头支砌到界线中，有利于石块移除后庄稼的生长和界线的明显减少劳动过程中两户人家可能出现的各种纠纷。弟兄们分家分田地也会有意识用石头隔开来，希望的就是界线清楚而互不干扰，减少生产生活中的矛盾。在这样的村寨中，还能有什么比用石头做田地之间的界线更好呢？我看这是村里用的最多的一个，石头执行了其他无可替代的职能。村寨与村寨之间、村民与村民之间一般就不会去冒犯了。可以根据明确的界限来生产劳动，减少纠纷，平静了很多村民的生产生活。我也担任过村里的干部，去调解村民之间的田地纠纷划界也只有用它了。可以这么说，村里弟兄们发生纠纷主要原因就是土地界限的问题，而平息弟兄们土地纠纷的法官除了人，主要就是石头。只是这些年，田地联产承包到户多年以后，界限都够清楚了，很大程度上减少了村民之间的矛盾，这个功劳还是归于石头的多一些。它们像是一个天秤站在两者之间，原本一个静止的物体被用来平息人们的心态，也不知道平息了多少人与人之间的战争。

赌石。也许我说得不到位，我是想说，村里有两块石头是村民都不敢去动的，一块是在陈列室后面的水沟里，可能有二十多吨，因为常年水流的洗涤，有点圆滑。老人说是很早以前有两个村民因为发生纠纷，各说各的理由，互不相让，当时的长老都解决不了，那时候的法律又不健全，他们没有钱也没有意识到去打官司。于是，两个人想起了一个办法，像决战似的，在其他村民公证的情况下，在大石头上点起煤油灯，摸着石头说："是谁的错，就要让他全家死亡"类似的话。这里姑且就不说是谁输了还是谁赢了，最后有没有人死，但是，从那以后，村民就再也不会无缘无故地去动那块大石头了，说是以后村民间再发生类似的纠纷也可以到那里去判决，也不知道那以后有没有村民去赌注过。它成了村民的司法官，无声地等待着，成了我说的"赌石"。原本它没有什么生命力，却因人为地需要有了生命，而且是承担了让几个生命生与死的重要职责。它不会说话，却因为人要它说话，不知道它最后说了没有。新中国成立，改革开放以后，生活日益好起来，再也没有村民会因为一点小事而去到那两块石头上赌命了，再说，我国教育逐渐普及，公民的素质在提高，法律制度也日益完善，无论村民间发生什么不愉快的事情也会逐级上报，以人为本，用法律的程序来解决。我估计再也用不着它来判决了，姑且让它在那里无声地平息村民的情绪，保证村民之间不要再发生纠纷。

真不知道还有多少人相信"有灵验的石头"？元阳县攀枝花乡猛品村也有一块石头，在他们寨子的上头，寨神林下公路边现在的停车场中央里，我刚去的时候看见了认为有碍停车，后来打听到的消息是，这块石头是养育猛品村民的灵石。建停车场的时候还专门用水泥砖墙围过不让车辆动它，专门保护它，之后，当有多户村民家因为家事到尼玛处占卜的时候，它（这块石头）也申诉说"围住了它""拌了它的手脚""不方便去觅食""不再给村寨安宁"，一传十，十传百，村民硬是请来施工队把围墙拆了，到现在就是原地摆放着，它的旁边只是长了点青草。我会跟朋友们经常去的，可以看到，样子很平常的，石块也不大，就是几百斤吧，不知道的人看了就是一块很平常的石头，他们猛品村的人就很好地保护着，谁也不会轻易地动它。

还有一块石头是有关私人家庭的事情，这块石头不大，很平整，大约五六十公斤，刚好一个人能背得动的重量。有一个村民，他的名字叫作李小三，农村的孩子嘛，多数都放过牛的。有一天，他到山上放牛的时候发现有一块很平整的石头躺在地面上，想着一个人能背得动，想到背回来铺在院子里很好。当时的村里很困难，路面没有硬化，谁家房子都是土墙茅草顶，院子都是泥土，下雨天就是稀巴烂泥的，穿得起解放鞋的也没有几个村民，来去串门办事的中老年人都是光着脚，洗掉泥巴可以看到开裂的脚缝，谁家院子能用几块石头铺着进出门可以算是大户人家了。第二天，他就找了绳子背回来，殊不知，过后的一段时间里家庭不断地发生不幸，他本人也生了病几个月。家人感到很疑惑，就到能与村民所说的有灵的尼玛处占卜，说出来就是他背回来的那块石头作怪，给家人带来的不幸。不得已，他又只能按照尼玛说的背出去，到现在还竖在进村路上的一个转弯处，按照尼玛说的做了多个法事才得以恢复。

庇佑人身的石头。哈尼族和许多民族一样，相信万物有灵，有某种神灵在庇护我们生长生活，也有某种邪灵伤害我们。在我们每一个人成长的路上会遇到许多考验。在有限的思维面前，身体生病的村民也往往会把病因推加给外界某一种想当然是或者可能的事物，而要禳解时又可能找到有某种能力的人或者物。这是我在箐口村里发现的一个普遍现象。我知道我们寨子甚至其他的很多哈尼族包括彝族的寨子路口有很多这样那样修建的休息台"阿南南"，有的地方也叫作"指路碑"，长一米左右，高六七十厘米，宽四五十厘米，没有统一的尺寸，根据各家的选择。"阿南南"后面栽一棵树，立一小块石碑，我们村民是叫"阿南南"，有的地方是叫指路碑和挡箭牌。砌"阿南南"主要是因为谁家的孩子在成长中多灾多难，一生不平，要么生病要么做事不成，家人为了给小孩成长中保福，希望给他带来好运，会选择日子在出村口的路边杀一只鸡，或者一对鸡，煮一点糯米饭献祭一下，做一个休息台或者指路碑，希望树木长大，给过路的人在台上休息和树下乘凉或者指路，让休息乘凉的人身体得到休息，心情得到舒畅，理所当然地，知恩图报，这个得到休息和乘凉的人当然也会想起给他享福的人，也自然地会祝福做了这个"阿南南"的人一生好运、一生平安。因为他能在这里好好休息乘凉是他做的，给予了他凉快安逸的享受，给他指明了路，何不给人家来一点祝福呢？所以，祝福是相互的，好运也是相互的，你给人好处人家也会给你好处的。正所谓："万物并育而不相害，道并行而不相悖。"

拦河筑墙，保土不流失的石头。我认为这也是石头行使了一个重要的职能。箐口村也是名副其实的山寨，地势西高东低，由于常年雨水季节水量过多，水流总是从高海拔的西面山上流下，七八月份暴雨来临，每年多少会造成一定的水土流失。因为早年个别村民在寨子旁边的"倮果果玛"河里取石，造成河床水土流失过多，河边的寨神林树木倒塌，包括河两边的田地也受到影响，村民知道这样挖沙取石造成的水土流失以后，村民小组也约定村民不能在"倮果果玛"河里挖沙取石了，定了这个村规民约还是有一定的作用，稍微缓解了一些。主要还是第一次是村民小组向上级申请了水泥，村民投工投劳自己出力修筑加固些。第二次是我们村民小组申请修缮水沟的申请得到同意的批复。政府直接拨款上百万找了施工队来修缮。再次是为了景观的需要，元阳县政府在我们村里建设新农村的一年，治理了水沟的景观也从而牢固了一些，从红河里运来了一大堆石头放置在河床底，说是一大景观，对我们村民来讲，不如说治理了河床，保证了水土牢固。现在的"倮果果玛"河基本稳定，这些年都没有发生什么大的水土流失，像是得了病的人医疗以后康复一样，村民的心情也平静了很多。投入最大的可能就是这条河的上游了，是十年前云南省国土资源厅直接投资四百多万治理的，要是没有那一次的治理，每年的雨水季节要流失河两侧的土石不少，河床两边的田地都无法栽种。而这一次的治理我得感谢云南师范大学角媛梅教授，我知道是她帮助我们箐口村民沟通的。就在我们箐口村里来说，或者在我看来，石头用的最多的可能就是拦河筑坝，从涉及我们箐口村的麻栗寨河到寨子后面的滑坡工程，以及水渠的建设中，估计也投资了不下千万资金，通过这么多年政府投入这么多的资金，箐口村才得以安全、稳固，村民才能安心地生产，愉快地生活。我是这样考虑的，土地是我们人类赖以生存生活的场所，石头就像是骨架支撑这个地球，也稳固着每一个角落。在没有治疗这条河之前，寨子中间一路的有几户人家的房子出现裂缝，而且是随着时间的长久裂缝一年比一年大，居住的人心怎么能平静呢？河流得到治理，村民的房屋新建，这两年地基稳定，民心自然安定了。

政府的石头。也许我的用词不太合适，我要说的是我们政府出资在寨子门口立的大石块。首先要说的是政府在我们进村口立了"红河哈尼梯田简介碑"。看了简介就基本知道我们红河哈尼梯田的情况了。再进村里来，就能看到在寨子的门口立了一块大约两吨左右的石头，上面写着"民族团结示范村"；还有最能看清楚箐口村全景的公路上面还竖着一大块十吨左右的石头，上面写着"云南民族团结进步边疆繁荣稳定示范区元阳县新街镇示范区"；还有一块是国家林业局立的"红河哈尼梯田国家湿地公园"；还有一块是"箐口梯田"；还有一块是时任国家文化部长高占祥题词的"元阳梯田冠天下，红河风情醉国人"；去年又在国道上立了一块雕塑着"全国稻鱼鸭种养示范基地"的石碑。到我写这一篇不成文的文章时，在路边和村寨里还不断有用石头雕塑政府所立项目的字眼。我看这些石头的加工费和运费都不会很少。为了让我们的后代或者说让来者知道这里的基本情况，我们元阳县政府也不惜投入大量的资金来标牌立意。这样做的目的就是打造红河哈尼梯田这一张名片，这也成为景区中的一大亮点。

游戏的石头。有点想不起来村里还有什么关于石头的故事了，可是，我们本地的哈尼族有这么一句话："蚂蚁愈出愈多，哈尼语愈说愈多。"我刚要收手，站起来想休息一下望望窗外的时候，看见有几个孩子在路边玩手机游戏，这使我想起了我们儿时一些经历。当时我们农村是没有游戏玩的，孩子贪玩嘛，我们玩什么呢？就是玩石头与泥土。我是放牛长大的孩子，记得我们还在山上放牛的时候，在几块平整一些的石头上我们几个孩子雕刻了十子棋，每天去放牛的时候要玩上几把的。没有其他什么可以玩的，特别是小女孩们，饭前饭后，总会约了伙伴们三五成群地玩，在她们出嫁之前，基本就是放鸭子和牛，而伴随她们长大的游戏基本就是石子游戏。因为生活困难，家庭条件不允许她们读书，识不了几个字也没有钱买扑克之类的玩。现在的话，多数家庭的女孩都可以读书识字懂一点文化，甚至村里已经有了女大学生了。包括没有读过书的妇女都有了手机，基本没有人玩以前的那些石子游戏了。现在还会看到的是，村里有几个中老年人喜欢玩三台棋，空余时间会集中在一起娱乐，他们就会用石子和树枝等作他们的棋子。这也是村民消磨时间的方式，通过这样的娱乐以达到他们所理想的精神世界。这要感谢石子，多少会给村民带来快乐。就是因为我们农村孩子没有城里的游戏玩，我们就真的会在石头与泥土上做文章。每当我们去放牛的时候，遇到一些水塘，几个孩子就会用石子打水漂，比赛谁打得多、打得远，这也是我们农村孩子的游戏之一，感谢石头陪我度过儿时美好的时光。

武器的石头。想起来儿时的游戏石子，也就想起来石头也是一种武器。孩子们调皮，当秋天到来，鸟儿多起来的时候，大人们会用铜炮枪打鸟打牙祭，我们小孩子就会做橡皮枪，用小石子作子弹打小鸟，有时候一天也可以打到几只的，甚是高兴。这些也是伴随我们农村孩子度过快乐时光的办法。因为调皮，我们有时还会和隔壁村的人打架，无论输赢，散开的时候就会找石头砸人的。记得我们的老兄李德云就是小时候被邻村的小伙砸破脑袋回来的，现在的脑门上都留着疤痕。是的，石头是可作为武器的。我记不起谁跟我说过："狗怕下蹲人。"说的应该是这个道理。小时候，村里养着很多土狗，有的人家的狗要恶一些，当它来追你的时候，你只要下蹲当作捡石头的样子，它自然害怕了要离开你的，这是我亲身经历的一些过程。

景观的石头。还是在2009年到2010年我们箐口村建设新农村的时候，政府为了打造箐口村"倮果果玛"小河，希望这一条小河成为箐口村一道特有的风景，"小桥、流水、瀑布、人家"，政府出资，请来外地的专家设计，征用了小河两边村民的土地及树木，从南沙镇一代的红河里买来大小不一的鹅卵石，请师傅指导请小工用人力把石头扛过去填到河里。每到夏天雨水多起来，小河里就起了几道漂亮的瀑布，村民或者游客可以踏着过河，的确也是一道亮丽的风景。水源少的时候，鸭子可以在小河里戏水。雨水过大的时候，村民可以在旁边捉拿被雨水冲出来的鱼儿丰富餐桌。树荫底下，再热的夏天也烤不到小河的两侧，闲暇的村民可以在旁边打牌和聊天，打发他们悠闲的时光。当然，对游客们可能更是一种享受了。

托起梯田的石头。本来想，箐口村关于石头的故事写到上面就要停止了，只是，前些天跟着云南农业大学的师生们到麻栗寨河底田边取土样的时候，发现有的梯田就是在石头上，看得见石头就是一整块的，很大，应该是连着整个山体的。我就想：这石头也像我们的骨头撑着肉体一样，撑着土壤也撑着这一片梯田，要是没有这些石头，恐怕就不会有人们所说的这美丽的梯田了。所以，又想着还是多写了一点关于石头的话。有的地方石头要多一些，挖出来的梯田就要小，有的地方石头少，平整出来的梯田就大些，梯田的大小很大程度上取决于石头的多少，而同样地，现在村民的经济能力改善起来，这些年是有一部分村民取出田中央的石头砌田埂，一是加固田埂、加宽田块面积便于管理；二是分清楚了界限而用不着与隔壁田人家发生口角。石头是托起世界文化遗产哈尼梯田的骨架。

小结一下吧。一个是主体我的原因；一个是客体生活的原因。时过境迁，很多学过的历史知识也忘记得一干二净，估计还有我不知道的石头的故事，但是我知道：石器，曾经推动了人类历史的进步，我相信还在推进着人类的文明。它始终与我们人类在这地球上共存亡，它本来就是我们生活着的大地上的骨架。就是在箐口村里来说，石头在箐口村民生活中太普遍、太平常了，每一个人每天都要看到的、摸到的，知道它的好，知道它给我们遮风避雨，给我们生产生活带来无限的方便，就是不知道还有这么多用处。就是没有人说起，在村民眼中好像没有什么生命的意义，而其实是人们生活中最有价值的东西，它是有生命的，守护的不仅是箐口村民，而是全世界生存于大地上的人。

箐口村里的石头与其他地方的石头没有什么不同，更没有奇石、宝石、钻石、玉石。没有人拿着箐口村的石头做什么大的交易，不过都是村民每天生产劳动踏着出、踩着归的地面上最普通的石头，与大地中的土壤一样，箐口村的石头并不是什么奇珍异物，它们是最普通不过的一个实体。平时都是些最不引人注目而又伴随着人们生活的最平常的物体，却因为它的存在而给了生活在这一片土地上的村民生命的意义。同样，生活在这一片土地上的村民有了生命也就有了他们的精神生活，而使原本无生命的石头有了灵性，伴随着生活在这一片土地上的人们显得更加精彩。它首先筑起了人们的家园，使人们不再风吹、日晒、雨淋，从而能够得到休息的场所。这是看得见、摸得着的实体，它使人们生活得更加实在。其次是因为有了物的实体之后，生活在其间的人们才可以更好地分享人与人之间生活的乐趣，使人们的精神世界也更加丰富！

感谢我的大哥马翀炜教授，他写的文章让我想了这么多。

# 第三章  门

## 规训之门与解构之道 [①]

　　2013 年 6 月,中国红河哈尼梯田被联合国教科文组织列入世界文化遗产名录而成为中国第 45 项世界文化遗产。在十余年漫长的申遗过程中,处于哈尼梯田核心区的哈尼族村寨箐口村也在经历着如何呈现真实传统文化及如何改造村落以吸引游客的纠葛。本真性或曰原真性是国际公认的文化遗产评估、保护和监控的基本因素,[②] 为了体现乃至强化哈尼梯田文化的本真性,当地政府一直都在开展保护工作的同时,以"恢复历史""体现民族特色"为目的开展了许多针对梯田文化景观的规划及改造工作。从理论上讲,人们对文化本真性的认识已经出现从本质论到建构论的转向,本真的文化"是当地人感受的、体验的、实践着的、具有历史性的日常生活"[③] 的观点是可以接受的。现实的问题却是在认可了正在保护的"本真"文化是一种现实的社会建构的时候,本土文化持有者在这一建构过程中的

---

① 原文发表于《西南民族大学学报》(人文社会科学版)2015 年第 6 期。作者马翀炜,戚剑玲。

② 阮仪三、林林:《文化遗产保护的原真性原则》,《同济大学学报》(社会科学版)2003 年第 2 期。

③ 刘晓春:《文化本真性:从本质论到建构论——"遗产主义"时代的观念启蒙》,《民俗研究》2013 年第 4 期。

地位和作用却常常被忽视，由此也导致了以民族文化作为资源的开发活动事实上总是由外力主导的结果，大大地改变了现实的村落格局。村寨内社会结构、文化逻辑的各种规划及方案的实施，常常都是在保护与传承民族传统文化，凸显民族文化特色的名义下进行的。从那些大手笔地改变传统村落的行动者的逻辑来看，要在全球化的舞台上露出当地身形之一角，要在现代性的众声喧哗中发出声音，都要按照外部的要求来改变村落中不符合这些要求的诸多方面。这就经常使得那些村落布局和许多文化事象都会被置于怪异的古希腊神话人物普罗克拉斯提斯之床上：身高者身体长出的部分要被去掉，身矮者的躯体则要拉长到与床的长度相等。

令人困惑之处则在于许多村民在这类要求他们削足适履的行动中，常常是服从的，似乎这类切掉或者拉长身躯的行动是与己无关的。如红河哈尼梯田被列入世界文化遗产名录之后的第二年，即 2014 年夏天，政府相关部门推动把箐口村的许多人家的门更换成这个部门带来的新的门。似乎门在哈尼族生活中已经单单只是遮风挡雨的物质意义的门，其原本具有的重要文化意义已经丧失，因而可以随意更换。然而，当我们对箐口村哈尼人家的门以及附着其上的文化意义及其变迁做一个较为深入的认识与分析之后却发现，在面对此类行动时，当地文化拥有者并非只是一味服从，村民们事实上总是以自己的文化逻辑在解构着此类外来的文化意义建构的。对发生在村内的建寨门、更换宅门之类的静水微澜般的事件做出深入的分析，就有可能发现这些将外在于社区的文化意义嵌入村寨中的行为到底对村寨内部产生了怎样的影响，村民又是以何种逻辑在解构这些意义的。

## 一、换门，或者规训门

2014 年 7 月，箐口村全村 232 户村民中，居住在村寨主干道两旁的 51 户村民的宅门被政府相关部门用产自其他县的门替换掉。理由是这种门更能体现哈尼族传统文化特色。而村民们说，他们过去从没有使用过这种式样的门，也从没有在附近其他哈尼村寨中见到过这样的门。

如果对十余年来红河哈尼梯田申报世界遗产及箐口村开发历史做一个简要回顾，就能够理解箐口村村民的宅门为什么会如此顺利地被替换掉。箐口村隶属云南省红河哈尼彝族自治州元阳县新街镇土锅寨村委会，位于红河哈尼梯田世界文化遗产的核心区域内，集中展示了"森林—村寨—梯田—河流"四素同构的生态文化景观。箐口村村落格局建立在传统的社会和宗教结构基础之上，既兼顾了村民日常生活的便利，又体现出人与自然高度和谐的关系。20世纪90年代，许多哈尼族村落的传统风貌依然保留着，具有传统民居特色的哈尼族蘑菇房在元阳县的村落中随处可见。随着改革开放的推进，打工经济收入的不断增加，村民建盖新式住房而使蘑菇房逐步减少，平顶砖房日渐增多。元阳县在2001年提出旅游发展战略之后，便首先选择了哈尼族传统蘑菇房存留较多、交通较为便利的箐口村作为哈尼民俗旅游村来进行打造。在被纳入当地政府的旅游开发规划之后，箐口村的景观格局经历了一波又一波的变化。时至今日，各级政府累计投入了近千万元用于修筑新的寨门，拆迁部分村民住房，恢复传统式样的蘑菇房，安装消防设施，修建生活用水池，安装路灯，修建两个村寨广场，建盖哈尼文化陈列馆，修建巨大的图腾柱，硬化村内道路等。2004年，箐口村被国家旅游局命名为"全国农业旅游示范点"。2008年被云南省旅游局列为首批旅游特色村。2008年，元阳县政府引进云南世博集团，共同参与开发梯田旅游，组建世博元阳公司，采取市场化运作的方式，对哈尼梯田进行旅游开发。2013年红河元阳哈尼梯田文化景观成功列入世界文化遗产名录。也正是因为处于红河哈尼梯田世界文化遗产的核心区域内，申遗成功更是引发了对箐口村新一轮的"打造"热潮。

在十余年的打造过程中，整个村寨，从森林、田地、村落到屋舍，甚至是人们的日常起居都成了遗产景观，也成了旅游者眼中的审美景观。村民们也逐渐习惯了成为景观本身。承载着箐口村哈尼人传统信仰观念的家院之门，甚至守护村寨的寨门，都成了一个个展示的物体。箐口村的村落格局，建筑式样等在十余年间有了诸多改变。

对箐口村民来说，建门和换门都是关系到家宅安定的重大事项。按照传统，换门是要请摩批选日子，并要举行复杂的仪式才可以进行的大事。但是因为此次换门是以保护世界文化遗产核心区传统文化名义推进的，很少有村民提出异议。

## 二、作为文化符号的门

在哈尼族的现实生活中，门是一种重要的文化符号。无论是寨门还是宅门，都因其在空间上具有分离与联合内部与外部的作用，门的安装与装饰等都具有诸多文化意义而使门在人们的生活中具有非常重要的意义。箐口村哈尼族的寨门和宅门仍然会作为多层次的隐喻在当下箐口村民的人生礼仪、节庆习俗中反复出现。和许多其他地方一样，箐口村人也"借用户或门的符号意义，与其他符号搭配组合，表达一种顺应自然又引导自然的愿望"①。

哈尼族对寨门极为崇敬，他们建寨子的一件大事便是立寨门。哈尼族的祖先在选定寨址后，宗教人士摩批要杀狗，然后用狗血划定寨子边界，同时还要在村寨入口处选择道路两旁的两棵树，用一条稻草搓成的绳索横挂其间，上吊木刀、木枪、木锤等辟邪物，以此作为寨门。此后每年举行的"昂玛突"（祭寨神）仪式都要由摩批做仪式把村内不干净的东西扫出去，然后新建寨门并进行祭祀。"昂玛突"节日之后，有形的寨门撤下，无形的门却留在人们的心中。寨门在日常生活中具有重要的意义。如新娘被迎进男方村寨的寨门，就表明新娘被夫家村寨的寨神和集体接纳；只有本村的人才可以在村内生育；非正常死亡者必先由摩批在寨门外做了相应的仪式之后才能被抬入村内等。

---

① 吴裕成：《中国门文化》，天津人民出版社 2004 年版，第 88 页。

宅门对于箐口村哈尼人家的意义也是非常重要的。村民家门框上基本都挂有黄泡刺和蒿草，这是辟邪的。把串着9个小糯米团的细竹签别在门上方的墙缝里，这是祈福的。在门这一内外界线上，村民们以辟邪与祈福二元关系的理解体现了他们对内与外、熟悉与陌生、吉祥与危险等关系的观念。

人生礼仪大都与宅门发生关系。如婴儿落地后，家人便立即在宅门的门楣之上悬挂黄泡刺杆避邪。还会通过在门外悬挂一把木弓或者一个鱼篓的方式来宣示所生孩子的性别为男性或者女性。新生儿出生后的第13天，家人会抱着孩子出门。在这之前，忌讳外人进入家门。因为不速之客可能踩断奶水，或者可能带入不祥之物。举行婚礼时，新郎新娘进家门要用一对公鸡母鸡引路，公鸡是男方家的，母鸡必须是女方家带来的。新人进入家门之前，门的两边分别插着金竹和刺竹。新郎和新娘只有分别把金竹和刺竹拔起再放在大门两边后，才能一起跨进家门。新人跨进家门时是不能碰到门的，其寓意是婚后生活不会磕磕碰碰。

门对于箐口村哈尼族人家的意义也体现在传统节庆习俗之中。哈尼族的传统节日"扎勒特"一般从农历十月的第一个龙日起，至猴日止，历时6天。箐口村现在的"扎勒特"已经不像过去那么隆重，但节日期间，妇女依然会制作糯米粑粑。一家老少齐聚家门之内，进行祭祖。之后男主人用一根细长的竹签串上9个糯米团，别在自家宅门的门楣之上的墙缝里，这是祈福。

家门之内是灵魂的安放之地。箐口村民大都相信人有12个魂。丢魂的话，轻则生病，重则无药可救。丢魂的原因多种多样，丢魂的地方也千奇百怪。但从来没有谁会说在自己家门里丢了魂的。为丢魂的人叫魂时，也就只需把魂叫回家中。箐口村的"苦扎扎"节大致在每年农历六月中旬举行。在完成磨秋祭祀、秋千祭祀以及磨秋房祭祀等仪式环节之后，仪式主持人咪古会宣布祭祀结束。此时，远远地等在村中小巷中的妇女们都会每人端着一碗饭菜，一边叫着她们去参加祭祀活动的丈夫、儿子的名字一边往家里跑。刚刚结束仪式活动的男人们也都在"回来咯，回来咯"的呼喊声中往家里跑去。参加这些祭祀活动，也是有可能会丢魂的。守在家里的妇女也就必须在祭祀活动结束之后，赶快把参加祭祀活动的丈夫和儿子的灵魂叫进门来。① 村民们从村外走夜路回来的时候，一般都要在家门外等几分钟才能进去，这是为了防止把一些不洁的东西带进家门，同时担心走夜路时因为匆忙而使魂跟不上。只有在家门前稍歇一会儿，等所有的魂都归体了，这个人才可以安然地跨进门，回到洁净的家中。

确实如道格拉斯所说："穿过一道门的这种平常的经历能够表达很多种不同意义的'进入'。"② 从文化上看，正是因为箐口村的门有诸多意义附着而成为能够表达民族文化特色的符号。这些符号是在生活的积累中汲取的象征，各种文化意义的存在也是由他们日常文化实践而得到了保证的。

## 三、符号的能指变化与所指存续

生活在变，门也在变。与门这个符号相关的能指和所指及其关系也都在变。符号对于人的生活意义是非常重要的。如拉康所说，由于符号的出现，自然才得以否定，文化生活才得以确立。③ 而作为"能指和所指相联结所产生的整体"的符号 ④ 的变化主要表现在构成表达层面的能指和构成内容层面的所指及其关系的变化上。是生活的变化和要求使拉康所谓的"漂浮的能指"和"滑动的所指"以及二者之间的关系不断变化，从而表现了生活的变化，同时也影响着生活的变化。箐口村的门以及与门相关的各种文化符号也在近几十年中发生了许多的变化。这些文化符号的变化业

---

① 参见马翀炜等：《仪式嬗变与妇女角色——元阳县箐口村哈尼族"苦扎扎"仪式的人类学考察》，《民族研究》2007 年第 5 期。

② ［英］玛丽·道格拉斯：《洁净与危险》，黄剑波、柳博赟、卢忱译，民族出版社 2008 年版，第 144 页。

③ 参见 ［德］格尔达·帕格尔：《拉康》，李朝晖译，中国人民大学出版社 2008 年版，第 47 页。

④ ［瑞士］索绪尔：《普通语言学教程》，高名凯译，商务印书馆 2002 年版，第 102 页。

已成为社会文化变迁的表征，并且也影响着社会生活本身。

随着人们社会交往空间的扩大，祈福、消灾功能的符号表达形式也在不断变化。箐口村宅门上方除了有辟邪的黄泡刺和蒿草之外，往往还增加了废旧的剪刀或者断锯片。近十余年间，门神和春联也开始在村寨中出现并不断增多。村民对贴门神和春联原因的解释可谓五花八门。外出打工会平平安安、生病的牲畜会很快痊愈等都可能是理由。贴上这些东西可以使家人健康、事事顺利是大部分人的理由。

然而，大部分村民对于门神是什么基本都不甚了了。画上的人物是尉迟敬德、秦叔宝，是关羽还是张飞，一概不清楚，但清楚的是这些好汉手里拿着的鞭、铜、刀、矛之类的武器是可以起到和黄泡刺一样的辟邪作用的。那些春联和福字则是可以和门上挂的汤圆串一样保证纳福和丰衣足食的。虽然村民过去还比较避讳红色，但现在开始相信这些物件是可以招财进宝的，是可以给家人带来各种各样的福气的，于是也就接受了。

用这些新的符号表达传统的消灾及祈福意义的村民大致可以分为三类：一是在村里当过干部的，包括原来的老村支书等；二是家中有年轻人在外地打工的；三是摩批和咪古等哈尼族社会的传统文化人。当过村干部的村民家里贴门神、春联和福字是容易理解的。他们的工作使他们能够与村外的世界有更多的接触，对于汉文化的东西也容易接受。外出打工的人将这些东西带回来，可以说是文化接触的结果。这些具有纳福意味的春联，具有防御作用的门神贴画等被带回家也是很自然的。最有意思的是，作为哈尼传统文化代表性传承人的摩批与咪古这些人也在门上贴这些显然是其他民族的符号。新世纪以来，政府对于各民族传统文化的重视以及保护传承的力度越来越大。少数民族的许多民间宗教也以民族民间习俗的名义得到了政府尊重，哈尼族的摩批和咪古也因其对传统文化的掌握而成为政府保护和传承民族传统文化所倚重的对象。他们的文化身份都得到了政府的承认和尊重。如箐口村的摩批李正林就是国家级非物质文化遗产项目"哈尼哈巴"的省级代表性传承人。这些少数民族的文化传承人也经常参加政府组织的少数民族传统文化的表演、传承等工作。这些文化交往使他们较容易接受其他文化。

当然，新的符号能指的出现并不意味着传统的符号能指的必然消失。2000 年之后，政府要求那些新建的红砖墙都要涂上与传统土坯房颜色近似的涂层，以便不破坏作为旅游审美对象的村落景观。墙上的砖缝被抹平了，没有办法把串着九个糯米团的竹签别在墙上，于是许多人家就由男主人用指头沾上糯米浆在门楣上画九道印子，以此代表九个糯米团。尽管这些符号的能指发生了变化，但门作为内外的一个分野以及对内祈求家人健康、丰衣足食，对外以锋利之物对外在的邪性之物进行抵抗和避邪的所指意义依然延存。

从箐口村村民的日常生活来看，传统文化观念大都保留着。大多数村民的门楣之上的糯米的痕迹以及黄泡刺等符号都在那里，而这并不与新贴上去的门神、春联等新的符号形成张力。如果符号的本质就如维特根斯坦所言，"是所有能够达到同一目的的符号共有的东西"①。那么，这些符号的本质即是辟邪与祈福。只要能够达到这样的目的，那么一些更加新奇的符号也是可能出现并允许的。如箐口村前任咪古李小生家的门楣上居然钉了一个破旧的鞋底。他的解释是：亮起鞋底，可以把任何邪灵蹬掉，使之不能进入家中。也如特纳所说，"每一项具有象征意义的事物其实都与现实经历中的某种经验性事物相联系"②。可以用脚把东西蹬开这一生活经验最终凝结出了可以用鞋底把邪灵蹬掉这一认识。

## 四、规训的解构

对于村民来说，门当然要有遮风挡雨的作用，此外，村民们只要还可

---

① ［奥］维特根斯坦：《逻辑哲学论》，贺绍甲译，商务印书馆 1996 年版，第 39 页。

② ［苏］维克多·特纳：《仪式过程：结构与反结构》，黄剑波、柳博赟译，中国人民大学出版社 2006 年版，第 41 页。

以在门这个空间上按照自己的意志运用传统的符号或者新的外来符号去表达驱邪及祈福的意义就心满意足了。至于门是木门还是铁门，是光板的还是雕花的都不重要了。

无论是之前为了满足游客消费需要而鼓励当地村民自己开小商铺或是引进外地的小商贩进村开小商铺而进行的改装铁门的事情，还是现在为了体现民族特色而进行的换门的事情，都像修建新寨门，拆迁部分村民住房，修建村寨广场，建盖哈尼文化陈列馆，修建巨大的图腾柱，硬化村内道路等工程一样，其推动力都是来自政府相关部门发展经济、体现文化本真性、保护传统文化等目的。

"新的文化符号建构的结果如何，要看不同的文化图式之间是否能够达成彼此接受的协议。如果当地人在这一建构过程中经常处于一种失语状态，那么，这样的协议就很难达成。"①

毋庸置疑，各种发展规划在村寨内的实施也客观上改善了村寨的交通、卫生等情况，不能说村民没有在这些发展过程中受益。实施许多发展项目带来的"涓滴效应"也是有的。但是，由于村民们并没有在发展目标的制定以及发展项目的实施中成为真正的主体甚至很少成为参与者。那么，对他们而言，得到的一些好处只是附带的。如果用经济学的术语表达，那么，他们也仅仅只是这些发展项目实施的正外部性的受益者。


## 五、结语

毫无疑问，当地政府的各种发展行动的愿望都是为了当地百姓的发展的。然而，在为了体现文化遗产的本真性，为了保护、传承民族文化，当然也为了开展旅游、发展经济而努力工作的时候，他们考虑更多的是这些

① 马翀炜：《文化符号的建构与解读——关于哈尼族民俗旅游开发的人类学考察》，《民族研究》2006 年第 5 期。

由他们主导呈现的文化能否合乎外来者，如游客、世界遗产专家等对民族文化的想象，而村民诉求的表达则是没有路径的。其结果就是，实施发展者在不断地规训着一切，而作为发展主体的村民却会因被规训而对发展本身进行意义的解构。解构之道就是将这一切视为与己无关的东西，或至少不按规训者的愿望去接受这些意义。这样的发展由于没能使村民真正参与，发展就在目的不明确的情况下不能使村寨在发展中得到新的整合。村民也在被不断进行的规训中丧失了发展的主动性，也由于主动性的缺乏而使文化创新的能力不断减弱。由此也使本可以在发展中不断加深的文化融合，以及在融合中进行新的创造失去了可能。阿玛蒂亚·森曾经说过，"提高人的可行能力一般也会扩展人的生产力"①，发展是与发展主体的能力增强密切相关的。如果没有能够使村民的发展能力得到提高，这些发展项目的意义将会大大减弱。

## 声部二

### 建寨门、拆寨门……

我的大哥马老师和他的学生戚剑玲博士一起写了一篇关于我们箐口村的门的文章，这也引起了我的许多兴趣。那我也来说一下门以及其他的故事。

到 20 世纪末，箐口村的房屋建筑还是清一色的土坯墙、茅草顶，从 245 国道公路进村里的 800 米小路还都是土路，车辆不能进入，特别是雨

---

① ［印］阿玛蒂亚·森：《以自由看待发展》，任赜、于真译，中国人民大学出版社 2002 年版，第 89 页。

水天气的时候，车辆根本不要想着进村来；村里的公共路面也只有零散的几块小石头铺着，晴天里来去方便一点，雨天里只有穿着雨鞋来往，要想穿着干净的皮鞋来往是做梦的事情。

2000 年，元阳县人民政府把箐口村作为元阳县旅游特色村寨来投入大量的资金进行打造，在进村口的公路边用木头建了一个寨门，上面写着"箐口村"三个大字，过往的游客或者其他人就容易知道，这就是箐口村。两三年以后，因为风吹日晒的原因，木头建做的寨门破烂了，显得很难看，元阳县人民政府又出资做成水泥柱子带横头的寨门，横头上的字样变成"箐口民俗村"，水泥建做的寨门就牢固多了，不容易烂掉，来往的人看见了这样的字也会知道下来一点就是箐口村了，村民也认为做了这个大门很好，便于人识别。

到 2010 年，新农村建设项目开始在箐口村实施。有的干部认为进箐口村的路面窄小了点，要把进箐口村的路建宽，路面也要进行硬化。于是把这个写有"箐口民俗村"五个字的寨门拆除了，当时也没有马上修建寨门，箐口村就有好几年没有寨门。到 2018 年底，元阳县政府又进一步推进建设"一镇六村"项目，箐口村也是建设村寨之一，这个时候，寨门换作一个仿真的茅草顶竖立着，上面也写着"箐口村"三个白色大字，这也像寨门上写着字一样，估计能让人看得清的。但这些都不像传统意义上的门。

记得我们很小的时候，也就是 20 世纪七八十年代，村内也有三个寨门的，一个在寨子的东面磨秋场，一个在寨子的南面，就是现在的卢荣家房子边，一个在寨子的西北面，就是现在的李志文家房子前，它们都是石头拌石灰砌成的，大约有三米高，四五米宽，门头上和门的两边都写着诸如"毛主席万岁""打倒四人帮"等一类的标语。拆掉这几个大门应该是在 20 世纪 80 年代末 90 年代初的事情，那个时候的寨门是政治的缩影，从历史上使用的角度来看，也有一定的防御功能。

随着时间的推移，说实话，有的村民对寨门的有无已经无所谓了，但是，对现在的村民或者游客来说，有这样的一个牌子显示总是好的，总是能让人一眼就知道某一村的地理位置所在。箐口村现在这个仿真茅草门代替寨门的建筑估计要花几万元，也是一些设计者专门为此用心设计的，是有它的另一番风景，但和历史上的寨门不一样了。历史上的寨门的意义在现在来说又变成另外的一种解说。

水碾、水磨以及白龙泉和长寿泉。20世纪七八十年代，村里没有电，没有碾米机，村民碾米只能是用水碾的。记得一个水碾每天只能碾五六百斤大米，所以，印象中每天都有村民到水碾房碾米，前期村里有三个水碾房，后期就只有一个水碾房了，很多时候还得排队碾米，这个时候的水碾确实是村民的一个重要的生产工具。来不及用水碾碾米的村民就只好使用人力，用碓舂米解决吃饭的问题。当时村里有几户人家是建有碓房和磨坊的。进入20世纪80年代末90年代初，村里有电了，碾米机进村来。村里的第一二台碾米机应该是李平清家和卢小和家，收取的费用在当时来说可能有点贵，但是，用过后的村民都知道，用电碾米快，一袋谷子只要十几分钟就碾好了，可以省出很多时间来做其他生产和家务，所以，渐渐地，进入90年代就少有村民到水碾房碾米了。只有"顽固"的张庆明家的水碾房还保存得完整一些，还能勉强使用。

2000年元阳县人民政府开发旅游的时候，有就把张庆明家的碾米房以3000元征用过来，还对其他两个水碾房进行原址改造，一个改造成水碓房，一个改造成水磨房，目的是恢复哈尼族原始的生产方式，让村民记住箐口村的历史，让村民曾经的生产生活方式也成为游客们欣赏的风景。2004年到2005年，村里的旅游业开展火红的一段时间，游客多的时候，箐口管理委员会还请小工让村民表演水碾、水磨、水碓的操作，希望丰富村里的文化，能给游客留下一点印象。

其实，进入2000年以后，村民已经不再使用水碾、水磨、水碓，已经不在乎水碾、水磨、水碓的存在与否，村里有了电，有了碾米机、粉碎机以后，村民更多的是缩短碾米、磨苞谷的时间，没有村民再去使用水碾来碓米，用水磨来磨苞谷。村里原来有的碓房、磨坊已经拆除，修复起来的水碓房和水磨全部要靠政府机构来修缮，每一次修缮都要花费几万元。而要修缮水磨和水碓中的水车轮子的话，带有一定技术性要求，村里也只有张庆明和张明生父子两能修了。

有一次，要表演水碓操作，发现水碓不好了，请他们父子两个去修缮，他们说是有其他事情没有去修理，只能从其他乡镇请来师傅连夜加班修缮出来。因为平时不用，水车轮重量不平衡，很容易坏掉。这些东西是需要人手管理的，而现在的话，就这样摆着，目的似乎仅仅是让游客们观赏了。

水碓和水磨是村民利用水资源进行生产加工的劳动工具。为什么村里能有这样的水碓、水磨？是跟寨子东南面的两大股泉水有联系，没有这两大股泉水，水碓、水磨估计不会得以修建。寨子的东南面有两大股泉水，村民原始的叫法是"额比比玛"，大泉眼的意思。村民横向地把这两股泉水连接修建成一条长长的水渠，用水冲的力量带动水碓、水磨的水车轮子，从而带动石轮和磨盘进行生产加工，流淌过去的水可以用来灌溉梯田，这是村民最终的用意。所以修复水碓、水磨的同时，政府也出资重新修建了这条水渠，把两股泉水叫作"白龙泉"和"长寿泉"，泉眼处加以修缮，四周能让人们过往，可以让不知道的人见识泉眼的现场。旁边用木牌子写着"白龙泉"和"长寿泉"，有文化人进行了加工说明，说是喝了白龙泉水可以让人得子得福，喝了长寿泉水就可以让人长寿。原本静静流淌养育着村民的泉水也变成了有文化的泉水。

白龙泉和长寿泉两股泉眼之间相隔不到三百米，村民修建了一条水渠把两股泉眼连接起来，这是一条很好的灌溉水系，两股泉水出水量大，估计可以满足箐口村两百多亩的梯田用水甚至还绰绰有余。这两股泉水清澈见底，非常干净，村民们是直接打来喝的。有的游客见了这种情况，把带着的矿泉水倒了再装泉水喝，经常会满意地说"非常好喝"，有的游客喝不惯生水也就不敢喝。

　　确实，村里的两股泉水值得很好地利用，政府再投入一点资金，把周围的秧田征用一点，建成两个大的水库或者娱乐的场所，我想将会又是一道亮丽的风景。我担任村里的干部时，有人跟我开玩笑以 200 万元收购长寿泉，把这些水变成瓶装水去卖。我说这是不可能的，不能因为几百万元就断了箐口村子孙后代的水源，箐口村是离不开这两股泉水的，一旦谁把这两股泉水出卖了，将会是历史的罪人。我们只能很好地利用和保护它，出卖水源是不行的。

　　广场、图腾柱。也就是 2000 年左右的时候，元阳县人民政府为了能更多地在箐口村展示民族的文化，在寨子脚磨秋场征用了李建军、卢迁、马志文三家一共四亩左右的秧田修建成广场，广场中间竖起了三根石头雕塑的图腾柱，柱子上雕有花鸟禽兽。有的干部想把村民祭祀的磨秋场也推平作为一个整体，但是，村民不同意将用来祭祀的磨秋场被推平，大家认为，这是村民祭祀的神圣场所，动了它是否会给村民带来什么不好？这谁也说不清楚。之后，有关设计人员想了其他办法让了一步，不把原来的磨秋场推平，而是把磨秋场到广场之间做成梯田似的石阶来美化，政府和村民的意见达成一致。在游客看来，图腾柱有表现民族文化的意义，一些希望了解得更深的人会去咨询村里的人或者其他文化人。而对村民来说，图腾柱对他们似乎没有多大的意义，图腾还会说成"腾图"，也许是上面有图吧。对村民有用的是广场，这可以用来开展集体的活动。新街镇或者元阳县政府到村里举办活动也偶尔到磨秋场广场来开展，记得有过元阳县机关植树造林活动，有过新街镇文化下乡表演活动。有这样的一个比较宽的广场确实是方便了村民，特别是对附近的张氏家族来说，天气好的时候就可以集中在那里办理伙食，到现在已经有马刚金家、张祥家、李庆五家就在那里集中办过伙食，对他们来说真的很方便，他们还想根据需要进行改造，以后可以更好地办事。

　　据有关知情人士的说法，做这样的一个图腾柱要花不少钱的。我不知道哈尼族传统文化中是否有这样的信仰，就箐口来说，很多村民是不知道图腾柱有什么意义的，但他们也不那么在乎，"只要不影响我们生活，他们要立在那里也无所谓的"。

除了蘑菇房、门窗的变更以外，文化陈列室也变过好多次。在箐口村，在其他的基础设施不断改善的同时，房屋建筑也有过几次改造。为了统一村里的建筑，第一次是 2002 年的时候，政府出资把村里的石棉瓦屋顶全部拆换，全部改成清一色的茅草顶。目的就是恢复原来的建筑传统，保持传统的蘑菇房式样，供游客们欣赏。茅草的使用寿命不长，村民害怕火灾，茅草烂了，每次更换茅草需要 2 万元，对村民是一种负担。茅草屋顶下面容易积水，很容易让水泥地渗水。有的村民自觉一点，烂得不多的情况下自己修补一下，茅草顶下可以适当地堆放一些杂物。有的村民认为没有必要保留那个茅草屋顶，于是就干脆把茅草顶拆了。三五年中，每年都有三四家人自己拆除茅草顶，把茅草丢到室外烧了，竹子和木头当柴火烧了煮饭，几年间，村里的茅草顶就很少了。从整体上看，不统一也不行，还得恢复茅草顶。到 2010 年新农村建设的时候，政府又一次投入大量资金改造箐口村，把所有村民的房子都加建了茅草顶。村民的想法和做法还是没有改变多少，也是过几年就拆了，蘑菇屋顶对他们是没有多大的意义了。一定要加上蘑菇顶就只是给自己增加经济上的负担。2010 年到 2018 年，还是有村民自己拆除不到几年就腐烂的茅草顶。到 2018 年底，元阳县政府又一次投入建设茅草顶，包括外墙也全部进行粉刷，这是政府几次对村里蘑菇房的改造。

箐口村原来的门窗结构都是木头做的，这在旅游开发中也成为一道坎，"要保持原来的建筑风貌"这个声音还有一定的影响力，影响着设计规划者的思路。村民以前用木门木窗是经济所限，而不得不采取的原始办法。为了防盗，村民不敢把门窗做大做宽。进入 21 世纪政治稳定经济发展的今天，村民都努力向上，每年至少有五六户左右要翻新老房子，为了增加室内的采光度，门窗做得宽大了，也改换为钢门窗、铝合金等牢固的材料，即村民的要求是采光好又牢固、美观。在建设茅草顶粉刷外墙的时候，听说准备要拆换这些钢门窗和铝合金，后来，考虑到资金和村民的意见，最终就把门窗也粉刷了，外观看起来就像是木门木窗。而给在村里的主要道路两边、游客很常见的 51 户人家安装上真的木门木窗，算是保存了以前的建筑风格，这些门窗也是改进过的，根本不可能做成以前一样矮小。

也是为了让游客们集中地观赏哈尼族的各种支系文化，2000 年前后，元阳县政府安排县政协的工作人员到处收集哈尼族的文化生产工具和哈尼族多个支系的服饰，在原来的小学校建了一个文化陈列室，集中地展示哈尼族文化。当时，到陈列室观赏的游客还是很多的，对于箐口村民认识其他哈尼族支系的生活也有很大的帮助。2010 年，全县开展新农村建设项目，在景区一线的各个村寨也进行改造，有的村民看到旅游带来的经济效益，纷纷开展农家乐，游客的视线也转移到公路附近方便停车的客栈，进入箐口村观光的游客少了一些，这对进一步发展箐口村是一个极大的挑战，箐口村民应该重视起来。

指示牌。现在，村里有很多的指示牌，目的是以明确的路线指引游客，以免他们走错了路，有木头做的导览图，石头做的指示牌，上面有英文写的，有日文写的，有中文写的。但我发现指示牌有很多错误，包括也有翻译错误的一些词句。我知道郑佳佳博士的毕业论文就是关于指示牌的。这些指示牌对村民说来，似乎是没有必要的，但是，对于游客来说，这又是一道风景，他们看了这些介绍，对于箐口村和哈尼族都能有所了解，对他们来说是很有必要的。没有这些文字介绍，他们怎样来进一步理解哈尼族、理解箐口村呢？可是，指示牌老是出错就可能引起误解。

原来，我们村民为了给家里的某一个人驱邪避灾而修建休息台和指路碑。这样的做法也很简单，只是在一些十字路口立一块石头，在石头上指示了东西南北方向所通往的地名，希望得到被指引人的祝福，让家里的某一个人康复起来，某一些事情做起来顺利。村民原始的做法和政府出资修建的这些指示牌在某种意义上有所差异，但是，分析起来也差不多，最终的目的就是方便了游客或赶路人。

2004 年开始建设的云南大学少数民族调查研究基地哈尼族调查点对箐口村也是有影响的。从 2004 年到 2019 年，已经走过了 15 年的历程。在这不短的时间里，负责人马翀炜教授付出了艰辛的劳动，培养了不少的研究生、博士生，多次组织暑期学校的学生来箐口村，带来了全国不少高校的师生来箐口村调查，写了不少调查报告及学术论文，很多都已经在全国最高学术期刊上发表。我也许可以这么说：箐口是全国出书、出文章最多的村寨之一，我很感慨。回想当初建立这个研究基地的时候，我是多么希望云南大学这样的国家重点高校在箐口村做点什么，唤醒箐口村民子女的读书热情，为箐口村、为国家培养优秀的少数民族干部报效祖国。

确实，建设村寨、建设祖国都需要知识，需要人才。没有知识，没有人才，哪儿来的建设？当然，更深层次地去理解，村民逐渐认识到读书的重要性，做父母的都基本上能正常地供子女读书，有能力的家长更多地让孩子们在外地条件好的地方接受教育。村里现在共出了十六个大学生，有两个正在学校就读；有二十六个高中生，有的学生的成绩还是很优秀的，希望他们能更上一层楼，接受更多的教育。

要说明一点的是，云南大学做哈尼族文化调查研究的都是研究生、博士生，甚至是教授，他们的学术水平都是很高的，而且每一个师生每一次来都要到村民家访问，村民通过与他们交流，思想和意识是有所变化的，有一个村民曾经跟我说过："云南大学关注我们箐口村这么多年，箐口村就是不出人才，要是能有几个村民的子女能上云南大学这样的高校该多好啊！"

当然，有的时候，村民还是对师生的调查也有过误解的，记得 2009 年暑期学员有很多，可能是几个不同的学员在不同时间针对同一个问题问过同一个村民，让这个村民产生了一点厌烦的情绪，心里知道而不愿做回答，让学生有点沮丧；甚至有的村民会让学生回去问马老师。但是，总的说来，来调查的师生们给箐口村文化方面带来积极的影响是值得肯定的，他们给村民特别是学生们树立一个学习的榜样，激发前进的动力是肯定的，其他更边远的山寨是不可能有这样的机会的。

弹指瞬间十年过，云大的老师和学生记录了箐口村的经济变化、民俗文化、建筑演变、服饰混搭、手机使用等，这些知识对箐口的历史记录和社会发展带来的推动作用是经济所无法替代的，感谢云南大学，感谢马翀炜教授在箐口村做的贡献。

2007 年到 2008 年的电影拍摄。2007 年和 2008 年，箐口村的旅游发展迎来一个小高潮，来的游客也比较多，政府可能是为了尽最大限度地提高箐口村的知名度。在箐口村拍摄了《婼玛的十七岁》《天下一碗》《雕刻大山的民族》，姜文的《太阳照常升起》等影片，还有歌曲《长街宴》的外景也是在箐口村拍摄了一段，可以这么说，箐口是在元阳县拍摄影片取景最多的村寨。政府的目的应该是很明确的，就是提高箐口村的知名度，提高哈尼梯田的社会影响力，这样带来的社会效应是可想而知的。

2009 年 3 月 1 日大型农耕舞蹈演出。接着，2009 年在箐口寨子脚开展了一个大型的农耕实地文化表演，这一次是租用了村民的二十几亩梯田。在田里搭了观众席，邀请了社会各界的知名人士，无论是从参加的人数还是投入的资金来说，都属于规模比较大的，参加演出人员实地排练了一个多月，这一次是由国家著名舞蹈演员杨丽萍亲自来指导，已经做成视频，并在电视节目中不断地播放，受到了好评。

2017 年哈尼族开秧门暨民族服装展示会。2017 年 5 月，元阳县文化局又在箐口寨子上面进行开秧门活动，收集哈尼族 24 个支系的服装进行展演，这一次，我抽出来时间去观察了他们的实地演出，认为非常成功，让我目睹哈尼族还有这么多穿着不同的支系，这确实让我见识了哈尼文化的丰富多彩，我也告诫自己还是要加强学习，多学习一点本民族其他支系的文化。

2018 年 5 月份举行开秧门的文化活动时，我也抽出时间过去观看了表演，演出人员也多，来观看的游客有不少，估计政府及有关文化单位也开支了不少经费，目的就是增多文化节目，打造哈尼梯田品牌，吸引更多的游客，增加村民的经济收入。

2018年中国农民丰收节。2018年9月23日，元阳县县文化局又在箐口寨子头举行中国农民丰收节演出。场面同样也很壮观。他们用视频画面推送很美的梯田文化景观，让世界更多的人知道这一社区的生活。

过去，开秧门、丰收节这样的节日在箐口村是比较简单的。村民一般是在自己家田里简单地做一些仪式，没有大的活动。现在，有关文化单位很有创意地把丰富的民族文化推出去，这是善意的。但是我想，还是得给它生存的生命力，植根到群众当中，让更多的本地人参与，让村民知道保护农耕文明的历史意义和文化价值。

综上所述，箐口村是元阳县开展文化活动最多的村寨之一，很大程度上丰富了民族文化，也宣传了哈尼梯田农耕文明。通过他们的宣传，箐口村的知名度得到提高，基础设施得到改善，箐口村民得到的实惠很多。也许，有的村民文化层次低，在一定的时间内很难以理解，对他们的生活带来的影响并不大。但是，箐口村能够得到政府的重视，文化人员的宣传，带来的推动作用是不可估量的。村民应该积极配合，保存原有的文化，进一步开发新的文化，为建设更美好的家园而努力。

# 第四章　牛

## 声部一

### 遭遇理性的牛：关于红河哈尼梯田景观遗产的思考 ①

  著名经济学家曼昆提出过一个非常有趣的问题：被猎杀的大象绝对没有被屠宰的牛多。前者濒危而后者无虞，其原因是什么？对牛肉的大量需求保证了牛这种动物延续地繁衍，而象牙的商业价值使大象濒危。其前提牛是私人物品，但大象不属于任何人。牧场主因为尽力维持牛群而使自己获利，偷猎者尽可能猎杀大象而获利。经济学家通过这个故事阐明产权的重要性。② 然而，牛为私人所有却并不保证牛的数量不会减少，牛的数量多少与养牛的机会成本高低有关。是什么导致了世界文化遗产红河哈尼梯田的产权清晰的牛在不断减少呢？理性。③ 从哈尼梯田当地村民的情况来

---

① 原文发表于《西南民族大学学报》（人文社会科学版）2019 年第 11 期，作者马翀炜、孙东波。

② ［美］曼昆：《经济学原理》，梁小民译，生活·读书·新知三联书店、北京大学出版社 2001 年版，第 245 页。

③ 关于农民理性与否的问题，学界曾经有诸多讨论。参见 J.H.Boeke, *Economics and Economic Policy of Dual Societies as Exemplified by Indonesia*［M］.New York：Institute of Pacific Relations，1953. James C.Scott，James C. *The Moral Economy of the Peasant：Rebellion and Subsistence in Southeast Asia*［M］.New Heaven and London：Yale University Press，1976. Samuel L.Popkin, *The Rational Peasant：the Political Economy of Rural Society in Vietnam*［M］.Berkeley：University of California Press，1979.［俄］A.恰亚诺夫：《农民经济组织》，萧正洪译，中央编译出版社 1996 年版；［美］西奥多·W.舒尔茨：《改造传统农业》，梁小民译，中国商务出版社 2006 年版。

看，是机会成本计算的理性导致了牛的减少。换言之，大象在遭遇产权不明时减少，牛却在遭遇经济理性之后减少。

牛的减少直接威胁到梯田景观遗产的完整性。人与自然的关系与人的生计方式有关，也与景观的形成密切相关。植物和动物的驯化是人类文明发展过程中的关键一步。人类借驯化的动植物为媒介与自然界保持着密切关系。非洲的努尔人通过牛来维持生计，并与亲友、同部落的努尔人、其他部落的努尔人以及丁卡人等维持着"裂变"式结构关系，养牛为主的游牧经济是这个政治结构的基础。① 美拉尼西亚人为战争杀的猪乃是他们保持与敌人、与盟友关系的重要物质。②《甜与权力——糖在近代历史上的地位》则从糖的生产来反思资本主义的世界扩张，③ 而《玉米与资本主义——一个实现了全球霸权的植物杂种的故事》是从资本主义所引发的玉米的全球种植来思考玉米在不同国家发展中的位置等问题。④ 作为以农耕文化称的红河哈尼梯田，人与牛的关系同样是理解当地社会及其变迁的关键要素之一。

在农业社会漫长的发展过程中，畜力的使用是由园圃农业向精耕农业转化的标志，牛已成为农耕文化的景观。牛是哈尼梯田农作不可或缺的畜力因素，可以说没有牛就难有哈尼梯田。从这个意义上说，哈尼梯田也是千百年来人们役使牛在莽莽大山之中持续进行耕作的结果。牛的减少，乃至牛耕变为机耕必然使哈尼梯田景观大为逊色。当哈尼梯田被视为人类需要珍视的文化遗产并在近 20 年来开展一系列保护和开发措施的时候，核心区村寨牛的数量和种类却在急剧减少。然而，这一变化却是农民基于经

---

① 参见 [英] 埃文思-普里查德：《努尔人——对尼罗河畔一个人群的生活方式和政治制度的描述》，褚建芳、阎书昌、赵旭东译，华夏出版社 2001 年版。

② 参见 [美] 罗伊·A.拉帕波特：《献给祖先的猪——新几内亚人生态中的仪式》，赵玉燕译，商务印书馆 2016 年版。

③ 参见 [美] 西敏司：《甜与权力——糖在近代历史上的地位》，王超、朱健刚译，商务印书馆 2010 年版。

④ 参见 [墨西哥] 阿图洛·瓦尔曼：《玉米与资本主义——一个实现了全球霸权的植物杂种的故事》，谷晓静译，华东师范大学出版社 2005 年版。

济理性的自主选择的结果。打工收益明显高于种地收益。牛的数量急剧减少至少在一个方面表明了梯田在村民生产生活中的重要性正快速下降。当人们把红河哈尼梯田视为全人类公认的具有突出意义和普遍价值的世界遗产的时候，人们就面对了一个在历史上未曾遇到的问题：当地要进行怎样的治理，才能保护和传承世界文化遗产；进入世界文化遗产名录是否改变了梯田的产权归属。如若梯田依然还是当地村民的生产对象，那如何处置梯田以及如何进行社会治理，则就只是当地人的事情，然而，保护与传承文化遗产的各种规定使得他们不能改种其他经济作物，更不能抛荒土地，甚至为了保护梯田景观的本真性和完整性，建盖的房屋也不能超过规定的高度。如若承认梯田在进入世界文化遗产名录之后已经成为全人类的公共产品，那么，那个并不具体现身的"全人类"应该怎样在保护传承哈尼梯田的过程中出场，抽象的"全人类"如何共同承担对具体的文化事项的保护和传承的责任，当某一文化事项作为文化遗产代表作进入世界文化遗产名录从而为国家带来荣誉的时候，国家又应该在文化遗产的传承中承担怎样的责任等诸多问题，便成为未来需要严肃对待的问题。

## 一、增殖乏力的"资本"

2013 年 6 月 22 日，中国红河哈尼梯田被联合国教科文组织列入世界文化遗产名录。在联合国教科文组织给予的评价指标中，最核心的是以传统农耕文化为基础的社会文化整体与生态环境的良性互动关系。无疑，牛在传统农耕文化中扮演着重要的角色。在哈尼梯田日益受到外界关注并被不断收获各种赞誉的时候，梯田区域内的牛却在不断减少。牛的减少意味着梯田生产的传统性受到冲击，文化景观也受到非常大的影响。

位于哈尼梯田核心区的箐口村是红河哈尼族彝族自治州政府和元阳县政府打造的第一个哈尼族民俗村。2018 年底箐口村 238 户，1008 人，水田 453 亩，旱地 404 亩，户均拥有水田 1.9 亩，人均 0.45 亩，在村民的记忆中，20 世纪 90 年代中期全村约有 200 头水牛，100 头黄牛。进入 21 世纪后牛的数量逐渐下降。至 2000 年，全村 151 户，养有 152 头水牛，户均 1 头；黄牛已经消失。[①]2005 年 12 月，全村 180 户，有 132 头牛，户均 0.73 头；[②] 到 2018 年底，全村 258 户，有水牛 42 头，户均 0.16 头，能耕田的成年水牛仅有 32 头。数量有限的耕牛已经不能满足耕田耙地的需要。目前，村里还有 5 台微型农耕机。据调查，近两年来，30 户人家使用微型农耕机，即约 53 亩水田，约占全村 12% 的水田是用微耕机耕田。有 25 户村民因为没有牛，也不想请人耕地，就在梯田里用锄头和钉耙把田平整一下就栽秧了，占全村 10% 的大约 44 亩水田以这种方式耕种。这也就是说不再采用传统的牛耕形式耕种的水田约为 97 亩，即全村有五分之一的水田不再按传统的牛耕方式耕种。

与外界首先将梯田视为景观不同，长期以来，在当地人眼里，梯田首先是生产资料和财产。赶牛耕田是劳动而不是景观，与乡愁及浪漫无关。牛是畜力和资本。牛是犁田的牺畜，也是财富。在哈尼语中，zeiq 一词既指"家畜"，也指"财产"，zeiqhhaq 既是"畜力"，也是"财力"；[③] 由于土地面积及产量较为固定的条件下，"家畜"可不断增殖，故成为"财产"乃至"资本"的代名词。西文 capital 的"资本"含义也是由代表财富的牺畜可以增殖之意演变而来，将大型牺畜如牛视为财富以及资本是跨文化的共识。牛即一种可能增殖的资本。

从根本上说，既然牛是财富乃至是可以带来剩余价值的资本，那么，牛的增殖与否就与是否带来财富的增加密切相关。黄牛和水牛都在此意义上可以被理解为财富和资本。相对于主要用于耕田的水牛而言，黄牛因其

---

① 马翀炜：《云海梯田里的寨子：云南省元阳县箐口村调查》，民族出版社 2009 年版，第 101 页。

② 孙洁：《资源的价值内涵变迁的思考——以云南元阳县箐口民俗生态旅游村的水牛为例》，《贵州大学学报（社会科学版）》2007 年第 1 期。

③ 车树清、寒凌然：《哈尼语汉语常用词汇对照》，云南民族出版社 2015 年版，第 378 页。

主要用于出售而更直接地体现资本的属性。黄牛曾经被普遍养殖，现在则消失殆尽，其原因还在于黄牛增殖与财富增加之间的关系还受到了机会成本等因素的影响。黄牛具有耐寒力强的特点，这对于居住在海拔 1700 米以上的山区乡民来说是十分重要的。有村民就说，"黄牛耐寒力强，适应高山草甸气候，即便是刚出生不久的小牛，在下雪的天气放牧到山上也不会被冻死。"黄牛的繁育周期短，成年母牛通常一年产 1 仔，比水牛三年产 2 仔的周期短。黄牛肉质比水牛的好，单价更高。村民至今记得，人民公社时期，每个生产队都会养二三十头黄牛。进入 20 世纪之前，养殖黄牛主要是为了增加现金收入。现在养黄牛当然也挣钱，但是，养牛是要劳动力的，也是需要场地的。劳动力的大量外出必然使养牛的机会成本增加，由谁来放牛成为问题。传统的放牛场地被转变为更能产生经济收益用地，也进一步提高了养牛的成本。

村民认为，一个劳动力可以养 4 头黄牛。1 头黄牛从小养到可以出栏需要三年左右的时间。大致来说就是每年可以有一两头牛出栏。出售 1 头牛可以有 8000 元左右的收入。这就是说一个劳动力一年可以通过养牛最多收益 16000 元。青壮年劳动力在外出打工和在家放牛两个选项中基本不会选择后者，原因就在于打工的收入远高于养黄牛的收入。

黄牛消失还与黄牛好动、喜欢到处跑、容易在放牧的过程中走失有关。一个人不到十五六岁是放不了黄牛的。放过牛的村民在谈到黄牛的时候都会说黄牛"十分调皮"。黄牛走失的情况也经常发生。几乎每家都遇到过黄牛走失、请邻居朋友一起到处去寻找的情况。由于青壮劳力大量外流，目前各村寨放牛人的年龄几乎都在 60 岁以上，他们深感管理黄牛力不从心。"黄牛跑得太快，上年纪的人很难追得上。"现在，如果养牛也只能是养水牛了。

虽然养水牛不那么劳神费力，但也受到劳动力减少的制约。由于大部分青壮年劳动力都外出打工，有相当一部分老人要在家领孙子而不能外出放牛。尽管身体健康的一些六七十岁的老人可以去放牛，但养水牛的收益也是很低的。在养公牛和养母牛的比较中，村民选择了后者。由于成年母水牛就可以犁田了，加之 1 头母水牛三年可以产 2 头牛仔，故村民们倾向于养母水牛。母水牛要到 5—6 岁才会生小牛。一般来说，一个老年人也就只能看管 1 头母水牛和 1—2 头牛仔。养 1 头母水牛的收入主要包括：3 年产 2 仔，2 岁的小牛大约可卖 4000 元，加上犁田耙田时可以有外租的收入，大约每年收入 3000—5000 元。箐口村老人大都清楚地知道，"养牛赚不到什么钱。一定要算的话，每天可赚十几二十块吧。"

恶劣的气候、牛传染病等因素，是决定努尔人文化适应水平的风险和生态脆弱环节。① 相对来说，哈尼梯田地区因海拔较高，夏天气温也不高，水牛很少会生病，但是寒冬对水牛来说是一场严峻的考验。如 2017 年底至 2018 年初，梯田核心区普降大雪，就有两户村民的 2 头水牛被冻死。村民是积累了丰富的养牛经验的。一方面尽量避免在极寒天气里放牛上山，另一方面因冬季牧草少，牛在放牧过程中不易吃饱，所以会喂以干稻草。然而，由于青壮劳力外流比例大，老年人背不动太多的谷草，又由于为了增产而种的新品种的秸秆较硬，牛也不是十分爱吃。这些也都是限制养牛数量的因素。养殖过程中还有其他风险。如果怀孕的母牛没有得到适当的照顾，甚至还去犁田，流产的情况就有可能发生。此外，母牛中也有会领小牛与不怎么会领小牛之分。箐口村张明生当下养着的 1 头十岁左右的母水牛，共生了 4 胎牛仔，但只成活了 2 头。近些年来，偷牛现象偶有发生，箐口村民被迫放弃传统白天野放、夜晚归圈的放牛习惯，不得不改为从早到晚一刻不离地跟在牛旁，加重了放牛人的负担。一些传统的放牧场地改作他用也增加了养牛的困难程度。箐口村东南方向的 200 多亩的山林原本是可以放牛的，但由于当地政府在此建设"哈尼小镇"，放牛的地方就更少了。周边其他村寨可以放牛的山林没有怎么减少，黄牛也偶尔可以见到，但这些村寨的黄牛趋于消失以及水牛数量日见减少则是普遍存

---

① 杨庭硕等：《生态人类学导论》，民族出版社 2007 年版，第 79—84 页。

在的情况。

## 二、水牛，还是微耕机

在选择对于梯田劳作必不可少的畜力时，村民普遍倾向于水牛。村民说："若犁田的话，黄牛腰杆儿会有点软，我们这里的水深，黄牛犁不动"。俗称"大牯子"的成年公黄牛如果好好训练的话，也可胜任犁田耙田工作；但相比于温顺的水牛，黄牛的脾气显得暴躁多了，不易驾驭。耕种梯田产生的价值在村民家庭收入中的比重不断下降也导致了畜力的价值下降。相对于打工，养黄牛不划算，犁田的话，黄牛不如水牛。黄牛在梯田地区消失难以避免。但是，水牛的数量也同样因梯田生产的机会成本的增加而日渐减少。

现在，村民在养水牛的时候也同样是注意理性计算的，由此不仅造成水牛数量的减少，也造成了水牛的雌雄比例失调。单就犁田耙田而言，母水牛不如公水牛，但村民所养母牛远多于公牛，成年水牛的雌雄比大致为 10 : 1。村民对此的解释是，相对于母水牛来说，公水牛在放牧过程中喜欢跑得更远，且好打斗，这都给管理者增加了较重的负担。这当然是有道理的，虽然母水牛力气不及成年公水牛的大，成年母水牛仍可胜任犁田耙田劳作；只是母水牛在怀孕初期和待产期都无法劳作，否则极易导致流产。母水牛耕作不及公水牛，但是母水牛所产牛仔可供出售，即可以产生"剩余"价值。使村民们更愿意饲养母牛的另一个重要的因素是，母水牛及其生殖的牛仔更容易组成一个"牛群"。母牛在胜任犁田等工作之外，还可以以三年两头的速度生小牛，这就降低了放牛的边际成本，从而提升了养牛的边际效益。现在，村寨中绝大多数养牛农户都采取养 1 头成年母水牛及其 1—2 头幼仔组成一个小牛群的模式。母水牛可以生第三头小牛的时候，第一头小牛已有五岁了，可以出售了。然而，这种最大程度地减少管理成本并适合养牛人能力的方式其实也带来一些问题，由于公牛大幅减少，过去那种专门找健壮的公牛配种的事情就变得困难起来，一些老迈的或者还未完全长成壮牛的公牛都可能是事实上的种牛。这显然不符合良种繁育的要求。

少量村民外出打工而没有精力顾及梯田生产的时候，他们的田是出租给其他村民的，当更多的人开始外出打工之后，免租金是当然的，到现在有更多的人外出打工之后，为了不使田地抛荒，出资请人代耕成了必然的选择。这三个阶段的变化是梯田农作相对于进城务工的收益比率日渐减少的具体反映。据统计，当下请工栽种 1 亩田的费用主要包括犁田和耙田 2 个工共 500 元、栽秧 5 个工共 400 元、收谷子 5 个工共 500 元、修埂子 1 个工共 150 元、驮谷子 100 元等，即管理 1 亩梯田的关键环节共需投入 1650 元的费用。1 亩田可收成约 350 公斤稻谷，市场销售约为 1225 元，收支不能相抵。而且，这 1650 元的投入还未计入购买化肥、农药和种子等其他投入，为预防梯田倒埂所要求的每 1—3 天察看一次梯田蓄水量和田埂稳固情况也需劳动力投入。现在请人代耕一亩田的支出在 600 元左右。销售谷物收入 1225 元，加上代耕费 600 元，代耕一亩田的总收入为 1825 元，扣除总支出 1650 元以及购买化肥、农药和种子钱约 150 元，代耕者一年的代耕收入非常有限。

随着村寨水牛数量的持续减少、市场劳动力价格的整体提升，近些年来"请牛工"价格也在不断提升。村民无法回忆起开始付费"请牛工"的具体年份，只记得当时每天的单价是 20 元，其后逐渐上涨至 50 元、80 元、100 元、120 元、150 元、200 元，到 2018 年初达 250 元，甚至 300 元。请牛工单价如此快的增长速度，大大提升了养牛户的出工收益，激励着养牛户坚持养水牛。比如，箐口村卢建忠在 2017 年秋收后帮人犁田耙田，收入为 5100 元。谈起这个问题，他的神色是非常骄傲和自豪的。2019 年村民李欧受在春耕期间赶着牛给其他好几户村民犁田耙田，在 20 多天时间里他犁了 20 多亩，收入近 7000 元，但是到后面他都没时间也没力气去犁自己的 6 亩田了。虽说是"种了别人的田，荒了自己的地"。但是，犁田的收益也不算少，没有种田也省了后面的田间管理的劳作了。帮人犁田的收入加上后面在外面打一下零工的收入，比自己去种田的收入只会更高。当然，牛工的价格增长势头却遇到了微型农耕机的挑战。

2008年，箐口村民李学华以3650元在市场上购买了该村第一台微耕机，该型农耕机有12匹马力，型号较大，需要4个人合力抬到田里去。2015—2016年，在政府惠农政策的鼓励下，箐口村现任会计李绍云和村民李迷沙各买了一台8匹马力的微耕机，每台原价3200元，扣除政府给予的800元农机补贴，实际仅花费2400元；这种微耕机型号较小，两人就可抬到田里。村民很满意，也有越来越多的村民开始接受使用微耕机。2017年春耕，除自用外，李学华家的机器共借给7家村民使用，李绍云家的机器共借给8家村民使用。2018年，又有两户村民购置了微型农耕机。他们除自己使用外，也借给其他村民使用。农耕机所用柴油由村民自家购买。如果用微耕机犁田耙田的话，每亩需要柴油40元和人工费100元，共计140元，比用牛工耕耙一亩500元便宜了360元。当然，一些小块梯田以及不方便抬着微耕机进入的梯田则依然要靠牛来耕耙。但微耕机的出现使得畜力的价格受到抑制。

村民认为，相比于养牛，使用微耕机有诸多优点。首先，维护与使用既省力又便宜。养牛户几乎是一年四季天天放牛，真正使用牛来耕田耙田也就半个来月；微耕机主人每年则仅需用废机油对机器做几次防锈保养。其次，工作效率高。微耕机是牛工作效率的1.5—2倍。最后，劳动负担轻。因机器被设计成犁田和耙田同时进行，所以跟使用牛耕不同的是：秋收之后不再按照惯例马上犁田，而是待到来年即将栽秧的时节，犁田和耙田一起进行，从而减轻了原本每年冬、春各一次，共需犁田耙田两三次的劳动负担。

鉴于使用微耕机带来的便利，购买了微耕机的村民就更不愿意养牛了。2013年，由于自家劳力不足，箐口村一个村民就经人介绍与陈安村一户村民结为"牛亲家"。他负责买牛，对方负责饲养。除了每年犁田耙田时把牛赶回来干几天活之外，出租牛以及母牛生小牛的收益都归"牛亲家"所有。但在买了微耕机之后，这个村民就感觉再也没有必要养牛了。2017年去找到"牛亲家"，将母牛出售，收益归这个村民，母牛生的小牛归"牛亲家"。这个故事是微耕机可能取代耕牛的一个案例。

世界文化遗产哈尼梯田里的牛还有配合村民表演农耕文化的作用。无论是当地政府举行的为吸引游客的民俗节日表演活动，如开秧门等活动，还是一些电视台来拍摄梯田农耕文化景观，农人赶着牛表演犁田耙田总是少不了的。一位村民说："电视台请我牵着牛去大田中犁田耙田，供他们录像大约3个小时，给了我100元的报酬。"显然，表演农事活动是不会用到微耕机的，农人和牛在一起才符合游客对农事活动的想象，但是，一年四季，这类表演活动的次数有限，也就不可能从整体上给村民带来什么收益。

表面上看是微耕机的出现抑制了牛耕价格的上升，但从实质上来说，市场经济发展带来的各种发展机会的增加使得传统的农耕方式的竞争力下降，从而导致了与传统农耕方式紧密结合的牛的数量减少。尽管一些不适合微耕机进入的梯田依然要靠畜力来耕种，从而保证了在相当一段时间内，水牛依然还会有人去饲养。但是，由于无论是养牛来获取直接的经济收入以及通过勤奋劳作来增加梯田的产出都是十分困难的，水牛日渐减少的情况也是难免的，由此造成哈尼梯田景观的不完整也同样难以避免。

### 三、经济"脱嵌"的冲动及其后果

在传统社会中，经济总是嵌合在社会之中的。埃文斯—普里查德发现，牛之所以总是努尔人生活中的核心话题，不仅要归因于牛对于他们有巨大的经济价值，而且"在大量的社会关系中，牛是他们之间的纽带。努尔人有一种倾向，即把所有的社会过程和关系都用牛来界定。他们的社会习俗乃是关于牛的习语。"① 阿尔都塞曾经指出，"只有明确经济领域在整体结构中所占据的位置，明确存在于这一领域和其他领域之间的联系，明确其他领域在经济领域本身中出现的程度，我们才能理解经济的实质。"② 波拉尼认为："一般而言，人的经济总是淹没在他的社会关系中的。人的行动的动机在于维护他的社会地位、社会权利以及社会资产，而不在于维护并占有物质财富来保障个人的利益。只有当这些物质财富能够服务他的这个目的时候，他才会珍视它……经济系统的运行都需要非经济的动机来推动。"③ 市场经济发展中经济脱嵌于社会的冲动必然导致经济活动本身的变化、传统社会关系的松动以及诸多传统文化事象的意义的消解。

　　对于农业社会来说，牛在社会生活中的意义无疑是非常重要的。④ 牛在哈尼族传统文化意义上可以从其创世神话中窥见。哈尼族创世神话《奥色密色》说到，在宇宙洪荒之时，天王派人杀了一头龙牛来造天地万物。用牛腿造撑地的柱子，牛皮造天，牛骨头造地梁和地椽，牛左眼造太阳，牛右眼造月亮，牛肋骨造梯田，牛牙齿变成星星，牛肉造地，牛毛造树木花草，牛舌头造闪电，牛血造江河，牛肠子造水管，牛肚造水塘，牛肝造彩虹，牛的喘息变成风声，牛的眼泪变成雨水……⑤ 如李子贤分析指出

---

① ［英］埃文斯－普里查德：《努尔人——对尼罗河畔一个人群的生活方式和政治制度的描述》，褚建芳、阎书昌、赵旭东译，华夏出版社 2001 年版，第 25 页。

② ［法］路易·阿尔都塞、艾蒂安·巴里巴尔：《读〈资本论〉》，李其庆、冯文光译，中央编译局 2001 年版，第 208 页。

③ Karl Polanyi. *The Great Transformation*: *The Political and Origins of Our Time*. Boston：Beacon Press，2001. p48.

④ 参见李子贤：《牛的象征意义试探：以哈尼族神话、宗教礼仪中的牛为切入点》，《民间文学研究》1991 年第 3 期；饶恒久：《从〈诗经〉看牛与周文化的联系》，《宁夏大学学报》（社会科学版）1994 年第 1 期；张爱冰：《牛的文化控制及其动机》，《东南文化》2002 年第 11 期；陈萍：《"牛"的文化解析》，《重庆三峡学院学报》2005 年第 6 期；杨筑慧：《牛：一个研究西南民族社会文化的视角》，《广西民族研究》2014 年第 4 期；王铭铭：《从"牛人"说起》，《民俗研究》2006 年第 1 期；王铭铭：《从"没有统治者的部落"到"剧场国家"》，《西北民族研究》2010 年第 3 期。

⑤ 刘辉豪、白章富：《奥色密色（哈尼族民间创始史诗）》，《山茶》1983 年第 3 期。

的，哈尼族先民"将牛视为万物的母体、生命的始基，到牛作为性与丰收的象征，直至将牛视为财富的象征"。[①] 哈尼族古歌中，神灵们将在泥水塘中打滚的"土牛"视为用以补充天地间万物活力的灵物。[②]

每年一度的祈求丰收的"苦扎扎"（六月节）是村寨最重要的节日。全村每户凑钱买牛，健硕的公水牛是理想的牺牲。杀牛祭祀神灵是为了祈求人丁昌盛、五谷丰登和六畜兴旺。分享牛肉则是强化集体意识的重要活动。牛的兴旺预示着人的昌盛。此外，按照哈尼族传统习俗，家里老人过世后，子女和亲人们需杀牛以献祭亡灵。"在丧葬习俗中，牛是'接气''传福'的中介，同时亦是死者亡灵的守护者。"[③] 通过用牛祭祀，人们可以更好地理解生与死的关系。

当地流传的另一则传说也是富有意义的。据说在远古的时候，牛是天神阿皮梅烟最关爱的动物之一。一天，阿皮梅烟派牛到人间传话："人，三天吃一次饭。"牛却传成了："人，一天要吃三次饭。"天神让牛传话"青草要人栽，稻谷遍地长"，可是牛却说成了"青草遍山长，稻谷要人栽"。人们必须辛苦地劳作才能吃上粮食。阿皮梅烟知道后大怒，就罚牛到人间为人们拉犁和耙田。[④] 这则传说并非只是解释了牛为什么是用来耕地的，还充分说明了传统的生计活动的艰难是具有普遍性的。

当村民们的经济生活发生巨大改变的时候，其文化观念也在发生变化。牛的文化意义在经济理性计算面前不断减弱，其直接表现形式便是牛的数量减少。由于村寨内饲养的公牛很少，健硕的公牛就更是难寻。现在村民经常要到当地的牛集市甚至邻县建水县去买。当葬礼中的牛由"接

---

① 李子贤：《牛的象征意义试探：以哈尼族神话、宗教礼仪中的牛为切入点》，《民间文学研究》1991年第3期。

② 西双版纳傣族自治州民族事务委员会编：《哈尼族古歌》，云南民族出版社1992年版，第53—60页。

③ 李子贤：《牛的象征意义试探：以哈尼族神话、宗教礼仪中的牛为切入点》，《民间文学研究》1991年第3期。

④ 元阳县民族事务委员会：《元阳民俗》，云南民族出版社1990年版，第18页。

气""传福"的中介变为争面子的工具的时候，经济富裕的家庭甚至会在一次葬礼上杀10多头牛的情况也就可能发生。2015年当地政府为保护耕牛已出台相关文件禁止在葬礼上宰杀过多的牛。现在，一些村寨开始在其村规民约中明确规定，村民每次办丧事所杀的牛不得超过2头。这些措施显然是要尽力维持村寨的牛群规模。但是，如果饲养牛的目的与文化意义的生产无关的话，牛的数量减少问题依然难以解决。

尽管养牛成本较高而导致村民养牛的积极性下降，但牛在各种仪式中的重要性并没有完全消失，对于牛的需要就要通过市场购买来满足。有越来越多的村民在需要牛的时候会到元阳县最大的牛角寨镇集市购买。牛角寨集市每逢属虎日、属马日及属狗日赶街，每个赶街日，牛的交易量约40头。集市上交易的约有60%的牛是从建水县、红河县等外地贩运过来的。元阳县成规模的养殖场也在近几年内有了很大的发展。除了设计存栏量为100头，设计年出栏规模为50头的元阳信达黄牛养殖场是在2007年建立的，其他的7家养殖场都是在2014年之后建成的。2014年10月元阳县南沙镇六呼上岗冲牛羊养殖农民专业合作社建厂，设计存栏量为1000头，设计年出栏规模为500头；2015年5月元阳县水塘养牛场建厂，设计存栏量为100头，设计年出栏规模为50头；2015年5月呼山黄牛养殖场建厂，设计存栏量为100头，设计年出栏规模为50头；2016年2月元阳坤元牧业开发有限公司成立，设计存栏量为1000头，设计年出栏规模为500头；2016年3月元阳县志刚小黄牛开发有限公司成立，设计存栏量为100头，设计年出栏规模为50头；2017年4月元阳县红源畜牧养殖农场成立，设计存栏量为500头，设计年出栏规模为300头；2018年1月元阳县禾丰农牧有限公司成立，设计存栏量为100头，设计年出栏规模为50头。全县成规模养殖场的设计存栏总量为3100头，设计年出栏总规模为1600头。这些养殖场所养的基本是肉牛，婆罗门牛最多，其次是西门塔尔牛，然后是杂交小黄牛。当地村民普遍饲养的滇东南水牛品种在这些养殖场中是见不到的。成规模的以肉用牛为主的养殖场在最近几年的快速增长与当地村民养牛数量减少是有直接关系的。

在传统农耕模式中，附着在牛身上的文化意义与通过牛而建立的人与人的社会关系是联系在一起的。当新的生产方式已经产生并占据越来越重要的地位的时候，不仅与牛相关的文化意义会有改变，通过牛而建立的社会关系也在发生变化。如果只是从经济的视角来计算饲养牛的价值以及只是对梯田耕作进行经济理性计算的话，那么人们必然会不再热衷于养牛。牛在村寨生活中日渐减少的时候，人与牛的关系以及通过人与牛的关系而构建的人与人的社会关系不再紧密，这些关系中包含的丰富的文化内涵也在发生变化。相应地，与梯田耕作紧密相关的更深层的文化意义的解构以及社会关系的变化最终会导致梯田景观的逊色。

作为社会性存在的人而言，强化社会联系是解决问题的重要方法。哈尼族的传统村寨以帮工、换工等互助的义务和习俗为普遍特征。① 村民之间牛的借用以及以"换牛工"等都是社会联系维护与加强的具体表现。据箐口村民张明生介绍，在 20 世纪八九十年代，村里每家都养牛，若自家母牛因怀孕而不方便犁田，可跟亲戚邻居借用，不需付费。用别人家的牛，然后去别人家帮几天工的换牛工都是互惠的常态。但是，近十余年来，借牛的事情已经很少了，"换牛工"逐渐脱离了原来的互惠范围而趋于"商品化"。亲戚邻里之间请牛工都同样付费。一位村民这样说："我一年到头养牛，你未曾帮我放过一天，即便大家是亲戚，但是我又凭什么为你白干呢？"

"请牛工"包括两种方式，最常见的是请耕牛及其主人一起来代为犁耙；另一种是"请牛不请人"，即自家有劳力并掌握犁田耙田技术而只是请牛。据调查，目前后一种情况已濒临消失，因为养牛者不再同意只是"请牛"。一位村民说："如果我不跟着去，只让他牵牛去用，他们有可能让牛一天到晚干活，一直犁到天黑；我自己犁田，一般下午两三点就让牛

---

① 《哈尼族简史》编写组编：《哈尼族简史》（修订本），民族出版社 2008 年版，第 102 页。

休息了。他们那么干会把牛累死的。我自己犁田是给牛喂草和喂玉米；给他们牵走的话，喂不喂都不晓得了，若他们不给牛吃草、吃玉米，怎么行？"在谈到买牛、请人养牛而自己只是在耕田时候使用牛而结成的"牛亲家"关系的时候，有村民说："'牛亲家'固然好，但是万一养牛的人不上心，牛被养死了，'牛亲家'只说牛是生病死了，你能说得清楚吗？"随着村寨人际关系的"商品化"程度的加深，人际交往中理性计算的成分已明显提升，尤其是当"信任"可被转化为一定经济利益的时候，人际间传统模式的信任度在下降。

哈尼梯田的耕田耙田从传统的"三犁三耙"（犁三遍耙三遍）到现在的"一犁一耙"，正是表明了作为"资本"的牛和作为生产资料的牛的价值明显下降。人与牛的关系以及经过人与牛的关系而构成的人与人的关系的变化都在此得到了明显的表现。梯田景观因牛的急剧减少而逊色，也正反映了作为世界遗产的哈尼梯田因社会关系的变化以及传统文化的意义消解而面临的传承的困境。

经济脱嵌于社会，或者至少是传统的社会经济关系的松动使经济活力得以释放，从而使整个社会生产力得到提高是可能的，但原有社会关系的松动，必然导致基于集体意识的村寨传统节日活动的式微乃至消失，2014年至今，由于协助民间宗教头人咪古主持仪式的小咪古去世，符合条件的村民不愿意担任小咪古，致使"昂玛突"（祭寨神）以及"苦扎扎"（六月节）这两个最重要的村寨性节日活动无法开展。保护和传承世界文化遗产景观的重要基础在于保护和传承传统等生计方式及深层的文化意义。如何在经济发展过程中进行社会治理，使社会经济能够得到新的整合，传统文化的意义能够在新的时代得以创新性发展就成为一个颇具挑战性的问题。


四、讨论与结论

2001年发布的《世界文化多样性宣言》认为文化多样性是人类共同

的财富，而文化景观是"生物多样性的最后储藏所"。"文化景观"也包括"具文化或美学价值的地理区域"的文化和自然资源以及野生动物或家禽家畜，[①] 文化景观遗产"既是反映过去人类土地利用的历史和遗迹的证据，也应该成为人类土地持续利用的样板"[②]。这里所谓的样板，是很难单纯从经济收益来说的。样板主要是指人类在可持续利用土地方面达到的使人与人、人与自然能够长期和谐相处的一种对今天的发展具有诸多启发意义的方式。拥有世界文化遗产的当地人及国家就需要承担起进行社会治理从而保护与传承人类共同财富的责任。

红河哈尼梯田是因为申报世界文化遗产以及最终进入世界文化遗产名录而声名鹊起的。"哈尼梯田在现代社会中日渐成为世界所凝视的文化符号，其景观价值在于可以满足来自异域的他者认知新的世界以及新的文化系统的需求。这一景观遗产其实也就是当地生态文化系统的具体体现。哈尼梯田生态文化系统也必然要有丰富的社会文化作为基础。"[③] 哈尼梯田成为世界文化遗产便意味着在获得了世界性荣誉的同时，其社会文化空间也成了代表国家文化乃至呈现人类文化杰作意义的空间。当地人在拥有这样的荣誉时也就意味着责任的到来，而如果人们能够看到一个国家内的民族文化事象成为世界文化遗产项目更是意味着一个国家的文化的丰富多样从而具有很高的荣誉，甚至能够认识到世界文化遗产对于国家内部凝聚力会产生积极的影响的话，那么人们更应该看到国家在保护与传承中的更为重要的责任。

对文化遗产的命名显然不是基于这种生计方式在经济效率方面比现代生产方式更高。但是进入现代社会的人们对生活改善的需求却很难简单地通过坚守传统的生计方式来实现。单纯强制性地"保护"景观而不能带来

---

① 单霁翔：《从"文化遗产"到"文化景观遗产"（下）》，《东南文化》2010 年第 3 期。

② 单霁翔：《从"文化遗产"到"文化景观遗产"（下）》，《东南文化》2010 年第 3 期。

③ 马翀炜、罗丹：《哈尼梯田历史溯源及景观价值探析》，《西南边疆民族研究》（第 27 辑），社会科学文献出版社 2019 年版。

经济社会的发展，保护景观就变得非常被动。景观如果不给村民带来诸如提升当地产品与土地价值等目标的实现，景观出问题就是不可避免的。如果农民不是创造性地融入这一过程，只是被动地、被裹挟地融入，结果他就极可能会将传统丢掉。创造性地继承传统文化以及创造性地转化这些文化资源需要在社会主义市场经济发展中来实现。然而市场却不会自发性地实现社会的进步。诚如波拉尼所言："对自发性进步的信仰必然导致无视政府在经济生活中的作用。"①

生计方式变迁导致了村民社会关系的变化，也导致了村民与梯田和牛的关系的变化。黄牛几近消失、水牛数量减少及水牛雌雄比例失调对景观遗产的影响是直接的，更为深层的问题还在于务农的低收益也引发年轻一代对传统梯田劳作的轻视，他们不愿也极少有机会学习传统农耕技术，从而导致技术传承出现了代际断层以及文化传承的断裂。对这个现象进行治理是保护和传承的当务之急。拥有世界文化遗产的国家和当地人都需要承担起治理之责。

社会治理涉及诸多方面，但从根本上讲，"治理所处理的东西实际上就是人，只不过这个人是与财富、资源、物资、领土这些东西关联和交织在一起的人，他们是与习俗、习惯、行为方式和思维方式这些东西关联的人。"②社会治理的目的就是人的福祉的提高。如果申报世界文化遗产的目的是传承人类文化的精华，呈现人类文化的多样性，那么，当地人在此过程中的福祉的提高是实现这一目的的基本前提。如果地方文化的持有者还迫于生计压力而不得不选择离开梯田外出谋生，那么，无论在什么层面去强调梯田文化之于人类具有重要的意义最终都无意义。

进入世界文化遗产名录为当地社会经济发展带来了机遇。对于经济基

---

①　Karl Polanyi. *The Great Transformation: The Political and Origins of Our Time*. Boston：Beacon Press，2001. p40.

②　[法] 米歇尔·福柯：《安全、领土与人口》，钱翰、陈晓径译，上海人民出版社 2010 年版，第 52 页。

础薄弱的山区来说，撬动发展的动力更多地是外源性的，在保护传统文化的前提下从传统农业向现代农业转化的过程更是漫长的。实事求是地说，无论国家还是当地政府在保护和传承世界文化遗产方面做出了巨大的努力。当地政府近年来通过打造梯田红米品牌，在总结梯田区域的地方性知识的基础上推广"稻鱼鸭"模式以及构建梯田产品销售网络平台等方面的努力都极大地促进了当地的社会经济发展。旅游发展也为当地人的经济发展提供了活力。但是，这些努力尚不足以真正解决保护和传承文化遗产的问题。

从国家层面来说，当决定申报世界文化遗产的时候，更应该事先从保护和传承所需要承担的责任方面考虑问题。如在确定把某一个地方的文化事项申报为世界文化遗产的时候，就应该考虑进入文化遗产名录之后，该区域的发展其实就已经成为中国发展的一个缩影。为了使遗产区域的发展不滞后于其他地区的发展，国家所需要进行的补偿是必须考虑在内的。为了整个国家的生态环境的改善而进行的诸多生态补偿措施都已经取得了良好的成效，为了使边境地区能够和谐发展而开展的各种富民兴边政策的实施都为国家整体的稳定繁荣做出了贡献，那么，针对世界文化遗产地的专门的制度化的优惠政策乃至补偿机制的建立都是非常必要的。这些制度化的政策措施的制定和实施其实就是解决人民日益增长的美好生活需要和不平衡、不充分的发展之间的矛盾的具体体现。

为了实现遗产地"产业兴旺、生态宜居、乡风文明、治理有效、生活富裕"的乡村振兴目的，国家需要制定更多的切实保护和传承文化遗产并真正改善遗产文化拥有者的生活的专门政策。无疑，国家需要付出的成本是巨大的，但是，这些付出能够"让人们的幸福成为国家效用，让人们的幸福成为国家本身的力量"①，这些制度化的措施就是社会理性的表现。

---

① ［法］米歇尔·福柯：《安全、领土与人口》，钱翰、陈晓径译，上海人民出版社2010年版，第291页。

声部二

## 黄牛、水牛和铁牛

北京时间 2013 年 6 月 22 日 13 点 28 分，在柬埔寨首都金边举行的联合国教科文组织世界文化遗产委员会第 37 届大会上，中国红河哈尼梯田成功入选世界文化遗产名录，中国红河哈尼梯田文化景观成为我国第 45 个世界文化遗产和我国首个以民族名称命名的世界遗产。

世界遗产得了，名声在外了。在此之下，一说起中国红河哈尼梯田就会有人说起地处哈尼梯田核心区的箐口哈尼族民俗村。箐口具有"森林—村寨—梯田—水系"四素同构的良好生态系统，是首批"全国农业旅游示范点"。2000 年的时候，元阳县党委、县人民政府把箐口村作为元阳县第一个开发民俗旅游的示范村进行打造，投入了大量的资金进行基础设施建设，申报成为红河哈尼族彝族自治州州级文明示范村。

在社会经济物质文明日益发展的今天，箐口村为什么会保持原始的农耕文化生态系统、与自然和谐相处？这是我一直思考的问题。而牛，作为农业生产中的主要畜力，在箐口村正逐渐地减少；随着生产力的进步，铁牛——微耕机也开始出现和使用。中国红河哈尼梯田又力求保持原始生态耕种文化景观，人们能否保持牛在生产中原有的使用价值？这也是我一直思考的问题之一。我认为马老师写《遭遇理性的牛——关于红河哈尼梯田景观遗产的思考》这篇文章是非常有意义的。

箐口村隶属中国云南省红河哈尼族彝族自治州元阳县新街镇土锅寨村委会，在祖国的西南边陲，离元阳县政府驻地南沙镇有 38 公里，海拔

1650 米，占地面积 5 公顷，现在有 238 户、1015 人，与其他兄弟民族共同创造了人与自然和谐相处的梯田文化生态景观系统。箐口村位于哀牢山上的冲积地段，四周由山围绕，水流集中到麻栗寨河向东北方流到红河，地势西高东低，山头与寨子中间是层层的梯田，世代以农耕为业，没有厂矿等企业。周边有哈尼族寨子麻栗寨、坝达、落马点、上马点、全福庄、大鱼塘和黄草岭，彝族寨子有土锅寨、小水井、大新寨和三家寨等，这些寨子之间相距不过一两公里，人口密度过大，人多地少，人均耕地八分多一点，不到一亩。本地区属亚热带山地季风气候类型，干湿季节明显，昼夜温差大，水稻、玉米等农作物都是一年一熟，水稻基本都是自给自足，只有少部分田地多者可以适当出售些谷子。少部分家庭还不够自己家食用。其他的如玉米、土豆和黄豆每家都只能作为副食栽种些，基本没有多余的用来出售，经济收入主要以打工为主，偶尔有少部分家庭会出售猪牛来济贫，其他的几乎就是空白，资源缺乏得很。但是，在这样的地区，箐口村民和其他村民为什么能世居在这里？为什么能够创造世界文化遗产之一——红河哈尼梯田，同时还是"国家湿地公园""全球重要农业文化遗产"？为什么还在保护并发展着这一片梯田？在世界和中国人民生活水平日益提高的今天，箐口村民为什么还在保持着原始的农耕文化生态系统？而牛在这生产生活中扮演着什么样的角色？

2014 年前，箐口村里一直都做传统的集体祭祀的时候，每户每年到"苦扎扎"节要集资一点钱买来一头大公牛祭祀磨秋场，而且，这头牛必须是大咪古亲手来杀的，即使他已经上了年纪，也还要他亲手杀的。之后，村民要把分得的牛肉背回家来在家里献祭。节日的第二天，全村每户要做一桌饭菜到磨秋场参加过节。箐口村这几年没有合适的咪古人选，这几年就没有过"苦扎扎"了，附近的大鱼塘村里还能正常地过节。记得好多年前，为了省几个钱，有几个弟兄的家庭还不愿意分家。在 2008 年的时候，箐口村被政府征用了一片地，每户可以补偿到 9000 多元，他们就有点懊悔当初没有分户，要是在此之前分户了就可以分到好几份 9000 多元了。用一个领导的话说："箐口已经家家都是万元户了。"之后的几年，分户的村民就积极起来，也不在乎多分一家在过"苦扎扎"节日要多交一份钱去用于集体买牛。几年间就分出来五六十户，从这几年的情况来看，每年大概有三四户分家。再早二十年的话，箐口都是清一色的哈尼族，这些年来，村民外出打工的机会多了，年轻人接触外界的机会就多，之后，与其他民族的姻缘关系也随之产生，有娶回来的有嫁出去的，多了几个其他民族的人，民族色彩也丰富了一点，还是能够融合相处的。过去或许是交通闭塞、经济落后等原因，村民都保持着原始的农耕生产，春天播种，秋天收获，是地道的农业社会。

　　箐口村民过去都是农民，以田地为业，他们从没有离开过田地，因为生产的需要也好像从来没有离开过牛。长辈们以农业为业，世代耕耘，因为我们就生活在地势崎岖典型的云南山区，地势不平，老祖们开垦出来的田地，从下而上，面积超过一亩多大的田地不过几十块，也还是附近几个寨子来说比较大的田了。地势比较陡，崎岖的地势开垦出来的田就是这样，多数都是几分左右的田地，水源方便的地方就用作耕田，水源实在不方便的就当作旱地栽种苞谷黄豆之类的农副产品。以前没有机器也没有经济能力购买机器来耕种。曲折的山势，交通极其不便，人们来去田地里生产都得走小路。机器是很少能进入的。牛在人的役使下能被赶到所需要耕作的地点，还是比较方便，村民只能把它作为最主要的畜力来供养着。无论春夏秋冬、阴晴雨雪，一年三百六十五天都要安排人手招呼喂养。村民以种水稻为主。牛是村民生产的重要畜力，自然也就重视养牛，记得以前多数家都养着牛的。当然，在我的记忆中，20世纪七八十年代里自己能买上一头牛来养的人家也不多，村里当时能养上一两头牛的人家算来也是富有的人家了，这对有的人家来说是真的可望而不可即的。当时，一个人工一天工时费不过几元钱，一头一般的牛不过就是几百元，有的家庭就买不起。外出务工的机会少，为了填饱肚子，真的可以说是要精耕细种，多数村民家做到"三犁三耙"，就是一个秋收后做到犁三次田耙三次田，其时间段分布是这样的：秋收后十月份左右犁一次耙一次，让谷桩和杂草腐烂做底肥；到了开春一二月份犁一次耙一次，让土质松软，然后用水冲肥；再到四五月份插秧时犁一次耙一次。插秧下去，秧苗返青了再除草，然后就等着收割了。那时候村民很少外出务工的，即便务工，到了农忙时间就必须回来的。眼看着别人家用自己的牛种自己家的田，没有牛的人家就会着急，会很希望自己有钱买一头牛来养着；或者多辛苦一点帮着别人养牛自己也可以正常种田，就出现过"牛贷"的事情：我负责养你家的牛，犁田耙田两家共用；牛的产权最终属于你；或者，缺少劳动力的两三户人家共同饲养一头耕牛，轮流管理，每月或每个季度换一家。牛，是箐口一带少不了的劳动生产畜力。在一定的时间里，也被村民当作财富的象征，认真地来饲养，认真地管理，预防丢失或者被偷去。物价上涨，牛价也上涨，从十多年前一头三四岁的成年牛值三四千元上涨到现在八九千元，也就是说养着两三头牛的人家等于有两三万元的资产了，这在我们农村是一笔不小的财富。所以，有劳动力的人家还是愿意养牛的。养母牛的话，每两三年可以卖出一头四五千元的小牛，又可以用来耕田。村里有几个中年人，还是专门养牛给其他村民家犁田和耙田，到2019年，一头牛一个人工每天是300元，到秋收后犁田和插秧这两个时间段勤快人是能挣到上万元的。这些人家的牛就要招呼得特别地好些，需要下田还要喂饭、喂米糠才有足够的体力。这样给其他村民种田的有李欧受、张文和、卢新、李世文、卢建忠（2018年过世，用种田挣来的钱供他孙子读书），有时，他们还忙不过来去犁呢。那些没有牛的人家要排队跟他们说好时间才不误生产。这些人每年真能赚万把元的。只不过，现在的年轻人就偏向外出打工挣钱，这样挣来的钱更多也直接，已经很少有年轻人来养牛。

20世纪六七十年代的时候，村里实行生产队劳动方式，箐口村有四个劳动生产队，作为生产劳动的主要畜力——牛——由责任心比较强的农户家来饲养管理，需要的时候，各自的生产队共同使用。第一生产队由张小明管理；第二生产队的牛由我家管理；第三生产队牛由张宽家管理；第四生产队的牛由卢志明家管理；还有少许几家记得不太清楚了。生产队体制的时候，几个生产队都养着黄牛，主要在"苦扎扎"等节日的时候用来食用，因为"调皮"，黄牛很少用来耕种，多数就是用来食用了。进入 70 年代末期到 80 年代，实行联产承包责任制。生产队里的牛分配到各家各户，由各自私人家养护。八九十年代，国家改革开放不久，信息闭塞的农村，交通也最闭塞了，只有一条公路从离寨子头一公里的半山腰处穿过，90 年代后才对那条路的路面进行了硬化。村民外出务工的机会就很少，村里又没有什么厂矿企业供村民就业。打工的地方是主要以箐口为主的土锅寨云雾茶厂，由于经营不善，仅能给几个农户提供一点点微薄的收入，多数村民就以种田为生了，他们没有外出，就很有时间到田里劳作了，看似精工细作的劳动应当是出于一种无奈的思考，怎样才能种好田？怎样才能填饱肚子？这才是他们劳作中冒着汗水扶着犁耙考虑的问题。他们读书少，接受科学教育的水平低，外出机会少，见识少，能力有限，无法改变生活生产的方式，这也是今天的梯田红米能保存下来的最大原因，并非他们有意，而是一种无奈的选择。

　　说是梯田红米原生态、营养价值高，那不过是现在的一个说法，我很不同意这个观点。其实，白米的系列也很多，也有很多米质好的，产量高的，特别是杂交水稻引进之后，村民的粮食产量提高，粮食增产了，很多人家的粮食足够自己家消费，之后，他们才可以安心生产后外出务工挣钱以补贴家庭的生活支出。

　　进入 20 世纪 90 年代以后，年轻人外出就业的机会增多，渐渐地，村里养牛的年轻人就减少了。现在，每天上午能见到的去放牛的基本都是中老年人了。土地承包到户，私人各自管理自己家的田地，原来放牧的山地也被村民各自围护，特别是 2000 年国家实施退耕还林以后，可以放牧的山地更是减少。主要的原因可能是市场经济化，年轻人外出务工的经济效益最直接，有限的牧场使得村民的牛夏天膘肥、冬天瘦小，从冬天十二月份到来年的三四月份青草长出来之前基本要依靠谷草过冬。这些年牛少去了，很多人家就直接把谷草烧在田里了，省了很多的人力。牧场有限，养牛户的牛每天都需要人去看管的，这样所耗去的劳动力很大，所以，没有劳动力的人家即使有买牛的经济能力也不愿意去养牛，这个现象在这几年中表现得更突出。比如，卢志明家就是一个例子，因为他们夫妻两个都已经是 80 岁了，他们两人都已经没有体力，孩子们出门在外地，十多年来一直都在蒙自市打工。为了耕田，以前家里是养着牛，去年把牛都卖完了，两个老人就这样闲着，偶尔到田地间走一走，其他的重活计是做不了的。这样的人家在村里可不少，2005 年 12 月统计的时候，箐口村是有 132 头水牛，到 2019 年统计只有 45 头了。用牛耕田的也少了，有的人家使用了铁牛——微耕机，村里到 2019 年统计是有五台微耕机。有的人家直接用钉耙锄头等人力锄草就插秧了，到返青时候再施肥，很大程度上改变了原来的耕种方法。有四户人家直接就放荒，那些田已经不像梯田了。

箐口村牛最多的几年，早晚的路上就是一大群放牧的人，公路上到处是牛粪，为了解决这一问题，政府出资建了猪圈、牛圈，大大改善了村里的卫生情况。不过，可能是防盗措施不全，李志和家的一头牛和李正福家的一头牛被偷了，价值每头七八千元的。对于困难的农民来说，这还是一笔不小的损失，之后村民自己家加强了一点防盗措施。这两年倒是没有听说谁家的牛丢失的事。

牛，特别是水牛，在哈尼族社区里有特殊的功能，正常的成年人死亡时必须要杀 1 头牛来祭祀。没有成过家的小孩子死亡是不能杀牛的。一般的话，男子死亡就杀公牛，女人死亡就杀母牛。从某种程度上讲，用牛到亲戚家丧祭表示了两家人的最高礼节，这两年政府已经下文规定不准村民用牛丧祭，以免产生经济上的浪费，但是，还是会偶有村民丧祭的，特别是以前欠下人情是要还的。这种历史的沿袭估计还是需要一点时间来改变的。在葬礼中，村民忌讳牛被杀死时伸出舌头，谁家杀的牛出现这个情况，就会认为牛主人家会有灾难临头。我大致统计过一下，箐口每年有七八个老人过世，加上到其他寨子丧祭的，箐口每年就要杀 20 头牛左右，而村里又没有这么多牛，现在主要还是到牛角寨集市上购买，或者驾车到老猛集市上购买。现在的车辆方便，来去几个小时也很快的，而牛角寨集市是离我们最近的牛交易市场，属马日、属虎日、属狗日这几个集日里有专门人来交易的，想买到多大的牛都行，村民大部分就到牛角寨镇购买的，只有少数遇到村里或者附近村寨有卖的就购买了。

2009 年的时候，政府在箐口村举行过大型的农耕文化展演，牛也到箐口寨子脚实地展演，被作为文化展演的角色，有人也由此而想过是否做牛车运送游客。但是，旅游事业发展缓慢，来此旅游的游客具有季节性，冬季来客多，夏季游客少，用牛拉牛车运送游客的事情就没有发展了。

确实，梯田出现放荒，年轻人进入城镇务工，如何继承梯田农耕文化已经是人们面临考虑的问题。水牛在生产中的数量不断减少，代替牛的"铁牛"会越来越多吧。而在现实生活中，村民又离不开牛，怎样才能保持牛在村民生活中的正常数量呢？怎样才能保持正常的农耕文明传统呢？这些是该深思的重要问题。

# 第五章　蘑菇房

## 文化符号的建构与解读：关于哈尼族民俗旅游
## 开发的人类学考察 ①

文化符号建构在民族文化中具有十分重要的意义。美国人类学家格尔兹曾强调，文化是指从历史沿袭下来的体现于象征符号中的意义模式，是由象征符号体系表达的概念体系，人们以此进行沟通，延存和发展他们对生活的知识和态度。②

然而，文化并不仅仅是"历史沿袭"的符号传递，还是一种具有符号意义的建构行动。人类主体行动于各种具体的历史过程中，从而构成了文化世界。文化符号作用的转型、新的符号意义的嵌入、异质文化符号形式的移植以及对符号意义的解读，构成了文化符号的建构过程，从而使文化具有生机，同时也充满张力。这些现象在社会生活发生急剧变化时表现得尤为明显。

位于哀牢山区的箐口村隶属云南省红河哈尼族彝族自治州元阳县新街镇土锅寨村。这个哈尼族小山村几乎是被裹挟着迅速进入哈尼梯田申报世

---

① 原文载于《民族研究》2006 年第 5 期，作者马翀炜。
② 参见 [美] 格尔兹：《文化的解释》，纳日碧力戈等译，上海人民出版社 1999 年版，第 103 页。

界文化遗产以及旅游开发等种种现代生活事项之中的。民族文化旅游开发活动，通常就是一个将文化符号化并进行移植，从而使一些独具特色的民族文化资源转化为文化产品融入主流社会、参与主流经济活动的过程。

在此过程中，民族地区的经济有可能得到一定程度的发展，但社区与政府、内部与外部、传统与现代、村民与游客、神圣与世俗之间的各种紧张关系也会出现。从表面上看，这与世界范围内展开的全球化过程密切相关；从深层次上看，这些紧张关系又与文化符号建构过程中那些对于人们的生产方式、交往方式和思维方式，以及相应的活动目的和活动方向具有规定作用的不同的文化图式（culture schema）间的冲突相关。

从历史、生态和文化等维度，对箐口村的梯田、蘑菇房、图腾柱、磨秋[①]等一些标志性的文化符号以及在建构这些符号的过程中所展示出的或显或隐、或细微或重大的一些象征意义进行解读，考察全球化背景下民族文化在民族发展过程中的重要功能以及政府的经济参与方式、政策选择等问题，我们就会发现，文化符号建构过程从本质上说就是一个文化发展的过程，同时也是一个资源博弈的过程。

## 一、传统性文化符号的商品化

哀牢山区连绵不绝的数十万亩梯田，是当地政府对箐口村及其周边地区进行旅游开发的重要资源。云南多数山地民族都能开垦梯田，"但所垦台数之多，技术之精，则当首推红河南岸的哈尼族"[②]。

箐口村位于元阳梯田的核心区，现有 178 户，865 人。这个距县政府所在地南沙镇 30 公里的哈尼山寨更多地为外人所知，是与 20 世纪 90 年代的民族学研究和民族旅游开发，2001 年底元阳梯田被国家建设部列入

---

① 磨秋是哈尼族在"苦扎扎"节时用来祭祀天神的器具，有一根支柱，高约 1.2 米左右，上面横放一根长约 6 米的木梁，形似跷跷板，可上下活动，也可以转圈。

② 《哈尼族简史》编写组：《哈尼族简史》，云南人民出版社 1985 年版，第 111 页。

"世界遗产预备清单"，以及 2004 年夏中国政府在苏州第一次承办联合国教科文组织第 28 届世界遗产大会等一系列事件联系在一起的。从 2000 年开始，当地政府对箐口村进行打造，使其成为哈尼梯田文化的窗口及品牌。

在哈尼族先民改造自然的过程中，形成了森林—村寨—梯田—江河这样的生产生活环境，至今已有上千年的悠久历史。① 但存在了上千年的哈尼梯田以及梯田文化真正被外界所"发现"，却还是相当晚近的事情。

从 20 世纪 90 年代初开始，国内外许多媒体、学术机构对哈尼梯田、哈尼文化的报道和研究持续不断。"中华的风度""大山的雕刻家""新的世界奇观""哈尼梯田甲天下"等赞誉被赠予了哈尼梯田和哈尼人。

2000 年，根据学者的建议，云南省红河州政府提出了红河哈尼梯田申报世界遗产的工作规划。随后，联合国教科文组织亚太地区负责人考察了哈尼梯田并给予了高度的评价。2003 年元月，联合国教科文组织派专员前往元阳进行考察，认为哈尼梯田的独特性、完整性、重要性与可持续性都符合世界遗产的相关规定。

为进一步提高元阳的知名度，元阳县于 2004 年举行了展示元阳县人文风光和民风民俗的信封和明信片的首发仪式，随后，这些信封和明信片便在云南省内全面发行。

2004 年夏，中国政府在苏州第一次承办了联合国教科文组织世界遗产国际会议。箐口村的两位哈尼族少女还以哈尼梯田形象大使的身份出席了大会。尽管由于名额的限制，元阳梯田申报世界文化遗产之事没有成功，但以哈尼族为主的元阳县各族人民在长期的生产生活中，利用当地独特的自然条件创造的梯田奇观，还是以一种准世界文化遗产的符号形式引起了世人的关注。作为生产劳动对象的梯田也由此而被建构成了彰显"人与自然和谐相处"的"人类文化遗产"的文化符号。

---

① 参见李子贤：《水——生命与文化之源》，李子贤、李期伯主编：《首届哈尼族文化国际学术讨论会论文集》，云南民族出版社 1996 年版，第 15 页。

除了梯田，以茅草做屋顶的形似蘑菇的蘑菇房也开始成为向外部展示箐口村文化特征的重要文化符号。

2000年，箐口村与紧邻的麻栗寨、全福庄，因在生态环境、民俗风情等方面的相似性，同时进入了当地政府挑选民俗村的视野。在这三个村子中，麻栗寨村的人口最多，有600多户，近3000人。而红河州政府当初比较看好的则是全福庄，该村有402户，2600余人，其优势在于它曾是明朝沐英的庄园，在历史上有一定的知名度，但由于该村房屋改建所需投资太大，县政府无法拿出足够的资金，改建计划后被放弃。至于箐口村，无论从户数看还是从人口看，都要小很多，但这里的蘑菇房保留得较为完整，只需对50多户房屋进行改造，因此投资小，见效快，再加上箐口村还紧靠省道，便于开展旅游活动，故最后被选中。

元阳县城建局、新街镇政府、元阳县旅游局及其下属部门管委会等机构，是旅游开发的职能部门。政府部门规定，村内所有的房子都要加盖茅草屋顶。同时，政府部门还按住房面积，以每平方米45元的标准，对箐口村村民改建蘑菇房予以补助。因此，虽然近年来村子里建了许多新房，内部结构也有了较大的改变，但从外观上看仍保持了哈尼族传统建筑风格。

从根本上说，人的各种行动都要受到物质生产的制约，直接或间接地总要与经济利益发生关联。可以肯定的是，如果不是有关部门将蘑菇房作为哈尼族的一个重要文化符号进行建构，箐口村的这些蘑菇房极有可能已被石棉瓦屋顶的砖瓦结构的房子取代了。事实上，在2000年，村内35%的住房已经不是蘑菇房的式样了。但后来，梯田、蘑菇房等成了"物质文化遗产"，成了"人与自然和谐相处"的文化符号。

这一符号建构过程表明："地域性变革与跨越时空的社会联系的横向延伸一样，都恰好是全球化的组成部分。因此……发生于本地区社区的某件事情，很可能会受到那些与此社区本身相距甚远的因素的影响。"[①] 梯田

---

① ［英］吉登斯：《现代性的后果》，田禾译，译林出版社2000年版，第57页。

成为现代旅游审美的对象，蘑菇房（哪怕是已经发生了很多变化的蘑菇房）最终也得到保存，这些都是传统与现代文明发生碰撞的结果。

可以说，旅游开发中的箐口村梯田与蘑菇房既是传统的，又是现代的。从表层上说，传统文化由此得以延续甚至彰显；但从更深的层面上看，这些又都是对传统文化的重新发明，是对民族文化的资本化运用，是在将民族文化作为现代旅游审美景观符号进行建构的过程中，传统文化图式所做的妥协或者更新。

现实经济利益的推动作用，是传统与现代达成妥协的重要原因。正是由于经济利益诉求的存在，建构新的文化符号，在全新的意义上保留传统，才有了实实在在的动力机制。这些文化符号的建构过程就是试图在注入了新的内涵的传统中实现对社区各种资源的重新整合，同时也是期望获得大众对自身文化价值的承认，进入主流经济。

2003 年，箐口村仅旅游门票收入一项就达 11 万多元，2004 年更达到近 17 万元。这些收入反映了人们的努力所取得的效果。但此事也许更能说明："传统并不完全是静态的，因为它必然要被从上一代继承文化遗产的每一新生代加以再创造。"①

传统在使社会生活保持平稳的同时，也在为生活于其中的人们提供着可能的变化机制。传统所包含的生活原则、价值理念以及各种制度等，都是历史与现实交织的文化建构的产物。在现代条件下，再没有什么知识仍是"原来"意义上的知识了。梯田已不再仅仅是原本的劳动对象了，蘑菇房在原本的居所功能上加入了向外展演文化的功能，从而使得传统具有了获取经济利益的新的意义。社会的发展必然会导致传统的变迁，而不同文化间的交往则必然会加速这种变迁。

---

① ［英］吉登斯：《现代性的后果》，田禾译，译林出版社 2000 年版，第 32—33 页。

## 二、异质性文化符号的驯化

包括文化产品在内的各种产品，只有在进入社会的共享系统，获得占据社会主导地位的文化价值体系的某种认可，并成为特定共同体存在的结构性要素，能够为消费者的文化心理所接受的时候，才能够真正以产品的形式存在。布迪厄曾说过，如同经济财富只有在经济场域内才能起到资本的作用一样，各种形式的文化能力也只有在经济生产系统和生产者的生产系统之间的关系中，才能成为资本。[①] 地方文化要想成为外部社会的结构性要素，就必须有一定的实现途径。正是在梯田、蘑菇房等被成功地建构为新的能满足游客审美需要的文化符号后，进一步的文化符号建构才得以成为现实。

在箐口村的村口，有政府兴建的一根高大的石制图腾柱，雕刻着青蛙、鱼、牛、孔雀、大象、葫芦等，图腾柱旁还有代表青蛙、螃蟹、鱼、牛和田螺的五个雕塑。这就使箐口村与周边其他哈尼村寨有了一些明显不同的特点。这些文化符号吸引着游客驻足一看，昭示了当地政府打造民俗旅游村的决心，意在获得占据社会主导地位的文化价值体系的认可。图腾柱原本是北美印第安人的文化符号，但这一异质性的文化符号现已被当地政府驯化，用以搭建使当地民族文化得以为世人认知的桥梁。

为了更好地从民俗文化方面打造梯田文化品牌，同时也为了顺应旅游消费者休闲、观光的需求，近年来，元阳县政府在箐口村组建了民俗村管委会和文艺表演队，并且投入 200 多万元建成了文化陈列馆、休闲观景楼、文化广场等设施。水碾、水碓和水磨等传统农耕文化设施，早在村寨通电工程完成后，就已经基本闲置不用了，但之后又被重新建造。当地政府还在进入村寨的路口修建了村寨大门，又在村寨的空场上修建了几根图腾柱。

---

① 参见 [法] 皮埃尔·布迪厄：《实践感》，蒋梓骅译，译林出版社 2003 年版，第 198 页。

在笔者的田野调查中，簧口村管委会中的几个负责人甚至将"图腾"说成了"腾图"，而村民们则根本不知道这些柱子是什么，更不清楚这些奇异的柱子是出自哪里，为什么要竖立这些柱子。

在北美印第安人的传统村落里，最引人注目的就是在每座房子前后竖立着的一根根图腾柱（totem pole）。这些图腾柱的制作和雕刻倾注了印第安人的宗教热忱和艺术匠心。图腾柱可以单独地表现图腾的形象，也可以作为氏族历史或其他事件的记录。

19世纪初的西方探险家们对图腾柱了解甚少，更多的是将这些柱子当成一种奇特的艺术品而进行收购，这些收购行为促成了北美洲西北印第安人图腾艺术前所未有的繁荣。19世纪后半叶，由于残酷的部落战争和天花的大面积流行，部落人口骤减，村落被遗弃，再加上基督教传教士鼓动人们背离传统文化，图腾艺术趋于衰落。但19世纪末，欧美等博物馆又开始对图腾柱产生了浓厚的兴趣，大量幸存的图腾柱被搬到了博物馆。而在这时，真正以部落生活为基础的图腾柱雕刻已经灭绝。20世纪60年代，包括印第安人和非印第安人在内的雕刻艺术家们再一次对这种独特的艺术产生了兴趣，但新的作品和传统的作品相去甚远。现在的图腾柱只是为满足政府和其他社会团体的某些意图而竖立起来的艺术品。[1] 图腾柱最终在现代欧美文化的压力下被驯化，并逐渐在世界范围内扩散而成为"原始""土著""异质文化情趣"的文化符号。原本外在于主流文化的图腾柱成了主流文化用于标示异质文化的重要符号。

图腾柱竖立在簧口村的土地上之后，因其具有国际性的异质文化标志而开始发挥"招商引资"、吸引外来游客的作用。文化产品的生成有赖于能否进入主导性的文化价值体系，并成为其结构性的要素，从而获得某种认同的表达。

白龙泉和长寿泉是簧口村的重要旅游景点，泉水一年四季从不间断。

---

[1] 参见高小刚：《图腾柱下》，生活·读书·新知三联书店1997年版，第140—158页。

长期以来，这两眼清泉与外界并没有什么关联，因而只有哈尼语的名字，翻译成汉语就是"大泉眼"的意思。出于旅游开发的需要，当地政府开始组织本地的文化人为这两眼泉水起名，赋予其新的意义。靠近村边的被叫作"求子泉"，说是喝了这里的水就可以得子。但后来当地领导认为这个名字不雅，于是变成了"白龙泉"。名字虽改了，但"求子"的功效依然存在。离村稍远的那眼泉水则取名为"长寿泉"。这样一来，原本清澈但并无多少文化意义的这两眼泉水就被打造成"多子多福"与"幸福长寿"的文化符号。

在元阳哈尼族地区，寨神林是每年举行社祭的重要场所，高大茂密的树则被认定为社神的化身。箐口村停车场上方的寨神林是每年进行"昂玛突"（祭寨神）的地方。为了避免游客因不知情而误入"圣地"，造成不必要的麻烦，同时更是为了引起游客的兴趣，政府部门在真正的寨神林下方选择了一棵大树，用石块围起来，还标上"神树"的标志。实际上，箐口村真正的寨神林中的神树有好多棵，且不用石块、木桩围起来的。这一文化符号的建构既维护了当地人的宗教情感，又满足了旅游开发的需要。

这类通过前期的大量投入、策划与管理来建构新的文化符号的行动可以说是较为成功的。其原因是，在现代与传统、外部与内部的不同的文化图式中，找到了契合的地方，或者说找到了能够达成某种妥协的基点。

以蘑菇房为例，蘑菇房之所以得到保存（尽管已经有了相当大的变形），就是由于各方为获得共同的利益而达成一种妥协。箐口村的村民们已无法再按自己的意愿去修建他们认为适宜的石棉瓦房或小洋楼，他们不得不多花些工夫去把新建的房子弄成蘑菇房的式样，所有这些都会引起某种新的紧张关系。但由于有政府的补贴以及从各种途径获得的收益，特别是由于蘑菇房毕竟是他们祖辈居住过的式样，因此，来自内部与外部的文化图式最终合力构建起一种新的文化符号。

村民的参与、配合以及外部世界的肯定，是使传统与现代结合的蘑菇房得以保留的又一重要原因。箐口村在保留某些传统文化因素的同时，也展现了传统给予现代发展的强有力的支持。

"梯田是好看，可就是吃不饱肚子。"箐口村一位哈尼族老人的话，道出了村民在相当程度上还是愿意接受政府旅游开发规划的重要原因，同时也形象地说明，他们已承认自己的文化图式有必要加以修订。这一事实还说明在现代条件下对所谓"原生态""原汁原味"文化追求的虚妄性。随着人口的增加，社会的发展，存在了上千年，养育了无数代哈尼人的梯田，在今天已经很难再以过去的方式承起哈尼人现实发展的重负了。寻求新的发展道路，而不是回到从前，乃是现实提出的要求。

### 三、神圣性文化符号的娱乐化

所有的文化图式都不是一成不变的，在新的文化符号的建构中，极有可能产生新的紧张关系。新的文化符号建构的结果如何，要看不同的文化图式之间是否能够达成彼此接受的协议。如果当地人在这一建构过程中经常处于一种失语状态，那么，这样的协议就很难达成。

在建构文化符号的时候，村民的日常生活也可能成为一种文化表演。事实上，在进行村寨规划的时候，箐口村没有像别的村寨那样修建自来水，而是在村中修建了几个水池，其目的就是让村民的盥洗、挑水也成为一道"靓丽的民俗风景线"。而一些大型的原本只是属于特定社区的具有神圣性的宗教活动，更是以舞台节目的形式呈现于游客面前。在这样的"表演"过程中，当地文化的神圣性也就被不断地消解。而游客的到来正是当地政府努力的结果。这也是建构新的文化符号不得不付出的代价。

箐口村的村民主要由四个大的家族组成，各家族之间的和谐关系对于保持社区的稳定是十分必要的。诸如"苦扎扎"（六月节）、"昂玛突"（祭寨神）等节庆活动，除了具有祈福消灾等功能外，还往往与凝聚力、公信心、亲和力等社区观念紧密相关。而社区的存在总是需要有一定的边界或疆域。这种边界或疆域既可能是物质性的，也可能是心理性的，边界的作

116

用在于区分本社区的成员和非本社区的成员。① 如果没有这种内外之别，所谓内部也就不存在，内聚力也就无从谈起。

"苦扎扎"是箐口村每年持续时间最长也最重要的社区节日。主持全寨宗教活动的"咪古"，一般都是从本寨最早的老住户中产生。咪古可能是农业公社时期政教合一的村社领袖，伴随着贫富的分化，从富有者中产生了新的头人，咪古的作用逐渐局限于宗教和习俗的范畴，但在社区中仍享有很高的威信。"苦扎扎"仪式的内容十分丰富，其中最主要的环节包括翻新祭祀房——秋房，新建磨秋和秋千，杀牛分享圣餐、秋房祭祀、打磨秋（女性被禁止）及打秋千等。磨秋和秋千只能摆放 12 天，到期以后就必须把磨秋抬下来，将秋千的藤条砍断。在来年的"苦扎扎"节到来之前，磨秋与秋千也是不能使用的。这就在时间上造成神圣与世俗的区隔，使节日以及节日的内涵具有一定的神圣性。

随着申报世界遗产工作及旅游开发的不断进行，各种仪式的神圣性被不断消解。2001 年 8 月，一个日本文化考察团在云南省文化厅干部的陪同下到箐口村考察。为了展演哈尼文化，尽管"苦扎扎"节日早已结束，申报世界遗产办公室的领导还是在与咪古及村民商量后，请他们举行了一次表演性的"苦扎扎"仪式，杀牛、搭磨秋、架秋千等主要事项，一项都没有少。但是，这种展演性的仪式还是与真正的仪式有所不同。牛是在村里空地上宰杀的，而不是按照传统到磨秋场宰杀的；肉也不是分到每家每户，而是煮熟后大家一起食用。表演结束后，咪古等人要求申报办出资 200 多元，作为报酬。

常有游客将神圣的磨秋当成游乐场的跷跷板一类的娱乐设施，男女游客经常将磨秋抬到磨秋柱上玩耍。一些大型的旅游团队到来的时候，或者当政府部门举行重要活动的时候，旅游部门还会要求村民进行打磨秋表

---

① 参见［英］麦克利什主编：《人类思想的主要观点》（上），查常平等译，新华出版社 2004 年版，第 275 页。

演。如 2005 年 4 月 9 日至 12 日"红河州旅游节"期间，旅游部门就安排了打磨秋表演。在咪古们的再三要求下，政府部门出资 300 元作为村民们举办此次活动的报酬。

2005 年，箐口村过"苦扎扎"节用的磨秋和秋千是当年 7 月 25 日搭建的。按照传统习俗，要到 8 月 5 日（即满 12 天后）的早晨，才能将磨秋抬下，将秋千的绳索割断，将秋千板收起。但是 7 月 30 日下午，有两个外地游客在打磨秋时把磨秋弄得掉了下来。在一般情况下，这种行为必须受到惩罚，罚款用于支付咪古们进行消灾活动的费用。但这次把磨秋弄下来的人跑了，补救性的仪式最终没有进行。

在当地人眼中，磨秋、秋千以及秋房都是神圣的，其神圣性并不在于这些事物本身，而在于这些事物所包涵的意义。然而，文化符号神圣与否又与建构这些符号的文化图式密切相关。不具有这样的文化图式的游客是很难真正如箐口村人那样将这些符号视为神圣的。旅游活动的娱乐性消解了当地这些仪式及其物品的神圣性，因此，在建构新的文化符号的过程中，就不可避免地会形成一定的紧张关系。

当神圣性受到娱乐性的挑战时，负责举行"神圣性"宗教仪式的咪古和摩批等人便试图以某种"神秘"的方式来进行回击。他们声言，该村在旅游开发之后出现的许多不祥之事，都是由旅游开发导致的。2003 年 11 月，该村有 4 户人家发生了火灾，此事就被归咎于旅游开发。但事实上，箐口村在历史上也发生过许多次火灾。在村民的记忆中，最大的一次火灾发生于 1985 年，在那次大火中，村里共有 28 户人家的房子被烧毁。此外，咪古们还将一些村民的非正常死亡也归咎于旅游开发。但从近二十年的情况来看，开发旅游资源之后，村里每年非正常死亡的人数并没有任何增加。

但是，咪古们的这种说法还是造成一定的影响，也使得政府部门不能完全不加理会。妥协的办法是：只要在"苦扎扎"以外的时间动了磨秋，就由政府部门出资 300 元左右，请咪古等人来消灾。咪古等人也乐于接受这样的安排。但是，咪古们的妥协又受到了某些村民的质疑，他们怀疑咪古是以牺牲全村人的利益来为自己牟利，因为购买举行仪式所用的物品并不需要这么多钱。咪古们原有的地位由此受到动摇。此外，村干部们还提出为游客另修建一个磨秋场，但此建议一直未能实施，其原因包括缺乏资金、要占用耕地，以及政府部门制定的村寨规划中并没有这一项目等。

此外，非常有意味的是，有关哈尼梯田的图片，几乎清一色的都是在收割完庄稼，放满水，在阳光斜照的时候拍的，层层叠叠的梯田犹如千万面镜子，一片流光溢彩的景象。至于绿茵茵的稻田，金黄色的稻谷，人们就很少能在照片上看到。外界对哈尼梯田以及哈尼文化的欣赏，明显地是以现代旅游观光的需要为价值取向的。

由于文化图式的不同，箐口人的生产文化，在游客眼中就变成了消费文化；在箐口人看来神圣的东西，在游客眼中就可能是一种娱乐。在这种情况下，当地人对梯田、对蘑菇房、对"苦扎扎"、对自己生活的看法，以及他们是如何看待文化资源开发的，就被外来的游客忽略了。这样一来，文化产品的含义就背离了文化拥有者自己的看法。

在箐口村旅游开发的过程中，各种矛盾的出现还有一个更为重要的原因，就是当地文化资源在产权上存在模糊性。虽然旅游开发活动使村寨不再宁静，甚至可以说是热闹非凡，但旅游活动带给村民的实际收入却是相当有限的。在箐口村，门票收入中的 70 % 被在此进行投资的政府部门收走，剩余的 30 % 还要用于村里文艺表演队的日常开支以及支付打扫村寨卫生的费用。从 2003 年到 2005 年，箐口村每户人家每年来自旅游开发的实际收入只有 90 元左右。这样的收入实在很难调动村民从事旅游开发的积极性。

箐口村村民所拥有的民族文化到底应该占多大的投资比例，这个问题似乎从未被认真考虑过。也正是由于这一问题的存在，大部分村民开始对旅游开发失去热情。而这又恰好与政府部门希望通过旅游开发，最终使当地村民富裕起来的目标相左。政府部门在箐口进行旅游开发，就是希望以当地独特的民俗活动作为旅游资源来吸引游客，但在处理内部与外部、村民与游客间的紧张关系的时候，又明显地受制于资本原则。为了娱乐性而不断去驯化当地神圣的文化符号，这一做法使村民切实感受到为获得一点利益而不得不屈从于某种外力的委屈。这样做的结果很可能使那些民俗活动因神圣性的减弱而沦为真正的"舞台表演"，从而最终破坏民俗旅游的根基。

## 四、结 语

在绝大多数经济欠发达地区，低收入水平造成了资源储蓄率和积累率低下，使得这些地区的投资率较低，无法形成对经济增长的强大推力。由外部因素主导的旅游开发活动为古老的文化带来了生机，但如果文化符号的建构过程成为当地文化不断被驯化进而不断被娱乐化的过程，也就是神圣性不断被消解的过程，那么，发展也是难于实现的。

在一个社会发展过程中，政府面临的一个主要问题是：政府经济参与能否为社会提供一个合理使用资源的框架，并最终促进经济增长与社会整体福利的增加？要真正解决这一问题，就必须了解，"人的独特本性在于，他必须生活在物质世界中，生活在他与所有有机体共享的环境中，但却是根据由他自己设定的意义图式来生活的"[1]。

就少数民族村寨的旅游开发而言，只有当外部力量的参与行为和内部发展进程的目标协同一致时，为社会发展而进行的文化符号建构行动所表现出来的制度因素才是合理的、有效的和有建设性的。要寻找到目标的一致性，"社会上不同群体的人们都应该能够积极地参与制定应该保存什么、放弃什么的决策"[2]。

---

[1] [美] 萨林斯：《文化与实践理性》，赵丙祥译，上海人民出版社 2002 年版，第 2 页。

[2] [印] 阿马蒂亚·森：《以自由看待发展》，任赜等译，中国人民大学出版社 2002 年版，第 243 页。

在像箐口这样一些在开发民族文化方面已经有了良好开端的地区，如果外部参与者不自觉地将自己理解为计划者，甚至继续认为与自发的市场秩序中的自由个体即村民相比，计划者能够更好地利用已有信息，对经济发展起到更大的推动作用，而不去考虑在尊重当地文化逻辑的基础上来进行新的文化符号建构，那么当地人进行自由选择的机会就会缺失。这就意味着贫困将会继续下去。

"苦扎扎"一类的村寨祭祀活动本身是否"科学"，并不是问题的关键。甚至这些活动是否还是原汁原味的也不是最为重要的，因为，传统文化"确实因其特色、因其向世人展示了一种独特的可能的生活方式而可能获得世界性的关注，但不可否认的是一旦这些文化'走向世界'，由'脱域'（离开原来的语境）到'入域'（进入新的语境），就再不可能还是原有的文化了，新的语境会毫不留情地赋予它新的意义而使其不再全然是原有的民族文化"[1]。要消解建构新的文化符号时出现的各种紧张关系，要改变当地人只能得到收益的许诺而不能得到收益的现实这一局面，就必须让村民们更加主动地参与到开发规则的制定中来。倾听当地人的声音，并与当地人一起协商，共同寻找一致性的目标，这是一项非常紧迫的工作。只有在这样的工作中，才能找到制定具体的更加合理的政策基础。

## 声部二

## 嬗变的蘑菇房

实话实说，现在的箐口村蘑菇房都是改造过的了。2019 年 7 月 8 日

---

[1] 马翀炜、陈庆德：《民族文化资本化》，人民出版社 2004 年版，第 42 页。

下午，我在村口遇见几个进村来游玩的中年客人，他们原来是准备进村里去看看的。路过的时候遇到了问我："村里的蘑菇房是不是都改造过了？"我当时是愣了一会儿，想说假话，想一想，又觉得说假话良心上过意不去，于是，我说了实话："是的。""那就不用进去了。"其中的一个很干脆地这样说，并且几个人就都掉头转身离开了箐口村。遇到这样的情况，很多人认为很简单又很平常，不过是点小事罢了。然而，这件事情却在我心里烙下了深深的印记，内心久久不能平静。于是，我有了再去认识箐口蘑菇房的想法，对它的过去、现在和未来有点表述，以及将政府、村民和游客对它的看法有所探讨，希望朋友们喜欢。

在我的记忆中，20世纪80年代前，箐口就是清一色的传统蘑菇房，因为交通不便，车辆不能进到村里来，运输不便，村民的生产能力也很低，还没有解决温饱问题，村民经常是吃苞谷饭、喝南瓜汤，日子是难过。然而，人们总是要居住的，得想办法建一家人居住的房子，他们的办法是就地取材，先把地基平整，然后到附近的田地里取石头，做土坯，割茅草。石头用来砌墙脚，预防渗水，当时的村民没有能力购买水泥，能用一点石灰是80年代后期的事情，也是村里算来富有人家的事情，绝大多数人家是不可能想象也不可能买到的。这地方的石头又少，只能砌五六十厘米高的墙防止墙脚渗水，再砌高就得用土坯。一般是到了秋收的十月以后，天高日燥，这个时间段比较适合做土坯。村民就找到有粘土的田块，把水放干，或者在地块中挖一个塘，泥土中加入备好的草料和水并均匀搅拌；平整四周的地，用一个原来准备好的模板做成土坯，晒干之后背回来砌房子。房子内部的建筑连接是树林里砍回来的树木，请师傅们搭建，屋顶也是山上割回来的茅草或者是田里收回来的谷草，蘑菇顶搭成斜坡状，这样便于雨水滑落保证茅草的干燥度也保证茅草的寿命长久，这样做出来的就是传统的蘑菇房了。

一般情况下，村民的蘑菇房建筑是三层，第一层用来摆放生产工具，关养猪牛；第二层是烧火做饭的厨房和家人居住的地方；第三层用来堆放杂物，储存粮食。最理想的是第三层浇灌一半屋顶用来晒谷物。房子建宽建高是需要更多的人力物力的，在这样贫困的边远地方建一个四五十平方米的房子也是有点能力的人家了。所以，记得一般的村民房子每层就两米左右高，建筑面积一般就是四五十平方米。只是，那个时候，我记得很多人家都没有浇灌一半或者三分之一的屋顶，只有几户是用石灰拌砂浆浇灌的屋顶，浇灌的屋顶用来晒谷物，多数人家就只能浇灌一点，也算是当时富有的人家了。因为困难建不起二层，还有一大部分村民是居住在一层的茅屋里。用茅草来建造的蘑菇房顶寿命很短，一般只能用三五年，风吹日晒的，三五年就要更换一次茅草。用山上的茅草的寿命要比用谷草建盖的蘑菇顶寿命又长些，为了解决这个问题，有的人家是专门到山上找优质的茅草建盖的。村民在屋里烧火，烟雾可以烘干雨水淋湿的茅草，这样稍有能力的人家做成的蘑菇房用到二三十年的也有，只是少数罢了。想象一下，形似蘑菇的房子，早晚炊烟袅袅，"森林—村寨—梯田—水系"，再加上蓝天白云，这样看来很美的田园风景估计会迷倒一大堆人。

可是，话是这么说，生活在其间的我们知道，由于生活水平低下，缺乏经济能力，还有就是建筑材料和建筑技术的限制，村民的房子是不可能建得高大的，一般都是四五十平方米的房子，六七十平方米的房子算来是大房子了。可以想象，一家人生活其间的情景，一层猪牛粪的臭味，二层烟熏火燎，三层粮食杂物的零乱。有的学者或者宣传的人美化蘑菇房"冬暖夏凉"，可能是指村民的厨房在二层，冬天可以在里面烤火，给房间带来一定的热能，也可以烤干一些潮湿的粮食，家人也可以在屋里取暖。但是，那也有它的弊端，不用说做饭时那种烟熏火燎，也不用说黑暗的夜里老鼠"喳喳"的到处乱蹿。我想，那些一直说传统蘑菇房好的人是没有在火塘边做过饭，要是做一段时间饭菜，他们的眼睛被烟熏一段时间，老鼠、蚊子陪伴他们几个夜晚，与苍蝇共进几顿饭菜，估计就没有人这样说了。那时候的房子没有烟囱，整个房子都是烟。拿个吹火筒去吹火，一不小心，火烟灰尘特别容易掉进眼睛里。好多老年妇女都是因为长期在这样的环境下做饭而眼睛不好。真的要达到"冬暖夏凉"、宜居的蘑菇房，应该是改造过的新式房子。怎样盖出好的蘑菇房呢？无论设计上还是需要的物资上，村民还要下一番功夫。我和一些朋友预算过一下，现在要改建成新式的茅草房，费用要比用钢筋水泥建盖的要高一些。再者，村民考虑到的是房子的使用寿命长、牢固实用。传统的蘑菇房，村民认为在今天已经不太合适居住了。卫生间、厨房和卧室都要求分开来，现在村民建房子也学着外面的来了。很少有村民喜欢建成传统式的蘑菇房，现在箐口村民居住的都是钢筋混凝土结构的房子，外墙的粉刷和茅草顶是政府出资建盖的。

20世纪90年代，箐口村的公路修通了，便于车辆进出了，村民交易的机会多了，也可以外出挣钱了，最主要的是从外面长知识回来了，部分村民为了减少建蘑菇房的费用，有的村民买回来石棉瓦搭顶，有的村民还用砖建房子了，村里的建筑出现一点变化了，第一家用砖和石头建成的房子应该是当时带着几个弟兄做工程的李树林家，之后是做买卖生意的李志锋家。两家用石头、水泥、砖加钢筋做成，其他还有几户是张文华家、李志和家和李绍新家等是连着老房子搭耳房的，做子女们的卧室。而有这样房子的人家也不多，也是能力比较强一点的人家了。进入20世纪90年代中期，是有卢正祥家、卢荣家、卢宽亮家和卢志明家等建起来。公路通村了，运输方便，村民见到外面的村寨，也希望自己住得好些，安居舒适，生活上得到方便，到90年代末，村里有一半已经是石棉瓦顶，土墙、石墙和砖混搭墙，牢固耐用，慢慢学着外面的建筑样式来建盖，方便生活，这是当时村民追求的建筑风格。

到了90年代末之后，就是因为公路通村了，车辆可以进村了，旅游观光的游客也进村来了，来到元阳县箐口村考察的学者、专家和领导们看到箐口村的这一建筑变化情况，认为如果不再进行保护，这种建筑就会消失。于是，2002年，政府出资，要求村民对石墙和砖墙进行粉刷，石棉瓦顶全部更换成茅草顶，决心要把箐口村建设成民俗村。那一年，我刚从外地打工回来，正好遇到这个项目的实施。原来的计划是政府给每个房屋3000元的补助更换茅草顶，后来，群众大会提议蘑菇顶有大小，就以每平方米45元补助来算，是以房子的墙体来计算的，村民的房子建筑面积最大的不过是五六十平方米，补助最多也没有超过2000元。对路面进行硬化，改建成弹石路之后，车辆出入就方便了，村里再开发一些特色项目，村里成立管理委员会，负责在村里售票，维护村里的公共卫生，维护基础设施；继续保持村里的民俗节日，开发舞蹈和饮食服务业，吸引游客的目光，增加游客量，给村民增多挣钱的机会，提高村民生活水平。2004年的时候，村里还成立了文艺队，游客量多的时候进行演出，丰富内容，增加乐趣。

然而，在外地生活了一段时间的年轻人感觉到这种传统蘑菇房在实际生活中并不方便。屋里既黑又暗，低矮而潮湿，第一层关养着猪牛的人家更是有气味，年轻人是不会喜欢的，一旦有点钱的第一愿望就是改良民居，你追我赶，恐怕落在其他村民的后面被村民笑话。于是，外出挣钱回来的村民尽可能地积攒钱，准备钢筋、准备砖，预算差不多就把老房子拆了重建。2004年的时候，箐口178户，865人，有三分之二的建筑是土墙茅草顶，三分之一的建筑是改造的砖墙茅草顶。政府为了保持传统的蘑菇房，每年还给每户家庭发放过100元的保护费。到了2008年的时候，政府为了开发哈尼小镇，征用了箐口村"拿安天"那个地方的100多亩的地，每户可以补偿到9000多元；还有建设世博公司办公基地的"虎出多安"，又征用了30多户村民的旱地，箐口村民是有点钱了。用一个新街镇政府工作人员的话说："箐口村家家都是万元户了"。2009年，新农村建设开始，政府又要拆除重建村民的危房，可以给每户拆建的农户家补贴1.5万元的物资，7500元用来购买水泥20吨，7500元用来外墙粉刷，要求外墙粉刷成土坯样子黄土颜色。有点积蓄的村民听到这个消息，担心到手的1.5万元飞了，硬是把自己的房子拆了重建。那一年一共是有50户拆除重建的，有张志祥家、张小华家、李庆云家、李文祥家、李志和家、李金家、李正福家、李朝生家、张志学家、卢正学家和李上嘎家等，这样一来，传统的土墙茅草建筑的老房子就只有三分之一了。

"其他村民都建起了钢筋水泥房，我为什么还住这个破茅草房？"

"一定要想办法改建。"

"不然的话，我就是困难户，就是落后分子。"

"会被其他村民看不起的。"

"……"

当别的村民都住上钢筋水泥房，自己还住在茅草破屋里，面子上觉得过意不去，这是一般村民的想法。

于是，2010年的新农村项目在箐口村结束以后，有一部分村民自己找钱拆建，我统计了一下，每年大概有五六户的人家拆建老房子，2014年和2015年，政府又在箐口村推行抗震安居工程项目拆建了几户，分别是卢同则家、李院文家、李平珍家、卢志华家、李正学家和李德贵家，他们6户都得到政府3万元的补助。这在边远的贫困地区，能得到这样的补助也是一笔不小的数字。可以说，谁都希望得到这样补助，建房子的热潮高涨，还是争先恐后地不断改建。

在2010年到2015年，还是有村民自己找钱拆建的，有张明生家、李德福家、李正云家、李四科家、卢新家和李绍华家等，他们就是不愿安于现状，不愿落在其他村民后面而赶上来建房子的，认为还居住在那样的破茅草房里是一个羞耻的事情，不想让村民当作笑柄。

2018年底到2019年初，政府又在箐口推行"一镇六村"项目拆建了几户，改建了李永得家、李生明家、李世得家、李世明家、卢虎谋家和卢学贵家的房子，他们几户没有出钱，全部由政府请的施工队来修建；2019年初精准扶贫中对"建档立卡户"拆建危房3户，分别是李国忠家、高里发家和高文华家。他们3户是政府补助2万元的物资，1万元等到验收后安装门窗来用。到2019年7月份，箐口村的传统蘑菇房已经只有2户没有拆建了，李五家的屋顶已经搭建成塑料彩钢瓦房，唯一的就只有张志学的一个房子是传统意义上的茅草房了：石头墙脚，二层的墙是土坯，第三层是茅草顶，里面是木头结构。功能结构意义上大体和有的人说的传统相同，他家人口少，住进了新房子以后，老房子就这样闲置着。由于房子建成的时间久远，屋里面的木料建筑肯定出现问题接近危房了，他们家人是不愿意生活在那样的房子里的。

从我记事到 2019 年，随着经济市场化的发展，信息时代的到来，村民接触外界的机会越来越多，人们的生产观念发生了变化，物质资源也发生了变化，随之而来的是，村民的生产生活方式也会发生各方面的改变，建筑民居的变化就是其中最大的一个表现。20 世纪八九十年代的话，村民没有能力去突破去改建它，这是经济、文化和观念等各种原因所导致的。总体来说，当时的箐口村民想要改造房屋，却受到地势、经济和交通条件三方面因素的限制：

一是地势不平。箐口地势西高东低，天生 100 平方米的平地都没有，村民建房子只能就地平整，一般能平整一个四五十平方米的宅基地已经不错了，多数村民是不敢奢望建 100 平方米以上的房子。就地取材，外墙用石头作基础，上墙用土坯，里面用本地木头结构连接，最上层用当地的茅草建盖，这是一般村民建房的基本结构。一层关养猪牛，二层用于家人居住，三层用来堆放粮食；适宜一家三四口居住生活，要是子孙增多了就搭出来一个耳房，供子孙们居住，要是建筑面积太小，就得找其他的地块重新建盖。

二是缺乏资源，经济能力有限。这个可能就是最主要的原因，因为没有资源，村里没有什么厂矿企业让村民上班就业获得报酬做生活资源，村里没有什么经济来源，村民经济比较困难，村民只能在现有的建筑材料上做文章，一般人是不可能超越现有的这个条件。理所当然地，只能利用当地的石头、土和树木，就地取材，建起来的房子很简陋。

三是公路不通，运输不便，村民外出的机会少，建筑技术也很有限。

由于上面这三方面的原因，所以箐口村民建起来的传统民居就有以下几种不利的特征：

第一，村民的建筑简陋，居住条件差。一般都是一家四五口人就居住四五十平方米的房子里，第一层关养猪牛，牲口关养在楼底下的房屋的缺点，我是亲身经历的，猪牛粪的臭味是可想而知的，特别是到了夏天，那股臭味更是浓烈刺鼻，引来满屋子的蚊子、苍蝇，医疗卫生条件之差，这是不卫生的一面。

第二，箐口地势西高东低，水源从西面的高海拔地方顺势流下，七八月份有时雨水过多，容易造成泥石流，听说箐口村的哈尼语名字叫作"欧补"就是洪水翻滚的意思，箐口曾经有过较大的洪灾而得名，没有改建的卢正祥家、卢学贵家、卢金福家、张龙家和张正祥家等一条呈斜线的房子都开裂了，不抗震，这是事实。

第三，传统的茅草房极其不防火。以前的箐口就是因为传统的茅草房，曾经遇到过几次大的火灾，一次是父辈讲述的真实经历，说是20世纪60年代初期，有个老人一天夜里烤火，不小心睡着了而发生火灾，烧了七八户村民的房子；第二次比较大的火灾发生在1985年2月25日傍晚，这时候，我在读小学五年级，学校还没有开学在家帮助父母做家务，那天夜里，天干物燥的，硬是烧了24户茅草房，有5户的房子被烧了个精光，有几户原来就建有封火墙而没有烧落，但是，总的来说，经济上损失了不少，有几户家庭靠自己的能力是不可能建起来了，之后是政府发动整个新街镇的其他村寨集资建起来的。还记得2002年李生亮家发生过一次，2004年张志新家发生过一次，再小的火灾分别还在2017年2月份张明生家、张小明家和李高才家各发生过一次。对此，箐口村民对村里茅草房的建造是有另一种解说的。

综上所述，箐口村民是不喜欢在传统蘑菇房里生活，希望的是设计出一种新式的蘑菇房，舒适明亮，安全又牢固又卫生，适宜人居的房子，他们才会有所选择。所以，他们才选择挣钱，利用所学回来的技术再来建造自己的家园，现在村民设计的房子基本上都是客厅、卧室和卫生间等分开的，基本上符合现代人的生活需求。无论是为了保持哈尼族这一特殊的文化，还是为了开发旅游的需要，有人要求保存哈尼族传统蘑菇房可能是一厢情愿。还好，现在的箐口村民民居设计基本把客厅、卧室和卫生间分开来，人畜分离，外墙粉刷，加建茅草顶，把现代建筑美学与传统建筑文化结合。我的观点是，这些新的蘑菇房虽不是结合得那么完美，但还是有它一定的参考价值，值得有关学者和专家再进一步探讨，再进行设计改造，达到完美的结合，这是村民的愿望。

# 第六章　鱼塘

## 声部一

### 哀牢山区哈尼族鱼塘的生态人类学分析：
### 以元阳县全福庄为例 [1]

云南省南部红河与澜沧江之间的哀牢山区，哈尼族和其他兄弟民族一起创造出了人与自然和谐相处的梯田文化生态系统。梯田稻鱼混合农业是该系统中的重要内容，有学者关注过梯田养鱼及稻禽鱼混作农业等问题，[2] 其研究是具有重要学术价值的。但是，作为森林生态子系统、村寨文化子系统及梯田生态子系统之间的一些中间过渡环节或者重要连接点，如为数众多的鱼塘是没有引起研究者的足够重视的。如孵化鱼苗的鱼塘的开挖历史及春季秧田育秧的水源如何保证等问题事实上是被忽视的。由于这些环节的缺失，对鱼塘所具有的社会文化意义以及整个稻鱼混作农业完整性的理解就是不够全面的。本书以元阳县全福庄哈尼族村为重点考察对象，对分布在森林与村寨过渡地带的鱼塘进行考察，力求展示鱼塘在整个

---

[1] 原文《西南边疆民族研究》第 10 辑。作者马翀炜、王永锋。该文所写的全福庄是箐口村的邻村，张明华很想就箐口村的鱼塘、梯田养鱼等问题发表自己的看法，于是决定把这篇并不是写箐口村的文章附此。

[2] 参见王清华：《哀牢山哈尼族妇女梯田养鱼调查》，《民族研究》2005 年第 4 期。袁爱莉、黄绍文：《云南哈尼族梯田稻禽鱼共生系统与生物多样性调查》，《学术探索》2011 年第 2 期。

梯田文化生态系统中的重要作用，呈现哈尼梯田养鱼的基本环节并分析鱼塘所具有的社会文化意蕴。在理解哈尼族对自然资源进行广泛性的、有限度的开发和利用所具有的文化生态意义的基础上，思考市场化时代哈尼族鱼塘和梯田所面临的一些问题。

## 一、田野点概况

哈尼族在中、越、老、缅、泰等国都有分布。在中国，哈尼族有150余万人口，绝大部分居住于云南南部红河南岸的哀牢山区，其中元阳、绿春、红河、金平四县是哈尼族最集中的地区，人口约80万。这一地区哈尼族的生计活动以梯田稻作为主，全福庄所在的元阳县是哈尼梯田的核心区。

全福庄隶属云南省红河哈尼族彝族自治州元阳县新街镇。该村由大寨、中寨、小寨和上寨等四个自然村组成，辖8个村民小组。距镇政府所在地约11公里，距县政府所在地南沙镇约41公里。全村国土面积7.07平方公里，海拔在1100—1900米之间。全福庄最低的梯田海拔约1100米，最高的林地海拔1900多米。这一地区年平均气温14℃，年降水量1370毫米；年平均温度15—18℃；全年日照时数在1500—1800小时，无霜期。

全福庄东接麻栗寨，南连攀枝花，西边是大鱼塘村，北边与土锅寨相邻。全村共有482户，2568人，其中男性1341人，女性1227人。全村耕地面积1685.8亩，其中水田1056亩，旱地629.58亩，人均耕地面积约0.66亩，其中水田人均0.41亩；共有林地3475.7亩，人均林地面积1.35亩。水稻产量大多在亩产300千克左右。此外，村民也在旱地上种植土豆、玉米、黄豆等作物。黄豆也经常栽种在田埂边。近些年，村民开始在林地里种植草果和板蓝根，但目前尚未产生明显的经济效益。2010年，全村粮食总产量726.2吨，人均有粮约283千克；经济总收入517万元，人均年收入2013元。

在东南季风的作用下，来自海洋的暖湿气流顺着红河深入内陆，在哀牢山区地形抬升作用下，形成地形雨。森林直到梯田一带经常形成雾雨，雨水汇集成无数溪流，形成了"山有多高，水有多高"的独特地理环境。像哀牢山区绝大多数地方一样，全福庄从高到低，分布着森林、鱼塘、村庄、梯田（秧田—大田）和河流。哈尼谚语"要吃肉上高山，要种田去山下，要生娃娃在山腰"就是对这一地区文化生态系统的形象生动的表达。无疑，水是构筑和连接森林—鱼塘—村寨—梯田（秧田及大田）—河流这一整个文化生态系统中的重要物质体。溪流从养育着麂子、野兔、穿山甲、果子狸、松鼠、竹鼠、豪猪等各种兽类以及野鸡、白鹇、秧鸡、鹧鸪、老鹰、斑鸠、松雀等各种禽类的森林中流出，经过村寨，流进哈尼族千百年来开垦出的层层梯田，然后再汇入山下的江河。

丰富的水源是整个哈尼梯田文化生态系统得以成立的最为重要的基础。涵养水源的森林对整个系统的重要性也是不言而喻的。从传统上看，当地村民都十分重视森林资源的保护。每个村寨都有的寨神林以及每年举行的"昂玛突"（祭寨神）仪式中的对神林进行祭祀的活动等都不仅具有宗教意义，同时也具有村民自我教育珍惜森林，注重人与自然和谐关系的作用。全福庄在 20 世纪 50 年代初，森林覆盖率为 57%，之后森林受到了极大的破坏。[①] 村里的水源也呈现出越来越小的趋势，在现实的教训面前，村民又开始了人工造林活动。经过二十多年的恢复，全福庄的森林覆盖率现已达 42.5%。

## 二、作为稻鱼混作农业生产要素的鱼塘

稻鱼混作是哈尼族梯田混作农业的一大特征。全福庄梯田不仅生产水稻，而且还生产鸭子和鱼等。梯田分为秧田和大田。每年二月下旬，村民

---

① 参见尹绍亭：《人与森林——生态人类学视野中的刀耕火种》，云南教育出版社 2000 年版，第 346 页。

开始在秧田里育秧，通过水沟为梯田施农家肥，三月底开始在大田里插秧，九月开始收割水稻。十月到次年的二三月，垒田埂，灌水泡田、犁田、耙田。梯田里放养的鸭子不仅可以吃一些杂草、虫子、虫卵，还吃螺蛳、泥鳅、黄鳝等诸多水生动物，鸭子的粪便为水稻提供了很好的有机肥料。就鱼类来说，在全福庄的梯田里，最为常见的是鲤鱼和鲫鱼，泥鳅、鳝鱼、螺蛳在田里也比较多。除鲤鱼和鲫鱼是专门放养的，其他水生动物大多为野生。

梯田养鱼分为夏秋季和冬春季两季。五月至九月是夏秋季。大约在插完秧十天之后，大田中的水开始变清，村民便开始将鱼苗放养到大田里。到九月稻谷收割季节，收获梯田鱼并把种鱼放到秧田及山上的鱼塘里；十月至翌年二月为冬春季。收完稻谷，放水犁田、耙田之后，村民会把秧田及鱼塘里的鱼苗放入梯田。春耕前收获梯田鱼。养鱼的时候，村民们会在田的出水口安上一个用竹篾编织成的围栏的防止鱼跑掉。为了使鱼在田里有足够宽的水活动，放养鱼的大田的田埂要修得高一些，尽量多蓄一些水，使鱼有足够的游动空间，以免被放养在田里的鸭子轻易地吃掉。当然，大田里的水也不能过多，不能淹过田埂。村民差不多每天都要来照看一下田里的水。

由于稻谷种植不用化肥和农药，鱼苗死亡的情况很少。在遇到水稻虫害的时候，村民们一般在傍晚或者早上往田里撒草木灰。据说草木灰撒下去后，虫子就会掉到田里被鱼吃掉。鱼在梯田里主要以浮游生物、稻田里的虫子以及水稻抽穗时落到水里的稻花等为食。由于从不专门喂食，所以鱼生长得较为缓慢，到收获季节，大多数鱼重约0.5—1千克。

春耕和秋收季节的劳动是繁重的，村民也没有时间上山打猎，或者杀猪宰牛等，取食梯田鱼是最方便的。长大的鱼在这时就成了补充村民体力的重要食物。以养殖最多的鲤鱼为例，每千克鲤鱼含蛋白质176克，脂肪41克。[1]由于梯田鱼完全是在自然生态中长大，没有吃过饲料，相对来说

① 参见陈炳卿、孙长颢：《营养与健康》，化学工业出版社2004年版，第286页。

营养价值更高。在全福庄 1056 亩稻田中，除去 20％的稻田太小不适合养鱼外，80％的稻田即约 845 亩可以养鱼。以每亩田平均产鱼 40 千克计算，全村产鱼 33800 千克，2568 个村民人均拥有鱼约 13.162 千克。13.162 千克鱼含蛋白质约为 2.317 千克，脂肪 540 克。成人每人每天蛋白质的摄入量应当在 80 克左右，脂肪摄入量在 25 克左右。[①] 这些鱼可以满足成人 29 天的蛋白质需要，满足成人 22 天的脂肪需求。如果考虑到老年人口和儿童人口的需求量较成人要低一些，那么，粗略来看，人们每一季收获的梯田鱼就可以满足他们一个多月的蛋白质及脂肪摄入需要。如果再把鱼塘里收获的鱼加起来，两季梯田鱼完全可以满足村民两个半月的蛋白质及脂肪摄入需求。这是对牛肉、猪肉、鸡、鸭、鸡蛋、鸭蛋以及豆类等蛋白质和脂肪来源的重要补充。此外，梯田鱼的市场价为每千克 40 元左右，如果将梯田产的鱼折算为人民币，养一季鱼就可以使全福庄每人每年获得约 526 元的收入，这对人均年收入仅有 2013 元的村寨来说，也是一笔不小的收入。

在寨子与大田之间分布的是育秧苗的秧田。秧田一般不种水稻，这是由于一方面秧田肥力很大，栽种于秧田的水稻会疯长，很少抽穗；另一方面，种过水稻之后的秧田肥力下降，不利于第二年育秧。需要特别注意的是，秧苗培育是水稻种植的第一个环节，保证秧田的肥力是非常重要的一个方面，而保证秧田用水是另一个更为重要的方面。俗话说"春雨贵如油"。秧田缺水的结果就是一年歉收。森林和村寨之间的鱼塘所蓄之水的非常重要的作用就是保证育秧时秧田的水充足。在完成育秧任务后，秧田便成为放养鱼的水塘。收割的季节，田里的水基本放干，吃不完的鱼就会拿去出售或放回到秧田里。春耕开始的时候，秧田要育秧，不能再养鱼，而大田需要犁田和耙田，也无法养鱼。如果在此时把所有的鱼都吃掉或出

---

① 参见中国营养学会：《中国居民膳食营养素参考摄入量》，中国轻工业出版社 2000 年版，第 458 页。

售，鱼苗就成了问题，如果到山下的河里去捞，是相当费工费时的。

此时，散落在靠近村寨的森林中的近 300 个鱼塘在此时就开始发挥不可或缺的作用。鱼塘承担为二三月份的秧田储蓄水的作用外，还具有为种鱼产卵及鱼卵孵化提供场所的作用。大小不一的鱼塘，错落有致。溪水会依次流入这些鱼塘。灌满鱼塘后，溪水进入村庄的沟渠。全福庄的鱼塘基本都在海拔 1750 米以上的地方。基于长期的生产经验积累，村民们都知道，高于海拔（过去村民会用具体的某一地点作为参照物，并不使用海拔这个概念）1800 米的地方因气候寒冷，不适合于种水稻；海拔 1700—1800 米的地方水稻产量不高，海拔 1400—1700 米的地方适合种当地品种的水稻（红米），海拔 1400 米以下则可以种植产量更高的杂交稻。此外，鱼的产量与海拔的高低也存在关系。海拔低的地方水温高一些，其他可作为鱼的食物的各种生物多一些，鱼产量也相应要高一些。

村寨海拔高度与人口、耕地面积、水田旱地的比例关系、鱼塘的多少及面积多少等都有着十分复杂的关系。全福庄大寨海拔最低 1670 米，293 户，1515 人，耕地面积 918 亩，其中水田 612.39 亩，旱地 305.61 亩，水田旱地之比约为 2 : 1. 人均水田 0.4 亩，旱地 0.20 亩。鱼塘 140 个，约 40 亩左右，人均拥有 0.026 亩。梯田面积与为秧田补给水源的鱼塘的面积之比是 15.30 : 1；中寨海拔 1685 米，69 户，369 人，耕地面积 208 亩，其中水田 144.05 亩，旱地 63.95 亩，水田旱地之比为 2.25 : 1，人均水田 0.39 亩，旱地 0.17 亩。鱼塘 37 个，面积 8.4 亩，人均 0.022 亩。梯田面积与鱼塘面积之比是 17.14 : 1；小寨海拔 1710 米，96 户，533 人，耕地面积 467 亩，其中水田 250.78 亩，旱地 216 亩，水田旱地之比为 1.16 : 1，人均水田 0.47 亩，旱地 0.41 亩。鱼塘 63 个，面积约 18 亩，人均 0.035 亩。梯田面积与鱼塘面积之比是 13.93 : 1；上寨海拔最高 1750 米，全村 24 户，151 人。耕地面积 92.8 亩，其中水田 48.78 亩，旱地 44.02 亩，水田与旱地的面积之比是 1.10 : 1。人均水田 0.32 亩，旱地 0.29 亩。鱼塘 27 个，约为 5.4 亩，人均 0.035 亩。梯田面积与鱼塘面积之比是 9.03 : 1。

　　全福庄的人均耕地面积很少。人均耕地最多的小寨，也只是人均水田0.47亩，旱地0.4亩；从几个自然村来看，海拔越高，水田所占耕地面积比重越小，但水田最终还是比旱地多。这也表明，梯田水稻种植始终是哀牢山区哈尼族最基本的生产方式；人均拥有鱼塘面积随海拔增高而增多。为秧田补给水源的鱼塘的面积与梯田面积的比例随着海拔的增高而逐步增大，即海拔高的村子的鱼塘要多一些。从为秧田蓄水的角度来看，由于越是海拔低的地方汇聚的水流越多，因此作为蓄水的鱼塘就不必很多。从生产鱼苗的角度来看，由于海拔低的地方水温相对较高，能产出更多的鱼，因此用于鱼苗孵化场所的鱼塘也就可以相对少一些。尽管大多数年份，全福庄和大部分村寨一样不缺水，但在一些特别干旱的年份，鱼塘里储蓄的水可以在二三月份被用来补给育秧的秧田。对于一些水源原本就不是十分充足的地方，鱼塘作为蓄水池的作用就更加重要，远比养鱼重要。传统上讲，粮食生产是第一位的，保证培养好秧苗的重要性显然要超过培育鱼苗的重要性。

　　当然，中寨水田旱地之比要高于海拔更低一些的大寨，中寨梯田与为秧田补给水源的鱼塘的比例是17.14：1，也比大寨的15.30：1要大一些。这是因为大寨等其他三个寨子是有300—400年历史的寨子，其各种关系在发展过程中经过不断的调适已经基本达到平衡。而中寨是在20世纪50年代末才分出去的新寨子，开挖鱼塘及生态调适也需要有一个过程。更为重要的是，中寨建寨的头一二十年，"以粮为纲"的政策影响到了水田与旱地的比例关系，水田相对于旱地产量更高，所以人们更倾向于多开发水田，能种水稻的地方尽量种水稻，而不是留作鱼塘。中寨人至今还记得"以粮为纲，全面发展"之类的口号，这多少还可以让人看出中寨的发展过程中受到当时政治因素影响的烙印。

　　从春种到秋收，哈尼人要举行很多的祈福禳灾的仪式，这也恰好说明了自然界并非总能如人所愿地风调雨顺。雨水过多或干旱无雨都是时有发生的。梯田生态文化体系总是在一种动态的过程中达到平衡，通过鱼塘为育秧储蓄尽可能充足的水，其实就是在增强这个生态体系的伸缩性和稳定性。在不适合种植水稻的高山上开挖出适量的作为秧田蓄水池的水塘，并同时将水塘变为兼具养鱼功能特别是为种鱼提供栖息地及鱼卵的孵化场所的鱼塘，使整个稻鱼混作农业能够顺利进行。这是哈尼人通过认识自然规律来利用自然资源的一种智慧体现。

### 三、作为社会文化意义体的鱼塘

鱼塘是为秧田蓄水的微型水库，也是养鱼及为种鱼提供产子孵化小鱼场所的鱼塘，从而在稻鱼混作中具有重要的作用。同时，哈尼族的鱼塘还具有丰富的文化内涵。当然，这并不就是说产自鱼塘和梯田的鸭子是重要的肉食来源，是许多驱邪仪式必不可少的祭品。也并不能简单地认为因为在"昂玛突"（祭寨神）及"苦扎扎"（六月节）等节日活动中，鱼是用于祭祀的许多祭品中的一种，或者说祭祀活动中的鱼具有生殖崇拜的意义，所以鱼塘具有了文化意义，因为鱼也可以是取自梯田的。鱼塘的文化及社会意义其实更多地表现在以下一些方面：鱼塘的开挖历史与村寨的发展历程基本一致；鱼塘具有构建和加强人际关系的作用；由村社共有和管理的集体鱼塘，其产出往往是支付集体活动中各种开销的来源。鱼塘的继承与当地哈尼人的幼子继承制相关。鱼塘的多少也会根据保护森林的需要而保持在一定的数量之内，不会无限制地开挖。社会文化的变迁也在鱼塘的开挖、归属及使用等方面留下了深深的印记。

村民们认为全福庄的鱼塘都不是自然形成的，而是人工开挖的。以全福庄大寨为例，最早的鱼塘有约300年的历史，即在建寨之初就开挖出来了。大约在300多年前，麻栗寨村一户卢姓村民带着五个儿子，主鲁村一户李姓村民带着两个儿子分别从原来的寨子搬到了全福庄的大寨这个地方，之后又有其他人逐步搬到这里。当村民定居这里之后便逐步开始了梯田的开垦工作，同时，鱼塘也随着为梯田蓄水及养鱼的需要而开始开挖。

从开挖鱼塘的地点来看，首选当然是那些有泉眼的地方；其次是石头下面有螃蟹的地方，村民会根据螃蟹总是在地下有水源的地方活动的习性来选定鱼塘开挖的地点；最后则是选择方便引水的地方。这些是村民们的一部分集体记忆和地方性知识。

鱼塘往往具有加强村民社会联系的作用。遇到特别干旱的年份，那些没有鱼塘的人家也是可以分享那些鱼塘的水来育秧的。此外，在收割完水稻之后，没有鱼塘的人往往会把自家田里的种鱼放到有鱼塘的亲戚或朋友家，到来年需要放鱼苗的时候，又到这里来捞取鱼苗。每年把鱼塘的鱼苗放养到大田之后，都要加固鱼塘的埂子，这些工作一般都由鱼塘的主人和分享鱼塘的人一起来进行。为了满足一些集体活动的需要，村民也会共同来挖一些属于集体的鱼塘。全福庄就把历史上属于集体的约200多平方米的鱼塘给了老年协会。老年人举行一些活动的时候就可以来捞这里面的鱼去聚餐。全福庄中寨在五六年前也开挖过一个属于集体的70平方米左右的鱼塘。"昂玛突"或"苦扎扎"期间，村里会组织捞鱼并分给村民。村民基于鱼塘的各种协作行为对于协调村寨内各种社会关系无疑起着积极的作用。

在全福庄，鱼塘与老宅子一样，一般是属于不能均分的那种祖业。这一地区的哈尼族主要实行幼子继承制。所有的儿子都负有赡养父母的责任，儿子长大后娶妻、分家，在附近另外建房。田、地等在兄弟中间均分。只是由于幼子和父母共同住在老宅子而事实上要承担更多的赡养老人的责任，从而具有独自继承老宅和鱼塘的权利。因此，继承父辈鱼塘的基本都是家中的幼子。分家之后的兄长依然来使用原先的鱼塘也客观上起到加强同祖同宗认同及兄弟团结的作用。当一个寨子的宅基地及农田日益变得窘迫之后，就可能分出新的寨子。出去另找地方建寨子的一般都不是家中的幼子。大寨五组是由三组分出去的，那些男性家长基本都是家中的长子。三组的鱼塘大部分都是从父辈那里继承下来的，而五组的则基本上都是新挖的。哈尼族的继嗣制度在鱼塘的传承中可以得到显现。

　　人口增加是导致鱼塘增加的根本原因，正如人口增加带来梯田的增加一样，当人口增加到一定量的时候，由于土地承能力的有限性，就会分出一部分人到其他地方建新寨子。选择建寨子的地方基本都分布在海拔 1400—1800 米之间的山腰上，"少有定居于高山之巅和山脚河谷的情况"①。这与哀牢山区哈尼族生计方式有关，同时更是他们的文化选择，并非"半山地带冬暖夏凉，气候适中，有利于人们的生产生活"②。不能说河谷里气候炎热，瘴疠横行，高山上森林浓密，气候寒冷，都不适于人居。因为山下的傣族及山上的苗族数百年来都能在这些地方生存与发展。不同的民族都有自己的一套适应于不同的自然条件的文化调适机制。哈尼村寨可达 700 户，但大多数不超过 300 户，小的则几十户人家，甚至几户。大小寨子相互交错。如全福庄大寨 293 户，中寨 69 户，小寨 96 户，上寨只有 24 户。中寨是在 20 世纪 50 年代后期从大寨分出去的。村寨的不断裂变，既是自然资源有限带来的迫力使然，同时也是哈尼族人的文化选择。村寨不断裂变的结果既避免了对某一个地方资源的过度开发，又避免了许多地方没有开发，从而造成土地资源利用不均衡的情况。对全福庄鱼塘做进一步分析就会发现，开挖鱼塘的数量是受到控制的。除了中寨的鱼塘都是从 60 年代开始开挖，并在 70 年代集中开挖过一段时间之外，其他村寨也会在人口增加或者集体有新的需要的情况下开挖新的鱼塘，但都很节制。村民自己也认为两户人家拥有一个 0.3—0.4 亩的鱼塘也就差不多了。事实上，并非"家家都有养鱼的水塘"③。大寨平均每 2 户拥有 1 个鱼塘，中寨每 1.8 户有 1 个，小寨每 1.5 户有 1 个，上寨每 1.2 户有 1 个。

　　海拔相对更高的村寨的鱼塘更多，人均拥有的鱼塘面积也更大是有其原因的。一般而言，海拔高的村寨人均拥有的水田较少，也就不需要有那

①　史军超：《哈尼族文化大观》，云南民族出版社 1999 年版，第 23 页。
②　黄绍文：《诺玛阿美到哀牢山——哈尼族文化地理研究》，云南民族出版社 2007 年版，第 102 页。
③　王清华：《哀牢山哈尼族妇女梯田养鱼调查》，《民族研究》2005 年第 4 期。

么多的鱼塘来为秧田蓄水，但他们却拥有远比低海拔村寨更多的鱼塘。增加鱼塘，更多地养鱼，其实就是通过增加鱼产量来弥补粮食的相对匮乏。除了全福庄是这样，全福庄周围村寨的情况也基本如此。下面选取与全福庄相距不超过五公里的一些村寨进行分析：箐口村海拔低于全福庄大寨，约 1650 米。全村 209 户，1019 人。耕地面积 613 亩，其中水田 588 亩，旱地 25 亩，水田旱地比率为 23.52：1。有 32 个鱼塘，约 9 亩，人均拥有鱼塘 0.008 亩，平均每 6.5 户拥有 1 个鱼塘。梯田面积与鱼塘面积的比例65.33：1；黄草岭村，海拔 1760 米。有 85 户，400 人。耕地面积 300.34 亩，其中水田 158.72 亩，旱地 141.62 亩。水田旱地比为 1.12：1。鱼塘 32 个，约合 18 亩。人均有鱼塘 0.045 亩，平均每 2.7 户 1 个鱼塘。梯田面积与鱼塘面积的比例是 8.7：1；大鱼塘村，海拔约 1820 米，全村有 78 户，367人。耕地面积 164.93 亩，其中水田 87.16 亩，旱地 77.77 亩，水田旱地比为 1.12：1。73 个鱼塘，约合 36 亩，人均拥有鱼塘 0.098 亩。梯田面积与鱼塘面积的比例是 2.42：1，平均每户有 1 个鱼塘。这些情况与全福庄相似，海拔越高，水田越少，鱼塘越多等。由于不同的村寨的土地的地形地貌、农田所在山坡的坡度以及各种历史原因，人均土地面积、水田旱地之比以及人均拥有鱼塘的多少等情况也会存在一定的差异。

哈尼人开挖鱼塘是受到其生态文化观的制约的。一般说来，更多的鱼塘意味着更多的鱼。但是，海拔相对低的村寨却把鱼塘多少控制在保证秧田在春天会有足够的用水的范围内。典型的如箐口村，该村的哈尼族地名为"欧补"，即"水翻滚的地方"。因为水源充足，他们不再开挖更多的鱼塘。有约一半以上的村民在自己家的秧田边用田埂隔出一小块作为专门放种鱼的鱼塘。如果单纯为了增加鱼的产量，村民完全可以再去森林里开挖鱼塘。但是，这样一来就意味着森林的减少，也意味着森林里的各种其他资源减少，不仅盖房子的木材缺少，而且"要吃肉上高山"也将成为空话。另外，从海拔较高的全福庄上寨及大鱼塘村的情况看，为了保证更多的稳定的食物来源，就只有开挖足够多的鱼塘。这样一来，森林就减少了，水源就成为问题，森林的产出也必然减少。多样性地利用各种资源就会成为问题。绝大多数哈尼族都不会到超过海拔 1800 米的地方建寨子，其实也就是哈尼文化中以水稻耕种为基本生产方式，并同时必须对多样性的资源进行合理利用的一项文化选择。

传统上讲，鱼主要用于自食，或者成为礼物，在亲友间馈赠，并不成为商品，所以在已有鱼塘足够承担为秧田蓄水及鱼产卵及孵化的任务，并且大田及秧田的鱼也足以满足日常及农忙时的需要之后，当地哈尼族人就不再追求开挖更多的鱼塘。竭泽而渔或杀鸡取卵之类的事，在哈尼族文化中是被禁止的；而更为深刻的原因可能还在于，人们既然已经很好地利用了鱼塘这一方面的资源，也就没有必要再开挖更多的鱼塘，不必由于对这一方面资源的过度使用，造成在其他方面利用资源的不足。正是哈尼族那种应当对各种资源进行有限度的合理利用的文化理念及实践活动支撑了他们上千年的和谐发展。

### 四、市场化时代的梯田及鱼塘

随着全球化的发展，民族村寨的社会、经济与文化都受到了极大的影响。20 世纪 90 年代以来，打工经济不断发展，吃饭靠梯田、用钱靠打工已经成为基本的现状。同时，梯田旅游开始兴起，此外，一些学者和当地政府还在积极推动哈尼梯田申报世界文化遗产工作。所有这些都使如全福庄生产生活的方方面面产生了巨大的变化。

很长一段时间内，村民都是季节性打工。农忙时回家务农，农闲时外出务工。随着打工地点离家越来越远，收入也在不断增加，村民的生活也得到了许多的改善。但与此同时，那些在较远的地方打工的村民在农忙时也不再回家务农，而梯田就交由家中老人或其他亲戚管理。传统上，水稻管理过程中包括三次人工薅草，而现在减为一次到二次，并且已经有村民开始使用除草剂。传统上，稻谷收割完及插秧之前要犁田、耙田各一次，即起码一年要犁田、耙田各两次。现在一些村民却只是在要插秧之前才犁田、耙田。不再精耕细作的田里的稻谷产出必然会减少，但田里收成减少又是可以由打工挣来的钱弥补的。

村民在走南闯北的打工过程中，增长了见识，同时也开始羡慕城里人房屋的宽敞明亮，只要经济条件许可就迫不及待地拆掉老式的蘑菇房，建盖新式房屋。传统的土木结构、加盖茅草顶的蘑菇房业已消失殆尽。现在只有大寨的五组及箐口村还保留及新建了一些蘑菇房。而这些则是政府为了增加梯田旅游的民族文化特色进行激励和补贴的结果。

传统的宗教活动依然在延续，但开始简化，其整合村社的功能已开始弱化。全福庄的四个自然村每年在"苦扎扎"期间进行祭祀活动的祭祀房——磨秋房，均已建成了水泥平顶式样的，而不是传统的蘑菇房式样的。原本每年一度的翻新屋顶茅草的仪式活动变成了象征性地往平顶上撒一点点稻草。原先具有神圣性的磨秋房内经常摆放些乱七八糟的杂物。

随着外出打工者日渐增多，越来越多留守全福庄的妇女在养鱼中承担起更多的劳动，开始成为梯田的主要管理者。[1] 当地政府为了发展经济，也开始倡导村民养鱼，使养鱼商品化。[2] 过去，有些地方因为水源不是很充分，梯田内水不是很深，鱼儿的活动范围很小，村民就会在大田里留出一个二三平方米的地方不种水稻，挖一个深坑，使鱼有更多的活动空间，便于鱼长大，村民还会在养鱼的梯田中留出一些小水道专门用作鱼游动的鱼道。近年来，这些做法都得到了政府的宣传和鼓励，鱼产量也有不少提高。

为了不断增加梯田观光旅游的内容，农家乐及与农家乐相关的鱼塘钓鱼开始得到鼓励。全福庄五组在 2009 年被纳入发展旅游的民俗村建设规划之后，也开始有人考虑在开展农家乐之后，增加鱼塘钓鱼的内容，这就

---

[1] 参见王清华：《哀牢山哈尼族妇女梯田养鱼调查》，《民族研究》2005 年第 4 期。

[2] 参见袁爱莉、黄绍文：《云南哈尼族梯田稻禽鱼共生系统与生物多样性调查》，《学术探索》2011 年第 2 期。

意味着离村寨较近的原本是用于蓄水和种鱼孵化小鱼的鱼塘要变成垂钓的鱼塘。为了方便游客垂钓而开挖新鱼塘已在规划中。鱼塘增加所带来的将是森林的减少。

梯田旅游旺季是冬季。此时，连绵几十公里，数百级的梯田都灌满了水，在斜阳的照射下，波光粼粼，似千万面多彩的镜子，衬之以云海，恰似人间仙境。来此观光拍照的游客也如过江之鲫。相反，绿油油的禾苗及黄灿灿的稻子是不怎么吸引游客的。① 因此，为了更多地、更长时段地吸引游客来观光，甚至有人提议让村民不种水稻，梯田四季灌水，人造一个旅游景观。幸好响应这一倡议的人不多，同时也因为实现这一"文化创意"需要给农民的补贴过高而不具现实性。否则，不仅许多学者及当地政府十余年来积极推动的哈尼梯田世界文化遗产申报绝对不可能成功，而且由此引发文化及生态的双重灾难是必然的。

市场经济的发展还在改变着村民对待人与自然关系的看法，经济利益与生态环境之间平衡关系的重要性开始被漠视。来自村民的对利益的追求开始产生许多令人焦虑的情况。离全福庄几公里之外的一些地方开始出现为了种植收益更好的香蕉而把水田改为旱地的情况。如果没有政府对梯田核心区的强制性保护，全福庄部分梯田也完全有可能变为香蕉地。由于当地的土质粘性较差，当地人在收割水稻以后，一定放水泡田。保持梯田及田埂有充分的水分是维持梯田不垮塌的必要条件。一旦梯田干涸之后，再灌水泡田的话，田埂必然渗水并会很快垮塌。水田改旱地之后，梯田就几乎不再可能恢复。香蕉的市场风险很大，一旦香蕉种植出现问题，当地村民想再种水稻，困难之大是难以想象的。哈尼族上千年来艰辛创造的整个梯田文化生态系统也就必然会受到改变乃至破坏。

出售鱼塘的鱼苗或者出租鱼塘可以增加村民的收入，但同时也改变了

---

① 　参见马翀炜：《文化符号的建构与解读——哈尼族民俗旅游村的人类学考察》，《民族研究》2006 年第 5 期。

基于共享鱼塘而建构的一些传统的人际关系。养鱼的市场导向也使本地鱼的种群繁衍受到威胁。一些有鱼塘的村民开始不满足于鱼塘仅仅是为自己的梯田提供鱼苗，而开始更多地放养种鱼、出售鱼苗。他们开始不那么愿意与其他村民共享鱼塘，与他人分享鱼塘意味着收益的减少；鱼塘功能的变化也使得一些没有鱼塘的村民不再愿意在别人的鱼塘中放置种鱼，也开始觉得使用他人的鱼塘有占便宜之嫌。把鱼塘承包出去就更使原先那些合用鱼塘的关系不再延续。而当没有鱼塘的人怀揣主要是通过打工挣来的钱到市场上去购买鱼苗时，还更倾向于买外来的鱼苗，而不是本地鱼苗。据村民介绍，本地鱼不能吃饲料，一喂饲料，鱼就死。更重要的是那些外来的鱼苗比本地生长的快得多，而生长快的原因就是这些新引进的鱼会吃饲料。这一情况又导致有鱼塘的村民倾向于把种鱼换成外来的，以便获得更大的收益。

为了增加水产养殖的收入，盲目引进外来物种带来的危害更直接地表现在"小龙虾"和"福寿螺"这两个物种的入侵上。近年来，为了增加经济收入，一些村民不仅是在鱼塘和梯田里放养非本地鱼苗，而且开始放养从市场上购买的"小龙虾"（克氏螯虾）。小龙虾原产于北美洲，20世纪30年代作为食物、鱼饵、宠物经由日本传入江苏南京等地。进入哈尼梯田的时间大约是在2008年。2010年插秧之前，一些梯田和鱼塘里的小龙虾亩产达60千克，高于梯田鱼的产量。然而，这种外来入侵物种最大的害处就是其打洞的习性会引起田埂垮塌，近年来，全福庄田埂垮塌的事情开始增多。其他的当地物种受到怎样的威胁还不是十分清楚，至少村民认为梯田鱼要长到一定程度后才能放入有小龙虾的田块，否则就会死掉。此外，泥鳅、黄鳝等也越来越少。传统的稻鱼混作已经受到了极大的威胁。另一入侵物种是原产于南美洲亚马逊河流域的福寿螺。20世纪80年代初被引入中国后，因其可以成为美食及一些珍贵水产动物的饲料而不断被推广。由于福寿螺食性广、适应性强、生长繁殖快，福寿螺及福寿螺与当地螺杂交的杂交螺在很短的时间内（十年左右）就已大量出现在鱼塘和梯田里，成为危害禾苗生长的外来入侵物种。尽管外来入侵物种的危害已经被村民、学者和政府部门发现，但仍未引起足够的重视。事实上，在没有天敌的情况下，清除甚至只是抑制这些外来物种的繁衍都绝非易事。正所谓"请神容易送神难"。入侵物种从一些起初并不为人重视的细小处开始逐步对整个梯田文化生态系统形成巨大的威胁。这一事例其实也从反面说明了大的文化生态系统是由一些细小的环节如传统的鱼塘等构筑起来的。文化生态系统的保护恰好也就必须是从细处入手的。

### 五、结语

掩映在森林中的鱼塘是不起眼的，因为没有专门与鱼塘有关的仪式活动。鱼塘的继承也不经常发生，鱼塘蓄水的重要性也并非每年都可以看到。现在的市场上就可以买到鱼苗，似乎鱼塘孵化鱼苗的作用也不再是不可或缺的。鱼塘产出的经济效益在打工经济时代也不是最为重要的。凡此种种，都使得鱼塘在整个哈尼梯田文化生态体系中的重要意义容易被人忽视。事实上，文化生态系统是文化和自然环境交互作用所形成的包括相互制约关系的各种关系的总和。每一个细小的环节都是整个系统的有机组成部分。不深入了解这些细小的环节，就很难真正理解整个的梯田文化生态系统。诸如鱼塘这样细小的环节都有着复杂的文化及生态内容，从而需要进行基于文化生态整体观的更加深入细致的研究。而对于进一步发展经济的问题，最根本的一点就是应该不断超越人与自然二元对立的观点。上文已经提到的诸如鱼塘功能变化、外来物种入侵、水田改旱地等正在发生或可能发生的一些使传统稻鱼混作农业的可持续性以及和谐人际关系受到冲击的许多问题，从根本上讲，都是由单纯追求经济增长以及在理解人与自然关系问题上出现了偏差所导致的。经济增长固然十分重要，但正确处理好经济增长与鱼塘、梯田以及整个哈尼梯田文化生态系统的关系是更为重要的。

在哈尼族的传统视野中，人与自然的二元对立是不存在的或者至少是不那么明晰的。在传统观念中，森林、鱼塘、村寨、梯田及溪流和江河都是他们生活的一部分，相互之间的关系是浑然一体的。而这又与他们多样性地利用自然的行为紧密相关。一般而言，"人类如何理解自然源于他们如何利用自然、如何在自然中生活"[①]。一个民族保持在一定限度内的对自然资源的广泛性利用，往往会使他们与自然之间没有多少距离和间隙，从而能够恰当地处理人与自然的关系。人与自然的和谐关系就是基于人对自然的敬畏以及人对自然进行适度的、多样性的开发和使用的实践过程之上的。

# 声部二

## 理想化：箐口村与稻鱼鸭项目

看了马老师他们关于鱼塘的论文，很有意思。但我主要想说现在由政府力推的稻鱼鸭项目。箐口村以传统的水稻种植为业，主产水稻。水稻是我们村民的主食，由于田间要常年保持适当的水位，也就还可以适当地养鱼、养鸭来补充我们的副食。鱼养得多了，自己家庭食用不完的，可以拿到市场出售；鸭子产蛋了，可以自家食用，也可以拿来出售，增加家庭的经济收入。有的人家的田离家比较远，就会在自己家田边地角建盖一个简单的小房子，我们习惯地叫作"田棚"。村民可以在生产时避雨和休息，还可以暂时储存粮食，堆放生产农具，晚上又可以关鸡鸭，给生产带来方

---

① ［美］麦克尔·赫兹菲尔德：《什么是人类常识——社会和文化领域中的人类学理论实践》，刘珩等译，华夏出版社 2005 年版，第 211 页。

便。村民在这样的田间养出来的鱼和鸭的肉质好，市场价值很好。所以，有条件的村民就在田边建了自己的田棚养着鸡鸭，田里养着鱼，市场供不应求，这些人家的经济收入在当时说来很可观，是很大一部分村民可望不可即的理想型田园生活。

这样的人家有我老家、李建军家、李倮明家、李农排家、张明生家、张正和家、马志文家、卢正华家、卢荣家、张小华家（这里有几个当时管理的老人已经过世，我就用了现在他们孩子的名字）等，主要就是这几户管理好一点，他们家的田棚不大，一个田棚最多就是 20 平方米，有的甚至还小，他们几户家是建成两层的田棚，一层用来关养鸡鸭，二层用来堆放临时运输不完的谷子以及生产劳动工具和衣物。还有几户人家的田棚要建得小一些，勉强用于人们休息，也就没有关养几只鸡鸭。在我们村里来说，这几户人家的田多一点，也远一点，每天都要有人早出晚归去干活。同时也可以避免小偷光顾。一般来说，偷东西的情况不是很多，但是也偶然会发生。被小偷偷了东西，要找到小偷往往是不容易的。对于普通的村民来说，还是自己看守好自己的东西为妙。经常去田棚里，甚至住在那里是可以避免东西被偷的。

确实，我也记得我们小的时候，听爷爷说过他抓住过小偷的事情，一个自己辛勤劳动能维护果实的人，其他人是应该尊重的。他经常带回来田棚周边种出来的瓜果蔬菜、蜂子、鸟和鱼。这个是我童年时代的一些美好的时光。我还记得，爷爷那时候经常是早饭后出去，白天给田里灌溉，做些力所能及的事情，没有人干扰他，他累了就在田棚里休息，到了傍晚再回来，这是他晚年的生活。在一个一百多户的村寨中，有田棚的人家也不过十几户，也是多数村民仰慕的对象。

到 2000 年，元阳县政府要开发箐口村的旅游项目，把箐口村作为元阳县的第一张名片来打造，有人就联想到开发"水稻、田棚、鱼鸭"的事情来开展农家乐，让游客参与到村民的生产生活中来，让他们真正体验农村农民实际的生活。当时的想法是：在梯田间修理出小路来，便于村民生产以及游客观光来去行走，小道两边栽种果树草坪进行绿化，加上修理水渠，便于灌溉种田养鱼鸭，在不同的梯田间找出不影响水稻栽种的旱地建设几个田棚养鸡鸭鱼叫村民管理，游客们来了就让他们亲自抓鱼做饭菜，在晴朗的月光下看梯田跳箐火晚会听生灵鸣唱，品自己做的梯田美食，何其美哉！

2002 年 2 月 25 日，当时主管部门元阳县旅游局在村里设立了箐口村民俗管理委员会，主管村里的卫生公共设施，负责售门票等事项。2004 年又在村里成立文艺队展演民族歌舞。村里的游客增多，旅游事业在村里顺利开展。有关领导考虑到田间开展农家乐不现实，就在村里每户 10 万元扶持李永福家、卢成家、李成家、李志学家开展农家乐。到 2009 年，世博公司元阳分公司又进驻箐口村，接手管理箐口村的旅游工作。游客多了，村里生产的"稻鱼鸭"供不应求。但红火的时间也不长，2010 年之后，由于其他村寨的旅游开发也干起来了，游客也分散到不同的地方去了。箐口村的旅游并没有像最初设想的那样发展得那么好。旅游带来的经济收入增加并不明显。就是在 2013 年哈尼梯田成为世界文化遗产之后，旅游也没有真正的大发展。

2017 年，为了提高种梯田的效益，提升村民的生活水平，元阳县政府要在村里实施"稻鱼鸭"共生项目，具体由元阳县农业局及新街镇农科站实施，旨在增加村民的"稻鱼鸭"产量，提高村民的经济收入。2017 年插秧前在村里宣传项目实施政策，要求村民田间挖鱼塘，留出鱼涵，并安排专门人员帮助村民做好放养前的工作。2017 年 6 月 8 日，雨水来临，村民的梯田灌满了水，估计雨水来临，村民可以到田里放养鱼苗了，元阳县农业局运来了鱼苗，6 月 22 日至 6 月 28 日之间，按照事前的预算，给农户每亩田里投放了 10 公斤鱼苗，箐口村水田面积是 453.46 亩，合计就有 453.46 公斤鱼苗。其实，年初统计的数字没有根据这个数据，而是按照村民上报村民小组统计的数字来发放的，多的拿到七八十公斤鱼，少数几户村民因为当时怀疑不会发放这么多鱼就没有上报，但是，最终还是给他们发放了二三十公斤，平均下来每户也有四五十公斤的鱼。多数村民还是自觉的，领到鱼苗后直接就放到已经围栏好的梯田间，有的是暂时放到秧田间让它们适应一段时间又再投放到梯田里。村民开心极了，似乎看到了稻鱼双丰收的真实情景。有的村民不在家，给其他在家的村民管理；有的看到鱼个儿大了，直接拿回到家里吃掉了。倒是没有听说直接卖了换钱的。

箐口村的梯田根据地势都很小的，最大面积的不过是李扎卜家、李建军家、高正才家、张少雨家、李志锋家、李世华家这五六块，估计这几户的田每块有四五亩，其他四百多亩的田都是三五分大小不一的，人均耕地面积还不到一亩。可以这么说，箐口村有史以来年产 50 公斤的鱼没有一家，今年每户能拿到不少于 30 公斤的鱼，这是历史性的事件。在这次发放鱼苗的事件中，给我记忆最深的一件事情是，6 月 28 日我们村里发放鱼苗的时候，有个邻村土锅寨的村民挑着水桶来领鱼苗，说是他家统计时被村民小组干部漏登记了，要求工作人员给他家分发一点，村民小组和工作人员以各种理由拒绝了。

2017 年 7 月 5 日和 7 月 19 日两天运来了鸭苗。每亩以 25 只来发放，在我们箐口就一共投放了 1 万多只鸭苗。每户至少可以领到五六十只，有的农户外出务工不在家而叫亲戚朋友代养，这样，每户最少可以领到七八十只鸭仔，工作人员说这些鸭子有点小，要求村民首先在水浅的地方围栏喂养，让它们适应一段时间再放到田里，这样的做法能使鱼成活率提高。鸭苗的事情就好玩了，很多人家没有在田边做好鸭舍，自己家的院子又小，在什么地方饲养呢？有的是养在阴暗的房子后院，有的直接放养在房子的屋顶，这么多的鸭仔又要喂什么呢？有的人家买了些饲料把草剁碎了拌着喂，有的人家刚开始喂一点剩饭或者米粒等，三五天后，考虑家里没有这多粮食来喂养，送其他寨子的亲戚的也有，直接到新街镇或者牛角寨市场上去卖的也有。"又不是花自己的钱买的，要死要活由它便。"这个时候还算好一点，总是有很大一部分村民还买苞谷面买饲料喂养着，村里三五两天有人来卖苞谷苞谷面也会一抢而光，照顾了做苞谷生意的人。但是，做好一桩事情是需要花费一定时间的，时间稍微长一点，村里的水沟里每天至少可以看到 20 只死鸭仔由水冲出来，村民家的鸭仔病的病，死的死，村民茶余饭后就议论这个事情了。

我自己是领到了三亩田的份，就是 75 只鸭仔，加上亲戚家没有领养给的 100 只，一共就是 175 只，算来，我养鸭子是村里有点经验的人了，事前就买了 400 斤碾碎的苞谷和 50 斤饲料，早已把秧田围好准备好好饲养一番，做养鸭子发财的梦，有鸭舍供它们休息有晒太阳喂食的菜地，也有它们戏水的秧田，我看见过喂食时它们来抢食间被残忍踩死的情况。我小心地管理，但还是有十五六只鸭子被踩死了。一个月之后，苞谷没有了，饲料没有了，秧田里的草被吃光了，我也没有钱再买苞谷了，死水一塘，鸭仔们总是要吃食的，怎么办？我想，还有很多村民也和我这样焦虑的。这个时候，看看田里的水稻还没有抽穗又有些杂草，估计鸭仔可以除草，鸭粪可以施肥，报着试一试心态，就把它们全部放出来赶到田间，刚开始的一两天，它们还不怎么敢下田，过几天，全部进田了。再试想一下，100 多只半大的鸭仔一起觅食的现象，水面全部被搅浑，鱼儿上漂，被吃的被吃，被搅死的被搅死，五亩多的田里杂草全无，差不多要到吃秧苗的地步了。这期间，每天还是有不少鸭仔病死的情况，秧苗抽穗的时间到了，再次把鸭仔赶回到鸭舍的时候就只有 50 多只了，我很心疼但也很无奈，村民还说我是管理鸭仔好的其中之一人了。不行，还是得想办法管理好这 50 只鸭子，到了 10 月份，谷子收割了，别人家的田里也可以放养过去，还觅食掉落在田间的谷子，到时候就不用喂食，鸭仔生长期到五六个月就可以下蛋了，要是按三天两个鸭蛋来算，50 只鸭子每天能有 30 只下蛋，每个鸭蛋按照现在的生产价 2 元来算，每天一共就有 60 元的收入了，一个月也有 2000 元左右，可以赚回本钱的。就这样，我在 8 月份的时候到陈安村里叫朋友买来 300 斤苞谷，每斤 1 元，过渡余下的几个月的时间，心里想，收割后放养的田多，还是有希望的。

　　到了 2017 年 9 月份 10 月底收割的时候，元阳县农业局和新街的工作人员来村里检查情况，发现村民家没有几只鸭子了，也不见谁家背回鱼来。他们没有灰心，继续找村民检查问题，总结经验，在分散在不同的地点叫十二户村民建田棚，他们分别是卢小华家、李学华家、李文才家、李文科家、李庆五家、李世华家、卢学贵家、卢文民家、李生民家、卢朝生家、张明华家、李万祥家，目的就是方便村民关养鸭子，由每个农户首先自己集资建盖，元阳县农业局验收后每平方米补助 230 元，他们还做了设计图纸给这十家户主，要求不能放干梯田，一定要在田边地角，建盖面积在 20 平方米左右，高度在两三米之间，屋顶可以用石棉瓦或者彩钢瓦，最上面用茅草遮住，墙面的可以用石头或者土坯或者石头，就是一定要粉墙，颜色保持土色为主，外观上不能影响梯田的整体景观。得到项目的十户村民当然高兴了，我就是其中之一，原来我就准备建盖的，已经把 1 万片砖背放在那儿了，只要我叫上几个弟兄，再买几包水泥，20 几片石棉瓦，花个四五千元就解决了，之后，可以在田棚里养鸭子也可以用来生产时休息避雨。建田棚，我比其他的村民要方便得多。我利用 8 月中旬五六天的时间盖好田棚，之后，就关养鸭子进去了。这几户人家的田棚 2017 年底验收，工程项目款在 2018 年过春节收假后兑现了，我的有 27 平方米，拿到 6210 元，他们不是拿现金来兑现，而是直接把钱打到信用卡上，卢小华的有 25 平方米，拿到 5750 元，其他几个的不方便去问就不太清楚。

　　在田边建一个田棚实在给人方便，可以供家人生产时休息，烧火做饭，也可以堆放农具及劳动衣服，还可以关养鸡鸭，早上去开门放了，捡几个蛋回来，晚上赶回去关着就好了。而把鸭子关养在家里确实不是一件好事，即不卫生也费人力。这样，2017 年到 2018 年，还有村民是自己找物资建田棚的，他们是有张庆贵家、卢正荣家、李贵文家、李永文家、李明里家、李文祥家、李志祥家、李世文家、李国忠家、李祥家、李庆贵家。根据自己的经济和劳动力，有的人家稍微好一点，有的人家稍微差一点。总的来看，村里到 2019 年已经有 40 几个，箐口村 238 户，已经占到全村的五分之一了，放眼过去，相距 30 米左右就有一个田棚，零星布置梯田间。有的人家是使用两片石棉瓦搭着或者塑料布裹着躲雨或者关鸭子，这个就不能算作田棚了。

2018 年的春天来临，春暖花开，万物复苏，田里的微生物也生长了，泥鳅、鳝鱼、田螺、虾等各种东西也生产。这时候的鸭仔已经七八个月了，已经是成鸭，也可以下蛋了。育秧前，是放鸭子的最好时候，每天早上捡鸭蛋回来的村民像赶街似的在这个不足 2 平方公里的田间来去，他们主要有李扎卜、张春华、卢正华母亲、李生明、李文科、李国忠、李文才、李农排、李平清、李上嘎、李平珍、李建军奶奶、卢学贵、李明里、马卫华、李江家、李志和等，这其中捡回来最多的可能要数李生明和卢荣、李建军家、李文里家，每天估计捡回来三四十个鸭蛋，一般情况是 2 月中旬下到 4 月份插秧前，以捡 2 个月来打算，还是捡了 2000 多个鸭蛋，捡鸭蛋回来自家人可以吃，吃不完的还可以卖出去，增加了点收入，对于一个村民来说，是一件很高兴的事情。

进入 5 月份以后，村民的秧苗都插下去，鸭子就得关养，很多人家没有能力去管理，他们要不自己家抓回来杀了吃，要不到街上去卖，说是自己家还要买吃，自己养着就不用花钱买了，到街上卖人家也只给 25 元一只，说是这种鸭子个儿太小了。记得马卫华的儿子办婚事就是杀了自己家的 60 多只鸭子，也算是省了家里的一点钱。

2018 年，元阳县人民政府在新街镇开办了为期三天的"云南省哈尼梯田稻渔综合种养产业扶贫技术培训班"，箐口村有卢小华、张明华、高里发、李正学、李文新五人，培训的时间不长，内容也不多，教授的内容都是村民平时做的，在我看来没有多大意思，只是让我联想到的是，村民家的饲养条件不适合，没有技术上要求的场地，而且，一个村民付出劳动来饲养这样的几十只鸭子好像不是很划算，特别是干旱的季节，就连插秧的水都缺乏，不要说养鸭子、养鱼了，村民喝水都成问题。

2018 年 10 月 10 日，元阳县农业局又来给村里发放鸭子，每户 5 只鸭子，这次的鸭种就变化了，说是"这次发放的是肉鸭，可以养鹅一般大小，产蛋量就少"，"去年发放的是蛋鸭，个子矮小，产蛋量很高的"，那么，要养肉鸭还是蛋鸭呢？鱼苗再等几天，估计过几天来发放，可是，这一等一年就过去了，2018年的鱼苗就没有发放。这一片的鸭苗养到2019年初，已经是四五个月鸭子长大了，有世博集团元阳分公司的人到村里来每只50元收买鸭子。多数村民考虑到还是能卖一点钱，就在这一段时间卖完了。我挨家估计了一下，村里的鸭子总的不会超过1000只了。

2019年5月，村民小组核对户主和身份证号，说是每户可能会发放20只鸭子和每亩10公斤鱼，到我写这篇文章的时候还没有发放下来。

以上是我对箐口村原来的田棚使用和旅游入村以后变化的一点观察。中老年人丧失了原本的劳动能力后利用自己的余力再创造一点生活条件带来一点慰藉，使一个家庭添加了一点幸福的色彩。有人却要把它当作带来经济收入的目标来投入或许是有的放矢，对有的人来说是求之不得的事情，他真的需要这样的投入，无论是资金还是技术的支持都很重要。然而，有的人在养鸭子方面根本不在行，反而会认为这是给他增加麻烦，他是不需要的。实事求是一定是硬道理。什么样的人给予什么样的政策，应该是有关部门考虑的问题。就像上面说到"稻鱼鸭"的事情，有的人没有在家，他不需要这样的帮助，非要给他，也是浪费。我们要考虑一下他需要什么再来决定，根据他的实际情况来对其实施帮扶，或许收到的效益会好些。

当然，"真理是从实践中来的"。我只是对在箐口村实施的项目说一点我的意见，更多更好的思想和理论有更明智的人士来提出。我养鸭子养鱼也不算成功，我写这个仅用以自省。

# 第七章　服饰

## 声部一

## 混搭：箐口村哈尼族服饰及其时尚 ①

### 一、引言

不满于近代受自然科学影响而使各种科学研究不断加深对世界进行抽象化的理解，胡塞尔提出了"生活世界"的概念，并且指出"生活世界"是各种科学的"被遗忘了的意义基础。"②"生活世界"的提出对于以批判常识为主要内容的文化人类学③是应该有着非常重要的意义的。当我们把日常生活的各种事项与行动的情境和社会的整体进行关联，认清各种社会文化的符号总是在一个更大的符号体系之中从而是紧密相关且互动的，"无限开放的、永远存在未知物的世界"④ 便可能在我们面前敞开，并且可以促使我们去看到许多已有研究中被忽视的生活世界的意义。如果我们

---

① 原文载于《学术探索》2012 年第 1 期，作者马翀炜、李晶晶。
② ［德］胡塞尔：《欧洲科学危机和超验现象学》，张庆熊译，上海译文出版社 2005 年版，第 64 页。
③ ［美］赫兹菲尔德：《什么是人类常识——社会和文化领域中的人类学理论实践》，刘珩、石毅、李昌银译，华夏出版社 2005 年版，第 1 页。
④ ［德］胡塞尔：《欧洲科学危机和超验现象学》，张庆熊译，上海译文出版社 2005 年版，第 66 页。

不是把原本活生生地存在于日常生活世界中的民族服饰抽离出来去进行研究，而是直面日常生活世界，那么我们便可以发现，当下处于急剧社会文化变迁中的众多民族村寨完全可以视为各类服饰的 T 型秀台：就性别说，有男女服饰差异；按年龄分，有老、中、青、幼的不同；以时代看，则又有传统与现代之别。当然，还有更多的界限十分模糊的服饰都在加入这个 T 台的流动之中。当我们将直面日常生活世界的眼光投入到像哈尼族箐口村这样的民族村寨的时候，[①] 便会惊讶地发现民族服装并非只是历史的遗存，而是也有"时髦"及"时尚"的现实存在。"时尚"业已属于乡村或者说村寨这个世界。如果说"人不再是生活在一个单纯的物理宇宙之中，而是生活在一个符号宇宙之中"[②]，并且包括语言、神话、艺术、宗教以及服饰都是这个符号宇宙的部分，从而人也是符号的动物的话，那么，作为人最重要的展示其文化特色的各种服饰符号在村寨层面的混搭实际上也就是村寨真实生活世界的呈现。

## 二、箐口村：打造中的哈尼族文化品牌

20 世纪 90 年代以来，少数民族地区因发展经济的需要，对传统文化资源进行开发利用的民族文化资本化活动呈现出迅猛发展的态势。许多地方都出现了将某一民族村寨作为该地区文化品牌进行打造的行动。这些开发活动的动力有来自民间自发力量的，有来自外来资本运作的，当然更多的还是来自负有发展地方经济之责的当地政府的主导。"生态村"、"民俗村"、"民族村"或"旅游村"的民族村寨已如雨后春笋，遍地出现。

哀牢山区连绵不绝的数十万亩梯田是当地政府对箐口村及周边地区进

---

①　本文未注明出处的材料均来源于作者 2004 年以来对箐口村进行的多次田野调查。

②　［德］卡西尔：《人论》，甘阳译，上海译文出版社 1985 年版，第 33 页。

行旅游开发的重要资源。作为生产要素的梯田也逐步被建构成了彰显"人与自然和谐相处"的"人类文化遗产"的文化符号。属于哈尼族昂洛支系的这个当时有着 170 多户，近 900 人的箐口村因为处于哈尼梯田核心区而被当地政府选中，成为政府不断投入、不断开发的哈尼族村寨文化的一个品牌。隶属元阳县新街镇土锅寨村委会的箐口村，距离村委会 1 公里，西距新街镇约 7 公里。该村海拔约 1660 米，国土面积 0.86 平方公里，耕地面积 857.76 亩（水田 453.3 亩，旱地 404.46 亩），林地 426 亩。现有农户206 户，人口 985 人。2010 年经济总收入 263.4 万元，人均年收入约 2889元。劳动力人口为 652 人，有一半以上的劳动力会在周边地区打短工，常年在外打工的约占劳动力人口的约五分之一。绝大多数村民的现金收入主要依靠外出打工。

尽管申报进入联合国世界文化遗产名录的工作已经开展了十余年，历尽艰苦而尚未成功，但在经历了不断的对外宣传，被国家建设部列入"世界遗产预备清单"，以及作为诸多电影如《婼玛的十七岁》《太阳照常升起》等的重要拍摄场景以及不胜枚举的电视剧、专题片的拍摄场地之后，元阳哈尼梯田已经声名远播了。随着旅游开发以及世界文化遗产申报等工作的不断加强，元阳县已被列入云南省 15 个"县域文化建设试点县"之一。箐口哈尼民俗村被国家旅游局命名为"全国农业生态旅游示范点"、被云南大学确定为"哈尼族文化研究基地"。[①] 在经历近十年的政府部门主导的旅游开发之后，2009 年云南省世博集团世博元阳梯田旅游有限公司正式接手游区的管理和开发事务。十余年的外源式发展动力，使该村的基础设施建设、房屋建设等发生了翻天覆地的变化，包括服饰在内的民族文化业已呈现出许多新的变化。

---

① 参见马翀炜：《文化符号的建构与解读——关于哈尼族民俗旅游开发的人类学思考》，《民族研究》2006 年第 5 期；马翀炜：《村寨歌舞展演的路径选择——元阳县箐口村哈尼族歌舞展演的经济人类学考察》，《广西民族研究》2008 年第 4 期。

### 三、梯田T型台：传统与现代交汇的服饰呈现

事实上，准确地概括箐口村村民服装的特色是较为困难的。有时很难把一个人所穿的服装称为现代或是传统的，最典型的如皮鞋、西裤、白衬衣外加一件民族特色的裙子，当然，裙子上的颜色和装饰远比传统的要鲜艳、复杂得多。也可能一个身着民族服装的妇女脚上配的是一双红色高跟皮鞋。无论是对个人衣着的观察抑或是对整个村寨村民衣着的归纳，"混搭"（并置、叠加和融汇）是能找到的最为接近真实情况的概括性表述。

箐口村村民服装的"混搭"状况其实也是该村生产生活方式都在发生巨大变迁的形象表现。旧与新、传统与现代、内部与外部的各种错综复杂的社会文化关系也在服饰符号方面得到了表达。从传统上讲，红河南岸的"哈尼族喜欢用自己织染的藏青色土布做衣服。男子多穿对襟上衣和长裤，以黑布或白布包头"[1]。现在箐口村男性村民既穿着市场上购买的夹克、西装等服装，也穿土布做的藏青色传统民族服装，从而在整体上表现为混搭的特色。年龄在50岁以上的老人日常生活中多穿土布制成的衣服，但并不排斥新式的衣服。村中举行婚丧嫁娶等各种仪式活动时，平时不穿传统服装的中青年男性也会搭上一件传统的服装。

服装混搭的情况在传统的仪式活动中也得到了具体的体现。原本村内的仪式主持者与村民参与者之间的关系，由于游客的到来而出现了新的关系。游客与村民之间发生的"观看"与"表演"的关系，使得原先存在的熟人社区的熟人关系加入了与陌生人的关系。由于第三方的到场，使前两者合为一方，成为被观看的村民一方，与外来者一方形成内外有别的关系。仪式主持者既要保证与村民原有关系的延续，又要在外来者面前呈现出他们与仪式参与者即普通村民的区别，从而处于一种张力之中。这种张力在仪式主持者的服装混搭中可以清晰地看到。在"苦扎扎"（六月节）

---

[1] 《哈尼族简史》编写组编：《哈尼族简史》，云南人民出版社1985年版，第104页。

和"昂玛突"（祭寨神）等节日中，咪古和摩批都要戴上与村民不一样（即更加鲜艳）的、更能体现民族特色的包头。咪古要穿上村内妇女特制的长袍。缝制长袍所用的面料不再是传统的藏青色土布，而是来自市场的绿色或蓝色的缎子。长袍左边从腰处以下开叉，右边则从手臂以下开叉，领口缝有一颗纽扣，右边锁骨处和下面腰处也是各一颗，长袍长到脚踝处。该村的摩批在祭祀活动中大都穿土布做的有领对襟短衣。当政府授予的"民族民间文化传人"名号越来越响之后，摩批的衣服在村寨性的祭祀活动中变得越来越显眼，也越来越因衣服花边色彩更为醒目而与普通村民区别开来。摩批所穿的不仅有土布做的有领对襟短衣，还有缎子做的短衫。普通村民中没有人穿后一种衣服，所以这种衣服也越来越可能成为摩批参加各种仪式活动的专用服装。

这一地区哈尼族妇女过去"穿右襟圆领上衣，以银币做纽扣，下穿长裤，盛装时外披坎肩一件，有的还系绣花围腰，打挑花绑腿；在衣服的托肩、大襟、袖口及裤脚上，都镶上几道彩色花边，坎肩则以挑花做边饰"[①]。现在箐口村妇女身上的服饰已是异彩纷呈。50岁以上的妇女，衣服的布料大多是自己织的土布，衣服以藏青色为主，花边的颜色也较深。中年妇女的衣服颜色偏暗，细带和花边的颜色也偏暗。年轻妇女衣服的颜色相对鲜艳，她们也可以穿除了白色、黄色以外的任何颜色的衣服，细带和花边的颜色、式样也算丰富；青少年衣服的布料种类及颜色多种多样，且大都很鲜艳，细带和花边的颜色式样等也很多。

除了村民们在日常生活和仪式活动中的服装呈现着无可置疑的混搭状况，村民制作的一种专门迎合外来游客的口味和兴趣的服装以及村中文艺队的表演服装更是增加了混搭的复杂程度。这些服装和村民的服装的基本式样差别不大，但颜色和装饰相当花哨，很能够满足游客对于"异域""奇风异俗"的想象以及政府官员对于展示民族文化特色的意愿。为游客设计

---

① 《哈尼族简史》编写组编：《哈尼族简史》，云南人民出版社1985年版，第104页。

的服装是村民在多年与游客的交道当中"发明"出来的，而文艺队的服装则是政府部门"嵌入"的。

在当下的箐口村服饰中，最令人惊讶的是女性青少年服饰的快速变化。这些变化与现代大都市生活中的时尚变化情况有诸多相似之处，体现了如齐美尔所说的时尚的最根本性特征，"一方面，就其作为模仿而言，时尚满足了社会依赖的需要；它把个体引向大家共同的轨道上。另一方面，它也满足了差别需要、差异倾向、变化和自我凸显"[①]。箐口村女性青少年的服饰从总体上讲依然是属于哈尼族服饰，是对既定模式的模仿，但每年新出现的服饰又是具有差异性、变化性及个性化的。具有时尚性的哈尼服装在表现出其新颖性之后，会在较短时间内由于更多的人的模仿而迅速过时。这些服饰时尚的兴盛衰变以及这些村民们对时尚追赶的过程都没有逃脱"时尚就是为了过时而生产出来的"的法则。如果说"时尚作为一种与现代社会相伴而生的现象，是解读现代性的一把钥匙"[②]，那么，民族服装时尚在村寨中的存在就是在进一步增加民族服装混搭的复杂性，并且更加直接地表明了现代性在少数民族乡村日常生活世界中的渗透。而无论是哪一种服饰混搭，哪一个人群的服饰混搭，所体现的都是村民自我表达的行动和愿望。

## 四、时尚民族服：现代性在村落中的形象表达

现代性的总体特征就是"生产的不断变革，一切社会状况不停的动荡，永远的不安定和变动"[③]。拼贴的、偶然的、转瞬即逝的"时尚""时髦"也是现代性的基本征候。箐口村民的记忆中，"时髦"或"时尚"等概念

---

① [德] 齐美尔：《金钱、性别、现代生活风格》，顾仁明译，华东师范大学出版社 2010年版，第 95 页。

② 孙沛东：《论齐美尔的时尚观》，见《西北师大学报》（社会科学版）2008 年第 6 期。

③ 《马克思恩格斯选集》（第一卷），人民出版社 1995 年版，第 275 页。

是和中国市场经济一起成长的，最起码也与外出打工的年代一样长。打工者身上的穿着或带回来的其他物品是和外面世界的尽量一致的，尽管商品的质量及价钱差距不小，但起码从形式上看较为接近。西装、牛仔裤、电视机、MP3、DVD 机等有形商品，以及各种流行歌曲等非物质性的文化产品的出现都会与都市中的时髦、时尚等相关联。甚至当前几年因"哈韩"而漂染成各种颜色的奇异发型在都市中出现之后，箐口这些民族村寨中的一些青少年也开始时兴这些发型，且时兴的时间与都市青年时兴的时间大体一致。

民族服装时尚现象出现的时间虽然不长，但因其赋予民族文化以前所未有的意义而特别值得关注。箐口村哈尼族女装衣服的基本款式都是上衣圆领或立领斜襟右衽，两侧腋下开叉。其时尚表现方式除了体现在布料的质料、颜色变化等方面外，衣服的长度变化、领口边沿、袖口和斜襟边沿绣花装饰的变化以及几对银币纽扣或者布纽扣的变化等也是重要的方面。哈尼族裤子一般都是大裆、大裤脚的。其时尚表现就是裤脚边的贴布、绣花和边线等装饰的变化。除了白色、黄色之外，布料颜色的选择是较为随意的。之所以排除白色和黄色，是因为周边彝族的民族服装多用这种颜色的布料，如果用这样的颜色，民族之间的差异性不容易显现。装饰布条有不同颜色的太阳花纹、回纹、水波纹、梅花纹、猫眼纹等。银泡也有多少及组成的图案的不同，纽扣则有颜色和多少的搭配的不同。这些服装元素的不同搭配就形成了不同的服装时尚。如果前一年的服装以红色布料、长过腰际为主要特色的话，第二年就很可能不采用红色色系及较长的款式，而出现以黑色布料，长度在腰际为特色的服装。此外，各种装饰纹也会有较大的差异。总之，越是时间上相邻的服装，布料的颜色、装饰纹、铝泡及纽扣等的反差就越大。每当新的时尚服装出现后，不仅女性能够迅速辨别出，就连当地的哈尼族男人也知道当年当季流行的哈尼服装的特点。

从技术层面讲，心灵手巧的妇女其实完全可能做出新式的服装，但是，这些迅速流行又迅速过时的时尚服装却只能购买自新街镇。因为任何一个村民在自己家中缝制的服装数量都有限，她们可以缝制出的独特服装可能真的太独特而不合群，不可能成为时尚。最终没有哪位村里的妇女会去冒险自制新式服装。一款新式的服装只有在出现之后不久就被众人追捧，才能成为时尚服装。在当地，能够做到创新且引领时尚的只能是距箐口村 7 公里的新街镇上的民族服装店。

20 世纪 90 年代中后期政府开始开发哈尼梯田旅游，这个位于梯田旁的小镇得到的各种投入不断加大，大量游客不断到来，使这个小镇兴旺起来，成为聚居着哈尼族、彝族大量人口的五六个乡镇的中心市场。除了部分游客购买民族服饰做纪念的需求，当地村民大量外出打工使得村民也有了较之过去更强一些的购买能力是当地民族服装店生意逐渐兴旺的重要原因。一些年轻女性外出打工，直接导致她们不可能有太多的时间和精力为自己和家人做服装，就是那些留守在村中的妇女也会因为需要做的事情更多而更可能部分地选择购买服装，而不是完全由自己缝制。当地妇女依然有很强的穿着民族服装的需要，更是保证了民族服装店的存在。这也使得民族服装能够以整体性的有生命力的方式存在和发展，而不只是都市时尚服饰设计师手中可以任意拼贴的民族文化元素或文化创意智库的零件。

服装店面对的顾客除了少量外地游客外，大量的买主还是当地村民。开店的人未必知道制造需求的原理，但市场经验很快告诉他们，不断制造商品的差异性对于刺激消费者的欲望是十分重要的。在经历了最初的尝试之后，他们已经学会了如何制造差异，如在春节前，生产出成系列的不同于上一季的服装，不断向口袋里装着些打工挣来的钱的村民宣示：新的时尚出现了。那些新款衣服一旦出现在某一个女性的身上，便会迅速出现在众多女性身上。一旦某一店家的新款服装更受欢迎，其他的六七个店家是可以迅速跟进的。这里还没有多少技术及知识产权的问题。五六年以前，新款衣服大约一年一个系列，现在已经是一年推出两三个系列。

这些新款服装的价格每套大约在 200—300 元之间。若是村民模仿自制的话，价格会在 100—150 元之间。但村民去仿制的情况不多，因为单去买这些算得上是"奢侈品"的衣服的过程本身就是很值得在同伴中讲上好一阵的，甚至抱怨太贵都是在同伴中的一种炫耀。少了这样的炫耀，穿一件自家做的几乎一样的衣服，得到的很可能就是同伴的讥讽。在熟人社会中藏住秘密是很难的，任何一个人购买衣服的过程都可能是在追赶时尚的人群的目光中完成的。每当新的时尚服装出现之后，先前的服装便过时了，其价格也迅速下降大约一半左右。一些小贩会在这时把这些过时的服装拿到离新街镇较远的山区去出售，让时尚之余波到达那些最偏远的角落。

现在，在许多依然穿着民族服装的民族地区，民族服装的时尚已经不是稀罕之事。市场经济必然会把各种市场游戏带进每一个角落。但就箐口村及周边地区的情况来说，民族服饰时尚的产生还与当地旅游的开发，政府组织的以宣传民族文化的各种文化活动有关。如政府经常举办的"梯田文化节""哈尼族苦扎扎""彝族火把节"等都有大量的歌舞活动，舞台上展示的来自不同地区、不同民族及不同支系的民族服装以及为了适应舞台表演的表演性的民族服装，成了服饰商家进行服饰创新的灵感来源。与此同时，这类目的主要是"外宣"的活动，也在不经意间开始了对本地村民的服装需求培养。

就箐口村而言，政府有关部门在建设"民俗旅游村"过程中成立的文艺队是完成让村民接受新的民族服装的启蒙源泉。2003 年，为增加旅游村的文化展演项目，由旅游局负责成立了箐口村民族民间文艺队。文艺队所表演的节目中，许多是有宗教含义的，过去往往只能在特定的宗教祭祀活动中表演。这些节目有许多是来自周边其他寨子，还有许多是来自哈尼族其他支系的，甚至还有一些是为了旅游的需要而新创的。但是无论它们来自何方，原本在何种场景中展演，在现代旅游背景下，它们终于在名誉上成了红河州哈尼族"文化名片"——箐口村的歌舞。① 文艺队的表演服

---

① 参见马翀炜：《村寨歌舞展演的路径选择——元阳县箐口村哈尼族歌舞展演的经济人类学考察》，《广西民族研究》2008 年第 4 期。

装是由旅游局购买的。这些服饰都要服从"代表哈尼族文化，体现民族特色"的要求，因而这些服装就不一定属于箐口村哈尼族这个支系。女性文艺队员的服装一般都要比村民日常生活中的服装鲜艳许多。几年下来，文艺队成员换了许多批，服装也换了多次。当文艺队的服装逐渐被村民认可为自己的服装之后，一些女性开始购买与文艺队一样的服装。时尚一旦被催生出来便一发不可收了，当村民开始不断地到新街镇买来更时尚的衣服的时候，文艺队好几年才换一次的服装已不时尚了。尽管在游客们看来还是很新奇的，但在那些年轻女性的眼里则早已成了"老土"。

乡村还没有时尚发布会，就当地的民族服饰而言，也还没有完善的产权制度，但是，乡村的时尚与国际时尚具有相当的一致性。甚至从乡村的时尚生产和时尚消费中也都可以看到凡勃伦所谓的炫耀式消费的影子[1]，齐美尔关于时尚的现代性的论述都可以得到应证，如"时尚只不过是我们众多寻求将社会一致化倾向与个性差异化意欲相结合的生命形式中的一个显著的例子而已"[2]。"时尚的问题不是存在的问题，而在于它同时是存在与非存在……主要的、永久的、无可怀疑的信念正越来越失去它们的影响力。从而，生活中短暂的与变化的因素获得了很多更自由的空间"[3]等等。进一步而言，面向生活世界的理论诉求又使得将青少年女性哈尼族服装放入到整个村寨生活进行理解更为必要。

## 五、讨论：日常生活世界的意义

人类社会因文化的差异而形成为多民族共存的现实世界。众多民族的

① 参见［美］凡勃伦：《有闲阶级论》，蔡受百译，商务印书馆1964年版。
② 齐美尔：《时尚的哲学》，费勇译，见罗钢、王中忱主编：《消费文化读本》，中国社会科学出版社2003年版，第243页。
③ 齐美尔：《时尚的哲学》，费勇译，见罗钢、王中忱主编：《消费文化读本》，中国社会科学出版社2003年版，第248—249页。

文化特色在各不相同的民族服饰中也可能会得到程度不同的展现。民族服饰的研究是理解一个民族文化的重要路径。对于民族服饰中蕴含的神话历史、生活规范、人生角色、宗教意蕴的研究，①已经成为有关民族服饰研究的重点，成果也较为丰富，从而也能体现出特定的学术意义。相对于一些侧重于将民族服饰视为民族传统文化的遗存的言说，更多地关注日常生活世界中复杂的民族服饰存在的真实状况也许更加能够理解生活的意义，也是在一定的层面回应胡塞尔"世界不仅是一个万有的总体，而且是一个万有的统一体"②的说法，因为"如果只是简单地从日常的连续性中抽绎出若干元素，那么，这种处理就会改变日常生活最有特性的地方：它的奔流不息的本性"③。

始自涂尔干的那种将人类产物的文化理解为一种一经产生便必须遵守、不容改变的永恒性的社会事实的观念是根深蒂固的。这直接导致了人们对于民族文化变迁的过多的责难。而丰富的日常生活世界本身却十分明确地表明："快速的变化揭示了所有话语安排的暂时性，而且暂时性恰恰是人类的特征。"④如果直面日常生活，就会发现一些介绍民族族服饰的文献所描写的情况基本属于"理想型"，已经属于陈列馆或博物馆，是黑格尔所谓的已经从树上摘下果实。"这里没有它们具体存在的真实生命，没有长有这些果实的果树，没有构成它们的实体的土壤和要素，也没有支配它们成长过程的一年四季的变换。"⑤

作为文化的一个重要部分，服饰具有遮身蔽体、防寒御暑、适应生产

---

① 参见居阅时、瞿明安主编：《中国象征文化》，上海人民出版社 2001 年版，第 576—612 页。
② [德] 胡塞尔：《欧洲科学危机和超验现象学》，张庆熊译，上海译文出版社 2005 年版，第 42 页。
③ [英] 本·海默尔：《日常生活与文化理论导论》，王志宏译，商务印书馆 2008 年版，第 39 页。
④ [英] 齐格蒙特·鲍曼：《作为实践的文化》，郑莉译，北京大学出版社 2009 年版，第 7 页。
⑤ [德] 黑格尔：《精神现象学》，贺麟、王玖兴译，商务印书馆 1997 年版，第 231 页。

需要，标示社会角色和身份等级以及反映观念意识等多方面的功能。① 当服饰承担这些功能的时候，从来都有时代变化、民族差异的特色的。从古至今，服饰社会文化作用都是非常重要的，仅以中国为例，从汉代以来的各史多附有《舆服志》《仪卫志》《郊祀志》《五行志》等无不涉及舆服的记载，且"内容重点多限于上层统治者朝会、郊祀、燕享和一个庞大官僚集团的朝服、官服"②。这种看似有些厚此薄彼的做法，与其说是对下层社会服饰的轻视，不如说是表达了服饰在社会统治中所具有的重要性，所谓"垂衣裳而天下治"（《周易·系辞下》）。因质料、式样、色彩等服饰构成要素组合的不同不仅可以表达不同社会中的审美观念、人群社会等级和社会性别等内容，从而使服饰具有"美观和标志地位"③ 重要作用，而且还可以成为构建民族界线的符号要素，如历史上以"左衽"与"右衽"作为华夷之辨的符号等。法国国王路易十四组织的骑兵竞技表演中，把"贵族们分为5队，各队统一身着奇装异服——据说有罗马服、波斯服、土耳其装、印度装和美洲装"所表达的正是这位君王"我见，我征服"的政治宣示。④ 当共和国时代的中国的各种舞台开始不断出现民族歌舞，展示民族文化的时候，色彩斑斓的民族服饰已经成为民族平等、团结、互助、和谐的象征符号。大量的如箐口这样的山村的村民们可以在传统与时尚之间自由地选择服装的时候，参差多态的服装展示的正是希望。

作为外显文化的服装不断呈现出丰富的多样性，也恰好还表明了人们生活世界的深刻变化及丰富意义。和其他地区的情况一样，箐口村大量村民外出打工带来的不仅是财富的增加，还有社会交往关系以及观念的改变。当然，这个村寨还有着一些不同的情况。大量游客的到来更使得该村的社会交往发生了巨大的变化。如果说"社会关系实际上决定着一个人能

① 参见钟敬文主编：《民俗学》，上海文艺出版社 1998 年版，第 84—85 页。
② 参见沈从文：《中国古代服饰研究》，上海书店出版社 2002 年版，第 1 页。
③ 许嘉璐：《中国古代衣食住行》，北京出版社 2002 年版，第 64 页。
④ ［英］彼得·伯克：《制造路易十四》，郝名玮译，商务印书馆 2007 年版，第 75 页。

够发展到什么程度，一个人的发展取决于和他直接或间接进行交往的其他一切人的发展"①，那么，这样的交往促使箐口村的变化是必然的，对于村民的发展也是有益的。

事实上，当地村民衣食住行的每一个方面都展示出了现代与传统混搭的特点，在混沌中体现出有序，从而使其文化充满生机。在不断求新求变的过程中，始终伴随的又是对传统文化的保持。文化既是失序的动因也是秩序的工具，因为"文化的自我保存不在于模式，而在于修正、变动或以其他模式取代它的动力，随着时间的流逝它依然是可行和有效的"②。箐口村和游客可以用云南方言，甚至是普通话进行交流，但内部人之间的交流依然是以哈尼话为主；蘑菇房的内部发生了很大的变化，不再是人畜混居的，但向外却努力展示其民居特色；大量游客的到来使集体仪式在外人眼中不免具有了几分展演的意味，但其内部成员却在外人的注视下更加注意了仪式活动中的严肃性。凡此种种，都表明文化在变迁中依然存在保持传统文化延续的内在诉求。

在那些最具现代时尚特色的青少年女性服装中，也可以看到传统经过修正、变动后自我保存的动力。无论如何求新、求异，所有的民族时尚服装都得在一定的传统文化可容忍的限度之内。如当集镇上的服装店为了求新而大胆使用其他民族喜爱的黄色或白色布料或者在服装上绣上属于其他民族花纹的时候，绝大多数哈尼人都是拒绝的。这也表明了面对某一商品，人们是否消费及如何消费还与诸多因素，包括传统文化因素有关。消费也是米歇尔·德塞特所说的"二次生产"③。

箐口村只有青少年女性这一部分人进入民族服装的时尚游戏中，其他

---

① 《马克思恩格斯全集》（第 3 卷），人民出版社 1960 年版，第 515 页。

② ［英］齐格蒙特·鲍曼：《作为实践的文化》，郑莉译，北京大学出版社 2009 年版，第 21 页。

③ See Andrew Edgar and Peter Sedgwick. *Cultural Theory: the Key Concepts*. 2008 Routledge. p.64.

人甚至中年妇女也没有进入民族服装时尚的追逐中。经济人类学的许多成果表明:"人类的经济是浸没在他的社会关系中的。他的行为动机并不在于维护占有物质财富的个人利益;而在于维护他的社会地位,他的社会资产。只有当物质财富能服务于这些目的时,他才会珍视它。"①从一定的意义上讲,青少年女性的时尚服装直接就是她们的家庭在村寨的脸面。村民收入不够高,使得这种凡勃伦意义上的"炫富"竞争被限定在有限的范围内。这本身也表明了不足以依靠消费来建构更大的身份差异或者区隔的时候,其竞争是相当克制且理性的,根据家庭富裕程度的不同,青少年女性一般一年购置一套至三套时尚服装。此外,人们的某种行为最终能否成为时尚是与他们日常生活世界有关的,而且这个生活世界还有内外部之别,是否共享时尚是社会是否达到高度整合的标志之一。村民们并不在乎他们生活圈子之外的人如何看待他们的时尚服装。箐口村年轻女性的服装是穿给自己和村里人看的。这都"不足为外人道也"。她们是在运用学自外人的时尚策略进行着自己的消费生产活动。

据说,美国所有新生儿都用一块毯子包裹,"男婴一般用蓝色,女婴无一例外地用粉红色"②。包裹的不同颜色,表达的是这个社会中人们对性别角色的不同定位。在绝大多数社会中,社会性别分工都是存在的。箐口村青少年男性也有着服装时尚追逐游戏,只是他们的衣服一律都是与父母打工地或者说城市青少年的时尚服装相关,即更多的与外部人接近。这里所表明的又与村寨传统文化中的社会性别定位有关。男性就应当更多地承担扩大社会交往空间,获取更多的生存发展空间的责任。不同性别的人群遵循不同的时尚游戏规则所表明的就是这个乡村世界既与主流社会保持了相当高的一致性,同时也保持了独有的民族文化个性。

---

① [英]卡尔·波兰尼:《大转型:我们时代的政治与经济起源》,冯钢、刘阳译,浙江人民出版社2007年版,第39—40页。

② [美]保罗·福赛尔:《品味制服》,王建华译,生活·读书·新知三联书店2005年版,第1页。

从箐口哈尼人的服装上可以发现他们的创造性在服饰上得到了淋漓尽致的表现。对于箐口而言，可以肯定的是，服装还会在日常社会世界里不断变化，不敢肯定的是，那些传统的服饰是否会在变化中真的消失。只是单从时尚的角度说，保存传统也是十分重要的，保存传统与追赶时尚并不必然矛盾，因为"新事物变成了传统，而过去的残剩物在变得陈旧、过时之后又足资新兴的时尚之用"①。从面向生活世界的角度看，虽然日常生活中的并置的，甚至是混搭的村民服装很难说就是传统、高雅的或者是现代、时尚的，但参差多态、流动变化的生活世界正是传统、高雅与现代、时尚的安家之处。此外，之所以能够在这里呈现出村民生活世界中服装的混搭现象及部分地揭示了这些现象所蕴涵的丰富内容，就是因为我们尝试着面向了日常生活世界。

# 声部二

## 逐渐改变的民族服饰

有人说："箐口村附近的哈尼族是崇尚黑色的族群，在他们的观念里黑色是一种神圣的、珍贵的、漂亮的、纯洁的颜色。"这是文化厚重之说，同时还存在黑色有保暖之说的。而在当下现实的日常生活中，生活于中国西南部红河哈尼梯田核心区的哈尼族昂保支系箐口村一带村民已经很少再穿黑色的传统服装了。即便是在男性中，箐口村附近寨子中能看到一两个上年纪的老人穿着黑色的传统民族服装已经不错了，中年以下的男性几乎

---

① ［英］本·海默尔：《日常生活与文化理论导论》，王志宏译，商务印书馆2008年版，第5页。

没有人再穿哈尼族传统服装了。随便走进麻栗寨村、坝达村、上马点村、落马点村、全福庄村、大鱼塘村和黄草岭村等梯田核心区几十个寨子中的任意一个去看一看，大多数男性已经穿着汉式服装；只有妇女们还在穿着尚能辨别民族身份的、变化不算太大的深蓝色、浅绿色或者淡红色等多种颜色的服装。要想从男性的着装来辨别箐口一带的哈尼族有点不可能了，妇女们的穿着尚可辨识。下面，我就以这一带的村民着装变化谈一谈自己的一点看法。

我也认为，识别一个人的民族身份的主要根据应该是语言和服饰。哈尼族服饰应该也有别于其他民族服饰，不过，根据学者的说法，哈尼族还根据不同的生活区域和不同的语言被划分为二十四个支系，服饰虽大同小异，也还是有所区别的。对于哈尼族的服饰有一个传说，说是以前混乱的年代里，有两个哈尼族的姐妹被土匪追赶到树林里躲藏不敢出来，时间长了，她们姐妹两个因穿的浅蓝色衣服也被树叶树枝等杂物染成黑蓝色，恶人们追到树林里也无法辨别而得以生存下来，之后的哈尼族服装主要就以黑色为主。这是一个传说。我想，最主要的还是跟我们哈尼族生活的自然环境和条件有关系。在很长的历史时间里，哈尼族生活的多数地方山高坡陡，地势崎岖不平，由于交通闭塞、经济落后，以及市场封闭，村民跟外面的世界接触的机会少之又少，在没有经济能力也没有市场的条件下，村民只能按照原始而传统的做法自己来加工布匹，减少经济上的开支，做出来的衣服只能保证遮身蔽体，防寒御冷。事实上，哈尼族做出一段传统的布匹所付出的劳动时间之长、耗费人力之大，是不能用现在的经济核算的。根据当时的生产劳动条件和能力，为了生活而付出艰辛的劳动制造自己的生活必需品，是一种社会和历史条件的产物。

我也看过并问过一些加工制作布匹的妇女相关情况。她们首先是从市场上买回来白线，加一些糯米煮，还要晒干，经过几道工序之后，再整理后装到原始的木制织布机上织成布匹，这些布匹一段一般是宽20—30厘米，长度根据自己的需要而定，预留的线可长可短。没有专门的织布人，农家妇女只能自己利用生产和家务劳动之余来织布，一般每天只能利用四五个小时的时间来织布，能织成的也不过就是两三米长，那么，织一段 20 米长的布匹就要半个月甚至一个多月的时间，要是中间农忙或者村民邻居间出现什么大事耽误了，很有可能要两个月才能织成。有的妇女为了赶时间，还得半夜起来操作，而半夜里织布发出的"嘎吱，嘎吱"的响声又比较大，影响隔壁邻居的睡眠。勤快的张文和妻子习惯半夜起来操作织布，时间长了影响邻居的睡眠，有一个老人提出来"要把她的织布机砸了"，这样的话传到她的耳朵里之后，她也不敢半夜起来操作了。织成布匹以后还要染黑、再洗涤、再染，一般都要经过三五次又染色又晒干，比较费时间的。可见，土布的制作工艺是比较烦琐的，其时间之长、耗费劳动量之大，是外人不能想象的。之后，她们还要根据所学到的缝纫技术再缝制衣服，一段二十几米长的布匹又只能做成一两件衣服。外人看到的这一带的民族服饰传统而原始，别有一番风味，他们是不知道其间所要付出的劳动的艰辛。特别是在女性服装的制作上，所有的花纹及花边都要人工亲手缝制，所付出的劳动消耗就不是金钱能衡量的了。现在的村民都讲究既省事省时又经济的服装，除了中年人为了家里的老人不得不利用闲余时间制做寿服，或者为了一些特殊场合的需要而给年轻人制作一两件衣服之外，年轻人是不会去考虑再来做民族服装了。或者说，现在的人所做出来的衣服也是变化的服装，他们现在所穿的多数衣服都是从市场买来布料再经过自己或者付工钱请能做的师傅们缝制成的。从现在的情况来看，自己制作衣服的人越来越少，多数人宁愿付钱叫师傅们来缝制，自己也不愿意花精力来做的，大多数的时间还是要忙于挣钱。随着现在人们审美观的变化，色彩变得鲜艳多了，基本上不再是原始而传统的做法。

　　大体来看，这一带的男子传统服饰制作手法单一。上衣对口开，一般有五个纽扣，裤子宽大，由于布料比较硬，刚接触人体时皮肤还会伤着，要想让布料柔软就得再次处理。不适宜生产劳动的需要，穿着黑色的传统服装去劳动要是被雨水淋湿的话，最容易褪色了，身上也会留下青一条黑一条的色素，连穿着的内衣也一样被染黑，年轻人一般就不愿意穿着这样的服装去做农活了，也难怪现在村里的年轻人基本上没有人再穿了，只有特殊的场合偶尔穿几分钟。而现在的市场又开放，只要三五十元就能买到可以穿的衣服，要是有经济能力的也可以买到几百元甚至几千元的衣服，穿起来既合体又时尚。无论在家务农还是外出打工挣钱，他们都不愁挣不到这几个钱，基本上不愿意穿本民族服装。多数年轻人就不再穿传统的哈尼族服装，认为不适合社会发展，所以，在这些哈尼族的村寨中也基本看不到穿着民族服装的年轻人。偶尔能看到的也是他们自己设计出来的新式的小马褂，或者将市场买来的料子进行加工，服饰上绣有梯田以及犁耙等这些图案的衣服，也算作是穿了民族服装，还是进行了一点改变的。

一般箐口村传统女性的服装是右斜开襟，纽扣用银币或者铝币做成，中老年人服装用深黑色的多些，年轻人服装的色彩就会鲜艳些。相对于男性来说，女性穿着传统民族服装的习惯算是保存得好一点的。妇女们穿民族服装的习惯为什么能保存如此长的时间呢？这或许跟民族的心理性格有关系。随着外出的机会增多，年轻人的观点也在不断改变。在大众文化的时代潮流面前，她们已经不能满足于穿着自己的民族服装做事了。特别是很多外出的年轻人在城里做事就要穿汉式轻便的服装，要是她们不讲本民族的语言，也很难看出她们是哈尼族妇女了。我听说，有很大一部分中年妇女在蒙自市打工就是穿着汉式服装的，回来的时候再换上本民族的服装。

我相信，服饰的变化跟社会的发展和人们观念的改变是有关联的。20世纪90年代末，红河州人民政府及元阳县人民政府提出开发中国红河哈尼梯田，2000年开始，元阳县人民政府把箐口村作为旅游开发的第一个民俗村投入建设，建筑基础设施得到很大改善，包括对村民也要求穿传统的民族服装，说是要保护和传承这一原有的服饰文化，也想给游客增加一道风景来欣赏。

2004年到2009年，来村里的游客比较多些，元阳县政府和县旅游局在箐口村成立过民俗村管理委员会，成立过箐口文艺队，他们这些人员就要求穿民族服装了。特别是演出的时候，根据不同的歌舞穿不同颜色的民族服装，曾经在附近红火了一阵。我的看法是，这一段时间是村民的旅游事业进展比较顺利的时间，也是对村民穿民族服装提出过要求的声音最大的时间。之后，随着旅游业向全县展开，游客也分散到多依树、猛品等其他景区景点，箐口村的旅游业似乎缓和了下来，村民的生活恢复到往常一样平静，政府对村民的穿着要求也似乎淡忘了，这是村民着装的一个起伏阶段。

那几年村里的旅游事业正常发展的时候，村里有几个脑洞开得快的人在服装上做过些文章，有李正林的妻子、卢宽荣的妻子和李小祥的母亲等。在村里来说，她们的缝纫手艺估计稍微好些。或者说李正林是村里的大摩批，卢宽荣是老师，他们几个接触的人就多，因此他们的妻子观念改变也就比其他一般妇女快些。外地来的游客看到这样传统的民族服饰也会感到好奇的，她们就会缝制不同性别、不同身材和不同年纪的服装摆到陈列室旁边广场等公共场所，让游客们试穿照相，每次跟他们收 2 元到 8 元的费用；既吸引游客也给自己增加一点收入，也有卖给游客的服装。银币很难找到或者说比较贵些，他们认为不会有游客来买，卖给游客的服装就没有佩带银币纽扣等贵重的首饰，用她们的说法，要是佩带上银币等装饰就要五六百元一件甚至更贵，这是她们最初的出发点。一个愿给一个愿照，理应没有什么错，有的游客看到孩子们成群的在公共场合玩耍，随手会给孩子们拍照，要是手里或者口袋装着些糖果和小钱的，心甘情愿地也会给孩子们一些。孩子也高兴，游客也高兴，刚开始的时候，都认为这样的事情没有什么不好。然而，时间长了，当孩子们尝到一点小甜头的时候，这部分孩子就会主动搭上来给游客们拍照，带着他们在村里游玩，等他们拍照以后就会跟客人们主动要钱、要物。

穿着民族服装带给了一些人经济收入。比如，已经 80 多岁的李某某的老父亲（2018 年已经去世），每当游客们多起来的时候，他就会主动化妆，抱一个水烟筒到游客常会出入的地方，让游客们拍照。听说，好心的游客有的给 50 元甚至 100 元，5 元、10 元的就很平常了。他不管家务了，基本也不用给家里开支什么。有一年，他的儿子李某某说他已经积攒好 1 万多元，说是"我的钱也没有他的多了"。这是穿民族服装带来经济收入的一个典型的例子。

还有类似的一个例子。卢某某家就在进村口的路边，他的外婆（2017 年过世）六七十岁身体尚好的时候，也会摆出来哈尼语意为"编织"的小架子在门口操作，因为是老人了，穿的就是传统的老土布，好心的游客看到这是一道风景，他们便会拿起相机拍照，也会或多或少给些小费，五六年下来，说还是积攒了几万元。年轻人除了家里的开支积攒不了钱，家里做什么大事的时候据说还要跟她拿钱的。时间过去这么久了，现在又有几个上年纪的妇女继承了在路口摆拍跟游客收小费这样的行当，知道情况的游客一般也不去拍摄，而有的游客还是愿意拍照，也自愿给些小费。

还想再说明一点，村里穿民族服装的人特别是男性青年是很少了，但是在一定的场合是定要穿的。主要是用在嫁娶和葬礼中，以保持和说明自己的身份。按照村民的说法，寿服是一定要用本民族的服饰的，说是只有穿着本民族的服饰才便于接应的先祖们辨认。这样，在做一些仪式的时候村民就自觉不自觉地穿上了本民族的服装，好像在说明着装的人也遵守着一定的风俗。也难怪家里有老人的村民家就会不辞辛劳地缝制本民族的服饰备以寿终时候穿上。这或许是能让民族服饰得以保存的生命力。现今村民的时间和精力都付诸生产和经济，村民的观念也在逐渐地发生改变，民族服饰的手艺可能会出现断代的情况，我想，这种原有的服饰可能会逐渐地减少或者变化。

我也知道的，哈尼族有二十四个支系，要是把本民族的服饰全部集中起来展演的话是一道亮丽的风景，2018 年，元阳县文化局在哈尼小镇举行开秧门暨哈尼族服装展演，场面甚是壮观，是在宣传中国红河哈尼梯田同时也是向世人展示民族服饰。也听说改良过后的服饰展演到首都北京了，这可能是哈尼族服装动作最大的几次表演。爱倮人是哈尼族一个人口较少的支系，他们传统服饰的传承与保护更需要社会更多的认可，在改善传统服饰的时候，应满足人们平时的穿着、劳动和时尚等要求，想让它存在的历史更长远、空间更广阔的话，做民族服装行当的人是要努力的。

所以，我的观点是，随着社会的发展，年轻人越来越要求省时省事又经济化，他们不可能再固守传统的民族服装；村民更多的是"以经济建设为中心"，跟随时代的发展来开发自身的能力，增加经济收入，提高生活水平，满足当今日益发展的物质和精神文化的需求。想要这一带的村民完全保守原来的传统服饰是很困难的，传承和推广民族服饰要付出艰辛的努力。文化应该不分国界和族界。服饰作为文化的一种，是要被人们接受的，正如西装被全世界的人们接受，牛仔裤被全世界的人们接受，正如有人说的"全世界再穷的村寨也有一条牛仔裤"一样，无论仿古也好，还是改装也好，哈尼族的服装制作过程能减少时间，功能更齐全化，便于人们休闲和劳作，色彩也不断改进些，能让更多的人接受就好了。

# 第八章　酒

## 声部一

### 哈尼族酒文化及现代变迁：以元阳县土锅寨为例[①]

2015 年 1 月 13 日至 2 月 3 日我跟随导师来到世界文化遗产地——红河哈尼梯田进行为期 20 天的田野实习。在调查过程中，我们发现几乎每个中老年男性村民每天吃饭时都会喝一两杯散装白酒；较为年轻的小伙子在村子里一般喝散装白酒，在外打工或朋友聚餐时会喝啤酒、葡萄酒。一些家庭条件好的人家，他们会拿梯田里收的稻谷、苞谷去找熟人酿酒；而家庭条件一般的人家，则到村里或新街镇去买酒精勾兑过的散装白酒。初步调查，让我们了解到，酒在箐口村是一种不可或缺的存在，且通过酒的品质、品种可以反映喝酒者的生活条件及经历。有趣的是，有一次在村民李祥家访谈喝酒情况时，李祥直接拿出高脚杯和自酿谷子酒请我们。高脚杯配白酒，这在我所接触的文化中是未出现过的现象，在我看来，高脚杯与红酒是绝配。如此强烈的文化震撼，这激发了我们对酒与酒具的搭配的兴趣，也因此发现了各种各样的酒及酒具。在哈尼族村寨内部，酒及酒具的搭配是否存在随意性？经过田野调查，箐口村哈尼族对酒及酒具搭配

---

① 本章是硕士研究生陈春香同学毕业论文的精简版（原文有 7 万余字）。张明华读过关于箐口村的许多毕业论文，他认为这篇关于酒文化的论文很值得回应，我便把经陈春香同学精简后的硕士学位论文放进本书。

是有一定的场域性的。祭祀时，梯田米酒与土碗的搭配；领导、游客来参观梯田时，散装白酒与竹筒的搭配；朋友聚餐时，散装白酒与圆柱形玻璃杯的搭配、散装白酒与高脚杯的搭配……2015年7月18日至8月18日，我再次来到箐口，对箐口及大鱼塘的酒文化进行了更深一步的调查。第二次调查中，实地参与并观察了婚礼、葬礼、打野餐、"苦扎扎"等活动，充实了第一次调查的资料，也加深了我对调查资料的思考。2016年2月13日到3月18日，我第三次下田野，此次将田野点由一个村寨增加到三个村寨，在补充资料的基础上对"昂玛突"节、婚礼、葬礼等活动进行了参与和观察。

为什么常年居于村寨的中老年男性喜欢喝散装白酒，外出打工的年轻人在村寨内喝散装白酒而在外地则喝啤酒或红酒？为什么不同的场合会有不同的酒具与不同的酒来搭配？为什么祭祀时一定要用梯田里产的红米酿的酒，且必须用土碗来装？为什么村里经济条件好一点的人家里会用高脚杯喝白酒？为什么他们要拿自家的红米、苞谷去找熟人酿酒，而不是上街买散装白酒？再平常不过的酒，引发了我一连串的思考，而对这些问题的探讨和解答便是我这个研究所要阐述的意义所在。

"饮食人类学是第二次世界大战之后兴起的一门人类学分支学科"①。西敏司将蔗糖视为世界性商品进行研究，指出蔗糖史对欧洲商人、北美拓殖者、蔗糖大亨来说，是获取资本积累的历史；而对非洲、美洲的奴隶、原住民来说，则是遭受迫害的历史，是为欧洲资本主义资本积累牺牲的历史。②20世纪80年代，民族学界开始关注物质文化的消费问题逐渐增多，米勒指出："我们的文化已经逐渐在一定程度上成为一种基于物质形式的物质文化，在物质数量增加的过程中，物质的身体化使得它以直接、可感

---

① 吴英杰：《闽南牡蛎食俗的饮食人类学研究》，《文化遗产》2015年第3期。
② ［美］西敏司：《甜与权力：糖在历史上的地位》，王超、朱健刚译，商务印书馆2010年版，第191页。

与同化的面貌出现，而掩饰了其真实的本质。"① 人类学界关于饮食的研究主要有两大派系，一个以列维-斯特劳斯为代表，一个是以马文·哈里斯为代表。列维-斯特劳斯认为，食物首先是好想的（good to think），人们才能去吃。他在《神话学：餐桌礼仪的起源》中论述"生食—熟食—腐败食物"三者间的转换所体现的"人的深层心理结构支配人类行为，影响人的食物选择及烹饪"②。人的饮食行为是受人类深层的心理结构所决定的。与之相对的唯物论代表人物，哈里斯则在《好吃：食物与文化之谜》中对列维-斯特劳斯的好想的（good to think）做出了回应，"我认为它们是不是好想取决于它们是不是好吃。食物在滋养集体的心灵之前必须先滋养集体的胃"③。哈里斯用"最佳搜寻理论"和"额外用途理论"来解释人们之所以选择食用某一食物而不是另一种食物的原因。

箐口村处于元阳梯田的核心区，是旅游开发的重要村寨。不管是在日常生活中，还是在节日庆典中，都离不开酒的身影；酒的生产、消费和销售为我们展现了村寨的经济生活；酒在人际关系中起着纽带作用；而在传统节日中，酒体现了哈尼族的祖先、神灵崇拜。

## 一、箐口村酒的生产与消费

中华人民共和国成立前，元阳县民众所饮之酒主要来自自酿，少部分来自酿酒作坊；后因自然灾害等原因，民众粮食歉收，无多余粮食用于酿酒以满足饮酒需求，因而民众渐渐不再自酿白酒。近年，土锅寨哈尼族为增加收入，渐渐有人建起酿酒作坊。土锅寨哈尼族以小锅酒的酿制方式满

---

① ［英］丹尼尔·米勒：《物质文化与大众消费》，费文明、朱晓宁译，江苏美术出版社2010年版，第3页。

② 吴英杰：《闽南牡蛎食俗的饮食人类学研究》，《文化遗产》2015年第3期。

③ ［美］马文·哈里斯：《好吃：食物与文化之谜》，叶舒宪、户晓辉译，山东画报出版社2001年版，第4页。

足民众需求，以水酒的酿制方式满足祭祀酒的需求。土锅寨哈尼族在饮酒消费中，饮酒种类与年龄、经济等因素有关。在当地，不同时间段的不同种类的酒呈现出供过于求、供不应求及供求相当的现象。

### （一）土锅寨哈尼族酒的生产情况

1949 年前后的一段时间里，哈尼族村民大多以自酿酒为主要饮酒来源；受大跃进影响，村民几乎不再自己酿酒。90 年代市场开放，民众大多购买酒精勾兑的白酒、啤酒等商品酒。近年来，渐渐有民众开始建立酿酒作坊酿制小锅酒满足民众饮酒需求；集体祭祀中所需的酒，仍然由大咪古家以传统的水酒酿制方式酿制。

在《云南省少数民族古籍译丛第 6 辑·哈尼阿培聪坡坡》的歌词中提到了哈尼族的美酒是由能干的遮努用吃不尽的粮食酿制的，从此"美酒成了哈尼离不开的伙伴"[①]。有关云南哈尼族饮酒方面的文字记载最早出现于清代康熙年间的《云南府志》第二十七卷："饮酒以一人吹芦笙为首，男女连手周旋跳舞为乐，死以雌雄鸡各一殉葬。"[②]1990 年编纂的《元阳县志》中独辟一节讲述了中华人民共和国成立前后元阳县的酿酒情况。"建国以前，民间酿酒多为自酿自饮。以稻谷、苞谷、高粱、荞子等为原料土法生产。新街、水卜龙、堕碑、小新街等地，有专业酿酒户，酿制白酒投放市场。"[③]民国二十五年、二十七年新街的郭春发及姚开亮分别从通海和内地请酿酒师傅来开办酿酒作坊，最高年投放市场量高达 14 吨[④]。1957 年，元阳县开办了酿酒厂，以稻谷、高粱、荞子、芭蕉芋、木薯为原料酿造白酒；1975 年酒厂升级为半机械化液态生产，提升了产量，

---

① 史军超、芦朝贵等翻译，《云南省少数民族古籍译丛第 6 辑·哈尼阿培聪坡坡》，云南民族出版社 1986 年版，第 18 页。

② 姜定忠：《哈尼族史志辑要》，云南民族出版社 2007 年版，第 10 页。

③ 云南省元阳县志编纂委员会：《元阳县志》，贵州民族出版社 1990 年版，第 173 页。

④ 云南省元阳县志编纂委员会：《元阳县志》，贵州民族出版社 1990 年版，第 173 页。

年固态制酒 216.844 吨，年液态制酒 1172.117 吨。[①]2002 年编纂的《云南省志·民族志·第六十一卷》中才有哈尼族酿造焖锅酒的记载："红河南岸的哈尼族喜酿焖锅酒。其制作法独特，清香甘甜，醇正柔和。还用长毛谷酿制甜酒。"[②] 志书上的描写相对较为简练，并未呈现哈尼族独特的酿酒技术。

中国酒的酿造技术有酿造法和蒸馏法两种。酿造的酒一般度数较低，而蒸馏法所制作的酒的度数较高。箐口村哈尼族的酿酒技术属于蒸馏法，酿酒的材料主要有谷子、苞谷、苦荞、高粱、木薯等。根据村民李正林（男，73 岁，哈尼哈巴省级传承人）的回忆，1955 年之前，村里生活条件好的人家（粮食够口粮且有剩余）会背点谷子到现今陈列馆后面水沟的一块大石头旁烤酒。1958 年之后，就没有人再酿酒了，酿酒的器具也都不见了。1993 年通公路之后，开始有人背酒到箐口村售卖，2000 年之后啤酒也陆续进入箐口村。据卢大爹（男，70 多岁，小卖部老板）回忆，他小时候也见过寨子里的大人到陈列馆后面沟里的大石头上酿酒，但距今已经有五六十年没有人再在那儿烤酒了。因后来公路通了，村民方便到新街镇买酒，再加上自己烤酒较为麻烦，所以村里的人不再自己烤酒了。

祭祀酒需要由大咪古准备，但并不一定是由大咪古亲自动手，他的妻子可以代劳酿制。但祭祀酒必须酿制于祖上传下来的小土罐，酿制的材料必须是梯田里产出的红米，而不能是其他如苞谷、苦荞、高粱等材料。红米是当地哈尼族的粮食，而苞谷、苦荞、高粱等主要是给猪吃的，并不是哈尼族的主食。因而，从食物的等级上来看，红米在哈尼族的观念中是属于比较高级的，而苞谷、苦荞、高粱等相对来说地位较低。给祖先、神明的献祭食物，当然要选最好的，这样才能表达对祖先、神明的崇敬。

---

① 云南省元阳县志编纂委员会：《元阳县志》，贵州民族出版社 1990 年版，第 173 页。

② 云南省地方志编纂委员会：《云南省志·民族志·第六十一卷》，云南人民出版社 2002 年版，第 167 页。

（二）土锅寨哈尼族酒的消费情况

村民们主要从村寨中的小卖部、酿酒作坊、镇上的商店等地方购买酒。

箐口村的 6 家小卖部均销售酒，其中一家为非本村寨人经营，其余 5 家为本村村民经营。箐口村哈尼族消费酒的主要情况：啤酒主要销售的品牌有燕京、雪花、澜沧江、金星、金 V8、福星，价格在 3—5 元 / 瓶，消费群体主要是外出打工的年轻人。一般在年节的时候，村寨会呈现短期的大批量的年轻人回巢现象，因而平常日子里没有人买啤酒，只有到了年节的时候啤酒才卖得好。散装白酒主要有苞谷酒、谷子酒、糯米酒等作物酒，售价在 3—7 元 / 斤。主要消费人群是留在村寨里的中老年男性，平常日子里喝价位低一点的酒（如：3—3.5 元 / 斤），过年过节的时候喝价位高一点的酒（如：6 元 / 斤）。瓶装白酒少有人买，1 号店内进了一箱瓶装白酒两个多月了，才卖出去两瓶，5 号店内 10 元一瓶的瓶装白酒只有游客买过，村里没人买。箐口村这 6 家小卖部都有瓶装啤酒卖，还未见到有售卖易拉罐装啤酒。

这些店里都有过期的瓶装啤酒。2015 年 1 月 21 日，我们在箐口村街上寻找访谈对象的时候，见到在 3 号店经营游戏厅的小伙卢天浩和他的朋友拉了好几车商店的废纸箱等东西到箐口村村口的停车场上，准备运出去卖。我们想了解他们是否有拉啤酒瓶去卖，于是就上前去观察访谈，以下是我们当天访谈时的笔记：

> 卢天浩和他朋友拉了一车塑料瓶和纸箱要去卖，我们问他们有没有啤酒瓶，他们说没有，现在整个县城都没有人收空啤酒瓶，一个啤酒瓶连五分钱都卖不出去。我们又问他们从什么时候开始就没有人来收空啤酒瓶的，他们回忆说大概 2013 年下半年就没有人来收啤酒瓶了，现在喝完瓶子就只能扔掉。过年过节时村口垃圾堆里都堆满了啤酒瓶。

2015 年 7 月（"苦扎扎"）、2016 年 2 月及 3 月（"昂玛突"），我在箐口做调查的过程中，停车场旁的全村寨集体的大垃圾箱经常出现一堆堆喝完的啤酒瓶。一切的经济活动的出发点均是利益驱使的，垃圾堆里没人收的空酒瓶从侧面反应出了该地区的空啤酒瓶生意的不划算。从更深层次来分析，收空啤酒瓶的获利空间在于获取利润差价（收购价与售出价之差），而成本主要有人工成本、机会成本、交通成本等方面。在我家乡厦门那边，一毛钱一个的空啤酒瓶的收购价即可获利。而访谈中，箐口村五分钱一个的空啤酒瓶都没人收购。我们可以以公式的方式来找出没人收购啤酒瓶的原因。收购空啤酒瓶的最终利润公式为：最终利润 = 单个酒瓶利润差价 × 收购酒瓶数量 − 人工成本 − 机会成本 − 交通成本。从该公式中，我们可以看出，人工成本基本是一样的，机会成本是不可控的，而交通成本则是可以判断出来的，土锅寨海拔接近 2000 米，仅从交通条件上考虑，收购大量空啤酒瓶不便于运输，且运输成本巨大。人工成本、机会成本及交通成本是有固定值的，只要收购量达到一定的值就能获利。而且箐口村在 2013 年之前是有人收购空酒瓶的，这说明在当时这个生意是有利可图的，之后没人再收购空啤酒瓶的原因只能出在收购单价及收购数量上。对收购空啤酒瓶的商人来说，收购单价是可以随意调整的，因而不是这个因素干扰了他们的商业行为。也就是说，影响收购方行为的只能是收购空啤酒瓶的数量没办法达到一定的数值，无法在扣除成本的情况下获利。通过此处分析，我们可以得出，收购空啤酒瓶的商贩不再来此处收购啤酒瓶是因为该地的空啤酒瓶太少，进而可以得出当地人较少饮用啤酒的结论。

箐口村啤酒的主要消费群体为青年人，青年人一般在外地打工，过年过节才回来。因而我们可以得出土锅寨哈尼族啤酒的销量与村寨中青年人的返归数量成正相关。通过下面我在 2015 年 7 月 19 日对 1 号店的访谈记录可以证实上面的结论。

散装白酒的主要消费群是留在村寨内的中老年男性（也有少量老年女性），因而销量较为稳定。小卖部大概一个月进一两次白酒，碰上哈尼族传统节日则会多次进酒。

综上所述，我们可以更明确地得出，土锅寨哈尼族饮酒种类主要有白酒（苞谷酒、谷子酒等）和啤酒。从饮用时间的角度上来看，白酒的消费呈现日常性特征，啤酒的消费则呈现节日性特征。而这一特征主要与饮用人群有关，白酒主要是常年居住在村寨内的中老年人饮用，啤酒主要是外出打工而常在哈尼族传统节日回归村寨的年轻人饮用。因而，白酒被赋予了老年化的特征，啤酒则被赋予年轻化特征。当然，不同酒类的不同饮用人群划分的最深层次的原因还在于经济条件的差异上。年轻人因外出打工，可支配的资金较常年生活在村寨里一年中仅靠售卖红米及牛的收入的中老年人宽裕。因而年轻人较消费得起价格贵一点的啤酒，中老年人则倾向于消费价格较低的散装酒精勾兑的白酒。

村民的酒类消费主要在村寨内的小卖部，因而，本书着重描绘小卖部消费的情况。当然，村民除了到小卖部消费，还会通过其他途径满足自身的酒类消费需求。村寨内有些人会在赶街日的时候到新街镇上去购散装白酒，一次购买2斤、5斤或10斤回来慢慢喝，也有的用大塑料桶去牛角寨私人酿酒作坊打100来斤自酿酒回来喝。如村民卢宽荣（男，70岁，小学教师）一般五天左右就会到新街镇打2斤散装白酒。在婚礼、葬礼等特殊场合里办宴会时，主人家会去街上或牛角寨等有私人酿酒作坊的地方购买一两百斤的散装白酒。某些较追求饮酒品质的人家，会将家里收成的苞谷或谷子拿到熟识的私人酿酒作坊烤酒，一年酿个大几百斤的都有，如村民李祥于2015年酿了200斤高粱酒，600斤谷子酒。以上几种情况下，村民都不在小卖部买酒，而是直接到村寨外部购买。

酒的消耗主要有三种途径：第一种是卖给村子里的人，那些知道他在酿酒的人会过来买酒，比如2016年3月，黄草岭过"昂玛突"节时，该村负责购买食材的村民跟李克明买了6斤苞谷酒，每斤20元。第二种是作为礼物，他小儿子在工地承包工作，因而过年时，会拿他烤的苞谷酒送给做工程的老板，以此拉近与老板的关系。第三种是销往昆明的饭店，他在箐口的一个亲戚在昆明开饭店，向他买过50斤的红米酒到昆明卖。从他这儿买1斤三十元，到饭店1斤可以卖到七八十元。在访谈的时候，他得知我第二天要返回昆明，于是要我帮他推销他的梯田红米酒。大鱼塘在梯田旅游规划中，属于游客餐饮的集散地，因而村内有5—6家饭店（有1家饭店时开时不开）。大鱼塘小咪古所酿白酒除了卖给熟识的人外，还供应给这些饭店，其产能相对较大，一个月即可产出850斤酒。

我们可以从酿酒作坊的销售情况看出土锅寨哈尼族在酿酒作坊消费的情况，酿酒作坊所酿之酒纯正无添加酒精，质量上乘，相对来说，价格也较高。村民在消费过程中，往往会选择小卖部所售价位较低的白酒；年节时，在犒劳过去的辛苦劳作的思想动因下，会破例购买酿酒作坊的上乘白酒来奖励自己，为接下来投入劳作积蓄精神上的力量。酿酒作坊所酿之酒的消费群体主要还是那些承接游客的饭店，游客消费这些酒，不仅仅是消费酒本身，他们还消费着哈尼族独特的酿酒文化，他们消费的是一种对哈尼族文化的好奇性。

（三）土锅寨哈尼族酒的供销分析

在土锅寨哈尼族内部市场，小卖部售卖的啤酒、瓶装白酒属于供过于求的销售特征。从上文对啤酒及瓶装白酒的论述中，啤酒消费应时节而变化，在哈尼族传统节日里需求旺盛，而在日常生活中的需求则急剧下降。

村寨里的小卖部和新街镇上，那些外省人卖的散装劣质酒精勾兑的散装白酒销量大且稳定，基本属于供不应求的销售特征。村寨内的小卖部的散装劣质白酒主要是从新街镇或其他地方的外省人开的散装白酒批发店进货，只是经销商不一样而已，因而二者并无多大区别。在前文小卖部的消费情况介绍中，我们就可以看出土锅寨哈尼族的酒类消费主要是散装白酒。小卖部基本没有固定的进货时间，而是根据销售情况来安排进货，基本上一个月要进一两次的散装白酒。

## 二、土锅寨哈尼族酒的使用与社会关系的建构

通过对酒的消费的探讨有助于我们对人与人、人与集体、集体与集体、人与世界间的关系的了解。"被消费的东西，永远不是物品，而是关系本身——它既被指涉又是缺席，既被包括又被排除——在物品构成的系列中，自我消费的是关系的理念，而系列便是在呈现它。"① 土锅寨哈尼族消费的酒，不仅仅是物品的存在，还是蕴含在物品当中的社会关系，物质性的存在并不是我们研究的本质，而是透过对物的研究，来解析存在于物中的关系。酒在土锅寨哈尼族中也起着加强群体间的亲属、权利关系的作用。

### （一）土锅寨哈尼族酒的使用与个人社会关系的建构

土锅寨哈尼族通过饮酒的方式促进了个人社会关系的建立、转变及利用。通过喝酒建立了村寨内及村寨间同年龄阶段的伙伴关系，进而伙伴关系促进村寨外部信息的共享。婚礼敬酒中，宾客通过敬酒的方式向新人传达其社会关系已发生转变，提醒新人要转变行为方式，以担负起新的社会关系所赋予的责任。通过酿酒的行为，我们可以看出，土锅寨哈尼族巧妙利用自己的熟人社会关系规避市场经济带来的诚信风险。

1. 酒的使用与个人社会关系的建立

共食，是一种表现社会集体性以及传达集体意识的媒介。古有打平伙，今有各式各样的聚餐；同样的，哈尼族通过打野餐维系人与人之间的伙伴关系。打野餐，顾名思义，地点在野外。哈尼族小伙伴们自带烧烤架、炭火及购买食物到山林幽静处，一群人以烧烤架为中心围坐一圈。有的生火、有的捡柴火、有的处理鸡/猪、有的倒酒，各个忙得不亦乐乎，配合协调。相对来说，哈尼族的小伙子们性格较为内敛，平常与之交谈都会显得局促。在打野餐刚开始阶段（还没怎么喝酒），小伙伴们都比较

① ［法］布希亚:《物体系》，林志明译，上海人民出版社 2001 年版，第 224 页。

拘束；到了后半段，酒喝到一定程度之后，朋友之间开始走动敬酒。兴起时，还唱起哈尼族的祝酒歌。十几个小伙子勾肩搭背围成一圈，手提酒杯，口唱哈尼族祝酒歌，真挚的目光望着对方，以"dou sang"结尾，各个豪爽地干掉杯中的酒，并将杯子倒扣以向友人表示自己干掉了杯中所有的酒。打野餐在共饮中达到了高潮，小伙伴们的感情得到了升温。土锅寨哈尼族伙伴们通过在森林里共食，维系了伙伴之间的情感；同时也是他们加强朋友间联系的重要手段之一。

土锅寨哈尼族的小伙伴在每个年龄阶段会有自己的伙伴圈，大多年龄相差五六岁。土锅寨哈尼族常有辍学的小孩到个旧、昆明、省外等地打工，因而，在年节时候，伙伴圈里那些外出打工的小伙伴回到村寨后，他们会组织伙伴圈到野外打野餐，在打野餐的过程中，联络彼此的感情，同时分享各自在外打工的趣事。在共饮中，酒激发了土锅寨哈尼族小伙伴的活泼天性：从腼腆到活泼的变化。通过围成一圈，举起同样的酒杯，喝着同样的酒，一起大声唱着哈尼族的祝酒歌，伙伴情谊在激情昂扬的"dou sang"声及毫不迟疑地干掉杯中酒的氛围中得到了升温，彼此得到了认同。由于每个人的经历的差异，在饮酒的场景中，每个人将自己在外打工获得的信息分享给伙伴，促进了相互间信息的传播。外出打工者将自己在外的见闻传播给村寨内的青年人，为还未外出的青年人提供基本的打工信息。

2.酒的使用与个人社会关系的转变

婚礼是人生礼仪中一个重要的身份转换节点，是从孩童向成人过渡的一个仪式，是孩童和成人两种状态转换的阈限期。通过这个阈限期的各种仪式，使男孩变成具备养家糊口责任的丈夫，使姑娘成为一个妻子。"仪式联系着进食，例如仪式总是与一些特别的食物相关（要么是属于禁忌，要么是符合传统或规制）；或者在情境中，普通食物的意义变得不同寻常起来。"① 在

---

① ［美］西敏司：《甜与权力：糖在历史上的地位》，王超、朱健刚译，商务印书馆2010年版，第170页。

土锅寨哈尼族的敬酒习俗上，我们可以看出酒在新人身份转换过程中起着重要作用。

土锅寨哈尼族与彝族间的联姻是一种普遍现象。哈尼族与彝族的结合需要嫁入方在迎娶当天进入家门口前换上对方民族的服饰，换上服饰并进行一系列的仪式之后才被承认为本民族的人。以哈尼族娶彝族为例，迎娶日期及入门时辰由男方找家族或村寨内的摩批算日子决定。新郎及朋友家人在摩批算好的时辰里去彝族新娘家里将新娘接回家中，彝族新娘着彝族服饰从家里出发，到达新郎家门口，新郎家族或村寨内的摩批在门口摆放供品，为新娘举行换装仪式，新娘穿上婆家准备好的哈尼族服饰后方可入门。换完装之后，新娘才被承认为婆家的人。之后新人要拜见父母及祖先。新人给父母磕头，父母则嘱咐新人成家之后要互相扶持、相亲相爱。哈尼族的神龛一般安放在二楼，因此，新人要上二楼祭祀哈尼族祖先。哈尼族的神龛哈尼语称为"贝卡"，一大一小，大"贝卡"是祭祀家里的祖先，小"贝卡"是祭祀屋外的孤魂野鬼的。祭祀过程中，新郎新娘相互协作，新娘将篾桌上的祭品递给新郎，新郎将祭品摆放在祭台上。祭品有姜汤、白酒、鸡肉、红米饭。摆好之后，新郎新娘依次面向神龛行跪拜礼。这些仪式之后，新人会在朋友们的陪同下到梯田景区里拍照留念，他们称之为旅游。

婚宴一般是在傍晚五六点钟开始。新人及伴郎伴娘会在收礼金的账桌前迎客，婚宴没有一个明确开始的时间和结束的时间，客人交完礼钱即可入席，吃完即可离开。新人在客人来得差不多的时候，开始去敬酒。敬酒要先从家中长辈开始，新郎新娘给每个客人各敬一杯酒，请客人喝他们的"喜酒"。客人则是报之以祝福并告诫他们要相互扶持、相亲相爱。在敬酒过程中，好玩的客人会故意刁难他们，意图灌新人酒，既让现场烘托婚宴气氛又让新人明白结婚并不是一件容易的事，结婚之后，有家有室，需刻苦努力。

在玩笑与刁难中，新人们通过敬酒完成了社会身份的确认与转换。敬酒让新娘与男方的亲戚朋友正式见面，男方亲戚通过敬酒认识并承认新娘正式成为家庭的一员；敬酒让新郎深知自身角色的变化，由男孩变成一个有家室、需要承担养家糊口责任的丈夫。

3.酒的使用与社会关系的利用

"从己向外推以构成的社会范围是一根根私人联系，每根绳子被一种道德要素维系着。社会范围是从'己'推出去的，而推的过程里有着各种路线，最基本的是亲属：亲子和同胞，相配的道德要素是孝和悌。向另一条路线推是朋友，相配的是忠和信。"[①] 在费孝通所提出的熟人社会当中，朋友之间的交往讲究的是忠和信，在忠信二字之下建立起稳固的社会关系。现今高速发展的经济社会里，商品的生产与销售存在着巨大的利益。在资本积累的初始阶段，商家一般会以利益最大化为最大目标，而较少顾虑品牌效应，使得商品质量无法得到保证。尤其在信息较不畅通、法律意识较为薄弱的偏远地区，假冒伪劣商品更是猖獗，使得商品质量得不到保障。在箐口村的小卖部里有以低劣商品冒充品牌商品转卖给这里人的现象。如在一家小卖部内一饮料名为"香橙多"，是盗用了统一"鲜橙多"的名。一种零嘴盗名"米老头"，取名为"米可人"；一种膨化食品竟然盗用两种品牌合二为一：将江中牌猴菇饼和阿尔卑斯的名称化为陴尔卡斯牌猴菇饼。假冒商品充斥着当地生产与销售系统，使得常年在外、见过世面的当地人对当地的商品缺乏信心。

当地人赶集一般都是去新街镇，因此 2015 年 1 月 24 日下午两点多，笔者到新街镇去调查散装酒的销售情况。其间笔者主要对一家没有店面的重庆潘姓老板进行访谈。为了使访谈更顺利，也为了更切身地参与到田野当中，笔者在访谈的过程中称自己要找当地少数民族朋友玩，想带点白酒去喝，要老板介绍一款好喝的可以带得出去的白酒。老板就指着那些没有挂价格且价格都比现场有标价的酒贵的酒介绍给笔者。现场标有价格的酒

---

① 费孝通：《乡土中国》，江苏文艺出版社 2007 年版，第 36 页。

有：3—5 元 / 斤，那些没有标价的老板报价都是 10—25 元 / 斤。他指着他报 10 元 / 斤的酒一直介绍说，这种酒就合适买来送人。后来笔者买了 15 元 / 斤的酒。当笔者付完钱的空档，一本地人也偕伴过来打酒，他打的是 5 元 / 斤的酒，也就是标价中最贵的酒。他见我们也买酒，就问我们买的什么酒，后来还闻了一下那缸酒（15 元 / 斤）的味道。他并没有改变主意买我们那缸酒，仍然买标价 5 元的酒。晚上，吃晚饭的时候，笔者将所买的 15 元 / 斤的酒拿出来体验一下那酒的味道。基地的张大哥（对酒的品质也是有一定要求的一个人，他一般也不喝市面上那些几块钱的酒。）一口酒没喝下去，就说这酒不对，是假酒不能喝。于是我们都把酒倒掉了。

从我们买酒的这个经历当中，可以看出新街镇的老板之所以卖假酒给我们，是因为他知道我们不是本地人（我们的装束就是一般游客的形象）。老板将我们当成一次性消费的游客，认为我们并不会再来进行二次甚至长久的消费。另一个例子更能证明这里对陌生消费者的另类对待。我们在村内小卖部看到一个牌子为"三妹"的面包店的面包，店家说这家店在新街镇上，且说这面包质量不错，于是我们就想探个究竟。在 2015 年 1 月 25 日，我们一行人来到位于新街镇的"三妹"面包店。店内商品林立，但都未标价，其中还有热腾腾的馒头和包子卖。我们就想买来试一下味道，问老板价格。老板说"馒头、包子每个都是两块"。当时，我们觉得有点不对，到门口问了一下刚从店内买完馒头的当地人，当地人说"馒头一个一块，包子一个一块五"。

从以上这两个在新街镇上碰到的情况，可以在一定程度上发现这里的市场缺乏基本的诚信（至少在面对陌生人时），是不成熟的。而为了抵御这种不成熟市场所带来的风险，当地人巧妙利用传统的熟人社会的关系来保障经济交往过程中的利益。我国从 20 世纪 70 年代末开始实行改革开放，经济进入空前发展阶段，市场机制未能及时建立起来，使得商品质量问题频频发生。这也就是土锅寨那些具备一定经济实力的人希望通过找熟人酿造品质好的酒的原因。以下的个案很好地体现了土锅寨哈尼族利用熟人社会关系规避消费风险：

> 李祥家庭条件较为富裕，有沙发、液晶彩电、两套高档木质茶桌，房子室内有装潢。李祥大哥平常在南沙上班，只有周末才回家，他老婆在世博集团上班，他儿子在外地上班，家里只剩女儿还在读书。他老婆给女儿做了一套民族服装，仅仅是上面的银制纽扣就需要4400元，而她自己也有一套民族服装，上面的银质纽扣也要2200元。李祥大哥自己喝的白酒都是自己找熟人烤的。村里没有人烤酒，家里这些白酒都是他拿高粱和谷子去找熟人或亲戚的烤酒店烤的。高粱是自己去元阳周边的乡镇去收的。谷子是自家种的。今年烤了200斤高粱酒，600斤谷子酒。高粱今年收得比较贵，8元一斤，一斤高粱酒成本就十五六元，谷子酒的成本也接近20元。有时会去村里的小卖部买酒，就算买也不买便宜的，要买价格高一点的，不会买3元一斤的。因为3元的酒，从成本上看，买苞谷、粮食、人工算起来肯定不足3元一斤，那酒的成本肯定很低，我们买一瓶矿泉水都要2元，所以店里卖3元一斤的酒肯定是假的，喝不得的。所以自己会买店里最贵的。自酿的酒一般是53度，不酿高于55度的酒，因为高于55度会伤身。好的酒喝起来口感爽润。他平时不喝啤酒，因为啤酒有色素、伤身。他胃不好，所以不喝。瓶装酒刚出来的时候还能喝，做到后面酒就不好了，喝酒后隔天起来头会痛。

李祥是一个在南沙镇上班多年的箐口村村民，自身有一定的经济实力，在外面闯荡，眼界相对来说较为开阔，因此他对村内及新街镇散装白酒的质量有一定的顾虑，对当地的散装酒市场信心不大。基于此，他都是用自家的谷子、自购的高粱去找酿酒厂的熟人帮忙酿酒。这体现的是，外来的商品经济在进入当地且未形成有效的市场监督时，当地经济条件较好的人通过熟人圈的关系来应对这种商品质量风险。这是商品市场从初始阶段向健全阶段过渡时期当地人应对危机的方式，这体现了忠信在熟人间的纽带关系。

（二）土锅寨哈尼族酒的使用与家庭成员关系的建构

在家庭成员关系的建立、维系及表达关爱上，酒的使用体现了一种桥梁作用。姻亲关系的建立中，男女双方通过酒这个媒介融入到新的社会关系中。人们在叫魂仪式中通过酒把对家庭成员健康的关爱传达给神明、祖先。家族间关系的维系，仍是需要酒这个重要媒介来传达维系关系的意愿。

1. 土锅寨哈尼族酒的使用与家庭成员关系的建立

"物被作为人的一部分在人与人之间流动，它传达的不仅仅是它的物质性本身，更是某种社会关系。如此，物就具备了人的某种功用，即，用于社会关系的再组合，或者，更具体地说，用于'加强某个地域群体间的亲属或权利关系'。"① 酒在土锅寨哈尼族也起着加强群体间的亲属或权利关系的作用。

在亲属关系中，除了血亲外，姻亲是其中重要关系中的一种。姻亲的确立过程中，聘礼及嫁妆的往来体现了礼物在流动中联系了两家人的情感作用。在《欧夏奕·汉哈尼对照·哈尼族婚礼古歌》中，歌词中描述新郎去接新娘时要"找来沙子一样多的鸡蛋，拿着山谷酿出来的米酒……"② 等礼品。土锅寨哈尼族姑娘出嫁当天，新郎除了带聘金之外，还必须带两瓶瓶装白酒（因为两瓶就是一对，有些村民就把这两瓶酒叫作"鸳鸯酒"）。在迎亲宴会上，新人及迎亲团围坐一桌，跟随新郎来的两个长辈与新娘家的长辈坐一桌，新娘家的女性亲属坐一桌。开席时，新郎要亲自提酒壶从长辈开始按照逆时针的方式给长辈们倒酒，请长辈们喝他们的喜酒。

土锅寨哈尼族出嫁女儿会在出嫁后第一个新年的正月初三带着礼物回娘家（以前是出嫁后三天回门，现在改为新婚头年大年初三回门），一般会提点白酒、饼干、红公鸡。而岳母家会回礼以酒、饼干、鸡蛋、糯米粑

① 刘翔：《采取物的立场——让·鲍德里亚的极端反主体主义思想研究》，中国社会科学出版社2012年版，第90页。
② 追克、次标演唱，施达采录：《欧夏奕·汉哈尼对照·哈尼族婚礼古歌》，云南民族出版社2002年版，第231页。

粑给新人背回家。酒一般是白酒，也就是当地的谷子酒，随着时代的变化，出嫁女儿带回娘家及娘家回礼的酒近年来也会放点啤酒，但一定要有白酒。如果出嫁女儿生娃娃了，那么过年时要带酒（烈酒带得多，一般带几斤，啤酒带得少）、公鸡、饼干等礼品到丈母娘家。过年过节的时候，女婿去丈母娘家拜年时，一般也会带酒、糖果等礼物。我们在访谈马姓村民时，他说："过年过节去老婆娘家时，以前因为生活不好，可以不带礼物去，现在生活好了就会提点鸡、糖果、酒。酒一般是街上买的好一点的酒，5、6、7、8、10块都有。平常和朋友喝就随便喝点5块左右的。"

迎亲当天，新郎所带的鸳鸯酒是给岳父岳母的礼物，是希望娶其女为妻的象征，也是对岳父岳母表示感激的物质体。酒席上，新郎为长辈们倒酒，请长辈们喝喜酒，不仅体现新郎对长辈们的尊敬，也体现着新郎感激来参与他的婚礼的长辈。出嫁女儿头年初三回门，是为了让新姑爷与家人确定身份，也是女儿身份的一种转换。通过三天回门的形式，新娘家族的人确定新娘已经嫁出去，已经是外家人，并且确认新娘的丈夫的家族与自己家族的姻亲关系。新娘回家所带礼物中必须有酒，娘家回礼也必然有酒，酒在其中起着关系确认及稳固的作用。女儿生孩子也要送酒到娘家，酒作为礼物在其中同样也起着新的社会关系的确认作用。

2. 土锅寨哈尼族酒的使用体现家庭成员间的关爱

土锅寨哈尼族的世界观里认为事物都有魂，谷子有谷魂、苞谷有苞谷魂、竹子有竹魂、房子有房魂、人也有魂，一个人有12个魂。一般人生病了要叫魂，摔倒了要到摔倒的地方叫魂，要出远门也要叫魂。叫魂是家人间相互关爱、相互祝福、祝愿身体健康长命百岁的重要仪式，叫魂过程中，酒是一件不可缺少的祭品。下文是对哈尼族叫魂仪式的田野观察，祭祀过程中，酒代表了人神沟通的媒介及桥梁。

家庭内部为成员的健康举行叫魂仪式，叫魂过程中摩批通过祭品与魂灵、神明进行沟通，其中白酒是其中重要媒介之一。叫魂仪式上必须有酒，酒必须是白酒而不能是啤酒或葡萄酒。在仪式过程中，每个祭品都必须沾有酒才能算给祖先、神明享祭。家人对叫魂者的关爱的最关键环节即将关爱的心愿传达给祖先、神明，白酒即承担着人与祖先、神明沟通交流的桥梁作用。

3.土锅寨哈尼族酒的使用体现家族间关系的维系

人的一生当中最重要的阶段主要有出生、成年、结婚、死亡，这些阶段是家族间关系维系的重要场合。其中，葬礼是血亲与姻亲维系场面最为盛大的一个节点。在葬礼中，土锅寨哈尼族通过献祭表达自身与亡者及亡者家庭的血亲与姻亲关系，并通过这样的表达来维系血亲和姻亲关系。而献祭的最关键步骤是通过祭品蘸上白酒以促成献祭的完成。

土锅寨哈尼族参与血亲及姻亲葬礼时所举行的路祭过程中，亡者家族、血亲及姻亲家族的长辈需要在路边举行路祭，路祭主要的目的是让不好的东西不要跟过来，奔丧家族表示对死者的哀悼，亡者家族表示对奔丧者的感激之情。双方在献祭的过程中，每献祭一次祭品，必须倒一次酒。无酒不成礼，献酒代表了两个家族往来关系的确定与延续。路祭完，奔丧家庭还需用米筛抬着祭品到死者面前去献饭，献饭是让死者吃好喝好，好上路。献饭形式上直接体现的是献祭者为亡者送最后一程；深层意义上是献祭者与亡者各自代表的家族间血亲或姻亲关系的再一次确定及维系。今天，献祭者送走了亡者；明天，献祭者家族的人员亡故，先前亡者的家族的人也要给献祭者家族的亡者献祭。在你来我往中，两个家族的关系得到了长久的维系。献祭过程中，白酒是献祭得以完成的最后也是最关键的步骤，通过白酒向亡者传达生者的祝愿，向亡者的家属传达家族间关系确定及延续。

（三）土锅寨哈尼族酒的使用与村寨集体社会关系的建构

在村寨集体社会关系的建构中，土锅寨哈尼族通过酒的使用向神明传达风调雨顺、五谷丰登、人畜兴旺的愿望。村寨能人（咪古）通过组织仪式，以敬酒、赐酒等方式，向村寨的人传达敬老尊长、繁衍后代的社会价值观。人们在集体活动中相互敬酒促进了村寨的和睦。

1. 敬神祈福

村寨集体敬神、敬祖祈福是哈尼族"昂玛突"和"苦扎扎"节仪式的一个主要目的。人们通过节日仪式的展现、祭品的奉献，向神明、祖先表达对他们的尊敬，以及向它们祈求一年的风调雨顺、五谷丰登、人畜平安。一到节日，大咪古就要提前三天准备酿制红米酒（祭祀酒）以备祭祀时使用。祭祀用的红米酒是祭祀活动必不可少的。一般如果是在室外（寨神林、水井或寨门）的祭祀活动，咪古及其助手需要手提肩背各种祭祀用品出发前往祭祀场所。到达祭祀场所，先打扫祭祀台，然后把祭祀酒、谷子先放在祭祀台上。接下来开始生火烧开水准备杀鸡，鸡肉煮熟后即可开始将祭品装碗，然后给祖先享祭。祭品的摆放位置及摆放碗数都是固定的。给祖先祭祀的酒都是事先酿制的红米酒，是专门装在酒坛里的。在使用祭坛里的酒前，小咪古都会先用竹吸管先吸三次酒，滴在地上，然后才用手将坛里的酒倒在祭祀碗里给祖先享用。

在祭祀台摆放好祭品并完成祖先神明的祭祀后，参与祭祀的咪古在开始享用祭品前，要先在桌子上摆放与参祭咪古人数相符的祭祀碗（有时候只有两个咪古参与祭祀，有时候六个咪古都参与），小咪古将祭祀壶里的祭祀酒按照逆时针的顺序从大咪古开始给每只祭祀碗里倒祭祀酒。倒好酒之后，两个或六个咪古右手举着酒碗，边说些吉利话，边上下摆动酒碗，随后将祭祀酒喝完，之后就可开始享用祭品。在享用祭品的时候，咪古们也会喝酒，但喝的不是祭祀酒，而是日常生活中从小卖部、街上买的散装白酒。享用完祭品，咪古们将现场所带来的物品规整好，有的背在背上，有的提在手上，所有东西都离地后，小咪古再在桌子上摆放上祭祀碗，倒上祭祀酒，几个咪古还是如开始享用祭品前一样提起酒碗，嘴里念着吉祥语，念完之后将碗中的祭祀酒喝完，将碗收在背篓里，抬起桌子准备离开。六个咪古按照由小到大的顺序排成一列往大咪古家走，大咪古走在最后面，用欧苟耶树叶扫祭祀时的火堆、祭祀台、祭祀过程中活动的范围，做完这些后，大咪古才往回走。

村寨集体祭祀祖先神明时，用专门酿制的红米酒；向祖先神明表达风调雨顺、五谷丰登、人畜平安的愿望时，咪古们喝的是专门酿制的红米酒；而在享用祭品时，则是喝平常喝的散装白酒。从这些细节中，我们可以感受到专门酿制的红米酒的特殊性，它是村寨集体祭祀祖先神明的专用酒；咪古们表达愿望时需要借助它才能向祖先神明传达自己的美好意愿。这说明，祭祀酒有着独特的尊敬祖先神明、祈求美好愿望的功能／作用，或者说，它是一个介质，是与祖先传达尊敬、愿望的通道，是人神沟通的中介。人唯有通过它，才能与神取得联系。

咪古们在代表村寨集体祭祀神明过程中，刚到祭祀场地时，小咪古需用竹藤吸管吸取酒壶里的祭祀酒滴于地上，以此来告知神明，他们将代表村寨开始祭祀。祭祀时，需摆放四碗祭祀酒献祭，在献祭食物的过程中，祭祀台上的每碗祭品都需要蘸一下祭祀酒才能置于地下，祭品唯有蘸上祭祀酒才能完成作为祭品敬献给祖先的使命，祖先也才能享用到祭品。献祭完后，咪古们才能开始食用祭品，而在开始食用祭品及结束食用的节点上，他们必须喝祭祀酒，并在喝的过程中代表村寨集体向神明传达村寨五谷丰登、人畜平安的美好愿望。

"人的生命会逐渐衰退除非积极力量不断补充其活力。因此，人和他的环境必须利用神的积极力量来作自我更新。这有两种途径：举行仪式或消费食物。"① 哈尼族"昂玛突"节是在秧苗刚冒出一寸多高的时候举行的，目的在于向祖先神明祈祷稻谷丰收。新一轮农耕的开始，哈尼族需要借助举行"昂玛突"节的一系列仪式及消费红米酒来愉悦祖先神明，以期获得祖先神明的积极力量进行自我更新，为梯田作物的生长祈求神的助力。用产自于梯田的红米酿制的红米酒奉献祖先神明，以回报祖先神明上一年对

---

① ［美］大贯惠美子：《作为自我的稻米：日本人穿越时间的身份认同》，石峰译，浙江大学出版社 2015 年版，第 65 页。

梯田作物护佑。红米酒是哈尼族借助神明力量进行自我更新的媒介物,通过红米酒的运用促成了仪式意义的最终表达。

2. 敬老尊长

尊敬老人是社会的一大美德,在土锅寨哈尼族社会里,哈尼族通过集体活动的仪式,将这种观念以言传身教、代际相传的方式体现在人们的行为中。以实际的行为在思维里刻下不可磨灭的印痕。常识里,我们都是提倡先做好思想工作,以思想的力量来改变人们的行为;而哈尼族人则是直接用行为来影响人们的意识。在"昂玛突""苦扎扎"期间村民集体参与的长街宴里,家家户户必须有一名男性给六位咪古敬上自家的白酒和香烟。一般敬酒的人都是家里的晚辈,经常出现的一个情景就是:爸爸或爷爷领着儿子或孙子来到咪古身边,手把手教他们如何给咪古们敬酒、如何行跪拜礼、如何发香烟给咪古们。咪古们在接受村民的敬酒、敬烟和跪拜时,会对他们表达长辈对晚辈的殷殷期许及祝福。

村民给咪古们敬酒是在咪古们带领全村寨做完集体的祭祀之后。咪古们将祭品收拾妥当后,开始将祭品摆放在他们抬过来的桌子上,六个咪古按照逆时针的方向,从东边开始按照大小顺序落座,六个咪古的座位都是固定的。要过来敬酒的村民则在大咪古后面排成一列,手里拿着酒杯和装酒的酒瓶子,按照顺序依次一个一个从大咪古开始按照逆时针方向敬酒。村民先将手中的酒杯倒满酒,双手捧给咪古,咪古接过酒杯象征性地抿一口并说些吉利祝福的话,与此同时,村民跪地磕头(当然,并不是很严格的真正膝盖、额头着地)。给上一个咪古敬完酒之后,不管酒杯里的酒是否见底,都要再从酒瓶子里倒点酒,这样才可以给下一个咪古敬酒。敬完酒之后,要再按照先前敬酒的顺序,用手中的酒瓶子给每个咪古的碗里倒上酒。紧接着再给每个咪古发两根香烟,慷慨一点的村民(今年刚好生了娃娃的)为表示对咪古们的感激,会直接给咪古们一整包香烟。这些都做完之后,村民会回到自己的篾桌前,将桌子上每碗祭品拿一点,装在一个碗里送给咪古们吃。做完这些,村民们可以在自己的篾桌前开始享用美食了。

年复一年，在代际相传中，年轻一代在特殊节日中耳濡目染、身体力行，将土锅寨哈尼族的敬老尊长的价值观深深印刻在自己的思想中、行为中。敬酒只是形式，形式之上所蕴含的土锅寨哈尼族价值观才是重中之重。村寨晚辈给村寨能人（咪古们）敬酒，体现的是村寨内部对长辈的尊敬。咪古的当选条件是家庭和谐美满、身体健康、德高望重等，可以看出，村民对咪古的尊敬来源于村民对家庭和谐美满、身体健康、德高望重等品质、条件的肯定及向往。敬酒仅是形式，从中体现的哈尼族的价值观才是最根本的。

3. 激励增添人口

人口增长是村寨繁荣的一大指标。传统观念里，我们都希望看到儿孙满堂、四世同堂的景象，因而会制定一些规则奖励那些生儿育女的人。在福建厦门的乡村，每年春节期间上一年生儿子的人家都会点上一对煤油灯，并将这对灯引进村子里的宫庙，这是一种告慰祖先的方式，同时也是全村承认这个新生儿的方式。每年春节还会请戏班子来唱戏，此时所唱的戏称为"丁戏"。生儿子的人家，在这新的一年里是他所在小组的"头家"，要在这一年里为全组服务：通知村里的各项事宜、帮忙打扫宫庙、家庙、祖厝卫生等。当"头家"对村民来说是一种荣誉。福建厦门的乡村通过给新生儿家长当"头家"，指派一些任务，是一种通过给予一定"权力"的奖励，奖励他们为本村增添人口。在土锅寨哈尼族社会里，对那些为村寨增添人口的人家也有着奖励制度，这种制度不是给予实际"权力"，而是给予物质上及情感上的奖励。

春节是一年的开始，万物复苏。土锅寨哈尼族在2月份所过的"昂玛突"是对新一年风调雨顺、五谷丰登、人畜兴旺的期许。在"昂玛突"属猴日（也就是节日的第三天）晚上，前一年生了娃娃的家长要抬着篾桌、背着啤酒到大咪古家里聚餐。生男娃娃的家长要带一只从林子里打的小鸟到大咪古家，生女娃娃的家长则要带蝌蚪、泥鳅或鱼到大咪古家。几个家长要把篾桌摆成一排。这几个家长要给咪古们敬酒、敬烟以感谢咪古们带给他们的福气和守护。咪古们则是要对他们为村寨增添人口表示祝福和感谢。在此期间，村民会给家长在脸上抹掺了食用油的烟灰，对他表示祝贺。

"昂玛突"节第四天，也就是属鸡日，这一天是集体活动的尾声。这一天负责上一年采购事宜的人员在现场将账单念给村民听，并转交剩余资金给下一任采购人员。做完这些之后，村里生娃娃的家长及下一任采购人员向咪古们行跪拜礼，接受咪古给他们的祭祀酒。生男娃娃的家长获得的是一只猪脚，生女娃娃的及采购人员则得到一块猪肉。在他们给咪古们行跪拜礼时，旁边的村民虎视眈眈地等待时机，一瞅准机会立马将他们个个抹得如包黑炭！猪肉和猪蹄都是村寨集体资金购买的，是"昂玛突"节第二天下去在寨神林杀的猪，当天猪肉按照等份分给每户村民，剩下的猪肉则留到第四天奖励生娃娃的家长及采购人员。生娃娃的家长及采购人员所喝的酒是专门用于祭祀的酒，除了咪古们念祝福语时可以喝之外，也就是在这个时候给这些村民喝，表示对他们为村寨所做贡献的感谢及鼓励。

祭祀酒是专门用于祭祀的，咪古们也唯有在祭祀时才能够饮用敬献祖先和神明的祭祀酒，普通村民是没有资格饮用的。在村寨集体长街宴上，咪古将祭祀酒奖励给为村寨人口做出贡献的村民及为村寨集体事务服务的村民，通过奖励祭祀酒来表达对这些村民为村寨所做贡献的感激及肯定。在集体聚会的场合向全体村民传达繁衍人口及无私奉献的土锅寨哈尼族所提倡的精神。

4.和睦村寨

土锅寨哈尼族在"昂玛突""苦扎扎"等集体性的活动中，建立村民之间睦邻友好的关系。节日为村民提供一个场域，人们围绕节日活动，在活动中培养情感。当一切祭祀活动结束后，村民各自蹲坐在自家篾桌前享用美食，现场的美食可以随意取食，不分你我。兴起处，三三两两开始划拳斗酒，场面热闹非凡。几个、十几个村民围着篾桌所摆成的长街宴，举着酒杯，唱着哈尼祝酒歌，以高亢的"dou sang"声结尾，豪爽地干掉杯中白酒。斗酒声将节日的氛围推至高潮，各个喜露笑颜，感情由此升温。摆好的长街宴是固定的，人却是流动的，一会到这边喝酒，一会到那边喝酒。许多刚从外地打工回来的人，趁着节日的聚会，端着酒杯一一敬自己的长辈、玩伴，说些体己话。如果哪家今年有什么事，那么村民都会去他家篾桌前给他敬酒，他家篾桌旁围着的人也是全场最多的。村民在划拳声中升温了彼此的感情，在抵赖声中娱乐了看众，通过味觉、嗅觉、视觉、听觉、触觉等五官感受着饮酒带来的乐趣，以及在此过程中，增进了村寨邻里间浓厚的情感。村民通过敬酒、划拳、人气聚集的方式表达对老人过世的家庭的特别关爱，让其感受到来自村寨内部的爱，进而加强村寨内部的凝聚力。

村寨的集体活动为村民们提供集体聚会的机会和场合，打工经济盛行之下，村寨内部的人有些常年在外工作，相互之间的交流已不如从前那么频繁。借由过节契机，村民齐聚一处，通过喝酒联络日渐生疏的情感，交流各自的生活境况，酒到酣处，情到浓时。

"附加了特定'内在意义'的事物和行为，它们帮助确立了社会常规。人们的社会化学习和实践把它们以及它们所包含的意义都联系在了一起。"① 土锅寨哈尼族在"昂玛突"及"苦扎扎"等民族节日中，特殊场合下所使用的祭祀酒以及敬酒等行为，帮助土锅寨哈尼族确立祖先崇拜、寨神林崇拜、尊老敬长、奖励繁衍、和睦村寨等社会常规。寨民通过集体的社会化学习和实践将酒、仪式行为以及它们所包含的意义联系起来。酒及仪式行为，"它们没有普遍性的意义；它们'有意义'是因为它们出现在特定的文化和历史背景下，与它们相关的意义对于生活在其中的人们来说是不言自明的。"② 因在这独特的土锅寨哈尼族社会里，酒及仪式行为才有了它们特定的意义，这些意义对于他们来说是自然而然、无须强调的。

① ［美］西敏司：《甜与权力：糖在历史上的地位》，王超、朱健刚译，商务印书馆2010年版，第152页。

② ［美］西敏司：《甜与权力：糖在历史上的地位》，王超、朱健刚译，商务印书馆2010年版，第153页。

### 三、土锅寨哈尼族酒的文化意义分析

刘翔在他的《采取物的立场——让·鲍德里亚的极端反主体主义思想研究》中评述道:"顺着鲍德里亚的对功能物体系的分析我们渐渐能够发现,物品的物理特征正在日益退化和弱化,物品的功用早已不是被考虑的首要对象,相反,其抽象符号意义正与日俱增。在鲍德里亚这里,功能物的'上手'绝不仅仅是功能层面的,更是文化层面上的事。"[①] 酒在土锅寨哈尼族村寨内起到的不仅仅是一种饮料的功能性作用,还有文化媒介的作用。土锅寨是哈尼梯田世界遗产开发的核心区,外来文化大量涌入,在与外来文化碰撞的过程中,哈尼族的传统文化有些渐渐产生变化,有些则完好地继承下来。

#### (一)土锅寨哈尼族的文化传承

前文已经讨论到哈尼族的主要文化核心是其寨神崇拜及祖先崇拜,并且是通过举行村寨集体的祭祀活动及家庭内部的神龛祭祀来体现。村寨的集体祭祀主要由村寨能人——咪古来主持仪式,大咪古是祭祀仪式规范的最终解释者。家庭祭祀则由家中的男性家长来主持,主妇协助完成(新媳妇通过协助丈夫完成神龛祖先的祭祀仪式得以成为真正的婆家人)。村寨的男性从小时候开始就被允许参与村寨的集体祭祀及家中的神龛祭祀,耳濡目染、潜移默化中渐渐习得本民族的传统文化。

每年一到"昂玛突""梅咪咪""苦扎扎"等传统节日的时候,以大咪古为首的6个咪古紧锣密鼓地准备祭祀用品、通知村民各项事宜、安排祭祀的流程及细节等事宜。每当节日来临,大咪古都要提前三天在家里准备蒸红米酿制节日祭祀时要用的祭祀酒。节日当天,大咪古家要准备好各式

---

① 刘翔:《采取物的立场——让·鲍德里亚的极端反主体主义思想研究》,中国社会科学出版社 2012 年版,第 64 页。

各样的祭品，其他5个咪古齐聚大咪古家，从大咪古家将祭祀用品一一背着由大咪古带领前往祭祀地点。大咪古只需要提着水烟筒、草席优哉游哉地走在最前面，其余5个小咪古肩挑肩背手提着其余的祭祀用品按照顺序一个紧接着一个跟随着大咪古。到达祭祀地点后，大咪古可坐在板凳上抽着水烟筒歇息；5个小咪古则四散开来：有的找石头临时堆起灶台准备生火，有的去找柴火，有的开始着手编稻草，有的去取水回来烧开水杀鸡等。当然，在某些关键环节上，大咪古会亲自处理。准备活动做得差不多之后，由大咪古带头在祭祀台前站成一排，向祭祀台拱礼跪拜三次之后，在大咪古的指挥下，几个小咪古开始清理祭祀台。祭祀台上的杂草、尘土整理干净之后，大咪古指挥几个小咪古将事先在大咪古家准备好的祭品摆上祭祀台，每碗祭品的摆放位置是固定的，小咪古按照大咪古手指指定的位置摆放手中的祭品。第一次摆上去的祭品有八碗（四碗染成黄色的开水、一碗染黄的糯米饭——饭上有一个煮熟的鸡蛋、一碗煎鸡蛋、一碗炒黄豆、一碗腌肉）及一壶三天前酿制的祭祀酒和篾盒装的红米谷子。土锅寨哈尼族的祭祀活动一般都要杀鸡，有时候杀一只有时候杀两只，看具体祭祀情况而定。杀鸡之前，6个咪古跟先前一样在祭祀台前站成一排，由大咪古和小咪古拿着祭祀要杀的鸡给祖先行礼（如果只杀一只鸡，那么这只鸡由大咪古抱着；如果要杀两只鸡，则由大咪古拿最重要的那只，小咪古拿另外一只），其他几个咪古则拱手行礼，告知祖先要杀鸡给他们吃了。接着开始杀鸡并将鸡肉煮熟，之后就可以开始正式的祭祀了。在祭品摆放的过程中，依然是大咪古指挥小咪古们把每碗祭品摆放在它应当的位置，如果小咪古不小心弄错了，大咪古马上指正出来。正式祭祀时，原先的四碗热水被替换成一碗姜汤和一碗冷水。接着要再摆十二碗祭品，四碗鸡肉、四碗祭祀酒、四碗红米饭。祭品摆好之后，大咪古再次组织小咪古们面向祭祀台排成一行，向祖先行三次跪拜礼。行礼之后，要请祖先享祭。土锅寨哈尼族是通过在祭祀台旁边地上铺上一层芭蕉啊芭树叶，按照一定的顺序，从祭祀台上每碗祭品中捡三次祭品放在树叶上的方式，来表示请祖先享用祭品。在这一过程中，大咪古仍是作为一把指挥棒的作用，指着哪一碗祭品，小咪古就要拿起那碗祭品请祖先享祭。祭祀完之后，咪古们就可以开始享用祖先享用过的祭品了。围坐在篾桌旁，大咪古坐在东边大位上；吃饭前，6 个咪古要举着用小土碗装着的祭祀酒说些吉利话（如五谷丰登、人畜兴旺等），之后才可以开始吃饭（这样的行为分别在吃完饭及回到大咪古家时都要实行一次）。

这是土锅寨哈尼族村寨集体祭祀的大致过程。从上面的描述中，我们可以清楚地知道大咪古在祭祀活动中所起的重要作用。大咪古是 6 个咪古的核心，处于领导地位，他是一部活的仪式流程书，他似乐队指挥手般掌控着祭祀的节奏。在去封寨门路上，大咪古必须走在最前面，带领着其余 5 个小咪古前往祭祀场地。到达祭祀场所，大咪古可以坐着抽烟，将烦琐的祭祀准备交给其他 5 个小咪古。将祭品摆上祭祀台时，大咪古不需要自己动手，而是在旁指挥其他 5 个小咪古该如何摆放祭品。封寨门所需要的那只白羽毛公鸡，需经由大咪古的手将它绑缚在寨门树上，其他 5 个小咪古则只是在旁协助。给神明／祖先献祭时，大咪古指挥着 5 个小咪古按照特定的顺序将食物献祭给神明祖先。咪古们享用祭品时，小咪古倒酒必须先倒给大咪古；吃祭品时，也必须由大咪古起头。仪式结束后，大咪古必须走在最后面，手里需拿着芘菽啊芭树叶将场地打扫干净，将不好的东西（鬼魂等脏东西）隔绝在外，确保其他小咪古顺利回到村寨。在这一整套仪式过程中，大咪古掌控仪式的节奏，协调其他 5 个咪古的行动以完成祭祀。

整个仪式的开始及结束都是以饮用祭祀酒为节点的。咪古们享用祭品前，必须由小咪古给每个人的祭祀碗里倒上祭祀酒，倒祭祀酒时，必须从大咪古开始按照逆时针的方向倒酒。倒好祭祀酒，需在大咪古的带领下，提起祭祀碗跟着大咪古念祝福村寨的话语，念完这些话后才能将祭祀酒饮完。大咪古觉得仪式差不多可以结束的时候，即让小咪古再次给每个人按照顺序倒上祭祀酒，同样在大咪古的带领下，通过饮用祭祀酒并表达祝福村寨的美好愿望后才能收拾现场，然后回到大咪古家。

咪古是土锅寨哈尼族传统文化传承的主要角色，他们是村寨民众向祖先、神明祈求五谷丰登、人畜兴旺心愿的代言人，他们以虔诚的祭祀行为向神明传达本村寨村民的谦恭之心。通过饮用祭祀酒，大咪古带领咪古们与神明进行了沟通，表达了村寨兴旺的美好愿望。而大咪古是文化传承的主力，他拥有仪式的最终解释权。

### （二）酒及酒具所蕴含的文化意义

正如涂尔干和莫斯在《原始分类》中对分类的定义——"所谓分类，是指人们把事物、事件以及世界的事实划分成类和种，使之各有归属，并确定它们的包含关系或排斥关系的过程"①，同样，土锅寨哈尼族也形成了一套对酒和酒具的应用与分类体系。通过对酒及酒具的分类中，体现了土锅寨哈尼族的世俗性及神圣性的二元思维。"神圣总是自我表征为一种与'自然'存在完全不同的另一种存在。"② 神圣即是与世俗相对应的存在，是一种超脱凡俗的思想境界的表征；世俗则是日常生活的自然呈现。

1. 酒的分类及其世俗性与神圣性表征

土锅寨哈尼语的酒统称为"吱吧"（音译），汉话则称为"辣酒"或"白酒"。"辣酒"和"白酒"的叫法是以酒的口感和液体颜色为依据的，是与啤酒、葡萄酒等不同口感和液体颜色的酒区别开来的。在当地，啤酒仍叫啤酒，葡萄酒也仍叫葡萄酒，二者并没有产生独特的当地叫法，或者说在哈尼语中并没有对应的语言来称呼。这也能够证明，啤酒和葡萄酒的外来特性。在村寨集体祭祀的时候，咪古们使用的酒是专门用梯田红米酿制的红米酒，为了行文方便暂称为祭祀酒；日常生活中，人们是不会喝祭祀酒的，唯有村寨集体祭祀时才会出现，它是神人沟通的媒

---

① [法] 爱弥尔·涂尔干、马塞尔·莫斯：《原始分类》，汲喆译，上海人民出版社2000年版，第4页。
② [罗马尼亚] 米尔恰·伊利亚德：《神圣与世俗——宗教的本质》，王建光译，华夏出版社2002年版，第2页。

介物。在传统节日中，土锅寨哈尼族在家里祭祀大小神龛时，用的是白酒，这白酒与日常哈尼族喝的白酒是一样的：可以是自酿的或从酿酒作坊购买的苞谷酒、谷子酒、荞麦酒等散装白酒，也可以是从街上或小卖部购买的散装劣质勾兑的白酒；但不能用啤酒和葡萄酒代替白酒祭祀家里的神龛祖先。总的来说，我们可以将土锅寨哈尼族社会内部的酒大致分为白酒、啤酒和葡萄酒三大类。白酒自身又可分为祭祀酒和散装白酒两大类。祭祀酒用于祭祀村寨祖先神明，散装白酒用于祭祀家内祖先及日常生活的饮用。啤酒和葡萄酒不能出现于祭祀台上，仅出现于餐桌上和朋友聚餐时。

为什么啤酒和葡萄酒只出现在日常生活中，不能用于祭祀祖先呢？为什么祭祀祖先只能用白酒，祭祀村寨祖先神明只能用祭祀酒呢？"在某种程度上，对食物的偏好与厌恶可以解释，对它们的解释'不应该到食物项目的性质之上去寻求'，而是到'人们的基本的思维模式'中去寻求。"① 土锅寨哈尼族在不同场合里使用不同的酒，并不因酒本身的物质性特征，而是人们在各种酒上所赋予的思维模式的差异导致的。兴许西敏司的"顺延"与"广延"理论可以帮我们理清这些问题。"'广延'过程里的一个部分是对意义的重铸，当下的一切脱胎于过去，脱胎于与那些曾经率属其他社会群体的东西。"② "相比之下，'顺延'（intensification）则更多是过去的延续，更加忠于原初的意义，也更具仿效的意味（这个词在这里大概更为贴切）。"③ 也就是说，"广延"是一个具有包容性的词汇，它表示的是，本文化在与外来文化的碰撞中，相互吸收、相互促进，共同发展为"你中有我，我中有你"的文化融合景象。而"顺延"则是一个相对保守、稳定的

---

① ［美］马文·哈里斯：《好吃：食物与文化之谜》，叶舒宪、户晓辉译，山东画报出版社2001年版，第4页。

② ［美］西敏司：《甜与权力：糖在历史上的地位》，王超、朱健刚译，商务印书馆2010年版，第125—126页。

③ ［美］西敏司：《甜与权力：糖在历史上的地位》，王超、朱健刚译，商务印书馆2010年版，第126页。

词汇，它表示的是文化自身的稳定性，在与外来文化的相遇中，仍保持自身的特性，坚守自己的阵地。

在啤酒与葡萄酒未进入土锅寨哈尼族人民的视野中时，他们不管是在日常生活中，还是在祭祀活动中，饮用和使用的酒都是白酒。随着改革开放及市场经济的繁荣，土锅寨哈尼族渐渐走出村寨，走向城镇，接触到琳琅满目的商品、丰富各异的生活方式。由于教育水平相对不高，年轻人外出谋生的初始阶段大多选择在餐馆洗碗、酒店/KTV 等场所当服务生、到工业区进厂子里上班等技术含量低的工作；等熟悉外面的世界或学会流利的汉语后，便会往更远的地方去谋生。当年轻人外出打工时，一般都选择亲友待的地方，以便有个照应。在外打工时，一发工资他们会几个人聚在一起喝酒、唱歌，一般喝的都是啤酒，很少喝白酒。在 KTV 一般喝啤酒和红酒。一到过年过节，年轻人都从外地打工回到村寨，因此在节日期间，村寨的年轻人都比较多。许久不见的好朋友们会相约到村寨后面的山林里打野餐，在野餐期间，年轻人一般喝的都是啤酒，有时候会买瓶红酒和几斤白酒，但从量上来讲，啤酒是主角。

年轻人外出打工可以接触到外面世界的饮食习惯，进而受到环境的潜移默化的影响，将外面的饮食习惯带回村寨。又因外出打工有了一定的经济收入，年轻人有了挥霍的资本，工资一发下来立即呼朋唤友聚餐喝酒。节日回村寨过节，带着打工的工资，年轻人可以在聚餐时大肆挥霍。而常年待在村寨里的人，因收入少、消费能力低于外出打工的年轻人，因而一般买便宜的散装白酒喝。如卢天浩他们说的："一般村里的人都喝白酒，因为没有钱嘛。一瓶啤酒就要 3—4 块钱，一斤白酒才两三块钱，还可以两三个人喝嘛。一般过年时候，年轻人回来，带钱回来嘛，就会喝啤酒。"

从购买酒的价格中，我们可以看出村寨中整体消费水平不高，家庭经济条件不是很好。从村内小卖部的销售价位就可以反映出村民消费的意向。村内小卖部销售酒的价位中，白酒的价位在 3—7 元/斤，啤酒的价位也在 3—5 元/瓶。每瓶啤酒一般为 500 克，也就是一斤。换算下来，啤酒每斤在 3—5 元的价位，与白酒类似。按斤论价格的话，村内小卖部销售的白酒与啤酒的价格其实相差无几。但从饮用的速度上来看，确是有差别的。接受访谈的人几乎每餐都要喝一盅酒，按照这里的饮食习惯，一天早晚吃两顿饭，也就是说每天至少要喝两盅酒。这里的酒杯是 1.5 两装的玻璃杯，算下来一天要喝 3 两酒。一斤白酒大概可以喝三天。而一瓶啤酒一次即可喝完。总体算下来，白酒的成本相对来说较低，而且酒精含量较高，用当地人的话来说就是比啤酒"够味"。因此，村寨中的中老年人到小卖部买酒时，一般选择白酒而不是啤酒。村寨中的人除了去小卖部买酒外，还会到新街镇上专卖白酒的商店买。一般一次买两三斤，有的一次性买十斤。

由于年轻人常年在外，只有过年过节才回到村寨，因而小卖部的啤酒在年节的时候卖得好，一旦年轻人外出打工，啤酒基本就销售不出去了。村寨中，有些家庭经济条件好点的，对酒的品质有一定的要求。一般不喝小卖部里卖的那种散装白酒，而是自己购买谷子到镇上找人帮忙酿造酒回来自己喝。

土锅寨哈尼族中，常年呆在村寨内的中老年人一般喝廉价散装白酒。外出打工的青年人在与同龄人聚会时一般喝啤酒，而与家里长辈在一起时，有时会陪着喝白酒。外出打工且经济条件好的人家，一般不喝市场上销售的散装白酒，而是喝自己买粮食酿造自饮酒。即使不得已要购买市场上的散装白酒，也会买价格高的。由此，酒本身不仅有自己的归类，饮酒之人也因酒的品种而自动划出了界限。啤酒代表着年轻活力的一代，白酒则代表着因循守旧的中老年人。白酒的价位则体现着人们之间的收入差距。啤酒、葡萄酒能顺利进入土锅寨哈尼族的日常生活，这说明土锅寨哈尼族在外出打工的过程中，受到外界文化的影响接受了喝啤酒和葡萄酒的习惯，并将这种习惯带回到村寨内部与喝白酒的习惯交融在一起。这种交融，体现了土锅寨哈尼族世俗生活的"广延"性。进而言之，在世俗空间里，土锅寨哈尼族与外界的沟通交流较为频繁，其消费观念易受到影响并发生或多或少的变化。土锅寨哈尼族人口流动较大的主要是青壮年劳动力,青壮年相对常年待在村寨内部的年过半百的老年人更易接受并习得外来文化。再加上青壮年外出打工比村寨中的中老年人更容易获得收入,具有消费相对于劣质散装白酒价位高的啤酒、葡萄酒的能力,但并无法随意消费价位更高的经典酒品,如茅台、五粮液。因此,在世俗空间里,土锅寨哈尼族饮酒的广延性是有其独特性的,它主要发生在与外界接触频繁的年轻人身上,且饮酒品种的广延性是与消费能力挂钩的,消费能力越高,其消费酒的品种的种类就越丰富,价位也越高。

相对应地,在祭祀村寨集体祖先及家中神龛祖先的时候,只能用祭祀酒及散装白酒,而不能使用外来新品种——啤酒及葡萄酒。土锅寨哈尼族在祭祀祖先神明时,所使用的酒一直延续祖制,并未因外来商品的进入而丰富酒的品种,这也可以看出,土锅寨哈尼族通过祭品的延续不断,在感官经验上体验祖先的存在。土锅寨哈尼族自古有着自酿酒的传统,白酒是伴随土锅寨哈尼族生活的方方面面的,在其文化里,尤其是在土锅寨哈尼族的祭祀文化中,有着顺延性。家庭祭祀中,祭祀用酒必须是白酒,这白酒的品种并无严格限制;村寨集体祭祀中,祭祀用酒必须是梯田里盛产的红米酿制的红米酒,任何酒类都不可替代。相对于啤酒、葡萄酒的"外来性",白酒及红米酿制的祭祀用酒的"内在性",更进一步体现了土锅寨哈尼族内在文化的顺延主要体现在神圣空间,尤其是村寨集体祭祀之中。反过来说,在思想意识形态上,土锅寨哈尼族最重视自身的神圣空间,寨神崇拜和祖先崇拜是其文化的内核,是不容随意改变的。

2. 酒具的分类及其世俗性与神圣性表征

土锅寨哈尼族现今所用的酒具有竹筒、小土碗、白/花碗、玻璃杯、高脚杯等。在某些文献上偶尔会提到哈尼族传统上是用竹筒喝酒,然而笔者在调查期间并未看到这种现象,即使是在展现哈尼族文化的民俗博物馆内也没有关于竹筒的展品;有的只是为了迎合游客的文化图示而做的长街宴瓶装酒的模型,且在模型上还特地写上大大的"酒"字。但在访谈中，李正林大爹曾提到，当游客或领导来视察时，他们会用竹筒给游客敬酒。正如《云海梯田里的寨子——云南省元阳县箐口村调查》中提道："现今旅游经济的引入，为了吸引游客，箐口村的文艺队会在游客来的时候用竹筒喝酒并向游客唱敬酒歌。"[①]2016年3月26日由中共元阳县委宣传部、元阳县文化体育和广播电视局、元阳县旅游发展委员会主办，昆明中安利华文化传播有限公司、云南世博元阳公司承办，元阳县公安局、元阳县哈尼梯田管理局和元阳县旅游投资公司协办的"首届元阳哈尼梯田国际越野马拉松比赛"中，活动承办方云南世博元阳公司在马拉松活动结束后，为展现哈尼饮食文化，于哈尼小镇摆上了长街宴。长街宴上，参加活动的哈尼族人民都穿上了哈尼族服饰，围坐在摆满哈尼族菜肴的桌子旁，用主办方事先准备好的竹筒杯相互敬酒，供前来参加活动的外地游客拍照留念。其中，几个哈尼族妇女端着摆放着装满白酒的竹筒杯的托盘给游客敬酒，敬酒的过程中唱着哈尼族的敬酒歌。或许传统上，土锅寨哈尼族确实是用竹筒喝酒，有客人来时要唱敬酒歌。但随着时代的发展，这些已经淡出人们的日常生活；然而，为了迎合外来者对土锅寨哈尼族文化的想象，土锅寨哈尼族人民重拾或建构被遗忘或不存在的记忆。

竹筒是用来迎合外来者的想象所建构的，而小土碗则是专门用来盛放祭品的，是与祖先交流的媒介。未开发旅游之前，白/花碗用于喝水、喝茶、喝酒、吃饭，集多项功能于一身。我们调查期间，一般居民均用1.5两装的玻璃杯喝白酒；而一些对酒的品质较为讲究的人家会用高脚杯喝白酒。一谈到高脚杯，我们必定会浮现一幅都市白领手持杯托缓慢摇晃杯身醒酒的小资情调图。高脚杯配红酒/葡萄酒，在我们的文化中是标配，是毋庸置疑的现象。然而，在土锅寨，对生活品质有点追求的人家里，用着

---

① 马翀炜：《云海梯田里的寨子——云南省元阳县箐口村调查》，民族出版社2009年版，第243页。

高脚杯配着辣味十足的白酒。这于我们来说，是一种文化震撼般的"荒诞、滑稽"；但于他们来说，却是一种高品质生活的体现，高脚杯体现着外在世界的品味。不喜葡萄酒的平淡无奇，以白酒配之的情调是外来文化涌入并与当地文化相融合的象征，是不同文化交融下文化"广延"性发展的象征。

土锅寨哈尼族每家每户都有一套用于祭祀时使用的小土碗，不管是村寨集体祭祀还是家庭里的神龛祭祀，盛放祭品的都是小土碗，这是祖辈传下来的，是不能随意改变的。家庭祭祀及村寨集体祭祀所必须使用的特定祭祀用酒及盛放祭祀用酒的小土碗，都仅是土锅寨哈尼族文化中对寨神崇拜、祖先崇拜文化的器物性表征，酒与碗是形，文化是魂。祭祀时所用的土碗与祭祀时使用祭祀酒及白酒一样，体现了土锅寨哈尼族在器物表征上的"顺延"性，更深一层，则体现的是土锅寨哈尼族对寨神崇拜、祖先崇拜的"顺延"性。而用竹筒杯展演哈尼族饮酒文化，在官方思维里：他们认为这就是哈尼族传统文化的象征，是一种文化"顺延"的表征。但在哈尼族实际生活中，用竹筒杯饮酒已经销声匿迹，已不再是现有文化的表征。官方用竹筒杯来体现哈尼族饮酒文化，更像是受到全国各地少数民族旅游开发过程中，展演少数民族饮酒文化的启发而建构出来的，是一种借鉴外来旅游开发模式与本地区本民族文化的"广延"性表征。

与神圣生活相比，世俗生活的变化可谓日新月异。啤酒、葡萄酒的传入，竹筒所承担的外宾礼节角色，土碗的文化保有者的角色，白/花碗和玻璃杯日常饮酒器具及体现个人生活品质的高脚杯，人们对这些事物的场景化认识无不向我们昭示着人们的日常生活与外来文化的交流与互动。

"在'顺延'中，权力阶层决定了新事物的出现及一定程度上它们所具有的意义；而在'广延'中，权力阶层虽然可以控制新事物的获得，但新的使用者却能赋予它们新的意义。"[1]哈尼族传统文化的传承主要是由大

---

[1] [美] 西敏司：《甜与权力：糖在历史上的地位》，王超、朱健刚译，商务印书馆 2010 年版，第 152 页。

咪古间的口耳相传，是一种"顺延"，咪古在传统的哈尼族社会里，是仪式的继承者，也是仪式的最终解释者，他被赋予最高的解释权力。而在日常生活中，人们对酒及酒具的使用是一种"广延"的方式，几乎不受权力阶层的控制，拥有自由发展的空间，因而人们可以将外来的事物融合进本文化之中，赋予其新的文化意义。

### （三）场域视角下的哈尼族酒文化

布迪厄认为："一个场域可以被定义为在各自位置之间存在的客观关系的一个网络（network），或一个构型（configuration）。"① 也就是说，场域是由各个事物间的关系所构成的网络或构型。"我们可以把场域设想为一个空间，在这个空间里，场域的效果得以发挥，……场域的界限位于场域效果停止作用的地方。"② "一个场域并不具有组成部分（parts）和要素（components）。每个子场域都具有自身的逻辑、规则和常规。"③ 场域可以是一个充满关系网络的空间，每个场域都具有独立性，它们具有自身的逻辑、规则和常规，是在当下情景中各个事物的关系构成的。

土锅寨哈尼族会根据场域的变化而适时饮用符合场域需求的酒，及使用相应的盛酒器具。在私人聚会的场域中，人与人之间是一种朋友关系，人们会根据亲疏程度做出相应的行为。如果这种朋友关系是亲密的老朋友，那么，我们一般会以日常的心态来应对；而如果是初次见面或关系尚处在建立的初级阶段，那么人们会做出相对较为热情的举动。这在土锅寨哈尼族餐桌饮酒行为中就可以很明显地得到体现。土锅寨哈尼族在关系亲疏程度不一上也会表现出差异化行为。

① ［法］皮埃尔-布迪厄：《实践与反思——反思社会学导引》，华康德译，中央编译出版社 1998 年版，第 133—134 页。
② ［法］皮埃尔-布迪厄：《实践与反思——反思社会学导引》，华康德译，中央编译出版社 1998 年版，第 138 页。
③ ［法］皮埃尔-布迪厄：《实践与反思——反思社会学导引》，华康德译，中央编译出版社 1998 年版，第 142 页。

上文提到土锅寨哈尼族在祭祀祖先的时候用土碗装白酒来祭祀，是因为历代祖先都是用土碗，而花碗则是刚刚传入哈尼族地区。在前文也提到在政府承办的梯田马拉松活动中，穿着哈尼族服饰的妇女拿着装有白酒的竹筒杯给来自全国各地的马拉松参与者敬酒。土锅寨哈尼族祭祀祖先是世代传承的行为模式，而马拉松活动则是外来的活动，是一个展现土锅寨哈尼族文化的窗口，是土锅寨哈尼族人们新近接触的文化场域。在这种场域中，有着一定的规则，那就是"少数民族饮酒是用竹筒杯"，因而他们依循政府部门对自身文化的解读来展演所谓的哈尼族文化。祭祀祖先是在由村寨内部规则即场域下进行一系列活动的，而马拉松等对外的活动场景中，是在旅游开发者或政府部门制定规则的场域下进行的。在他们村寨内部的场域内，外来者必须遵循他们的规则。

个案：2016年3月13日封寨门

在做仪式之前，咪古们在树下空地上整理祭品及烧开水等事宜。由于树下空地较小，周围又都是田埂，为了更好地观察，我跨过水沟，到咪古们对面的田埂上坐着观察他们的一举一动。我旁边有一个水泥砖石砌成的石台，这种石台在田间路边经常看到，一般是某家村民为小孩祈福修筑的，给过来的村民休息用的。这个石台虽在路边，但与路之间隔着一条小水沟，显然与那些供路人放背篓/柴火的石台不一样。我当时觉得，这应该不是普通的石台，所以也不敢坐在石台上休息，而是坐在紧贴石台的田埂上。我坐下没多久，大咪古就上前跟我说不能坐在那儿，待会要祭祀的。我还觉得奇怪，我坐的是田埂，不是石台啊！后来咪古们举行祭祀仪式的时候，我才知道，那个石台是此次祭祀摆放祭品的地方。祭祀的过程中，咪古们要面向石台行跪拜礼。在祭祀的时候，在咪古们的心里祭祀台及其周围都是神圣的场域，凡人是不能待的。

个案：2016年3月15日寨神林祭祀

2016年3月13日的这种情况也发生在15日祭祀寨神林的时候，

当时咪古们带领村民来到寨神林祭祀，期间有许多游客跟随着队伍时时举着相机拍照。寨神林树木繁盛，地上积着厚厚的叶子，踩上去，吱吱地响。一到较为平坦的祭祀场地后，咪古及村民按照习惯将篾桌及祭品等等摆在相应的位置，而游客/外来者不清楚这里的情况则四处走动拍照。大咪古担心外来者踩到隐在树叶下的祭祀台/场所而事先比画了一下祭祀的场地，让外来者不要到那一块。期间有一个专注于拍照的游客差点踩到祭祀台，被一个小咪古眼明手快地拉住。为了拍到最好的照片，游客们纷纷在祭祀台的后方蹲位，在咪古们要面向祭祀台行跪拜礼时，有一个村民挥着手冲着祭祀台后面蹲位的游客说："这是神圣的地方，不能待在那儿。"

在以上两个个案当中，大咪古不让祭祀现场的人靠近祭祀台，当不明情况的外来者不小心靠近祭祀台时，会及时做出指正。在大咪古的文化场域当中，祭祀场地是神圣的、不可随意靠近的。特别是在第二个个案中，村民受到大咪古及小咪古们的文化行为的影响，在游客为选取最佳角度拍照过程中违背土锅寨哈尼族文化场域的行为时，及时做出制止行为。这体现了文化场域对内部文化传承的场景性作用，在潜移默化中，村民从咪古们的行为举止上习得自身文化场域的规则，并以此约束自己、规范自己的行为，并维护自己的文化规则。土锅寨哈尼族在内部场域下遵循自身的规则，并会在外来者破坏他们规则的时候，及时做出制止行为以维护自身的规则。但事物的联系是普遍的，在政府及各界力推哈尼梯田旅游的大背景下，土锅寨哈尼族内部的社会关系不再单纯的仅是内部人与人、人与自然之间的关系，还出现了土锅寨哈尼族内部与外部的关系，关系的变化导致了由关系组成的场域的变化。反过来，场域的变化进一步催化了处在场域之中的人的行为的变化。这种变化在人类一日三餐及为维持一日三餐的行动上得到了体现。

"食物可能只是（或者说它似乎是）一场更庞大、更根本之转变的一个表征。饮食被整个重塑，这是因为社会生产的面貌被彻底改换，以及时间、工作和闲暇的性质也与之一道发生了改变。"①社会生计的变迁改变着人们的日常生活，而民以食为天，生计的变迁必然反映在饮食上。随着改革开发及旅游开发所带来的机遇，土锅寨哈尼族渐渐走上打工经济、旅游经济的道路。土锅寨哈尼族的传统生计主要来源于梯田农业及家庭养殖业（养牛、养鱼、养鸡鸭等），年收入很少过万，经济较为拮据。以篝口村为例，每年都能从国家那领取两次低保费，半年发一次。在"篝口村 2015年 7 月到 12 月份农村低保金发放花名册"中，此次国家共拨款 132846 元，村里共有 1078 个有户口的村民，平均下来每个村民可分到 123.23 元。常年居住在村寨内的村民主要种植红米及养牛，一年下来靠卖红米及牛获得收入相当少。以篝口村一卢姓村民（男，60 多岁）为例：

> 2015 年，卢大爹家卖了一千斤谷子，一斤 3.5 元，大概收入 3500元。另外，家里养了两头牛，平常时候都在山上放牛，两年可以卖一头牛，一头牛大概可卖 3000 元左右。现在牛的价格比较贵了，以前最多才卖 900 元。他有两个孙子在上学，一个上六年级，一个上初三，一个礼拜两个孙子要 100 元的生活费。卢大爹的儿子在外地打工，但都没有寄钱回来给孩子上学，卢大爹觉得一个礼拜给两个孙子支付 100元的生活费很吃力。我问卢大爹如果小孩成绩好考上高中，以后费用更高了，是否会继续负担他们的学费和生活费。卢大爹连连摆手说承担不起咯，不读了。其中一个孙子在年级里一直保持第八名的成绩。

如卢家表现的家庭经济情况在土锅寨哈尼族中相当普遍，因家庭经济困难，再加上改革开放之后打工机会增多，许多年轻人初中没读完就辍学离家外出打工赚钱。但年轻人外出打工所赚的钱并未积攒下来，而是一到发工资的日子，就呼朋唤友挥霍一空。因而家庭经济并未因外出打工而得到多大的改善。正如访谈卢成（男，22 岁）时，他所说的："我们在外面

---

① ［美］西敏司：《甜与权力：糖在历史上的地位》，王超、朱健刚译，商务印书馆 2010年版，第 208—209 页。

打工，也就是谁发工资了，我们就一起去找他玩。如果我发工资了，那他们也会来找我玩。差不多几天就没钱了。一发工资就没钱，有的一两天就没钱了。一个月发的工资才一千多、两千多，去玩一下就没了。"

随着哈尼梯田成功申遗，土锅寨箐口村以梯田核心区的绝佳地理优势，曾经借着旅游开发的春风辉煌一时，但由于种种原因，旅游开发的契机渐渐丧失。村寨内原本的文艺队也因入不敷出而无法继续存活下去。箐口村有两家小旅馆，由于留不住游客，一年当中几乎毫无收入。2016年2月到3月，我在箐口村待了38天，其中一家名为"永福农家"的旅馆才承接过一晚游客的住宿，另一家则没接过任何游客的住宿。春节前后是梯田旅游旺季，一年当中，旅馆也就赚春节这几天的钱，其余时候生意更是惨淡。除了住宿，"永福农家"主要经营哈尼特色餐食。春节期间游客多，"永福农家"趁着家里年轻人回来过年暂时开张迎客，生意好的时候，一天可以承接三四桌客人，一桌两三百元；生意不好时，承接不到一个客人。村里另一家餐馆的情况也是如此。另外，箐口村还有大概六辆面包车、三辆三轮车和一辆小型轿车用来拉客人。游客多的时候，游客还得排队才能坐上面包车呢。生意好时，一天可以赚个两三百元；生意差时，才几十元的收入。梯田旅游季节性强，因而箐口村的旅游收入与游客量成正比。

在旅游开发中，黄草岭并未受到政府的大力宣传，游客很少到主体村寨中去。近年来，黄草岭村民渐渐在省道214边上建起房子，有些已经开起餐馆和旅社。目前有一家餐馆"箐口梯田山庄"是世博集团经营的，为游客提供餐食，二楼是员工宿舍，不提供住宿服务。三家旅馆分别为梯田景观客栈、梯田行走青年旅舍和悟空青年旅社（2016年悟空青年旅社由梯田行走青年旅社的老板盘下合成一家）。梯田景观客栈是由外面的人过来投资的，租的时候房子是裸房还没有装修，一年租金4万块，大概投资了100万左右，一个房间两三万块，有16个标间。以上的餐馆及旅社都是外来者投资，只有梯田行走青年旅社和悟空青年旅社的老板才是黄草岭村民，但旅馆的经济效益也不是很好。因而，黄草岭在旅游开发过程中的收益并不是很大，黄草岭的整体的主要经济收入来源除了梯田农业外，就是外出打工了。大鱼塘的旅游餐饮业发展相对较好，但基本上都是非大鱼塘的人过来投资的，大鱼塘村民也就赚个租金。以"阿卢农家"为例，"阿卢农家"是商会会长/世博集团董事长承包村民住宅的一二楼做餐馆，一天可以接五六桌的客人，一桌菜大概两三百元，生意好时一个月有20多万的收入。但老板给村民的租金一年才千把块。大鱼塘的主要经济来源跟黄草岭一样，也是梯田农业和外出打工。

传统梯田农业虽仍是村民的主要生计方式，但年轻人大多外出打工，打工已经成为主要经济来源；而旅游所带来的经济效益有限，因旅游开发的需要，村民的土地被征收，不得不广开财路、寻求别的生存技能。近年来，黄草岭和大鱼塘的常年在村寨中以梯田农业为生的老人已经陆续开了三家酿酒作坊。

传统的生计方式渐渐发生着变化，青壮年劳动力都往外面跑，村寨中留守的大多是老年人和读书的小孩。土锅寨哈尼族自古以梯田农业为生，传统节日是建立在农业生计基础之上的。现今随着改革开放及旅游开发，人们的生计方式渐渐发生了变化，进而以农业为基础的传统节日也在慢慢发生着变化。以土锅寨三个哈尼族寨子的咪古传承为例，三个村寨呈现出三种不同的变化阶段，大鱼塘的咪古除了2016年一个小咪古是抽签选出来的之外，其余都是自愿担任，且其父亲几乎都担任过咪古。就大咪古卢文学来说，他父亲和爷爷都是大咪古，他是从父亲那接任的，已经当了20多年的大咪古了。黄草岭的村民则大多表现出不愿意当咪古，咪古的任期短更换速度快。以咪古中最重要的大咪古为例，近十年的大咪古就换过四任：张义保（2006年之前，因已过世，任期无法确定）→张有贵（2006—2010年，任期5年）→李克明（2011—2013年，任期3年）→现任张莫沙（2014年至今）。一般如果咪古团体内有人退下来不当之后，村里就会将符合条件的老人的名字写在纸上抽签决定谁来当咪古。一般当两三年之后就不愿意当咪古了。李克明卸任是因为儿子们认为他上了年纪，不愿意父亲为村里的祭祀活动劳心劳力。因而老人听从年轻人的建议，退下来了。但李克明现今仍在从事梯田劳作且自己开了酿酒坊还养了几头猪，以此来看，他的儿子们并非因为他身体支撑不了村寨的集体祭祀活动，而是因为一年当中，村寨祭祀活动多且繁复，这些会影响到自身的工作。箐口村村民则更是不愿意当咪古，2014 年因其中一个咪古的老婆过世，使得这个咪古不适合再担任咪古，因而需要在寨子里再选出一个咪古来填补空缺。但村寨里的人都不愿意当咪古，箐口村因而凑不齐 6 个咪古而暂停一切村寨集体的祭祀活动。哈尼族传统观念中，一年的祭祀活动无法正常进行，那么全村寨就要连续三年不能举行村寨集体的祭祀活动。当问村民，为什么没有人愿意当咪古时，许多村民都说当咪古需要很严格的条件，不适合当的人如果担任了，家里会出现不好的事，最严重的是有人过世。但我觉得最主要的原因，应该是因为哈尼族一年当中，需要咪古主持的集体祭祀活动多，如果担任了咪古，那么就只能待在村寨内，没办法到外地去打工，这样就无法增加家里的经济收入。以往担任咪古除了能带来声望，在主持祭祀之后还能得到点村寨集体的食物或现金报酬；现今，担任咪古虽然也有食物和现金报酬，但一年当中也就那么几百块钱，这点钱出去打个零工，几天就可以赚回来了，因而从经济角度上来讲当咪古并不划算。另外，在酿制祭祀酒时，大鱼塘的大咪古依照祖辈传下来的方式，用梯田红米酿制祭祀酒。而黄草岭的大咪古酿制祭祀酒时，已经不强调必须使用梯田红米，还将街上买的散装白酒与大米混合在一起，酿制祭祀酒。大鱼塘大咪古传承系谱明确，任期长久，因而比黄草岭更能遵从传统酿制祭祀酒。大鱼塘、黄草岭和箐口，三个村寨的咪古任选的现象将因生计变迁给传统文化造成的影响以静态的方式向我们展现其动态的发展过程。

白酒是土锅寨哈尼族的日常饮品，啤酒和葡萄酒则是最近几年才出现在日常的饮食当中的。常年在外打工的年轻人认为，他们喜欢喝啤酒而不喝白酒是因为年轻人不像老一辈人一样，长年累月在梯田里劳作，身体强壮，因而他们身体素质比不上老一辈人。在他们的观念里，喝白酒是需要一定的身体素质的，外出打工比不上在家干农活来得辛苦，因而身体素质跟不上，也就不大喝白酒，而是喝酒精度较低的啤酒。不管是否是因为身体素质变差而不喝白酒转而喝啤酒，还是因为外出打工受外在文化的影响且有一定的经济基础才改变自身的喝酒习惯，这种变化都是因为传统的生计方式发生的改变，生计方式的改变影响了人的饮食习惯。

土锅寨哈尼族原本生活在以传统的农业经济场域为主的社会里，后来改革开放、世界遗产的申报、旅游开发的不断推进，当地人的行为不再仅受农业经济场域的影响，而是渐渐受到打工经济场域及旅游开发经济场域的影响。打工经济场域影响了身处其中的年轻人的饮酒习惯、身体素质及对饮酒与身体素质间关系的看法。旅游经济场域丰富了人们的生存技能，进而推进当地人生计方式的改变及对待传统文化的态度及看法。传统文化的重要性仍是土锅寨哈尼族的共识，但人们在旅游经济场域及打工经济场域的影响下，已经开始出现当赚取收入与参与传统节日产生冲突时选择放弃参与传统节日而继续工作的现象。

诚如鲍德里亚所说："我们生活在物的时代：我是说，我们根据它们的节奏和不断替代的现实而生活着。"[1] 现代生活中，我们离不开物的身影，我们与物有着千丝万缕的联系。物不仅仅是物的存在，而是隐含着人类的各种复杂的动机。通过对物的考察，我们可以探究人类的行为及其人际关系的情况。土锅寨哈尼族拥有丰富的酒文化，通过对酒这一事物的刨根问底，我们可以更进一步的接近土锅寨哈尼族的生活文化。对有形的物的寻根问底只是手段，最终的目的是接近土锅寨哈尼族文化的本质及其体现出的变化。

文化的意义往往需要附着在实物之上。西方谚语云："You are what you eat"，意为"人如其食"。土锅寨哈尼族历来有着酿酒、饮酒的传统。

---

[1] ［法］让·鲍德里亚：《消费社会》，刘成富、全志钢译，南京大学出版社 2000 年版，第 2 页。

受着时代变迁的影响，自给自足的酿饮方式渐渐往商品经济方向发展。受不同人群、不同经济条件及生活场景变化的影响，土锅寨哈尼族的日常饮用酒市场呈现出供过于求、供不应求和供求相当的现象。而在传统祭祀酒的酿制上，土锅寨哈尼族仍然依循着祖先的做法。时代的变化、文化的交融在土锅寨哈尼族的日常生活中得到了真切的体现；而在传统文化上，祭祀用酒的酿制则向我们展现了传统文化的延续及其在土锅寨哈尼族社会的重要性。

饮酒、消费酒在土锅寨哈尼人的社会关系建构中扮演重要的角色。个人的伙伴关系的建立、社会身份的转变、规避市场经济带来的不诚信风险、新家庭成员关系的建立、家庭成员间的关爱、家族间关系的维系、村寨集体价值观的传承都通过饮酒、消费酒来体现，由酒充当着媒介的作用。

时代在变迁，人们的生活场域也随之变化。土锅寨哈尼族在改革开放和旅游开发的浪潮洗礼下，生活场域日渐丰富化，在土锅寨哈尼族的内部神圣场域中，人们依旧遵循着古制；在对外的生活场域、旅游经济场域、打工经济场域里，人们的行为日渐丰富化，并根据场域内部的人际关系调整自身的行为。通过对土锅寨哈尼族酒文化及社会变迁的研究，我们可以得出土锅寨是个神圣场域相对稳定，世俗场域应时应景而变的社会的结论。

# 声部二

## 箐口人与酒

马老师带的学生写我们箐口村的论文有很多，陈春香同学的这一篇关于酒文化的论文很有意思。关于酒，我也想说几句。

中国的酒历史悠久，酒文化也很丰富。我只是不知道酒是什么时候进箐口村来的。从2000年到2019年，我都一直生活在村里，这十九年来亲眼看到亲身经历过一些与酒相关的事情，觉得酒在箐口村民的生活中很重要，村民的生活是离不开酒的。平时觉得无趣，总是约上两三个人小酌，消除劳动的辛苦，增添生活的乐趣；过年过节就必须要用酒，特别是节日中必须要有一点酒用来献祭，没有酒，节日是不成功的。所以，平时不喝酒的村民，一旦到了过年过节也要买些酒来备用。可见，酒在箐口村民的生活文化中很重要，是村民生活的一部分，在哈尼族文化生活中有着特殊的意义，村民与酒有一种特殊的感情。我也看了马老师的研究生陈春香写的有关土锅寨村委会的论文，很有意思。我觉得值得写一点箐口村民与酒的故事，供我们分享，或许对有志调查箐口村酒文化的爱好者具有一定参考和研究价值。于是，我写下了下面的话。

在我知道的哈尼族中，多数是崇拜祖先、崇拜自然、崇拜鬼神、崇拜神灵的，箐口村民亦然。平时生活中都有很多禁忌，很多场合是有讲究的。比如，家里的神龛，寨子里的祭祀场，寨子头的寨神林，平时是不能随意动用或者随意进入的。只有到了一定的节日时间杀猪宰牛，或者杀鸡鸭来献祭，才能进入这些场地。值得提出的就是，献祭这些场合，除了需要煮熟的猪牛肉或者鸡鸭肉之外，最必须的就是需要一碗酒。而且，酒是第一个要献的，没有酒，这个节日或者仪式是不成功的。可见，酒在村民的节日和仪式里很重要。

在我很小的时候，也就是20世纪七八十年代的时候，村民的生活都很困难，村民没有钱买酒。但是，无论生活怎么困难，过年过节是必须要买一点酒回来的，献祭必须要用酒。亲戚朋友们过来没有酒喝是小事，没有酒献祭是不能做仪式的。所以，哈尼族人家多少要珍藏一点酒备用。箐口村离小镇接近，村里也有小卖部，需要酒的话，随时都可以买得到，离小镇远一点的地方，自己必须要学会烤酒。特别是家庭主妇，是要学会烤酒的，烤酒是20世纪八九十年代的姑娘出嫁要求必须学会的一套技能。原来的元阳县俄扎乡有一个叫三台坡的村比较缺乏水源，人们住在山头，水源在河底，离村寨比较远，每背一桶水回到家都比较费劲，就有"有酒喝没有水喝"的故事，现在倒是该有水喝了。箐口村水源丰富，就是缺乏一点粮食，更缺乏经济，人多地少，生产回来的粮食不够人们食用，酿酒的人酿酒的事情没有听说过，好奇的人可能玩酿酒的事情，酿一小点、酿一两次的情况会有，酿酒来卖的就很少啦。

2017 年，李志文从原来的元阳县酒厂（现在已经倒闭）退休回来，多少有点资金，老婆无业，身体尚好，闲来无事，在寨子旁边建了一个酒坊来酿酒，还养猪。酒用来卖，酒渣用来养猪，猪粪又用来种菜。地道的一个劳动能手。他们是从酒厂退休回来的，村民相信他们在行，刚回来的时候听说生意很好，还不够卖。他是我妻子的舅舅，为了照顾生意，我特意去买了几次。有一次，打酒回来叫来朋友们喝，有一个朋友说有酸味，估计是发酵的时间没有掌握好，发酵有点过度了。这酿酒还是需要一定的技术的。现在的话，我喝的酒都是从一个好朋友处买来的，朋友们都说还好。有一段时间没有到李志文家打酒了，他家的酒生意还好吧？他们家是我们村里挂牌烤酒的第一户，希望他们家能持久生产下去，酿出好酒来就更好。

箐口人喝酒，男的女的都喝，总的来说，男人要比女人喝得多些。没有听说不喝酒的男人，只是量的问题，有的喝得多一点，有的喝得少一点；女人喝酒是现在这些年的事情，以前很少听说年轻女人喝酒，只听说几个老妇女会喝一点，说是上了年纪，不喝一点睡不着。而这些年有相当一部分女人都喝了，特别是村里办大事的时候，妇女们过来帮助干活，几个一起吃饭，觉得光吃饭没有意思，就会倒一点酒喝着尽兴。也罢，做完事情喝一点酒乐一乐何尝不好呢。

箐口人喝酒，主要喝的是本地烤的酒，有苞谷酒、谷子酒、麦子酒、高粱酒，少量的还有木薯酒和甘蔗酒。这地方地少，种的最多的是苞谷和水稻，麦子和高粱栽种得少，烤的最多的也就是苞谷酒和谷子酒，价钱又比其他的便宜，村民的生活又困难，买来喝的最多的就是苞谷酒和谷子酒。可能习惯了，口感也成性了，有一次，我的一个外地好朋友送了我一瓶一千多元的五粮液好酒，我觉得好酒一个人喝着不好玩，于是，有一天下午叫了几个最好的朋友来喝，打开瓶盖，给每人倒了一小杯，满屋飘香，心想：他们会高兴了！

"哦，这是什么酒？不好喝，我要喝苞谷酒。"

"对，味道太浓了"。

"这是好酒啊，一千多元一瓶哪！"我说。

"不管，我喝不惯，就要喝家里的酒。"

"……"

于是，我把几个人的酒又倒回另一个瓶里，我和其他两个还继续喝着刚倒出来五粮液。确实，我知道多数村民喝不惯外地进村来的浓香型或者酱香型的酒，喝的最多的是五六元到十几元一斤的白酒。

啤酒，是20世纪八九十年代进村的吧？中年人以上的很多人喝不惯，说是有一种怪味，喝不下去，特别是尿酸高（痛风）的人不敢喝，说是喝了就会要命地痛。喝啤酒就是年轻人的事情了，他们倒是喜欢喝的，逢年过节的时候，朋友们会集中起来喝啤酒，他们身体好，一个人可以喝三四瓶，甚至还多，五六个年轻人喝起来一餐可以喝掉二三十瓶，有年轻人的家庭满屋子都是啤酒瓶。记得2004年到2005年，有人到村里来收购啤酒瓶，每瓶是一角，有两天整个停车场（1000多平方米）都摆满了，运输了两天才运完。喝啤酒也有不好的一面。有的年轻人晚上会在村里的公共场所喝啤酒，空瓶会扔到路上或者村民娱乐的场所，这一点不好，需要年轻人以后改正。瓶子的碎碴伤到的肯定是村民甚至是自己的亲人，要是被水冲到田里去，耕田种地的时候说不定伤到自己，这是村民们要注意的事情。

我还知道村里有人是喝红酒的，不过，这也是年轻人的事情，是几个常年在外地的年轻人，他们是学着外面的生活喝红酒，本地的白酒劲大，容易让人醉，而在单位上班的年轻人不做体力活，很少出汗，他们是很少喝本地的白酒，就学着外地的人喝点酒度低的红酒之类，多数村民是喝不习惯的。

我听说有一种假酒，说是有的人会用乱七八糟的酒精粉加水勾兑，喝了让人肚子痛或者头痛，在村里办大事的时候曾遇到，就看主人家生活困难，经济紧张的时候，办事人会根据主人家拿出来的钱计划着买，这时候就最容易买到假酒了，可能就是3—4元一斤的酒。我们年轻人在一起的时候打过一下算盘，最简单的说法是"一瓶矿泉水都要卖2元，哪里会有3元钱就可以买到一斤酒的市场？"

也许就是这样的原因，村里几个家族之间出现了基金会。本着自愿的原则，根据各自家族的情况，每户集资一定的资金成立管理小组由专人负责，谁家办理大事都可以临时借用，解决了事情接着还就行了。卢氏家有五十多户，每户集资500元，总共就有近3万元；张氏家族六十多户，每户集资500元，总共就有3万多元；二李家族三十多户，每户集资1000元，总共也有3万多元；大李家族七十多户，集资每户500元，一共也有3万多元；其他的少数高姓、杨姓、罗姓、马姓的几户也跟着李、卢、张几个大姓里集资。集资钱用来干什么呢？主要就是考虑到困难的家庭一旦遇到什么突然的特殊情况不便于处理，如果有这样一笔资金的话，谁家突然的遇到什么情况也可以解决，只要处理了事情以后接着还给集体就行了。所以，年轻人就来劲了，要求办事员买酒一定要注意，买了假酒是一定要去退还的。村里成立这几个基金会还跟酒有关系，这是这两年村里才出现的事情，大家认为这是一个好事：谁家遇到什么突发的事情也不用发愁没有钱来解决。

箐口村主产水稻，一年一熟，以农业为主，人均耕地很少，没有什么其他再大的种植业，附近也没有什么厂矿企业，村民的粮食产量只能自给自足，很少听说有用来酿酒的粮食。偶尔有人酿造一点也是像珍藏什么宝物一样稀奇，即使谁家有点好酒，只能是最好朋友的份，一般其他人是享受不到的。箐口村民的主要经济来源是外出务工，很少有其他行业给村民带来经济收入。但是随着社会的发展，这些年村民经济收入还是增多了，喝酒的钱基本不用愁了。而箐口村的田地又少，村民的农闲时间又多。除了四五月份播种的一段时间和九十月份收割农忙之外，一年中的农闲时间相对多一些。这些农闲时间中，村民做些什么呢？就是找事做工挣钱补贴生活费用了，没有找到事情的村民多数是养牛养猪，或者养点鸡鸭，生活比较悠闲。把时间花费在喝酒上的村民不少。很可惜的是，有一部分人就是喝酒喝废的。下面就让我举些例子来说明：

一个是李某某，到 2019 年 7 月已经是 50 岁左右了，神智不清，四肢不灵，生活都不能自己料理了，这五六年来全靠家人照顾生活着；一个是卢某某，去世五六年了；一个是摩批李某某，他去世十一年了。李摩批当时是 60 多岁，妻子在他之前去世，子女不在身边，没有人来管他的生活，身体稍微好的时候，会参加我们张氏家族的法事，也有村民请他做仪式的，经常会带一些酒肉回来。于是，他们几个人就经常聚在一起，早晚都要喝一点小酒，想象一下没有人招呼的生活会是什么样子？有菜的时候，几个人还会搭上一些菜填肚子，没有菜的时候就空着肚子喝酒了，醉了就躺在屋里睡着了，喝酒成性，醒来了又要找酒喝，整天都泡在酒缸里，在村里走一圈，一路都是他们的酒味，刚开始中毒不深的时候，亲戚朋友们也会劝他们少喝，他们就是听不进耳朵里，时间长了，亲戚朋友们也烦了不管了，随着年龄的增长，他们体质减弱，加上喝酒，身体就会垮得更快。这样一起生活上几年后，李某某去世，卢某某去世，李某也好不到哪里，生活全部依靠家人照料来维持。与他们几个相比之下，村里还有几个酒精中毒比较深的人，一个是张某，一个是李某，另一个是李某某，几个都是离异的人，跟他们在一起吃饭，在没有喝一点酒之前，发现他们的手颤抖得厉害，喝了一点酒下肚反而稍微会好一点，身体就平静了，他们的生活都不正常了。最直接的例子是有个叫卢某的人，因为也是经常喝醉的人，有一次在朋友家吃饭，喝多了在村里到处乱转，从一家小院子摔倒了就再也没有起来。这是我们要吸取教训的。李某是一个例子，因为喝酒中毒差点去世，亲戚们都已经给他换上寿服，送医院及时而得救，之后是戒了一些日子，但是，现在又喝了，脸色已经不再是当年健康的样子，明显肥肿，中毒太深了，这样恶性地喝下去很糟糕。听村民说他每餐都要喝一点，家里十几亩的田没有去管理，杂草丛生，为了喝酒，偶尔赶着牛给人家犁田，而自己的田今年一棵秧苗未下种，秋收不知道收什么？

再提一个的是，与我一起担任过村民小组长的李某某大哥，上任之前本来是不胜酒力的，当上村民小组长，由于村务多，跟村民喝酒的机会就多，又加上身体有高血压，已经到医院住院过几次，就是戒不了酒。有一次在家里喝酒，他的妻子看到他喝得过量就过来扇了他一个耳光。这也是为他好。之后，他没有过多少时间就离开了人世，才 49 岁。

2000 年以后，村民进城打工挣钱的机会多了，我发现年轻人喝酒的多起来。过年过节，从小一起长大的朋友们相互见面，免不了相聚在一起喝酒，喝多了出来乱转，控制不住情绪也不知道自己做出来什么事情，也有出现矛盾的，大概是 2005 年的时候，一起长大很相好的李某和卢某两个人有一个晚上一起喝酒，两个都喝多了后又一起去打牌出现打架，不知道是谁先动手，反正，两个人都受伤了并且被送医院住院了，第二天找到村民小组调解，时任村民小组领导的我以他们都是朋友的关系，又是一个寨子的人，以后的生产生活还要继续相处为由，叫他们各负其责，希望以后友好相处而没有处罚谁。但是，他们两人之间就再也没往来，还牵扯到他们的家人，两家人办什么大事也互不往来，这样造成的误解在我们农村可不小。

在我们村里，到目前是没有听说过直接喝酒喝死的，只是，我听一个朋友讲，有人到水卜龙寨子做客时当晚喝酒过量，第二天，主人家就发现人死在屋里了，还连累了主人家做各种法事，赔了一点钱才送回他自己的家，这多冤枉。

还有一个例子是 2002 年的事情，年轻人嘛，打工挣一点钱回来的话有请朋友们吃饭喝酒的习惯。李某打工回来，请来几个朋友来家里吃饭，因为一时高兴，酒喝多了又到朋友家打牌，其间也不知道什么原因就跟卢某吵架，动起手来打架了，被打伤了，第二天叫了村民小组来调解，两个家的人都集中起来，"公说公有理，婆说婆有理"，以伤者为弱，硬是叫卢家出了一点钱去做叫魂仪式了结，要不然的话，说不定事情还会闹大的，但是，之后的两家人还是留下隔阂不来往了。

最让人记住的可能要数卢某某、李某某他们几个喝醉的那一次了，1999 年 7 月 12 日，时值农闲时间，家里无事，他们约了几个朋友，白天就到山上找野味吃，抓回来一些田鸡、蜂子等，这在我们说来是山珍海味。找来了好吃的，就该找好玩的朋友，于是，晚上，约了几个朋友喝酒，白天出了点汗，肚子又饿些，喝起酒来就尽兴，直喝到夜里一两点钟，有两个弟兄喝趴下了，卢某某已经喝到不省人事，见到情况的亲戚朋友们把他送医院才得以抢救回来。当时的家里又困难，家里卖了 2000 多元的一头黄牛付了医药费回来，朋友引申一点就说"喝死老黄牛的人"。在那时的我们箐口来说，2000 多元可算得上是一大笔钱的。直到现在，我们好玩的朋友都会叫哈尼语的黄牛"牛尼玛"，他由此而喝得了一个"雅号"。

在我们农村里，只要谁家办大事，都有相互帮助的习惯，也就经常会集中到一起吃饭喝酒的，我也喝醉过几次。我的感觉是：酒，能刺激人的大脑神经，激活人的身体细胞，少喝一点，可以提神，话也会多说几句，活跃喝酒人们的情绪，消除生产劳动带来的疲劳，让人尽快入睡。要是喝多了，就会乱说话，分不清大小、老幼，最主要的是伤身体，特别是喝了假酒的时候，会出现肚子痛、头痛的情况，很要命的。

青少年正是长身体的时候，是不应该喝酒的，喝酒对他们没有什么好处。村里孩子李世明辍学在家，才十一二岁左右，可能是经常看到大人们喝酒，出于好奇，有一天偷了家里的酒出去，约了他的几个同伴喝酒，喝醉了又不敢回家，同伴们也不敢告诉家人，从中午在哈尼哈巴的楼底下睡到晚上十点左右才找到的，叫人很担心的，要是出了人命该怎么办。

我相信，以前很困难的年代，村民的家庭条件是很困难的，锅碗瓢盆、桌椅板凳不齐全，很难一家人全部坐在一起吃饭，主要是客人们来的时候，家庭主妇会有礼貌地让位给客人坐，很少有妇女上桌吃饭的。现在的生活条件好了，也有妇女会喝酒的了，特别是村民家办大事的时候，妇女过来帮助，干活之余，她们也会约起来喝几杯酒尽兴，这已经不足为奇了。也听说过有妇女喝多的事情。比如：2007 年 7 月村里过"苦扎扎"节的一天晚上，在村里开饮食生意的女老板喝醉了，涂了也喝晕了的李某一脸的口红。李某回到家的时候被妻子看见了，硬是发生了吵架的事情。喝醉了的人一般是拗不过的。第二天，只见李某的脸青一块紫一块的，后来才知道这是怎么回事。

箐口村的老人主要是男人们是喝一点酒的，说是酒能舒筋活血，有利于身体健康，就是不能喝多，他们已经很少运动了，喝多了肯定对他们的身体不好，反而会给身体带来各种病变。主要是在一些仪式中，年轻人与他们用餐，总等着他们开话，总要让老人举杯说一些祝福和吉祥的话，年轻人才会动碗筷，这是村里的一种礼节礼仪。

一桌人喝酒，话不投机，引不起兴趣，或者说知道喝多了伤身体，一般是不会喝醉的。劳动之余，说是喝一点酒麻醉身体，让人安逸入睡。能让人喝醉的场合是村民家办大事的时候，几个人相聚在一起，花言巧语，不把一个弟兄喝醉不罢休。"喝酒是喝身体的"，身体不好的人不能喝太多，喝多了伤身体，这是很简单的道理。几个人在一起，喝晕了还会管什么身体好不好的，喝了再说，这样，村里办大事的时候总会有几个给喝醉的，喝醉酒是村民的常事，许多人认为，没有人喝醉就不好玩了。

酒，还有用在医药方面上的，可以泡药，可以稍微减少酒精度，可以止痛。或许是这样，村里有很多人家买了土瓷罐装酒，说是用这种土罐装就不容易变味，可以保持酒精纯度。

现在交通法说得很通俗的一句话："喝酒不开车，开车不喝酒。"村里也有几个驾驶员，也时常跟他们一起吃饭，说得最多的就是这句话，他们通常也很少喝酒了，特别是要出车的时候，他们也就不喝酒，有的人会自觉地就把车钥匙交给朋友或者家人，要是有事情在身，他们也会申请不喝酒了。这也成了他们不喝酒的一个最好的理由。

　　总的说来，酒能成事也能败事，但喝酒成事的少于败事的。听说的最多的是喝酒误事的事情，喝酒成事的我是没有听见多少的。我的意见是：酒，喝的人多，说明是好东西，就是要少喝些，它是什么人都不怕的，可以叫大人醉，可以叫小孩死，可以叫富人变穷，也可以叫穷人变疯子，可以叫大官变小官，叫小官变没有。几个朋友相聚在一起，"无酒不成席"，喝一点尽兴，暖暖身子，点燃一点气氛，增添一点生活的乐趣是好的。喝多了，对谁都没有好处，只能给自己带来麻烦，还是少喝一点好。

# 第九章 手机

声部一

## 手机和箐口哈尼族村寨生活：关于手机使用的
## 传播人类学考察[①]

手机无疑是当今社会传播范围最广、介入人们日常生活程度最深的传播媒介之一。对于传媒和日常生活的关联性研究，无论在传播学领域，还是在人类学的研究中都有涉及。但无论传播学的观察，还是人类学的视野，都较为忽视传媒使用的具体语境。事实上，任何媒体都不可能在真空中被使用，而是在剧院、客厅、茶坊、地铁中消费的，不同的地点通过不同使用者的消费经验的反作用会影响着媒体的含义。[②] 这一新的研究视角提醒我们，研究手机和日常生活的关联及互动，必须要充分注意到手机使用者生活语境的复杂性和差异性。

对于正处在社会急剧变迁的云南箐口哈尼族村寨来说，手机在最近5年得到了最大范围的普及。手机作为当地村民日常生活中的必需品，在许

---

① 原文载于《现代传播》2010年第1期，作者孙信茹。张明华看过孙文之后，觉得很有必要也说一下手机的故事，因此，在征得孙信茹教授的同意后，将她的文章收录于本书。

② 参见中国社会科学杂志社编：《人类学的趋势》，社会科学文献出版社2000年版，第246页。

多方面为人们提供了全新的信息传播和交流沟通的方式。当然，手机的使用和流通在当地也具有了和其他地方不一样的语境。将手机媒介置于一个传统的少数民族村寨中进行研究，能为考察媒体在不同的社会、文化中的差异及角色提供一个有力的分析个案。

笔者对于箐口哈尼族村寨的考察始于 2003 年，至今先后到箐口 10 余次，调查时间共计有一年左右。本文研究主要在 2009 年 8 月约 20 天的调查资料上完成。在箐口田野点工作期间，主要采用了人类学田野调查和参与观察的方法，配合深度访谈和调查问卷等方式完成。

## 一、箐口哈尼族村寨中的手机使用

箐口村位于云南省滇南元阳县新街镇，是一个哈尼族聚居的村寨。从历史上看，箐口村长期处于土司管辖之下，民国时期，这一地区逐步推行区、乡、镇制度，与土官制并存，有"流官不入之地"[1] 之说。中华人民共和国成立后，和全国其他地方一样，箐口村经历了经济、政治、社会的全面变革。从 20 世纪 50 年代中后期的土地改革，到互助合作和人民公社，箐口村原来的社会结构和经济结构被彻底打破，进入了新的国家经济体系。

21 世纪初，红河州将元阳设立为红河哈尼梯田旅游的核心区域。箐口村因其区位优势和民俗、民居保留较为完整，2001 年被元阳县定位为民俗文化生态旅游村。箐口村目前共有居民 203 户，约 900 人。据 2004 年村委会的统计数字，按乡村从业人员分类，全村从事种植业的有 598 人。随着旅游开发，也有一些外来者到此开饭店、工艺品店等。[2] 旅游开发之前，箐口村村民的主要经济收入以农业耕作为主，农闲时外出打工为辅。2003

---

① 马翀炜主编：《云海梯田里的寨子——云南元阳县箐口村调查》，民族出版社 2009 年版，第 75 页。

② 参见马翀炜主编：《云海梯田里的寨子——云南元阳县箐口村调查》，民族出版社 2009 年版，第 52 页。

年后旅游业的发展增加了当地的就业机会，如当地的餐饮业和住宿业也随之发展起来。从全村的经济收入状况来看，村民近年来最主要的收入来源为外出打工。2004 年箐口村统计外出劳动力达 196 人，有组织外出 116 人，常年（180 天以上）为 80 人，打工人口占到全村人口的 22.65%。[①]

　　箐口村民使用手机的历史最早可以追溯到 20 世纪 90 年代初。李永福是村里第一个使用手机的人。[②] 这个时期，箐口村民对手机的认知是极为隔膜的，打破这种神秘感始于 2003 年前后。2004 年，摩批[③] 李正林不仅是当地很多宗教活动的主持者，还是村里哈尼文化的"代言人"。全村 178 户中拥有固定电话的人家有 17 户，拥有手机的有 42 人，其中男性 34 人，女性 8 人。[④] 使用者主要是和外界接触较多的年轻人以及常年外出打工的人。2005 年 12 月 4 日在广州打工的村民卢进回家，事先就打了电话让自己的父亲到新街镇接他，同时出去打工的人还有李永金、李学忠等几人。去的人中有几个买了手机，其中，李学忠去的时候还根本不会讲汉语，字也不识几个，有了手机后，开始也学着发一些简单的短信给家人朋友了，很多与他一起长大的伙伴都有一种羡慕的心理。此外，村里的政治、文化精英也属于较早使用手机的人。如副村长张明华在 2002 年就开始使用手机，在平时的各类工作事务中都会使用手机进行信息联络，手机对他来说使用频率较高。村里的生活经历和阅历使得他很注重扩展自己的社会资源。李正林也早在四五年前就开始使用手机，而他随身携带的电话本俨然是他宝贵的物品。

　　在 2004 年前后，一个突出的特点就是，箐口村里上年纪的人和女性对手机是较为陌生的。不论从使用人数，还是从手机使用的频率来看，中

---

① 参见马翀炜主编：《云海梯田里的寨子——云南元阳县箐口村调查》，民族出版社 2009 年版，第 128 页。

② 李永福是较早外出做建筑并富裕起来的人，90 年代初花了 8000 多元买了一个大哥大。

③ 摩批是当地哈尼族掌管宗教事务的祭司。

④ 数据来自笔者 2004 年在箐口所做的调查。

老年人基本没怎么接触过手机；女性，尤其是 30 岁以上的妇女同样很少有人使用手机。最早使用手机的女性基本都是当年文艺队中的年轻女孩。这些人少了固有的一些束缚，多了几分追求新鲜事物的心态。

在短短五年的时间里，手机作为一种不容忽视的传播媒介，在今天的箐口村有了前所未有的普及。2009 年 8 月的箐口村里，打手机的人随处可见，越来越多的人已经在使用第 3 部或第 4 部手机了。目前全村 18 岁以上的 623 人中，使用手机的约 280—300 人左右，大约占成年人的 45%—48% 左右。其中女性八九十人，占手机使用者的 30% 左右。① 到 2009 年 8 月，箐口村民使用手机的状况已经和四五年前有了巨大的变化。不论从使用者的人群构成、使用的场合和目的，还是从人们的品牌意识等方面，箐口村民的手机使用状况都变得更加多样化。

值得注意的是，近年来，随着政府对通信事业的推进，箐口村也不可避免地卷入到这一浪潮之中。从 2009 年 6 月开始，元阳县电信公司开始在全县推广手机短号业务。② 箐口村目前已经有 69 个人登记开始使用短号业务。

对于生活在 2009 年的箐口村民来说，手机已然成为一种日常生活用品，它和其他传播媒介一同，慢慢渗透进人们的社会交往、经济活动和文化生活之中。

## 二、箐口村手机使用的语境分析

### （一）从"大哥大"到"山寨机"

手机的使用是和使用者的经济收入直接相关的。20 世纪 90 年代之前，农业种植是箐口村民最主要的经济来源。在这种传统的经济模式之下，村

---

① 数据来自 2009 年 8 月笔者在箐口村的调查。
② 手机短号，即使用了手机短号业务的人，在互打短号的电话号码时，双方通话是免费的。

民在日常消费中，除了吃、穿等日用之外，最大的消费支出就是修建房屋和宗教活动中的花费。

20 世纪 80 年代末到 90 年代初，全国形成一股下海经商的热潮，与此同时，一批干部和富商拥有了"大哥大"。这些人不再满足于腰间只别着个传呼机来显示自己的地位和身份，他们需要借助"大哥大"来彰显自己的身份。这股潮流同样也影响到箐口哈尼族村，只不过，箐口当时用得起"大哥大"的人毕竟少之又少，只有李永福这样头脑灵活、门路又广，时常奔波于外地，能揽到各种建筑生意的人才能买得起"大哥大"。

2004 年后，旅游产业已经占据了当地经济总收入 20% 左右，成为当地新的支柱产业。① 旅游业的发展在一定程度上为村民提供了新的市场结构和社会交往结构。新兴传播媒介的使用在这个过程中也顺理成章地展开了。相对于 2004 年手机使用的 42 人来说，2009 年全村达到了 280—300人的使用人数，短短几年时间，手机的普及几乎就是在一瞬间完成的。更为重要的是，当年笨重的"大哥大"早已经被各种便携、小巧的手机取代。2004 年前后使用手机的李艳英、李永福、张明华至今都能很清楚地说出自己曾经使用过的几个手机的品牌名称，但是，今天的箐口村手机使用者却鲜有能够说得出自己手机品牌的人。箐口村已经成了山寨手机重要的倾销市场。这首先得益于山寨机低廉的价格，很多村民的说法证实了这一点：他们认为手机只要能够打电话就可以了，其他功能不用太考虑，觉得自己既不需要，也不会使用过于复杂的功能。

手机使用的重要前提就是村民们活动场景开始频繁得到转换，人们的经济活动和收入来源变得日益多样化，再加上人们交往与活动范围的扩大，使得手机的使用较容易被人们接受。尽管大多数村民在使用山寨手机，但是他们却似乎从没有听说过"山寨机"这一说法，大多人代之以"杂

① 马翀炜主编：《云海梯田里的寨子——云南元阳县箐口村调查》，民族出版社 2009 年版，第 142 页。

牌""不是什么牌子"的说法。如果说，在认购手机品牌的时代，不同的手机品牌的使用，尤其是那些可以标识身份的名牌手机的使用在一定程度上会形成人们的社会区隔的话，显然，随着手机在箐口村的日益普及，目前它在当地还难以形成社会区隔。尤其是在山寨机的大量"入侵"之下，手机无法帮助人们形成有效的身份识别和自我定位。箐口最早使用手机的人，确实能成为某种身份和地位的象征，而山寨机的出现，某种程度上消解了这种区隔，让话语权变得更加平等。手机，这个依靠语言沟通编织起来的人际关系网络，最大的特点就在于其信息的低成本带来的使用者更多的平等性。

## （二）从"村内"到"村外"

媒介的使用与人员的流动范围及频率有直接的相关性。传统上，箐口村的人口流动主要有婚配、读书和外出工作等几种形式。其中最主要的人口流动是由周围哈尼族各个村寨之间的婚姻关系形成的。[①]90 年代以后，箐口村的社会交往开始发生变化，最大的变化就是出门打工的人增多了。村民最初的打工地点基本都是在老县城新街镇，也偶尔有人会到红河州的其他城市。而随着人们活动范围的增大，一些人也开始尝试到更远的地方打工，比如昆明、广州、深圳等地。旅游开发后，人员流动呈现出新的变化，不仅箐口本村的村民进一步增强了流动，而且开始出现了一些外来人口。比如 2004 年，村里有 7 家从大理来此经商的白族人家，到 2009年，还有 4 家继续经营。管委会的文艺队中出现了一些外村和县里的民间艺人。虽然今天文艺队已经解散，但是箐口村人口构成的逐渐复杂和多元化，使得村民交往范围也在不断扩大。

在箐口手机使用者之中，除了入村的外来经营户和本村一些个体商户

---

① 参见马翀炜主编：《云海梯田里的寨子——云南元阳县箐口村调查》，民族出版社 2009
年版，第 58 页。

之外，使用人群最多的是常年在外打工的人。这部分人大多会从老县城新街镇或者打工所在地购买手机，主要目的就是和家里保持联系。在2004年之前，村里很多人因为没有手机，和在外的家人联系通常都会到村里卢世华家小卖部打电话。那时候，卢世华家的电话生意还不错，而现在，两三天可能都没有一个人会来用电话。常年在外打工的人，除了和家人保持联系之外，利用手机展开"关系资源"的扩展和维护也是使用手机的重要目的。"通过非正式的关系来办事在那些相对封闭、传统文化和观念相对保留完整的农村地区基本上是一种惯例。"[①] 而要保持这种"非正式的关系"和"人情"很大程度上就和手机有关。在笔者结束箐口的调查之后，曾经和李艳英、张明华通过短信联系过，对于他们来说，手机短信在这里提供了和其他社会群体成员交往和联系的机会。

手机，在箐口最早的使用者中，往往成为财富象征和地位的代表，而现在正在逐步转变为人们广泛使用的日常通信工具。吉登斯认为，在前现代社会，人们的社会生活空间受到"在场"的地域性活动的支配，故"空间和地点总是一致的"。而现在，手机的使用形成了新的社会联系，箐口人从"村内"交往过渡到了"村外"交往。

（三）从"男性手机"到"女性手机"

不同的媒介使用者就会赋予媒介不同的特性。在所有的传播媒介中，最贴身和最有温度的恐怕就是手机媒体了。就箐口村手机的使用者来说，最早使用手机的以男性居多。他们除了满足基本的信息交流沟通需要之外，也不乏有人希望通过手机来实现自我炫耀。而与男性使用心理不同的是，女性则更多关注手机功能性的使用。

箐口村的男性和女性对手机优势的认可程度也各有不同。当问及手机

---

① 杨善华、朱伟志：《手机：全球化背景下的"主动"选择——珠三角地区农民工手机消费的文化和心态解读》，《广东社会科学》2006年第2期。

的好处时，男性基本都很肯定地认为，手机最大的好处就是帮助他们在任何时候能够找到其他人，比如李宏说自己家在寨子脚，现在有什么事情找同村的朋友，打个电话就行，不用像以前还要走半天路。村长李树华也觉得有了手机，村里通知开会等事情时方便了很多。在2009年8月的某天，在半个小时之内，李树华连接了3个电话。电话是为了联络县财政局到箐口开会的人，主要是关于村务集体财务公开管理的会议。村长决定晚上召集一个小会，请村里几个有威望的人开会。3个电话都是讨论此次公共事务会议的事情。相对于男性的积极主动性，女性显得更为被动一些，她们关心的不是"我如何找到别人"，而是"别人可以找到我"。问到手机的来源，很多妇女的表述相当一致：丈夫或者子女在外打工时买回手机，这样，出门在外的人就方便和家中联系。女性打电话的对象更多是自己的配偶和孩子，而男性打电话的对象则广得多。此外，女性打电话的场合也多是在家中完成，手机很多时候并不随身携带，而是摆放到一个地方。而男性往往并不顾及打电话的场合，在公共场合使用手机的频率显然远远高于女性。手机更多时候也是随身携带。比如，摩批李正林的手机是别在腰间，而且问到手机号码时，他一再强调，自己的手机号码是从来不会变的，如果变了，很多人就会找不到自己，意味着自己会失去很多和外来游客、学者接触的机会，最终也可能会丧失很多社会资源和经济资源。

虽然是同类媒介，然而，在不同的使用者手中，手机媒体带上了鲜明的"女性"和"男性"特质，成为名副其实的"女性手机"和"男性手机"。

（四）从"城市购买"到"手机下乡"

从箐口村民手机获得的来源来看，最主要的方式就是自己到商店购买。可以说，箐口村手机消费者，更多是男性，尤其是在外面打工或曾经打过工的人，一般都会自主地选择购买手机。如果说箐口村民对手机的使用最初源于自己迫切的需要和自愿选择的话，那么，手机在今天如此大量的普及和政府及电信公司的推广显然密不可分。

和广播电视"村村通"工程相类似，2005年，为了尽快解决云南农村落后的通信状况，云南移动决定在全省范围内实施"兴边富民移动通信工程"。同时，箐口村所在的红河州也利用过这一机遇，在2008年底，实施"村村通"工程和农村电网改造工程，移动通信信号已覆盖所有乡镇和绝大多数自然村。

手机进入箐口，国家政策和外部力量起了不可忽视的推动作用。今天的箐口，不仅移动通信信号已覆盖全村，而且2009年元阳县移动公司还尝试把手机充值站直接建在村寨中。到2009年底，全县各村寨手机充值站大约有170个。

对于一项新技术的使用，它在被人们接受的过程中不仅需要人际传播的渠道，也需要大众传播的过程。箐口村民对手机的使用同样经历着这样的变化。在使用手机的早期阶段，个人购买者的口耳相传可能会对人们形成较强的示范作用，但是这一影响毕竟是有局限的。而随着国家力量和大众传媒的进入，人们不可避免地被卷入到共同的信息包围中，对新技术的接受也就更加顺理成章了。加上手机推广在城市市场已经较为成熟，商家开始把目光对准了乡村市场。

更为重要的是，在很多时候，电话和通信常常会被看作是国家基础建设的一部分，让国家的声音能够传递到远离首都的地方，这是一个重要的目的。电话制造了一个新的空间，政治管理无论如何必须首先占领这个空间。[①]

### 三、箐口手机使用的独特文化功能

媒介和社区生活的互动不仅仅在于人们用它来做什么，还在于媒介往

---

① 南帆：《双重视域——当代电子文化分析》，江苏人民出版社2001年版，第109页。

往作为一个整体对该社区的人们发生着潜移默化的作用，甚或媒介会被人们创造性地使用，即实现媒介的再生产。

2009 年 8 月 3 日，元阳县移动公司到箐口拍摄宣传片。拍摄的主要地点在村中央的广场上，为了营造氛围，村长特意找出了以前活动的一个布标："元阳县'农村移动信息富民工程'启动会议"。尽管这次拍摄活动和布标上提示的活动并不是一回事，却丝毫不影响拍摄的效果。整个活动的安排和导演都是由红河电视台的一个摄像来完成的。主角是移动公司的三个女工作人员，她们的主要任务就是宣传移动信息各项工作。摄像师很快捕捉到了一个背孩子的老年妇女，摄像师决定开始摆拍她打电话的样子。老年妇女显然并没有习惯拿手机，拿手机的姿势好几次都很难让导演满意，他不停地让老太太重复打电话的动作，还让她背上 2 岁多的孙女也做出打电话的姿势。

相比在场众多女性的腼腆和难以调配，村长李树华则显得很不一样。他很快就融入到了拍摄氛围中。甚至主动拿起自己刚买不久的新手机频频做出正在通话的样子。很快，导演也对他情有独钟，镜头常常对准了李树华。

在箐口村民的积极配合下，拍摄工作很快完成了。摄像师说，他对今天背孩子打电话的老年妇女和李树华最为满意，他们打电话的镜头正是自己最想要的场景。

一次偶然的拍摄活动，围绕手机却形成了一个新的现场空间。本应该是一种典型的私人媒体的手机，在这个空间中却成为了公开表演的道具和核心。按照电信公司人员自己的说法，选择箐口是因为这里不仅风景优美，有浓郁的少数民族特色，而且还能较好地反映出通信事业给少数民族村寨带来的巨大变化。手机在这里昭示的俨然就是：手机就是信息，打手机就是和现代社会接轨，甚至就是社会经济发展和进步的标志。不难发现，手机的使用和拥有具有了特定的象征意义：消费者时常会为从属于这种信息社会化而自豪。目前，这种观念也在顽强地向偏僻的山村渗透。即便这种渗透带上了几分商业机构强制性的色彩，也并不妨碍人们对手机的想象。

　　于是，在一次电视台的拍摄活动和电信公司的宣传片中，箐口村民利用手机完成了一次"文化表演"。在这场表演中，手机就成为整个活动现场的一个核心，不同的人在这个场域中的一举一动都围绕手机展开，宣传片所希望引起的人们的联想也都和手机有关。在手机形成的这场"文化表演"中，关于传统、民族风情之类的想象是被淡化的，而"现代化""信息化"的特质被无限放大了。

### 四、结语

　　一次偶然的电视台拍片活动成为箐口村民媒介使用过程中的个别案例，但是两个事件的发生或许并非偶然。对于箐口这样一个正处于急剧变迁中的少数民族村寨来说，它必然受到来自"现代社会"各种力量的侵入，而媒介则是这些侵入力量中极为显著的一支。两起事件或者围绕媒介展开，或者因媒介而起，因此，当我们透过媒介的视角去观察这两个事件之时，我们发现，"传统"的箐口哈尼人也能和所谓的"现代人"一样自如地使用媒介，能够通过媒介表达着当地人对社会的理解，甚至通过大众媒介改写着地方性的知识和文化传统。而能够完成这些变化的重要前提就是箐口哈尼人对媒介的使用是和这些媒介具体的存在语境紧密相关的。

　　从这样的视角我们再来分析以上两个偶然的事件，也就不难理解为什么在箐口手机的使用会呈现出较为独特的文化功能。对于正处在"变"和"不变"中的箐口来说，箐口一方面接受了来自信息化浪潮中媒介的强行侵入，一方面箐口作为民俗文化旅游村，又必然还保留着较为传统的民风民俗，而在这"变"与"不变"中恰恰就产生了能够让人们有足够想象的空间：箐口哈尼族使用手机，俨然就是一次"传统"与"现代"融合的极佳图景。

　　箐口人传统的交往方式主要表现为地缘性的交往和血缘性的交往，在这样的交往格局中，信息的流动也主要在熟人社区或家族中传播，信息传播的方式也更多表现为口头语言的传递。但是由于手机媒介的介入，箐口人的人际交往变得愈加复杂化了，在一定程度上，信息的交流突破了熟人社区的局限，大大扩展了信息流通的范围。

再从另外的角度来说，手机的使用也意味着某种话语权的声张和实现，即每一个拥有手机的人都能够成为话语权实现的一个主体。因此，手机在箐口的普及无疑就标志着多个权力主体的形成。在过去，权力主体的形成和实现相对是较简单和明确的，村里的政治精英、文化精英往往比较容易形成权力主体，他们更容易集中地表达民意，也更能获得权威性的地位。但是到了今天，手机的出现使得传统权力的运行方式发生改变，多个权力主体的出现甚至在一定程度上造成了对传统权力的消解。

"一种媒体的意义不仅在于文本，也不仅在于人们用它的文本做什么或对它的文本做什么，而在于从作为一个整体的媒体中产生又对之发生作用并且常常再生产出来作为整体的媒体的那些活动。"① 在箐口人的手机使用历程中，箐口独特的社会结构和文化背景就是孕育手机媒体的那个"整体"以及"那些活动"。


## 声部二

## 手机的历程

马翀炜老师 2004 年第一次带队进箐口村做了一两个月的调查，孙信茹老师是队员之一。后面孙老师也单独来箐口做过几次调查，这些年来得少了，听说是去怒江那边一个叫大羊村的寨子做调查研究了。听马老师还有其他同学介绍，我知道了当年那个小姑娘现在已经成长为中国非常著名

① 中国社会科学杂志社编：《人类学的趋势》，社会科学文献出版社 2000 年版，第 247 页。

的研究新闻传播的教授。我看过她的一些文章，有些也不懂，但她关于箐口村的手机的文章确实写得很好。

孙老师对手机和箐口社区生活变化的理解我赞同。"手机的使用是和使用者的经济收入直接相关的。20世纪90年代之前，农业种植是村民最主要的经济来源。在这种传统的经济模式之下，村民在日常消费中，除了吃、穿等日用之外，最大的消费支出就是修建房屋和宗教活动中的花费。"确实，20世纪的箐口村民生产单调，经济收入低下，很多家庭入不敷出。村里的房屋和基础设施都极其简陋，家庭收入只能满足于修建房屋和日常支出，购买电器和现代化的设备是多数家庭不敢梦想的事。

"20世纪80年代末到90年代初，全国形成一股下海经商的热潮，与此同时，一批干部和富商拥有了'大哥大'。这些人不再满足于腰里只别着传呼机来显示自己的地位和身份，他们需要借助'大哥大'来彰显自己的身份，这股潮流同样也影响到箐口哈尼族，只不过，箐口村当时用得起'大哥大'的人毕竟很少，只有李永福这样头脑灵活、门路又广，时常奔波于外地能揽到各种建筑生意的人才能买得起'大哥大'。"李永福当时还年轻，朋友又多，能找到附近的一些建筑工程活计，带着村里的弟兄们施工，能挣到的钱要比一般村民多些，为了业务上联系方便，购买了手机。手机成了他的生活必需品，估计他也是村里第一个购买手机的人。

2000年，元阳县人民政府把箐口村作为开发旅游的第一个村来进行了改造，村里的房屋和基础设施都得到提升。新兴的旅游业很大程度上促进了村民的经济意识，很多年轻人外出的机会增多，带来经济上的利润。在外地工作或者打工的村民也陆续买了手机。此时，手机也逐渐进入村寨。2002年村里成立管理委员会，李学担任主任，我和卢世华作为他的助手，还有几个员工一起负责村里的工作。李学以500元购买了一部波导手机用于工作上的联系，手机的功能并不多，他也只会打电话和发短信息。也是为了工作上的联系，我和卢世华也相继购买了各自的手机，目的很简单，就是联系工作，"只要打得通就好"。

简要回顾一下，当时村民务工，每天工钱只有十二三元，年轻的人一个月下来也只能挣到三四百元，要想买到一部七八百元的手机也要省下几个月的钱来，加上每月要付四五十元的话费，村民的说法是："买得起也养不起。"

从 2006 年到 2010 年，村民务工的工资从每天 20 元上涨到 40 元至 50 元。每个月 1000 元到 2000 元的收入也足够买一部手机了。"看着别人有手机了自己也想有一部手机"的心理占据了内心世界。这期间，村里大概有 280 人至 300 人使用手机，村民认为手机便宜，"可以用来打电话，其他的功能不用考虑，觉得自己不需要，也不会使用过于复杂的功能"。

到 2015 年，村民务工的工资又上涨了，每天从 50 元到 80 元再到 100 元了，每个月正常务工的年轻人每月能拿到两三千元了。这时候村民买手机，经济上已经不再是什么问题。而且，"只是打得通"已经不再满足他们的需要了。他们的要求也在提高——"手机的功能要好"。社会在发展，人们的经济水平也在逐步地提高，观念也在不断地改变。

这几年，年轻一点的村民的手机已经不再满足于"能打就行"的状态。"能打就行"仅仅只能针对老年人来说了，他们不识字，也没有更多的时间来玩手机，只要能联系人就行了，"特别是需要找人，不知道他在什么地方，只要打电话就能通知到了"。对于年轻人，他们的要求愈来愈高，从原来"能打就行"的要求到用多功能的智能手机，从一般到名牌的也有。知道的好一点品牌手机有苹果、华为、三星、OPPO、vivo 等，使用名牌手机有了更高一层的目的，彰显自己的经济能力。

有了购买品牌手机的能力，用旧了的手机怎么办？或者说，村民的手机总免不了摔坏的，总是要换新的，前两年是有一些外地人来村里收购旧手机，更多是用菜刀菜盆等来交换旧手机。村民认为已经没有用的或者说不值得修理的就会用来交换，认为有价值修理的还是会到修理店进行修理再用。不值得的就当废铁换了菜刀菜盆使用，认为丢在家里也没有什么用了。

　　我大概统计了一下，箐口村现在有人口 1015 人，使用手机的村民有 800 多人了，除了十几个老人和小孩没有使用之外，基本上人手一部。不要看中年妇女们不识字，她们也为了联系而使用了价格便宜的 99 元或者 199 元的手机，说是这种手机电池耐用，音量又大，晚上还可以用来照明，很适合她们使用，即使丢了或者坏了也不值几个钱。年轻一点的妇女呢，她们读书不多，但是，通过学习，她们已经学会了使用微信，学会跟朋友们聊天，也会用手机来下载歌曲和电影，把电视都放到一边去，自己喜欢看什么直接就在自己的手机里看。现在，看电视的人减少很多，再不是十多年前那种大家围着一个电视的情况了。

　　在箐口村，我知道有过两起手机引起的大事必须说一说。一件事是 2010 年，有一伙人在卢成家吃饭，走的时候，有一个人忘记了手机在卢成家。当他们返回来找手机的时候，张某把手机放在自己的口袋里，然后开玩笑说是被李文才的父亲拿走了，他知道后才从李文才的父亲手里要回来的。当然，最后手机是还给了失主。但是，知道事情后的李文才家就不服了，说自己的父亲这么大年纪（83 岁）了从来没有干过什么坏事，活到这么老还要被人这样诬陷说成是"小偷"，于是，找来村民小组调解，要张某赔偿 1600 元。迫于压力，张某只好拿出了这些钱给李文才父亲了事。

　　另外一件事是 2016 年冬季的一天，丢手机的女孩可能是一个家庭条件很好的人家，说是他们要离开箐口村的时候，她把手机放在售票房的阳台上，一会儿回来拿手机的时候就不见了，问了几个村民都说"不知道"，之后是叫来新街镇派出所的人找来村民小组一起调查，说是手机很贵，里面还有她需要的很多材料，希望捡到的村民把手机还给她，她也可以自愿给找到手机的人一点钱。但就是找不到手机了，不知道是村民拿走还是怎么回事？当然，也不排除手机是丢在其他地方的可能啊。这事闹得动作是大了一点，第二天，公安人员还组织人手来村里化验一些村民的指纹。最后也没有找到手机。

　　我知道，现在的手机是可以装一些材料了，因为村里出现过丢手机这样的事情，我就经常告诉我的朋友们，无论来村里还是外出都要带好自己的手机。丢手机可能是小事，丢了一些很重要的材料找不到就麻烦了。

从这几年村民使用的手机情况看，手机的功能是多了，村民已经不再满足于通话，更多的是学会微信支付，微信购物。每隔一两天，都可以看到年轻人从街上带回来他们在网络上订购的货物，这在很大程度上改变了上街买东西的历史。甚至，年轻人在娱乐的时候，口袋里不再装现金，而是用手机微信转账，我们只要到他们娱乐场所去看看都能见到的。

手机改变了村民的生活。不出门就可以支付电费、电话费，甚至可以购买货物、定车票等，很大程度上加快了村民生活的节奏。这是我们多年前不敢想象的事情，如今都普及到村寨了。

当然，让我感到很不乐观的是，现在的小孩都学会了玩手机，他们的年纪还小，有的只是五六岁，他们也学会了玩手机游戏以后，整天结伙在一起迷恋玩手机游戏，根本不去学习，影响他们的功课，这样是否会影响他们的前程？他们还小，正是长身体、长知识的年纪，如果不能正确对待手机，肯定会影响他们的学习，特别是上初中和高中的学生们，他们的课程很紧，如果把时间花费在玩手机上，成绩肯定要下降的。所以，我想劝告学生们要正确对待手机，尽量把时间用在学习上，以免误了学习的时间，耽误了以后的生活。

手机游戏很容易上瘾，要小孩子自己不去玩是很不容易的。为什么小孩子玩手机就没有大人来制止呢？有这么几个原因吧，除了很多人并没有意识到手机玩多了不好，其他的原因就是大人们忙，也没有时间管小孩；另外就是很多孩子都是给爷爷奶奶领，父母都在外地打工，爷爷奶奶平时也领得烦了，也有好多家务要做，丢个手机给小孩玩，也很省心。

# 第十章　文艺队

## 声部一

### 村寨歌舞展演的路径选择：元阳县箐口村哈尼族歌舞展演的人类学考察[①]

通过田野作业，对于从日常生活和仪式中抽离出来的为展演的艺术形态进行观察与分析，就有可能对特定情景中的艺术现象及其意义获得较为全面的认识，[②] 从而为理解当下存在的各种纷繁的艺术现象完成一定的知识上的储备。而从村寨歌舞展演的现实来看，关注民族歌舞转化为民族文化产品，分析这一新兴的乡村文化产业发展中不同的行为主体在发展中所起的作用以及主体错位可能带来的问题是更具现实意义的。从 20 世纪 90 年代开始，为了表现当地民族文化特色、展现或优美或壮丽的生态环境，吸引游客，诸如"民族文化生态村""民俗旅游生态村""民俗文化村"之类的村寨大量出现。冠以当地村民都不大明白的新名称的行为都是与这一时期旅游业得到极大的发展紧密关联的。相应地，各种名目的村寨"文艺表演队"也不断出现。这些艺术活动的场域发生了极大的变化，其组织方式和结构也呈现出新的样式：既有村民自发组织的，也有当地政府组织的

---

① 原文载于《广西民族研究》2008 年第 4 期。作者马翀炜。

② 参见何明、洪颖：《回到生活：关于艺术人类学学科发展问题的反思》，《文学评论》2006 年第 1 期。

等等。这些文艺展演的共同特点就是力图通过凸显当地民族文化、增加民族旅游项目以获得经济利益。基于四年多对云南省元阳县箐口村的长期田野观察，我们对处于急速变迁中的这个哈尼族村落的经济、政治、社会等有了一个相对全面的了解，① 从而使观照、理解特定文化事象与具体、单个的人及其集合体的现实生活之间的关系能够在一定的程度上得以实现。本文的基本目的就是力图在关注村寨歌舞展演发展过程的同时，思考乡村文化产业发展的路径。

## 一、舞台化：搭建展演平台

元阳县集中展演哈尼族歌舞艺术的"舞台"设在新街镇箐口村。这个舞台的搭建是与元阳县开展民族旅游，当地政府将哈尼梯田申报世界文化遗产等行动密切相关的。元阳县是集边疆、多民族、山区、贫困为一体的国家级重点扶持县。② 境内世居哈尼、彝、汉、傣、苗、瑶、壮等 7 个民族，总人口 36.5 万，少数民族占总人口的 88%，其中哈尼族占全县人口总数的 53.57%。元阳县的民族文化资源中，最为重要的是当地各族人民开垦的宏伟壮观的 19 万亩梯田景观。它被中外专家誉为人类农耕史上的奇迹，视为森林—水系—村庄—梯田—人文"五素同构"的自然景观，是人与自然和谐相处的典范。从 20 世纪 90 年代初开始，由于当地政府和学者的努力，旅游开发以及世界文化遗产申报等工作不断加强，元阳县已被列入云南省 15 个"县域文化建设试点县"之一。箐口哈尼民俗村被国家旅游局命名为"全国农业生态旅游示范点"、被云南大学确定为"哈尼族文化研究基地"。作为生产要素的梯田也逐步被建构成了彰显"人与自然

---

① 从 2003 年底开始，作者对红河州哈尼族彝族自治州元阳县新街镇箐口村进行了长期的跟踪调查。本文所引材料，除注明出处者外都出自作者的田野调查。

② 该文发表于 2008 年，那时候元阳县属于贫困县。2020 年，元阳县已整县脱贫。特此说明。

和谐相处"的"人类文化遗产"的文化符号。① 如果将文化理解为人类的实践方式及成果的总称，那么可以说，"一切物品或一切使用价值都是作为'文化产品'存在的。然而，在专门性词汇的层面上，'文化产品'特指以提供精神性和社会性为主要功能的各种物质的或观念的、有形的或无形的产品。这些具有公共服务性质的产品的商品化，是在现代社会中才普及开来的一个特殊产物。"② 基于这样的认识，我们可以说，与哈尼梯田旅游密切相关的村寨歌舞展演事实上已经成为乡村文化产品。

在民族旅游开发之初的 1997 年，因梯田而来元阳县的中外游客很少，全县旅游收入不足百万元；2001 年全年接待国内外游客 82117 人次，全县旅游总收入 1394 万元；2002 年接待游客 96930 人次，旅游总收入 2136.52 万元；2003 年接待游客则 106005 人次，收入近 5000 万元。近两年来发展更是迅猛，2006 年全年接待国内外游客 31.03 万人次，收入 1.65 亿；2007 年接待游客 41.51 万人次，收入 2.79 亿元。旅游产业带动战略初现成效，旅游产业作为国民经济新的增长点的地位进一步巩固。从这些数据中可以看到，元阳县的民族旅游开发取得了重大的进展。与此同时，哈尼梯田申报世界文化遗产以及旅游开发等种种活动也都在紧锣密鼓地进行。

为了挖掘和集中展示梯田农业文化内涵，红河州和元阳县 2000 年就开始在成片壮观的梯田核心区筛选较能代表哈尼文化的村寨，并且希望通过进一步的努力来打造一张红河哈尼梯田文化的"名片"。经过筛选，位于梯田核心区的箐口村开始作为民俗文化生态村来打造。位于哀牢山区的箐口村隶属云南省红河哈尼族彝族自治州元阳县新街镇土锅寨村委会。箐口村现有 178 户，865 人，位于元阳县新街镇南部，至老城区新街镇约 6.87 公里。箐口村所在地区为哈尼梯田核心区。村民传统上主要依靠依山而筑的梯田进行生产。由于村寨自然气候、稻谷品种、生产技术等条件的制

---

① 参见马翀炜：《文化符号的建构与解读——关于哈尼族民俗旅游开发的人类学思考》，《民族研究》2006 年第 5 期。
② 陈庆德、马翀炜：《文化经济学》，中国社会科学出版社 2007 年版，第 9 页。

约，梯田稻谷产量是较为有限的，人均粮食产量仅为 385 公斤。箐口村农业长期发展缓慢，在近期内通过农业获得发展是十分困难的。探寻新的发展模式也成为必然。2000 年开始，政府作为民族文化资源开发的一个主体开始投入 200 万元进行基础设施改建工作。①

2003 年，在各种旅游设施已经建设完成之后，箐口村在不断接待政府部门的参观团队之外，也开始接待越来越多的普通游客了。村里当时并没有专职的文艺队，遇到一些重要的场合，民俗村管委会就把村里人临时叫过来组织一下，跳一跳乐作舞。领导部门越来越觉得作为红河州哈尼族文化窗口的箐口村，应该展示更多的哈尼族文化内涵，应该增加一些文艺节目方面的内容。这样，组建箐口村民族民间文艺队的工作就被提到议事日程上来了。

2003 年 9 月，县旅游局开始组建箐口村文艺队。这一年，首先从元阳县攀枝花乡硐浦村请来了在元阳、红河、绿春、金平四县很有名气的民间歌手朱小和。朱小和乐意演唱的几万行的哈尼族古歌《窝果策尼果》和迁徙史诗《哈尼阿培聪坡坡》，这两部史诗被誉为哈尼民族历史文化的百科全书。请他来就是为了给文艺队增添哈尼族传统文化内涵。此外，麻栗寨大摩批李主义、著名的民间歌舞专家如新街镇热水塘村的白习则等人也请来了。此外，元阳县一些文艺工作者也被请进文艺队作为指导专家。集中了民间宗教人士、当地文艺精英和箐口村普通村民的 20 人的文艺队建成了（其中女队员 8 人）。为了有效地整合资源，箐口民俗村管委会与文艺队合二为一。成员平时参与旅游民俗村的管理和文艺排练，有演出任务时就参加文艺表演，平时则兼顾负责村寨卫生、安全、导游等工作。

由于当地政府的积极组织，以往散落民间的并不怎么能真正得到艺术研究学者们青睐的哈尼族歌舞也在这个时候成为"非物质文化遗产"，开

---

① 参见马翀炜：《文化符号的建构与解读——关于哈尼族民俗旅游开发的人类学思考》，《民族研究》2006 年第 5 期。

始受到了前所未有的重视。这些文化遗产受重视的原因可能有很多，但最为根本的还在于这些文化遗产在现代语境中最终有可能转化为文化产品的文化资源。近年来，在"原生态"重要性被不断言说的语境下，一般大众游客都表现出了对"原生态"民间艺术的热情。正是这些市场需要的存在，以往内在于日常生活中的以及仪式活动中的歌舞，就开始以展演的形式呈现在梯田旅游搭起的舞台之上。欣赏这些歌舞必须付费的现实，再清楚不过地表明了歌舞展演即是提供服务性文化产品的经济活动，欣赏则是新形势下的文化消费。而当地政府在这一过程中扮演了启动、引导并进行经营运作的重要角色。

## 二、拼贴化：创新展演内容

对于云南的少数民族而言，"能歌善舞"只是就宏观意义而言的，"会说话就会唱歌，能走路就能跳舞"也有相当的夸张成分。真正说到某个地方，能歌善舞的人未必很多。哈尼族历史悠久，是西南地区传统文化保留较多的少数民族之一。哈尼族是个喜爱歌舞的民族，其民间舞蹈，异彩纷呈。过去，"在红河南岸，流行最广的有三弦舞、四方舞、扇子舞、乐作舞、木雀舞、拍手舞、金钱棍舞等。"[①]随着社会的发展变化，人们的生产生活方式都有了较大的改变，宗教仪式活动也在发生变化，[②]许多地方原本内在于仪式中的歌舞活动事实上也处于逐渐式微的状态中。正是民族文化的开发活动，使得许多的民间艺术在新的时代中得以传承，以其自身的变化获得发展的生机。箐口村文艺队的组建，使得哈尼族的一些歌舞开始集中在这里进行表演。文艺队所表演的节目大都是有宗教含义的，过去往往只能在特定的宗教祭祀活动中表演。这些节目有许多是来自周边其他寨

---

① 《哈尼族简史》编写组：《哈尼族简史》，云南人民出版社1984年版，第129页。

② 参见马翀炜、潘春梅：《仪式嬗变与妇女角色——元阳县箐口村哈尼族"苦扎扎"仪式的人类学考察》，《民族研究》2007年第5期。

子，还有许多是来自哈尼族其他支系的，甚至还有一些是为了旅游的需要而新创的。但是无论它们来自何方，原本在何种场景中展演，在现代旅游背景下，它们终于在名誉上成了红河州哈尼族"文化名片"——箐口村的歌舞。毫无疑问，政府部门积极作为是这些工作得以完成的基本保证。

在确定箐口村展演的歌舞内容的时候，政府部门主要考虑的是这些歌舞的新的符号功能，即能否最大程度地表征哈尼族文化，至于歌舞原本存在的文化生境或文化栖息地及其蕴含的意义是不予考虑的，当然也就不会考虑箐口村原本有没有这些歌舞这样的问题。如棕扇舞、白鹇舞、金钱棍舞以及铓鼓舞等都不是箐口村的。以最有名的铓鼓舞为例。铓鼓舞用于祭祀自然神灵、祖先和祈求风调雨顺的节日仪式，箐口村原本没有这个舞蹈。箐口村文艺队的铓鼓舞是请邻县建水的哈尼族舞蹈专家来教的。建水县的哈尼族，在每年正月属龙的日子要过"铓鼓节"。铓鼓舞过去多由男性表演，这个舞蹈是祈求兴旺发达的一种仪式活动。[1] 在箐口村，女演员也参加这个舞蹈的表演。现在但凡有哈尼族参加的民族艺术展演活动中，铓鼓舞差不多都要登场而成为哈尼族文化的重要符号，正是基于此，像铓鼓舞之类的歌舞必须在"名片"中展现。

箐口村所表演的歌舞中，只有碗舞和乐作舞是一直都存在于箐口村的民间舞蹈。箐口村跳碗舞的人家现在也不是很多。据调查，大约也就四五家人还会为孩子的出生举办这个活动。箐口村文艺展演差不多每次都是以乐作舞结束。乐作舞原先是哈尼人在守灵、送葬时跳的一种舞蹈；[2] 后经改编成了欢快的舞蹈。目前，邻县红河县已把"乐作舞"作为县舞进行推广。根据"乐作舞"改编的节目也曾多次获奖。

简而言之，散布在不同地域不同支系，在不同场合中存在的具有不同文化含义的歌舞获得了一个集中展示的平台。或者说这些歌舞获得了一个

---

[1] 参见张保华：《云南民族文化概论》中国社会科学出版社 2005 年版，第 309—310 页。

[2] 《哈尼族简史》编写组：《哈尼族简史》，云南人民出版社 1984 年版，第 130 页。

新的文化生境,这些歌舞的概貌在新的栖息地得到了展现,但其所表征的文化意义很难说得到了表达。因为文艺队的队员大都对表演的歌舞内涵不甚了解。他们基本上是抱着老师怎么教他们就怎么跳的态度在学习和表演的。尽管主管部门希望这些歌舞多一些"原生态"的东西,但舞台表演色彩依旧是很浓的。选取民族村寨作为民族歌舞展演的舞台,其本意就是希望整个村寨生活能够成为展演的文化背景,但这些歌舞展演与村民真实的仪式活动或者日常生活确实没有多大关联,所以表演活动除了是占用了这个村的地点之外,看不出和这个村子有什么更深的内在关联。而村民们则在新鲜感过后,也对这些游离于他们生活的演出不再感兴趣。有时,当村里举行葬礼的时候,文艺队接到任务进行表演,高音喇叭里欢歌笑语,村民们并不提出异议。那些事尽管就发生在身边,但都好像与他们的生活无关。而大众游客要么觉得展演不够漂亮,艺术性不高,要么又觉得不够"原始",不够"土"。最终,真正为了来箐口村看歌舞展演的人少之又少,观看展演成了观赏梯田以及观赏蘑菇房等景观之外顺便看看的点缀。管理部门也对这支文艺队不甚满意,无奈于演员们的懈怠。而演员们也有自己的不满意之处。产生这些问题的一个重要原因应该就是作为歌舞展演者及作为展演背景的村民都没有真正成为这一文化产业发展的行为主体。他们在展演过程中除了提供场地、参与表演之外,是没有什么发言权的,在经济收入也不甚理想的情况下,他们在开发之初所获得的新鲜感,甚至对自身民族文化的自豪感也就难于持久,很难表现出更多的积极性。

箐口村的旅游开发,由于投资主体是当地政府,从总体设计到具体管理都主要由政府部门负责,收入的70%由政府部门收走。村民和文艺队员的实际收益明显偏低。多年来,箐口村村民在负责村寨卫生工作之后,每年每户从旅游开发中的收益只有100元左右。文艺队在经历了短期的红火之后,许多老艺人都在很短的时间内离开了,尽管情况各不相同,但待遇过低是重要原因之一。建队之初,每人月工资仅为150元。尽管在2004年3月之后,通过试用期的文艺队队员月工资达到了300元,民间老艺人、管理人员的工资提高到330元。但老艺人不愿意长期离家，年轻的队员也不是十分安心，这些收入至多只有外出打工收入的一半。2003年那支文艺队的队员至今只剩下个别男队员了。女队员全部补充了新人。第一批女队员由箐口村及周边地区的年轻姑娘组成，现在的女队员全部都是箐口村的媳妇。吸收成家的年轻媳妇进入文艺队在旅游局看来也是出于无奈。先前的那批女队员如果要出嫁还是可以提前知道并迅速做出替补安排的，有些来箐口看过文艺队表演的一些老板，甚至会私下许诺好工作及高待遇后将一些女队员带走，这时使得文艺队突然缺少队员，无法表演节目。尽管年轻队员进行的歌舞展演的水平要高许多，但进来一批又走掉一批的情况使得培训成本实在太高，于是管委会开始在村中找年轻的媳妇来跳舞。因为她们是有丈夫和孩子的，所以不会轻易离家外出，这样演员就可以稳定下来了。到2007年3月，文艺队已经经历了三次大的队员补充工作。尽管现在的表演队伍稳定了不少，但个别调整一直都有。而最大的问题就是这些不再年轻的媳妇的表演水平实在无法和原先的文艺队的水平相比（第一批女队员平均年龄18岁左右，现在的女队员平均年龄30岁），她们在表演结束后很少和游客进行互动，很少向游客推介哈尼文化。她们要忙着回家做家务。音乐一停，工作就算结束，演出效果也就差了很多。

## 三、交互化：探索展演主体

从箐口村文艺队成立和发展的过程中可以看到，即使在民族文化旅游兴起之后，没有外部因素的介入，绝大多数的民族村寨都是很难进入这一新的行业的。经济欠发达地区的低收入水平造成了资源储蓄率和积累率的低下，使得这些地区在一种自然状态下投资率低，无法形成对经济增长的强大推力。政府在经济以及文化建设方面的投入及参与行为就是力图为社会提供一个合理使用资源的框架，并最终促进经济增长与社会整体福利的增加。然而，也许是惯性作用，政府部门更多地还是按照政府办文化事业的模式在进行文化开发活动的：展示哈尼歌舞文化而不是努力经营好这一文化产品成了开展文艺队工作的指导性思想。

当文化开发活动已经开始产生效益之后，村民们不能真正通过自己不断的付出获得更多的收益，其积极性必然受到影响。尽管维护村中旅游设施要花政府不少钱。有一点是可以明确的，政府部门在整个旅游开发活动中，其根本目的就是要使当地百姓脱贫致富，使村民获得新的发展机会。如果说贫困的主要原因还在于村民的可行能力的缺失，那么通过各种途径，在积极引导并扶持村民进行乡村文化产业开发之后，让村民逐渐成为进行发展经营的行为主体，这从根本上讲就是村民参与市场行为、培养自身能力的实践活动。村民自我发展、自我管理能力的提高也正是政府进行民族文化开发的题中之义。可能还应该明确的是，通过将这些文化艺术转化为文化产品，在突出民族歌舞特色的时候，进行内容与形式上的创新，符合大众游客的欣赏习惯，使之较为顺利地进入主流文化市场，努力使之成为同样也是处于流变中主流文化中的结构性要素，为当地的经济增长找到新的增长点，从而为当地人带来实际的收益是文艺展演的根本所在。

作为自然性与社会性存在的人既有表达价值观和信念的要求，又有追求财富最大化的动机。当传统的制度规则能继续为确保社会的稳定提供帮助，并且能较好地表达其价值观和信念的时候，人们会缺少改变这些制度的动力，而当新的潜在的获利机会出现时，人们会根据制度的报酬递增特征做出制度变迁的路径选择。人们都希望在追求财富和奉行价值观方面能够达到统一，所谓"君子爱财，取之有道"。当两者之间存在抵触的时候，是有可能出现"为富不仁"或"舍生取义"两种具有极端性的选择的，而当考虑到价值观和信念都是历史的产物的时候，人们更有可能的是在两者之间寻求中间路线。从仪式和日常生活中抽离出来的，脱离原先场域的蜕变为"为展演"的歌舞所具有的原本的价值观和信念的体现功能明显弱化，而成为所指模糊的能指或者有象无征的符号。没有了与世俗生活区隔的表演就只能成为世俗生活的一部分，其展演目的也必然是世俗化的，其生命力就在于能否在新的历史条件下进行资本化的转化，以产品的形式获得市场的承认。村寨歌舞展演的可能路径即在于获取利益以及随着努力报酬递增的实现。

无论是箐口村的或者登上了中心舞台冠之以"天籁"或"映象"而名声大噪的民族歌舞，都同样因为表演的时空变化而难说有什么原先仪式中的"神圣性"。这些展演的艺术都要受"游客""舞台时间"，尤为根本的还是"成本—效益"等因素的制约。但这绝不是对这些展演歌舞进行否定，恰恰相反，民间歌舞成为文化产品的变化正是这些文化进行自我调适，并充分显示出其旺盛生命力的一个具体体现。必须看到，处于社会边缘位置的少数民族文化，要取得认可并非易事。适应主流文化的游戏规则并积极参与是必须的，而要参与进去，自身不做出改变是不可能的。而通过参与最终改变一些既有制度和规则，使自身获得更有利的位置就是更大的成功。当中心舞台的演唱比赛只有"美声唱法""民族唱法""通俗唱法"等标准的时候，云南石屏县彝族的"海菜腔"是拿不到青歌赛大奖的，当所谓"原生态"也成为一种唱法的时候，云南民歌终于再次显派了起来。其实，当"原生态"的"原点"在哪里都成问题的时候，"原生态"是相当暧昧的。帕瓦罗蒂演唱的《我的太阳》不能说是"美声唱法"的"原生态"吗？宋祖英的《辣妹子》不是民族唱法的"原生态"吗？新出现的所谓"原生态唱法"之所以还是具有重要意义的，就在于通过那些很难纳入原本的分类标准的唱法也获得了一定的话语权，使得现有的主流分类标准的欠缺性暴露了出来。

还可以明确的是，村寨歌舞展演和中心舞台上的民族歌舞展演还存在着很大的差别。后者在许多场合还肩负重任，是民族团结的符号，在建构"中华民族多元一体"理念上所做出的贡献是不容忽视的。最具象征意义的就是，20世纪50年代有过"万方乐奏有于阗"的盛况。今天，已经成为中华民族新民俗活动的《春节联欢晚会》，无论导演是谁，内容怎么变，少数民族歌舞总是要登台的，这些歌舞就是表明这是一个民族大团结盛世的符号。尽管这些歌舞也很难做到"心有多宽，舞台就有多大"，但它所具有的政治意义使它在中心舞台总有一席之地。而从村寨歌舞展演的实际情况看，虽然民族文化的传承以及表征民族融合的任务是光荣的，但这么巨大的、需要大量付出的任务又不是包括普通村民在内的任何人可以轻易承担的。没有持续的能真正改善歌舞者生计的激励机制，舞台是难于扩展的。从另一个层面看，少数民族歌舞内涵上的变化也必然会使这些歌舞逐步与人们的日常生活及仪式活动产生疏离感，神圣性也大为减弱。当原本与日常生活或者宗教仪式紧密相关的歌舞成为世俗性的展演活动时，这些展演就只能是服务性的文化产品。演出者通过提高服务水平来获取经济收益便成为必然。歌舞展演就是工作，工作就是要拿工资的。从这个意义上说，民族歌舞表演和外出打工不存在本质上的不同，认清这一点是十分必要的。目前箐口歌舞展演的运作模式事实上是政府主导的，所建立的展演机制也是没能与村寨原有的社会文化有效对接，旅游开发绩效的好坏与村民关系不密切，企图营造的村寨文化背景难以出现，而脱离生境的歌舞由于神圣性的缺失而难以让表演者投入更多的热情。

如果不能使村民成为旅游开发以及歌舞展演的真正主体，政府在先期进行投入并搭建好平台之后，在引导村民开展文化产业开发之后仍然不能将开发经营的主导权交给村民，继续扮演产业经营角色，那么，村寨旅游的管理成本会因村民的积极性不高而大幅度增加。更为重要的是，政府促进当地经济增长及福利增加的良好愿望就难以达成。

仪式中的歌舞原本具有的精神慰藉、社会整合等神圣性在展演的歌舞中是缺失的，日常生活中的情感表达更多地成了艺术装饰。展演的歌舞，而不是生活化的和仪式中的歌舞，本身就意味着它是一种新的文化符号建构活动。更明确地说，这些歌舞展演事实上已经是进入了文化市场的文化产品。而"文化产品既展现着文化要素向一般经济物品的渗透，又体现着文化要素凭借产品形式而获得表达"①。表演者在这时已经成了产品生产

---

① 陈庆德、马翀炜：《文化经济学》，中国社会科学出版社 2007 年版，第 13 页。

者，歌舞的对象也由社区内部之人转变成了大众游客，展演的目的不再是娱神甚至娱人（内部之人），这一转变使展演发生了质的变化，展演的目的就是通过遵循资本的原则，最终获取经济利益，在提供令消费者满意的产品的时候获得自身的利益。这样一来，村寨歌舞展演不再仅仅是传承民族传统文化宏大话语的一个部分，而同时还是与村民现实生活相关的一个部分。由此，民族歌舞文化有可能以新的形式得到很好地传承。

# 声部二

## 冷清、热闹、冷清

文化是人们的精神支柱，文艺汇演应该是一种精神世界的寄托和解说。我认为，一个民族或者一个社会区域的人们应该有他们的生活文化世界。生产劳动之余集中起来丰富自己的生活，充实村民的精神世界。但是，寨子还是比较冷清。我一直在想箐口村怎么能没有一个自己的文艺队？文化生活怎么会这样缺乏？村民就是这样一直生产劳动，这样耕耘着这一片梯田，繁育着自己的后代，艰辛地保存着现在令世界人们认可的梯田奇观，他们的精神文化生活在哪里？

2000 年前，我们村民要看歌舞表演往往要到其他村寨去，村里要有歌舞也是在节日的时候由镇里的领导或县文化局的人来组织。此外，我们能看到跳舞的时候是村里有点富有人家的老人过世的时候，偶尔也会看到有钱人家会请来师傅们表演舞蹈，记得有名字的叫作"铜钱棍""大刀舞""猴子舞""扇子舞""流星赶月""双节棍""狮子舞"等。总之，看他们跳一次舞，说来也是来之不易的事情。谁家能给我们带来这样的机会也很重视，大人小孩子都要围着看。也许是村民的生产区域小，也许是村民的心理性格，记得村里也只有罗正光（已经去世）和李世明能跳一点简单的舞蹈，比如，"铜钱棍""大刀舞""棍术"等，他们人手少，我也只看到过他们几个人表演几次，好像也算不上一个队吧，就是偶尔有人家请他们几个跳几个简单的舞蹈，在箐口村来说也是一个队伍吧。再多的就是请来外村的舞蹈队来跳一些传统的舞蹈了。

唱歌的话，原始的唱法有哈尼古歌，主要在老人过世的时候请来唱，这个唱的要多一些，村里有老人去世的时候，每家基本都会请一些人来唱，年轻的人去世一般不唱，只有对七八十岁老人送行和祝福时唱。

村里有名气的有个杨正明，他的实名是卢正明，因为小时候在一个姓杨的老人家中长大，多数村民就叫他杨正明，村里就有人知道杨正明而不知道卢正明的。其他的话，就得请其他村寨歌唱能手来了。偶尔可以在山上听到放牛的年轻人唱情歌，现在已经很少能听得到了。我估计村里还在保持的唯一的习俗，就是二李家族李清华家和李平珍家一旦生有男孩的话，小孩出生的第十二天，家族的妇女们早上会跳一个碗舞，故意砸碎几十只碗表示祝贺，也该算作是村里最原始的一个舞蹈了。其他的就说不出来有什么舞蹈了。总的来说，箐口村的歌舞很少，也没有一个像样的文艺队，村民的文化生活我觉得有点缺乏，村民每天就是早出晚归的忙于生产劳动，日复一日，年复一年，村民的生活就是这样简单而平凡地过着小日子，文艺生活确实很少，能跳民间舞蹈能唱民间歌曲的人少之又少。回忆这些就是村民简单的文化生活。之后，就是随着社会发展，电视等各种电子设备等进入村寨，箐口村里的电子设备也多起来，知道信息的村民可以在电视和手机上观看其他地方的歌唱和演出，丰富自己的文化生活。

2000 年，元阳县政府为了开发箐口村里的旅游事业，成立了一个管理委员会，和村民小组分管卫生和门票销售。到 2004 年，箐口管理委员会由元阳县旅游局副局长陈春梅来负责管理，她为了丰富管理委员会的文艺生活，向游客展示民族舞蹈，她着力组建了一个文艺队，请来外地的一些文艺老师，他们主要有热水塘的白习则，麻栗寨的李万明等几个老师，队长由李学担任，向管理委员会人员传授歌舞。主要表演碗舞、木雀舞、扇子舞、芦笙舞等。陈春梅是当时的旅游局副局长，旅游局为了支撑箐口村这个县里重点推出的第一个村寨，旅游局和县文化局的领导也很支持她的工作。也请过建水县的老师来教铓鼓舞，请过其他乡镇的文艺队老师教芦笙歌舞，等等。这些都是本地比较有名的舞蹈老师，请了管理委员会的年轻帅气的小伙张李学、李建华、罗黑发，十七八岁年轻漂亮的姑娘李美华、李倩、殷瑜等。文艺节目从少到多，最多的时候有过三十几个节目，主要是游客多的时候进行表演，既丰富了箐口村里的文艺生活，也更好地展示了民族文化，村里还是热闹了一段时间。可以说，这一段时间是村里文艺生活最火红的时候，来的游客也比较多，演出的机会也多。

当时的文艺队队员的工资并不高，刚成立时是每人每月150元，几个月后，管理负责人陈春梅觉得确实对不住几个外村请来的老师们而每人每月加到300元，主要由箐口村的门票费来支付，门票费每年也不多，最多几年有过每年收入十几万，箐口管理委员会每月的工资就要支付1万多元，勉强够支付他们的工资。旅游淡季游客数量少的月份，门票收入还不够支付他们的工资，有时候，还要由县旅游局来垫付。工资虽然少了一点，文艺队员们期望村里的旅游事业正常发展，能给他们带来好的运气，他们还是能够正常坚持。这期间还受其他村寨的邀请代表箐口村参加演出，到2008年，箐口文艺队参加过元阳县南沙镇傣族泼水节开幕式，获得过文艺表演第一名。这期间，旅游事业在全县也发生了一点变化，公路一线的村寨也前后开发旅游事业，箐口村的门票收入少，长时间想让他们在村里工作也是一个很困难的事情。特别是想让一些年轻的文艺队员留住成了大问题，队员几进几出，来了又走，走了又换人成了文艺队的常事。最后是箐口管理委员会解体，箐口村的旅游事业由世博公司元阳分公司接管，箐口村的门票由世博公司元阳分公司出售，箐口村的文艺队也解散了。但是，当了几年文艺队长的李学似乎还不愿意就此罢休，请来新街镇主管文化的人来指导村民，硬是组织了几十个妇女组建了一个文艺队，偶尔会参加其他村寨的一些活动。这是李学继陈春梅之后培训的文艺队，而且队员都是一些中年妇女，没有男的参加。2011年，李学上任土锅寨党总支书记，或许是他的事情太多了，或者是经济的原因，箐口村的文艺队自行解散，至今，就没有文艺队组织任何表演了，这是箐口村里的文艺队的简要历程，不知道以后是否会有人组织文艺队？这么多年看来，2004年到2009年是村里旅游事业发展比较好的时间段，也是文艺生活算来比较丰富的时候。的确，州县领导对刚开发的箐口村比较重视，经常带一些上级领导来村里检查工作。也就是这样，每当领导们到来或者过年过节游客多的时候，文艺队也会组织跳一些舞蹈和歌唱一些民族的歌曲，适当地也收过一些费用或者被资助过。

有人说："哈尼族的孩子能走路就会跳舞，能说话就会唱歌。"从我生长的箐口村来说，我不能全部赞同，这应该只能说是一种美化和宣传。我这么多年在村里看到的，更多表演的是村民的生产劳动和劳动之余休息的说唱。早上出去干活，晚上才回来，累了一天的村民是不可能有闲余的时间来考虑娱乐丰富自己的精神文化生活的。劳动之余，他们还需要休息恢复体力，要想创造文艺表演这样的生活是要有一定的经济基础和时间的。我想，经济基础的薄弱是造成箐口村文化生活缺乏的一个决定性元素。再者，是村民的性格。是的，为了发展的需要，从领导或者学者的角度出发，把箐口村作为哈尼族的第一张品牌投入，建设村寨的基础设施的同时注入精神文化需要有的放矢。我当初就是箐口管理委员的一员也是文艺队的主要创建人之一，选择的人手都是形象和人品比较好的人，目的就是开好这个头，希望文艺表演也成为旅游开发的文化符号，能给外界来的游客、专家和学者们一种直观的娱乐和欣赏，继承和发扬本民族文化的同时也得到另一种解说。

我总认为，文艺表演是民族文化的展示方法之一，我们应该继承和发扬，但是，怎样才是继承和发扬的最好途径呢？似乎也找不到一个更好的方法，可能是一个村寨一个村民的心理因素，附近的土锅寨有一个老年人们组织的队伍是参加老人去世的演出，这个队伍中已经没有年轻人接手，受邀请的他们会收一点费用，有一个妇女们组织的文艺队偶尔会在年轻人结婚的时候会进行表演，小水井村彝族村寨也有一个队伍，也是村里办事情的时候会演出的，我就想不到箐口村怎么就没有人愿意组建文艺队，没有人愿意参加文艺队，不知道为什么。问过一些年轻人，回答的多以经济为理由：说是现在的经济这样发展，文艺队的工资那么少，肯定是留不住人的。

2000 年前后，元阳县人民政府把箐口村作为重点打造的第一个村寨，元阳县及各级领导都很关心箐口村的发展，以及文化的发展，为了丰富村寨文化，组织过文艺队，各级领导来参观或者检查工作的时候进行表演，旅游事业也能够顺利进行。但是，随着经济的发展物价的上涨，文艺队的工资根本不能满足他们生活所需，无论是聘请来的老师们和年轻人是不太可能止步于此。2014 年，村里的咪古组织也没有了，村里的各种集体仪式也不做了，村里所说的传统民俗文化也不可能在村里展示，又一种文化在随着社会经济大潮的发展而发生变化，要不然当集体仪式进行时，文艺队也会配合着他们演出；为了力图展示民族精神文化而组建的文艺队也解散，而元阳县其他村寨的经济得到发展改善以后，旅游事业在其他村寨发展起来，游客面向其他村寨消费，箐口村显得清静了下来，也许是民族性格问题，也许是经济问题，我认为箐口村的文艺生活是冷清了一点，年轻人的生活主要以打工挣钱为主，平时也放在打牌、喝茶或者吃喝等娱乐上。村里的文化生活很单调，希望有个正能量的文艺队伍，丰富村民的精神文化生活。

2000 年前，箐口村是没有文艺队的，我们村民要看人家跳舞或者唱歌的都要到其他村寨或者要到元阳县城（现在的新街镇）的民族摔跤运动会暨彝族火把节那里去看。开幕式上，可以看到他们开展的篝火晚会和精彩的民族舞蹈表演，可以看到年轻力壮的运动员摔跤比赛。为此，每年一度的火把节成了我们小伙们必须去看的节目，就是 20 世纪八九十年代的那段时间。我们箐口村离新街镇不远，只有七八公里的距离，公路也不好，都是土路，我们进城交通工具又只有零星的几台拖拉机。拖拉机过路的时候，"哆，哆——"的声音很大，灰尘满天飞，我们也没有钱，进一下城连坐拖拉机的五角钱都没有，其他的车辆也很少的，我们小伙们就约着走路过去、走路回来，也不觉得累的，所以，每年一度的元阳县民族摔跤运动会暨彝族火把节是我们最期望的节日之一了。

不知道为什么，周边的彝族村寨的文艺队能够组织起来，哈尼族的箐口之外，黄草岭、大鱼塘还有全福庄等村寨却都没有文艺队。县里文化局的一个领导也发现哈尼族村寨的文艺队很少，发展得不是那么好，分析说，这可能是经济发展水平落后的原因。有些道理，但哈尼族村寨和彝族村寨的发展情况好像也没有太大的区别。这可能是我们这个民族的性格较为内向的原因？到底为什么好像还说不太清楚。我听马老师说过，哈尼族歌舞在中国乃至在世界上都是非常有名气的，是非常优秀的。他在 5 月份（2019 年）还在红河学院参加过文化部哈尼族八声部民歌人才培养的工作，他去给那些人上过文化课。可惜我们现在看不到箐口村还会组织文艺队的希望。

冷清的村寨有过一段时间的热闹，现在又回到了冷清，我还是觉得缺少了点什么。

# 第十一章　妇女

## 声部一

## 仪式嬗变与妇女角色[①]

### ——元阳县箐口村哈尼族"苦扎扎"仪式的人类学考察

由于地理、生态等自然条件的不同，以及历史发展的差异性，加之与周边其他民族交往程度各异，不同地区的哈尼族在生产生活方式上也存在较大的差异性。这些差异性也自然地表现在宗教活动方面。绝大部分哈尼族集中分布于红河下游与澜沧江之间的山岳地带，即哀牢山和蒙乐山的中间地区，位于这一地区的哈尼族较多地保留了丰富的节日文化。对哈尼族而言，多神崇拜和祖先崇拜是其宗教的主要内容。过去，"这些原始宗教活动，约占去人们全年四分之一左右的时间"[②]。

尽管在今天的哈尼族生活中，宗教活动仍是社会生活中的重要内容，但其内容和形式都已发生了许多的变迁，对现实生活的影响也发生了相应的变化。在众多的节日中，"苦扎扎"（六月节）是重要的神圣仪式之一。从文化人类学的角度看，神圣与世俗是人类生命存在的两种基本样式，是

---

① 原文载于《民族研究》2007 年第 5 期，作者马翀炜、潘春梅。
② 《哈尼族简史》编写组：《哈尼族简史》，云南人民出版社 1985 年版，第 110 页。

在历史进程中被人类所接受的两种存在状况。然而，人们对神圣与世俗体验的种种不同，又与人们所处的经济、文化和社会组织的不同有关。① 从历史与逻辑相统一的基点出发，对"苦扎扎"节日进行详细的田野观察，特别是对以往研究中经常被忽视的仪式过程中的妇女活动及其文化意义进行分析，将有助于我们对哈尼族社会活动及其现代变迁的理解，也有助于我们对哈尼族社会结构及其文化意蕴的理解。

一、"苦扎扎"仪式的过程展现

近年来，随着民族旅游开发的不断深入，许多节日活动开始成为旅游"项目"，从而使得这些节日在形式上越来越受重视的同时，其原有的文化意蕴也在发生变化。② 箐口村是一个典型的哈尼族山寨，隶属云南省红河哈尼族彝族自治州元阳县新街镇土锅寨村委会，有 178 户，865 人。哈尼族的传统文化在箐口村得到了较为完整的保存，那里的宗教仪式很多，岁时节俗也很丰富。节期长达 12 天的"苦扎扎"（哈尼语"kuqzaqzaq"）是箐口村最为隆重的节日。因其是在农历六月的属狗日③ 开始举行，故又称作"六月节"。

像"苦扎扎"节日一类的仪式是在宗教语境下举行的程式化、定型化的行为模式。"对节日的宗教性参与意味着从日常的时间序列中逆出，意味着重新回归由宗教节日本身所再现实化的神圣时间之中。"④ 节日的时


① 参见［罗］米尔恰·伊利亚德：《神圣与世俗》，王建光译，华夏出版社 2003 年版，第 7 页。
② 参见马翀炜：《文化符号的建构与解读——关于哈尼族民俗旅游开发的人类学考察》，《民族研究》2006 年第 5 期。
③ 箐口村村民在举行宗教祭祀、婚丧嫁娶等活动时，都要按照十二生肖选定日子，如从"鼠日"、"牛日"一直到"狗日"、"猪日"等。一些活动必须在某一属日举行。
④ ［罗］米尔恰·伊利亚德：《神圣与世俗》，王建光译，华夏出版社 2003 年版，第 32 — 33 页。

间是可逆的、可以多次复现的，仪式的主要内容相应地也可以重复出现。笔者在从 2004 年到 2006 年连续三年对箐口村"苦扎扎"节日的观察中，发现除仪式的主持者均为男性外，在绝大多数时间里，参与者也都是男性。妇女在仪式的绝大部分时间里都不允许在场。"苦扎扎"节日展示的是如下一些主要内容：

农历六月属狗日清晨，村里每户都出一个人去田边地角割三把茅草，用于在村脚建"磨秋房"①，然后由成年男性送到磨秋场②上。两名"龙头"③和一个木匠一大早就去村中的集体林中砍一棵大树做磨秋梁。如果头一年的磨秋梁还可以用，就整修一下重新使用。这三人还要负责砍伐搭建秋千架的四棵大竹子，竹梢不能削去。每次都要先将头一年的秋千拆掉，然后和主持社区祭祀活动的咪古一起用新竹子搭建秋千。

下午一时许，每户出一名男性来翻新磨秋房的屋顶。这项工作是绝无女性参加的，平时村民在建盖房屋的时候，都是由妇女负责割运茅草，男人负责搭建。待屋顶翻新好后，祭祀主持人咪古和他的一个助手分别从家中抱着一只公鸡和一只母鸡来磨秋房祭祀，把鸡的羽毛插在祭台边上，磕几个头。然后，他俩就在秋房里用餐，吃不完的鸡肉是不能带回家中的，而要抛在磨秋房周围。

属猪日清早，各家各户都要到田边地头摘三把鲜嫩的铁线草（每把都必须是九棵）带回家中，插在蘑菇房④晒台的门上。另外，再盛一升谷子

---

① "磨秋房"，即村中祭祀用房，当地村民简称"秋房"。磨秋是"苦扎扎"节举行祭祀活动所用的神圣性的器具，由一根竖立在地上的高约 1.2 米、直径约 30 厘米的柱子（"磨秋柱"），以及架在上面的一根长约 7 米、宽约 30 厘米、厚约 15 厘米的横梁（"磨秋梁"）组成。磨秋梁只在"苦扎扎"节日期间才由咪古们架在磨秋柱子上，祭祀仪式结束后，男性村民要打磨秋（详见后文）。平时要将横梁取下来。

② 磨秋场是磨秋房旁边的祭祀场地。

③ 节期收取公共费用及购买祭祀用品的特定人员，每年都需重新选出。

④ 当地的房屋，屋顶上有一半是晒台，另一半则用茅草搭建，形似蘑菇，当地人把这样的房子叫作蘑菇房。

放在火塘上边悬挂的火炕笆①上。铁线草和稻谷都是作为天神梅烟下凡时所骑之马的饲料。从这天开始连续三天早上，还要杀鸡祭祖。经济条件较差的人家，也可以将属猪日早上杀的鸡肉分作三份，分三天祭献。

中午，咪古的助手把从野外砍回来的一大背篓芭蕉叶背到磨秋房。然后将芭蕉叶分成小片，每户人家派一个男性来取回家。这些芭蕉叶是用来垫在背篓里背祭祀后分得的牛肉的。龙头将前几天村民凑钱买来的一头公牛赶到磨秋场，随后每户都派一位成年男性到磨秋场上来和咪古一起宰杀牛。大家将牛扳倒后，用绳子将牛的四肢捆起来，然后用水冲洗一下牛头和牛脚，为的是冲洗掉牛身上的"邪气"。接着，由咪古先将牛的睾丸割下来，然后宰杀。宰杀完毕，将公牛鞭挂在磨秋柱上来祭祀。卸下来的大块大块的牛肉被搬进磨秋房，待咪古祭祀后再分成小块。除了牛的下颌骨仍挂在磨秋房内，牛肉、牛骨、牛皮等都要平均分好，由村民用垫有芭蕉叶的背篓背回家中，把这些东西煮熟后，在家中祭祀祖先。

属鼠日早上，各家各户仍要杀鸡或用前一天留下的鸡肉祭祖，祭品和程序与前一天相同。早饭后，咪古要敲锣打鼓到寨中转一遍，通知"可以做饭菜了"，这时每家每户就开始准备祭祀用的饭菜。这些饭菜都是由妇女准备的。在咪古家中，咪古和他的助手共六人也开始准备祭祀的祭品。等人们吃完饭后，咪古再次敲锣通知人们去磨秋场，男人们就用蔑桌端着家中做好的饭菜迅速来到磨秋场。

到磨秋场后，各户的菜肴摆在一旁，咪古及助手则进入秋房将他们带来的饭菜摆放在蔑桌上，然后抬到磨秋柱旁进行祭祀。咪古及其助手六人一起面朝磨秋鞠躬磕头。祭完磨秋后再祭秋千。然后咪古及助手回到磨秋房中，村里每户人家都由男性成员依次来给他们敬酒。男人不在家的人家就请邻居或者亲戚代为敬酒。此刻，村民们可以在磨秋和秋千上玩耍。女

---

① 火炕笆是家中火塘上方悬挂的用竹篾编制的竹笆，长约 1.5 米，宽 7 0 厘米左右，上面可以盛放谷子等。

性虽不允许打磨秋，① 但可以荡秋千，不过事实上，除了一些小女孩，妇女是不参与的。妇女们都端着一碗饭菜，静静地在村子的街巷中等候。待所有人家都向咪古敬完酒，得到咪古们的祝福之后，村民马上将篾桌翻过来，将饭菜装好端起来往家中跑。咪古和助手最后回家。此时，手里端着饭菜的妇女们迅速转身往家里跑，口中念着"回来，回来"，引领着自家男人的魂魄回家。

接下来的九天时间内，人们可以尽情地打磨秋、荡秋千。到了属鸡日早上，咪古等人到磨秋场抬下磨秋，砍断秋千绳，宣告节日结束，并要求全体村民在这天都不从事农活，有碓的人家捉几只蚊子放进碓臼里踩死，并且要念"庄稼栽下活起来，蚊虫被碓踩死完"之类的咒语，警告各种害虫不得去损害庄稼。


## 二、"苦扎扎"仪式的现代变迁

在现代社会背景下，"苦扎扎"仪式必然会随着村民生产生活方式的改变以及各种新的追求而发生变化。事实上，仪式所强调的社区内部关系已呈现变化的态势。

在各种宗教仪式逐步恢复的 20 世纪 80 年代，村民的生产方式和生活方式也正在以不同于此前任何时代的方式发生着变化。联产承包责任制的实行使人们摆脱了人民公社时代的生产生活方式，但同时社会的快速变迁也使已延续很长时间的传统生产生活方式不再可能真正恢复。箐口村第一批外出打工者就出现在那个年代。现实生活的变化是"苦扎扎"仪式变迁的根本原因。

在山里人开始不断地走出大山的时候，外来者也在以民族学研究者、电影人、大众游客等不同身份进入箐口村。尤其是 2001 年当地政府将箐

---

① 打磨秋是指两个人伏在磨秋横梁的两端一上一下地运动，同时进行逆时针旋转。

口村命名为哈尼族民族文化旅游村之后，大量的游客不断涌入，"苦扎扎"一类的仪式活动也开始成为旅游观光项目。在这样的情况下，单从形式上看，仪式所强调的社区内外之别就很难维持下去。在特定时空中才能举行的具有神圣性的仪式活动，常常由于各种外来因素的影响而在不宜举行的时空中进行表演。外来者更多地将当地人原本视为神圣的行为视为娱乐。这些事情都对"苦扎扎"仪式的变化产生了影响。[①] 而更为根本的影响还是来自村寨内部。外出打工者越来越多，打工地点越来越远，使得原本在"苦扎扎"节日期间必须回村的律令不再可能执行。原本每户人家都必须由男主人端一蔑桌的饭菜到磨秋房祭祀，现在则变通为由亲朋好友在他们的饭菜中增加一碗鸡蛋即可代表。现在每年都有十几户人家要请别人代为祭祀，而且这种情况还有不断发展的趋势。在"苦扎扎"仪式中，每一项活动都由咪古来安排，而在世俗生活中，人们更多的是按自己的意愿来行动，这也反过来对仪式活动产生了一定的影响。笔者在调查中发现，不少村民对仪式的意义越来越感到模糊。从某种程度上说，他们参与这项仪式活动，仅仅是"遵从祖制"而已。

　　仪式过程的变化，更多的体现在对男女社会性别的区隔已渐趋模糊。仪式中建盖茅草房的茅草，原本应该由成年男性送到磨秋场上，但现在，由于男性村民外出打工的人较多，于是，男主人不在家的，也可由女性来送。过去，要由每户的男主人取走分牛肉时所用的芭蕉叶，现在，妇女也可以到磨秋房外来取。过去，必须由男人用蔑桌端着饭菜来磨秋房参加祭祀，现在，家中没有成年男性的，也可由妇女将饭菜端到磨秋场来，请其他人端进磨秋房去祭祀。过去，叫魂的必须是媳妇，现在，回门的姑娘也可以来叫魂。过去，必须有人来叫魂才可回家，现在，那些丈夫外出的人家，妇女就自己端着蔑桌独自回家。此外，在"苦扎扎"节日以外的时间，如有外来游

---

① 参见马翀炜：《文化符号的建构与解读——关于哈尼族民俗旅游开发的人类学考察》，《民族研究》2006 年第 5 期。

客（哪怕是女性游客）进入祭祀用的磨秋房，也不再有人出来干涉。

在传统的"苦扎扎"中，妇女在祭祀磨秋房的活动结束之际，要端着饭，叫着魂，引领丈夫、儿子赶快回家。这一行为符号的意义是值得加以"深描"的。在箐口哈尼人的观念里，灵魂与生命个体有着密切的联系。人不但有灵魂，而且每个人都拥有12个灵魂，不同的灵魂承起着不同的作用。灵魂可以离开身体单独行动，因贪恋某个地方、受到惊吓等都可能造成灵魂的走失。而日常生活中的许多问题，也都被归因于人的灵魂走失，灵魂走失太多甚至会危及生命，因此叫魂是必不可少的。灵魂在村寨内往往是安全的，而在家则是最安全的，或者说家是定位人生意义的核心。在经历"苦扎扎"这样的危机转换仪式之后，家的守护者——妇女——对灵魂的呼唤是必不可少的。之所以不允许妇女碰触祭祀器具，不允许她们出现在祭祀天神的祭祀场合，一个隐藏得很深的目的，就是让妇女避免接触危险而守住自己的灵魂，从而使家中的成员在不得不面对一些危机的时候，还有另一半的人可以引领可能走失的灵魂安全返回。这一行为符号表明，妇女在社会生活中实际上承担起灵魂守望者的责任。从这个意义上说，妇女不被允许参加一些社区性的活动，并不是因为她们"不洁"，而是担心她们沾染了"不洁"而无法保证家庭内所有人的灵魂居所的安全性。妇女实际上是在家中以她们自身的活动方式支撑着仪式活动及日常生活的顺利进行。

在哈尼族传统社会中，社会性角色和权威性角色以男性为主，女性则是承担家庭性角色和辅助性角色。而在当今的生活中，妇女除参与家庭生产生活外，还要参与社区外的各种经济活动，以求获得更多的收入。从经济理性的角度看，"一个由夫妻构成的家庭的产出超过单身男女家庭产出的总和，因为从生物学意义上来说，男女在生产和养育孩子方面是互补的，在其他家庭商品的生产上可能也是互补的"[①]。国家长期施行的计划

---

① ［美］加里·斯坦利·贝克尔：《家庭论》，王献生、王宇译，商务印书馆 2005 年版，第 101 页。

生育政策使得当地村民接受了"两个很好，一个更好"的观念。近年来，箐口村超生的情况已十分罕见，有的村民还领取了独生子女证。这样，妇女生养孩子的负担就减轻了，这也使她们有更多的时间和精力来从事家庭之外的工作。其实，无论是留在家里做家园的守护者，抑或是走出家门从事工作，女性和男性都是一种紧密的合作关系。

近几年来，箐口村长期（连续三个月）在外打工的有150人左右（包括村民小组长和党支部书记），其中５０多人是女性，当中又有不少是已婚妇女。此外，还有十五六个妇女在镇上打短工。打工收入在村民经济收入中所占比重越来越大。外出打工使传统的社会性别分工模式受到极大的冲击，选择什么工作主要是看收益的大小。生产生活方式的改变在箐口村人的意识深处已产生很大的影响。

2003年10月，县旅游局在村里组建了文艺队。文艺队的8个女队员都是未婚女子。但是，这些女队员在文艺队待的时间大都不长，除了"女大当嫁"的考虑之外，工资偏低、生活单调也是其中的原因。大部分女队员最后都选择了外出打工。文艺队培训一批又走掉一批的情况不仅常常使演出不能正常进行，而且也大大提高了培训的成本。现在，县旅游局已开始动员已婚妇女参加文艺队。而过去，哈尼族妇女在成婚后是绝不会在这类场合中出现的。旅游局原本也担心动员工作会遇到一些麻烦，让他们有些意外的是，不仅这些家庭妇女都欣然接受，而且她们的家庭也都没有什么意见。到2007年3月，文艺队的8个女队员全都是箐口村的媳妇，年龄最大的已36岁。随着旅游村建设的不断发展，来自大理地区的一些白族商贩开始在村里租房卖旅游小商品。邻村的一些彝族妇女也常常到村里卖一些小食品。受此影响，箐口村也开始有妇女在家门口做起卖烧豆腐的小生意。此外还有五六个妇女在村里向游客出租民族服装。这些服装大都是经过改进的，显得更加艳丽。

在现在的箐口村，男子在公共性事务中仍占有主导地位，但妇女的参与也越来越多。在抽样调查的120户家庭里，有30%左右的受访者说他们家经常是由女主人参加社区公共性事务或会议。在 2007 年 3 月举行的村委会选举中，有十几户人家就是由妇女代表家人来投票的 。在家务劳动方面，有一半的家庭，家务活是由夫妻双方共同承担的。在 70 % 以上的家庭中，家中大事都由夫妻两人商量决定。在婚姻缔结方式上，完全由父母包办的婚姻仅有 10 例，通过别人介绍而结合的婚姻有 20 例，通过自由恋爱的方式结合的婚姻有 90 例。男女双方主要考虑的婚配条件包括：家庭财产、人品与性格、相貌、能力等。在关于当地村民择偶标准的问卷中，人品与性格是人们考虑的首要条件，接下来是个人能力、家庭财产、相貌等。

村民在行为方式、价值观念等方面都已发生一系列的巨大变化，这些变化必然会造成与人们的行为及观念都紧密相关的包括"苦扎扎"仪式在内的各种宗教仪式活动的变化。主持仪式的咪古们偶尔也会对此抱怨、批评，但更多的时候还是容忍。因为他们自己也时不时会在当地政府的要求下，在不该举行仪式的时候进行仪式展演，还会从中得到一些收入。一些村民对此也颇有微词。

需要指出的是，"苦扎扎"等仪式活动的变迁具有相当的普遍性，并非只在箐口村才有。例如，与箐口村相邻的另一个哈尼族村大鱼塘村，祭祀用的磨秋房的房顶已改用石棉瓦铺成，而不再用茅草，这样，仪式中自然也就少了换茅草这一重要内容。

## 三、"苦扎扎"仪式的意义嬗变

从传统上讲，哈尼族是一个典型的山地农耕民族，"男主外，女主内"，"女子不犁田，男子不纺织"，是其基本的社会性别分工。他们的生活方式及价值观念必然会在世俗与神圣的各个方面得到反映。在传统的"苦扎扎"仪式上，许多关于妇女的禁忌其实就是对这样的社会结构及文化意义予以肯定的一种形式。现在，村民们越来越多地走出山寨，从而使"苦扎扎"

仪式所包含的对传统社会秩序进行仪式性描述，以及对传统社会理想予以强调等作用明显减弱。但从调查中又可以看到，村民们并未因为进城打工时间的增加而成为城里人，从而真正改变其社会身份。绝大多数的人最终还得回到村里，他们只能在自己原有的生活中寻求身份的认同。村民们在受到各种宗教仪式规约的同时又在改变着仪式活动本身，从而使仪式活动的意义发生变化。"苦扎扎"仪式过程及其意义的变化，就是哈尼族文化在新的历史条件下回应现代社会所做出的一种调适。

关于"苦扎扎"仪式的来历，箐口村最为流行的说法是：远古时候，哈尼人为了生存，在开沟引水、烧山垦田时，得罪了生活在山上和地下的野物，它们到天神那里告状。于是天神梅烟委派两位小天神骑着大白马和小花马下凡人间看个究竟。他们看见野物们缺胳膊少腿的，便回到天神梅烟那里告了哈尼人一状。天神判决：每年谷子打苞、抽穗的时节，每个村寨必须杀一个男青年，用他的头供祭野物们的亡灵。于是，每到农历六月的时候，哈尼人就会为失去亲人而痛哭。哭声惊动了天神梅烟，他发现用人头祭野物的亡灵给哈尼人带来了灾难，就改了原判，并召来野物们说："野物们，哈尼人杀了你千万个，你们一年只杀他们一人，不解你们的恨，每年六月我把哈尼人男女老少吊在半空中，一个个活活吊死。"野物们听了高兴地离去了。天神又派两神到人间传达旨意：哈尼人每年六月节祭奠的时候，要高高地架秋千、立磨秋来荡，让野物们误以为哈尼人被"吊死"在半空中，便不再来糟蹋梯田的庄稼。从那以后，"苦扎扎"节就只杀牛，不再杀人，牛头代替人头成为祭祀品。经历了这样的危机之后，人们的生活又归于平静了。粮食丰收、生活祥和的目的要在举行了这样的神圣性与危机性同在的仪式之后才能达到。妇女在这样一种带有极大的危险性的场合中必须回避，是与其"男主外，女主内"的社会分工以及男性要更多承担扩展人与自然、人与社会交往空间这一任务的文化逻辑相一致的。

传说不完全等于历史，但其中的一些情节对于理解传统"苦扎扎"节日的意义还是有许多启示的。在早期，"苦扎扎"仪式中很可能有以人做牺牲来祭祀神灵的内容。从一些人类学研究资料中可以知道，古"滇"人是以农业为主要生活来源的民族，他们对生长作物的大地及某些农作物大都保持了若干信仰。大地丰收就是生存的保证，风不调、雨不顺就意味着巨大的灾难 。有考古学家在对晋宁石寨山出土的青铜器进行研究时指出："为了对各类信仰对象表示敬意或有所祈求，自必要在固定时节举行一定的仪式。'滇'人和一些民族一样，在举行各种宗教仪式时还要奉献神祇以牺牲。一般性的要杀牛，隆重的则要杀人，这在青铜器上都有反映。"① 有关"苦扎扎"来历的传说所透露出的哈尼先民的悲苦感情则表明，这种祭祀活动和某些民族的猎头习俗还不完全一样。祭祀的人牲应该是本族的人而不是被俘获的外族人。而且和古"滇"人用祖先头颅模型进行的祭祀② 也不一样，应当是以活人作为奉献神祇的牺牲。这无疑表明了祭祀的隆重，并且相信唯有以世间最可宝贵的人作为牺牲，方可获得最为重要的天神及祖先的护佑。

随着社会的发展，人的生命得到了更多的尊重，从而开始用牛来代替人。人们要在世俗与神圣之间建立关系，就是为了"在神圣中看到生命之源"，但世俗接近神圣却总是存在危险的，作为两者之间中介的"牺牲"的存在就是为了让更多的人远离危险。③ 人头祭祀变成牛头祭祀，就是用牛代替人而留在属于神祇的神圣空间，不再回来。这就是为什么牛的下颌骨代替了人的头颅而被放置在磨秋房的祭祀台上。人的生命当然无虞了，但对危机的担忧却依然很深刻。祭祀的磨秋房应与古"滇"人的"或为专门供奉祖先头颅的'神房'"④ 具有基本相同的功能，是祭祀天地祖先的。

---

① 汪宁生：《民族考古学论集》，文物出版社 1989 年版，第 361 页 。

② 参见汪宁生：《民族考古学论集》，文物出版社 1989 年版，第 408 页。

③ 参见［法］马塞尔·莫斯、昂利·于贝尔：《巫术的一般理论：献祭的性质与功能》，杨渝东、梁永佳、赵炳祥译，广西大学出版社 2007 年版，第 241 页。

④ 汪宁生：《民族考古学论集》，文物出版社 1989 年版，第 361 页。

杀牛之前将公牛去势，是要使其无法按世俗的公牛母牛的标准进行区别，从而使其与世俗明显区隔开来而具有某种神圣性。牛鞭要挂在柱子上，且妇女不能碰触。磨秋柱当是祭祀柱。磨秋并非简单的娱乐器具。① 磨秋柱是联系大地、天神和人的媒介，代表宇宙的轴心。磨秋房与磨秋都与神灵直接相关，在具有了神圣性的同时，也具有了危险性，而且这样的神圣性与危险性，又通过社区中的妇女不允许进入和接触来造成与世俗的区隔而使这些器具获得了神圣性的表达。

无疑，"苦扎扎"仪式包含了对天地自然的崇拜，并有一种企盼丰收的意义，② 但"苦扎扎"仪式更是对人与天地宇宙及社会环境的关系做出的极富升华性的整合。它既有着现实生活的依据，同时又有着超越现实生活的理想追求。自然与人、社会与个体、人与人、男性与女性、社区内部与外部等的各种关系都在仪式中上升为制度文化的表达。其意象"包含着'世界'作为一个'宇宙秩序'的重要的宗教构想，要求这个宇宙必须是一个在某种程度上安排得'有意义的'整体，它的各种现象要用这个要求来衡量和评价"③。传统的"苦扎扎"仪式强调了社区中的每个人的生活都要与这种农耕文化背景下的神圣秩序联系起来，每个人、每个家庭生活的目的和意义都只有在这个有意义的系统里才能获得。

随着村民日常生活的变化，"苦扎扎"仪式也发生了很多的变化，但仪式仍然要隆重地举行。特纳曾说过，对于许多民族来说，即使"当某些价值观的物质基础已经消失的时候，人们仍在固执地要抓住他们所珍视的

① 参见《红河哈尼族彝族自治州哈尼族辞典》，编撰委员会编：《红河哈尼族彝族自治州哈尼族辞典》，云南民族出版社 2006 年版，第 373 页。其"磨秋"条认为磨秋是"民间娱乐和体育器具"，似有误。
② 参见王清华：《梯田文化论——哈尼族生态农业》，云南大学出版社 1999 年版，第 249 页；马居里、罗家云：《哈尼族文化概说》，云南民族出版社 2000 年版，第 112 页。
③ ［德］马克斯·韦伯：《经济与社会》（上卷），林荣远译，商务印书馆 1997 年版，第 508 页。

价值"①。不能说箐口原有价值观的物质基础完全消失了，不能说箐口村的生产生活方式已经完全改变，但是许多新的情况确实是前所未见的。比如妇女们外出打工就是一个事例。

过去，箐口人出远门时要请摩批做"保佑出门"的仪式，现在这样的仪式举行得非常多，因为出门打工的人越来越多。但因为历史上妇女除了走亲戚或归宁父母之类的事，不存在其他的外出情况，不会走出特定的生活圈，故而不需要、也没有对于她们的"保佑出门"仪式。现在，妇女们出门除了注意选择吉祥的日子外，仍然没有什么仪式。无法为似乎更需要"保佑"的出门的妇女举行仪式，就表明在新的历史条件下，面对各种新出现的问题，传统也有"束手无策"的尴尬。

妇女在世俗生活中开始扮演与过去相比越来越不同的社会角色。为家庭带来更多的现实利益是她们离开家、离开社区的最为充分的理由。当社区中的传统并不能为需要"保佑"的妇女们"保佑"什么的时候，妇女在仪式中的行为变化就很难被真正制止。其他的诸如不回来参加"苦扎扎"仪式等事情也在对仪式的神圣性造成影响。但新情况的出现又反过来促使诸如"苦扎扎"一类的社区性的仪式必须加强规约，以便坚持原有的文化价值，达到社会的有效整合。与此同时，传统又不得不与现实达成一定的妥协，以便在能够通融新情况的时候体现自身的建构性与包容性，使这些制度文化获得新的生机。

对于那些外出打工的人来说，由于他们绝大多数人没受过多少正规教育，也没有资金，男性村民除了重体力活以外都很难找到别的工作；女性村民大都只能找到诸如保姆、餐馆服务员之类的工作。这些工作工资低且稳定性差。就目前情况而言，通过努力工作而最终改变其社会身份的目的是很难实现的。

---

① ［英］维克多·特纳：《象征之林——恩登布人仪式散论》，赵玉燕等译，商务印书馆2006年版，第15页。

　　从我们在村里以及在昆明、个旧等地对箐口村外出打工村民进行的调查可以发现，他们努力工作的主要目的还是挣些钱回家，箐口才是他们的根。但同时他们也有着对原来生存方式的不满，对另外的生活充满期待。如在文艺队队员离开箐口的原因中，工资少并不是主要的，因为在外打工虽然挣钱多些，但开销也大，所剩并不多。很多队员都说到她们选择离开的一个更为重要的原因是希望出去"看看"。然而，对于箐口人来说，箐口的家终归还是如贝克尔说的，"在很大程度上是非常重要的，因为它可以保护家庭成员抵御不确定性"①。

　　在发生形式上的变化的时候，仪式活动的文化意义也在发生变化。在近年来举行的"苦扎扎"仪式中出现的许多新的现象，可被看作传统与现代碰撞与妥协的结果，是理想与现实的结合。放在别人家的蔑桌上的鸡蛋，当然表征了那些不能按要求回来的人家对神灵、祖先的敬畏，同时更加表明了他们对社区、对家、对文化之根的敬重。无论是不识字的老年妇女，还是读过一些书也外出打过工的姑娘，都没有表现出对"苦扎扎"仪式中有关妇女禁忌的任何不满。她们更多的是遵守规则，但在必要的时候也会悄悄违反。许多妇女在"苦扎扎"仪式中的参与行为，与其说是在自觉地维护传统的男女性别关系，毋宁说是维护她们所珍视的家园以及男女合作关系及各种亲情，更为重要的是在维护其灵魂守护者的地位。

　　在现代性日渐发展的时代，社会共同体与个人主体性的矛盾和冲突开始显现，以变通的形式参与"苦扎扎"之类的仪式活动，就是在肯定自身当下的各种行为活动及价值追求的意义的同时，努力要在那个具有悠久历史的意义体系里寻求个体生命意义的安顿之地。

---

① 　[美] 加里·斯坦利·贝克尔：《家庭论》，王献生、王宇译，商务印书馆 2005 年版，第 413 页。

# 声部二

## 也说妇女地位

马老师的这篇关于妇女地位的文章，好多年前我就看过，最近我又认真看了。我觉得他认为哈尼族妇女地位并不低是有道理的。

我在其他一些书里看到过有人说："哈尼族社会中，过分强调男性中心论，男尊女卑，男女不平等的现象相当普遍，妇女在经济、政治、社会、家庭等方面都处于与男子不平等的地位。""特别是进入以父系血缘为纽带的父权制社会以后，哈尼族妇女的社会地位极其低下"。这似乎是一些学者对哈尼族妇女地位的一般认识。这在以前的社会中可能是有些例子。但是，我认为不能以少数的社会现象来说明整个哈尼族妇女地位就是那样。

过去，妇女地位未必低，现在，特别是随着社会的发展和进步，人们观念的改变，思想在进步，"男女不平等"的这种现象就更是非常少了。随着经济的发展和信息时代进入农村以后，这些不平等的现象似乎没有了。男女之间的地位表现得很平等了，希望有的人，特别是有的学者的这种看法有所改变，不要被个别事情和少数言论蒙蔽。下面，我是从箐口村妇女在经济、政治、文化教育、日常琐事等方面来试着说说我对这一问题的看法。

从政治方面来讲，我们土锅寨村委会每次选举中都没有说只能选男性来当村主任的。而且，每次选举都要求要选出一个妇女主任的。箐口村民小组也要选举出妇女代表的。我想，政府的目的应该很明确，中国共产党领导下实施男女平等政策，要求选举出妇女代表就是要让整个妇女地位得到提升，让妇女有机会参加选举，发表她们的声音和意见。我想，其他农村地区应该也实施这样的政策了。箐口村历来都有妇女担任政治角色的，就我知道的来说，村里一直就有妇女干部，如张志林、张会芬、罗艳、马会英、张美芬等。现在村里的妇女完全有资格参加选举并且过她们的政治生活。她们可以公开商量妇女关心的事情。2011 年选举村民小组长的时候，罗艳以多数得票当选村民小组长，只是在后来具体实施工作中被几个人排挤，最后辞职。我们边疆地区农村经济效益低，担任村民小组长也没有多少经济利益，不好干也就没有人干了，她也没有去理论罢了。

2014 年和 2015 年，村里还组织过三八妇女节，政府也安排代表带队领她们出去旅游，让她们见识外面的世界，增长她们的见识。出去旅游对她们还是有好的影响的。2018 年和 2019 年，村里的妇女没有外出旅游，但到了她们节日的时候，她们都会自行组织过节，显得有点妇女节日的味道。

这几年，各级党委政府已经很重视妇女的工作了，时常到村里来组织活动，培训各种劳动技能，2013 年是培训刺绣的活动，2014 年是培训餐饮服务的技术能力等等。总之，这些年村里就是会有这样那样的妇女活动。无论村里组织什么活动，很多妇女也会自觉地来参加。没有听说"那是男人的事，我们女人不管"之类的话。

我担任村民小组干部的时候还特意要求妇女们参加村里的事务，希望妇女也来关心村里的事情。不可小看，时间长了，自觉来参加的人还多起来呢。开村民大会的时候，谁也没有说不能让妇女发表意见的事情，她们也很愿意发表她们的意见和想法，有的时候，她们的建议还是比较合理的。

从经济的角度来说，妇女就业机会增多，她们已经不再是单纯的家庭主妇。有很多人去社会上就业，带来家庭经济收入。上过学的有不少已经到外地上班。比如，有年轻的还未成家的卢琼、李梅、李惠等，有在工厂上班的，有在酒店餐馆等上班的，到了过年过节时才会回来。据说这些年轻人每年是会给家里带回来几万元的。她们都有独立的经济自主权，有的还买了车的。那些成了家的在附近酒店上班的也是有的。

20 世纪 80 年代以前，箐口村交通闭塞，资源缺少，经济落后，妇女几乎都是文盲，她们知识和技术有限。村子里也基本就是男耕女织的传统生活方式，表面看起来男主外女主内的情况要多一点。而现在的话，情况有了很大的变化，现在在附近万普酒店上班的张美琼、李春的妻子、李贵云的妻子、李金的妻子，也都属于中年妇女了。为了生活，或者是她们生活的需要，她们不再仅仅限制于传统的观念而只是干点农活，然后在家里做家务。她们已经很大程度上要求自力更生了，可以按照自己的上班时间来安排家里的农事和日常生活杂事。

越来越多的妇女已经是理家和工作两不误，经济上也基本由她做主，她们会按照家庭的需要来支配财物。举个例子，李正和家在村里来说有点困难，他的妻子高里玛就不服气，自己到工地上找老板，商量好价钱以后，组织自己的姊妹做苦力，几年后，赚钱回来把房子建起来，把一家人的生活也安排得基本过得去了。还有一个例子是我堂叔张正和家的事情，十几年前，听说是堂叔张正和还看不起他的小儿子娶的媳妇李艳，嫌她个子矮小，年纪又小，干不动农活，也怀疑她的持家能力。十几年过去了，小两口和睦相处，孩子们上学，培养得很好，这些年李艳还拖着丈夫外出打工，赚钱回来又建了新房子，还给家里配上了电视、冰箱等电器设备，自己也买了高档轿车。现在，家里的长辈已经无话可说了，现在大家都感到高兴。

从家庭的情况来看，有人说："哈尼族妇女没有财产继承权。"我看，这不过是一种历史民俗的沿袭，或者说是历史的产物，不能将这种产物归咎于某一个民族或某一个人，我相信其他民族过去也会存在。婚姻法会越来越健全，越来越会保障妇女的权利。列举村里的两个例子：李虚芬建房子落户箐口村已经二十年多了，是她哥哥李志学以 7000 元买了一块他堂叔李朝生家的旱地建房子给她们安家的，还分了一些田让她们家栽种；还有李得生妹子李爱记，至今也生活在李得生家，管理着她哥哥的房子以及田地。都是自己的亲兄妹，哪里有不顾的理由？实际上，有能力还是会分给她们继承的，没有能力和条件应该另当别论。还特别提出来的是，我知道村里许多人家的老母亲在去世前，首先是要把自己的钱财给她女儿继承的，儿媳和儿子排后，没有自己的亲生女儿就单说，不动产和有遗嘱的又是另外一回事。人是有感情的，随着社会的进步，没有能力则罢了，重男轻女的历史终将一去不复返，"望子成龙，望女成凤"应该是正常的做父母的心愿。

从接受文化教育的角度来看，国家实行九年义务教育，村民的经济收入也在不断提高，绝大多数已经具备能力培养自己子女接受教育，村里基本没有失学儿童，男孩子的话，调皮的多一些，厌学而中途退学的倒是会有几个，女孩子懂事早，都能正常地上学。2019 年，村里已经培养出七八个女大学生，她们分别是李志学的女儿、李庆峰的女儿、张祥的女儿、李祥的女儿等，说是都找到一份工作了，都正常就业了。2019 年参加高考的有李绍光的女儿，卢学峰的女儿，马刚金的女儿，听说今年这几个女孩的成绩也算中上的，就希望她们继续上学。正在读高中的有卢宽亮的女儿、张崇样的女儿、还有笔者本人的女儿。读初中的还有十几个，当然，我在这里没有提名男生了。其实只要女孩能够正常地读书，做父母有能力的话是会供她们读书的，应该没有重男轻女的观念。那是旧社会老观念、老思想，人们没有办法管那么多孩子。

从日常生活中来看，我也看不出来村里妇女地位低下的情况。我想，过去那种男主外、女主内应该是男女体质上的差别，造成社会生活中男女分工有所不同，现在的村里生活分工还继续延续着男主外、女主内：在家的时候，男的主要负责耕田犁地重活，妇女负责插秧以及家庭的生活琐事。农闲时间的话，男人外出挣钱，家里只要妇女撑持养些猪、鸡、牛、鸭。但是现在妇女也有很多外出工作挣钱的。

我了解到，村里的很多男人花钱手脚大些，也会喝些酒，容易把钱花完，而在农村，需要开支的费用是很多的，男人挣回来钱的时候往往都要交给妇女来管理，便于统一支配。特别是数目大的时候，交给老婆要更安全一些。现在家里的男人都基本不会带多少现金在身上了，以防丢失。

现在的青年人用了银行卡和手机之后是否有所改变？很多村民都说挣了钱是要先考虑家里的开销。家里卖了一头猪或者一头牛，首先是要让家庭主妇买几袋柴米油盐的。基本保证了家庭最日常的开支之后才会考虑其他的事情。如果说，就凭家里的财务由谁来开支衡量地位高低的话，那现在是妇女地位更高。妇女的管理能力会好一些。李学家是一个典型的例子，村民都认为他是一个汉子，年轻的时候也是喜欢交朋友的一个男子，曾经是箐口民俗村的管委会副主任，也是文艺队的队长，现在，李学是我们土锅寨村委会书记，他要管理我们土锅寨 2000 多村民的。但是，家庭的事情基本由他妻子掌管，我还听说，他家被政府征用了土地的十几万补偿费用还是由他妻子掌管，不准李学去动用的。这个时候怎么判断谁的地位高？总的来说，都是平等的。

不怕读者笑话，我有一个朋友叫李某某，他年纪要比我大一些，而按辈数来说，他要叫我堂叔的。他身体得了高血压，已经不能再喝酒了。有一次，我和几个朋友到他家做客，他要陪同我们喝一杯酒，喝了一杯的时候，他的妻子站在旁边劝告他"不要再喝了"，当他举起杯子准备再喝第二杯的时候，硬是被他妻子把酒抢夺过来倒了，还扇了他一个耳光。这可是当着我们几个外人的面呢，我们能奈何呢？虽然，这么大年纪的人了，不给老公留面子，她的行为是过激了一点，但是，她的做法也没有多少错，我们能奈何呢？有点遗憾的是，几年前，这个朋友已经离开了我们。我举这个例子的意思是说，在家庭里，妇女很多情况下是会关心男人的，在她们有理由的情况下，我们是应该听听她们的建议的。

还有一个村民是卢某某，年轻的时候很爱喝酒，基本上每天都是醉的，有了自己的妻子、孩子后也很不顾家庭，家人的生活也很困难。因为没钱盖房子，就居住在老人分给他的一个小房子里，孩子们逐渐长大，没有住处他也不管。最后，听说他的妻子跟他说，要是这样下去的话就不给他行房事。之后，他是下定了决心外出打工拼命挣钱，供子女读书，还把女儿培养上了大学毕业，几年后建起了一栋很好的房子，现在的村里来说是数一数二的好房子了。现在基本上不喝酒，偶尔回来也很讲礼貌，遇到好朋友吃饭喝酒也只是象征性地喝一点捧场罢了，他们一家人的生活已经算可以了。可以这么说吧，他的家庭是他的妻子管好的。

我认为还值得一说的是嫁姑娘的事。家里的女儿到了谈婚论嫁的时候，主要是和母亲商量，女儿的婚事基本上都是由做母亲的决定，到现在，我还没有听说谁家女儿的婚事是由父亲做主的。很大程度上说，女儿的婚姻大事都交给做母亲的来决定，做父亲的只能提供参考建议和意见，这也该算是给做母亲的一个权利和地位的佐证。

再来列举两个村里仪式中的妇女角色来说说吧。一个是葬礼中，村民认为老人的去世是人生的一个总结，得以厚礼葬之。所以，每个仪式和进程都有严格的规定，不能随意举行。这里对葬礼不做细致的说明，我要说的是，葬礼仪式中妇女必须出现的几个程序，一个程序是摩批给死者念指路词"洪备"，即献饭开祭的时候，必须有两个小辈的媳妇穿民族盛装配合摩批用左手盛饭，两个小辈媳妇跪着做完仪式起身，没有她们参加，仪式就不能完成，这说明了妇女的重要性。再次是到第二天送葬的时候，也是必须要小辈的媳妇们穿着盛装排队带队出发，我听一个兄长说过，"这样的队伍只有在这种场合和部队里还能见到"，这也在说明了妇女的重要性。年轻力壮的小伙子们只能跟在后面出力抬棺送葬。确实是"妇女半边天"，有的仪式没有她们是完成不了的，这是葬礼中特殊程序里有关妇女的一个看来很小的事情，我却想到的是妇女地位及其重要性。

另外，村民的"昂玛突"节中，这个"昂玛突"节日对于哈尼族是最隆重的节日，一说到哈尼族就要说"昂玛突"节，说到"昂玛突"节又要说到咪古了。可见，"哈尼族"—"昂玛突"—"咪古"三者的关联性。村里的民俗要求担任咪古条件有一条就是夫妻健在，还不能二婚，家庭和睦，品行端正，德高望重的人选。再次提醒一下，必须是夫妻健在的才能当选，他是村里集体中的重要人选，这个节日咪古是少不了的。这个"昂玛突"节的主要目的是庆新生，在过去一年里新生育的夫妻是可以带着自己的子女来向咪古接福的。在我们箐口村的话，寨神林杀猪回来的当天晚上来领回他们的奖品（猪脚或者猪肉）按照当年的出生孩子数量平分给他们，这时候，咪古夫妇就要向他们夫妇托福，同时也接受他们的祝福（敬酒）。在这个特殊的节日里，如果说咪古能够代表某一种神灵或者福气的话，作为咪古的妻子应该说是一种健康和平安的代名词，我们是没有理由不尊重的。接受的是对新生命的最高礼节和祝福，还要怀疑吗？有了咪古的祝福还要有咪古妻子的托福，没有了妻子的老人是不能再当咪古的，这个，我认为还是对妇女的尊重的体现。

有人说："哈尼族的妇女不上桌，不能生育就要被逐出寨子，妇女们的地位就低下了。"我的观点是具体情况具体分析，要是来的客人多，条件有限，桌子又矮小不够宽坐的话，是要尊重客人，理应让给客人或者长者就坐。现代条件下到饭店吃饭都要服务员的，家里来客了让女主人当一回服务员又怎么啦？我相信有句话："在家不会迎宾客，出门寸步难行。"我也相信在一定的历史时间内有过不能生育的妇女被逐出寨子的情况，但是，身体的原因，不能生育的男人也是有的，生育又不是女人一个人的事情，到底是谁的原因只有医学鉴定才知道。不能生育的妇女在我们寨子里同样生活得好好的，我在这里姑且不点名字，她们的做法是取得合法的手续领养孩子或者直接就不养孩子，我看我们寨子领养孩子的是有五六对夫妻的，他们的生活还是够幸福的。我们不能以个别现象把这么大的阴影强加到整个民族的头上来。这样，好像不太合理。人与人之间大体相同，因为见识和知识不同，所形成的观念和涵养不一定相同，这就难免形成一定的差异，我们要特殊情况特殊分析。

看过我这篇文章的人，有机会的话，可以到寨子里做做客，你就可以看到儿媳和公婆同桌吃饭喝酒的事实。当然，出于礼貌，年长的人来到家里做客的时候，礼貌性地、象征性地让位是肯定的。

三四十岁的妇女谁没有一部手机，交往自己的朋友，看或参加打麻将等娱乐的。生产之余，她们也娱乐一下的，就是希望不要耽误她们的生产生活。到今天，我没有听说谁家的媳妇因为她们一时的娱乐耽误了家庭的生产，影响了家庭关系的。相反，别人家的媳妇能娱乐的，自己家的媳妇不能参加这些事情，不能与朋友同乐，反而会被认为不合群。比如，现在的村里，有卢学贵家和卢生亮家，他们的妻子就在家里摆了几桌麻将，每天晚上都有人在娱乐，他们的妻子就负责管理，陪同他们娱乐，经济上还带来一定的收入，家庭生产上的事情基本不用她们去管理，家庭的经济有时候还要依靠她们来支出，我也没有听说过他们家发生过什么不愉快的事情。

以上列举的这些，我都是根据村里的事实来说话的，从箐口村来说，已经看不出男女地位有什么差异了。很多情况下，男人也会尊重家庭妇女，特别是年轻妇女生产期间，她们要在家休养一年以上才从事体力劳动的。丈夫们很大程度上是尊重她们的。家里的经济大权还是要她们掌管的，村民里多数男人喜欢喝一点小酒，喜欢去娱乐，家庭的经济容易造成漏洞。把钱拿给媳妇保管，这也是顾全家庭的做法，多数的家庭都是这样的。有的场合和有的家庭男人出面的要多一些，也不过是表面上的事情，相信一家人都是商量决定过的。我相信，哪一个女人也不喜欢在家庭中生活没有地位的。现在的话，反过来说，谁家出现不尊重妇女的，还要被村民认为是没有教养、没有文化的人。比如，村民李某某家，他的媳妇已经给他生养了两个儿子和两个女孩，因为他的性格问题导致离婚，他至今都没有再找到一个妻子来料理家务。村民都议论说是他的错："这么好的一个媳妇，到了这个年纪还要离婚，是他造成了家庭的不幸。"我认为，权利与地位从来不可能天生，一时的现象与事实可能存在，只能"哀其不幸，怒其不争"，自己的能力和技术问题，归罪到别人头上是不合理的。当今的社会已经平等化了，由于自己的不幸或不争给自己带来一定的舆论压力是很正常的，相信自己去努力、去争取，都会打破各种不合理的事情。哈尼族的妇女地位低？估计在以前的社会中由于各种因素而造成了一种偏见，而在现在的社会中，人们的知识和观念都大有提高，看待事物的观点就会随着社会的进步而改善，相信在以后的社会中男女平等、和谐相处，建设美好的家园。

# 第十二章 婚姻

## 声部一

### 禁忌、厌胜与调适：哈尼族族际通婚历程中
### 社会与文化的动态同构 [1]

　　族内婚是一些民族在历史上长期实行的婚姻制度。打破这一限制使社会交往得以扩大的族际通婚行为是人类学关注现代社会变迁的一个重要问题。在缔结婚姻关系的事项中，女性一般是主要的流动群体，其流动大多表现出从贫困地区/族群嫁入富裕地区/族群的倾向。但是，如康斯德博指出的，特定族群的女性嫁给另一族群男性的原因仅仅就是后一个族群比前一个族群在政治经济实力上有优势的看法却是错误的。[2] 尽管经济因素在婚姻缔结方面的作用无疑是重要的，但是族际通婚的动力并非仅仅限于经济因素，因为，如果视经济因素为缔结婚姻的唯一原因的话，那么，社会交往中的社会文化因素就会被忽视，并且非常可能把族群的社会文化差异问题简化为经济分层问题。在历史上相对稳固的婚姻制度是整个社会文化制度的一个重要方面，也是维护其稳定性的重要组成部分。生活于红河

---

① 原文发表于《北方民族大学学报》（哲学社会科学版）2018 年第 5 期。作者郑佳佳、马翀炜。

② Nicole Constable, *Romance on a Global Stage: Pen Pals, Virtual Ethnography, and "Mail Order" Marriages*, Berkeley: University of California Press, 2003, p.283.

南岸哀牢山区的哈尼族在长期的农耕社会发展过程中形成的族内婚制度使得他们在与彝族、壮族、苗族、傣族和汉族等民族的长期相处中极少出现族际通婚的情况。为了维系族内婚的稳定从而维护族群内部的社会结构稳定，哈尼族在历史上也形成了一些不与外族通婚的禁忌，并且以古老传说的形式传播着如果实行族际通婚就会导致社会灾难之类的理念。事实上，在人口流动较少发生的农耕时代，文化习俗价值观念等都因资源配置内容和方式的相对稳定而少有变化，除了少量的一些通过集市进行互通有无的交往之外，更深层面的交往很少发生也不易发生。20 世纪 50 年代展开的哈尼社会历史调查也显示了哈尼族与外族通婚的情况较为罕见。① 直至 20 世纪 90 年代后期，哀牢山区的哈尼族与其他民族的族际通婚才逐步发生，却迅速增多。对于这一现象，人们自然可以从中国经济高速发展、现代基础教育逐渐普及、农民外出打工不断增多、非农化及城镇化不断加快等诸多方面找到合理的解释。经济交往的不断扩大带来的不同民族间的文化互动增强、相互理解增多等都为族际通婚的实现提供了经济、社会与文化现实基础。

然而，对于拥有族际通婚禁忌的哈尼族村民而言，他们是如何在短短的十几年时间里破解具有悠久历史的禁忌的，进而言之，面对由于社会急剧变迁所造成的新的社会关系的建构，文化是如何进行调适以使既相互独立又相互依赖的文化意义框架和社会结构形式之间的不和谐最终被克服而达到协调一致的诸多问题都是值得深究的。聚焦位于世界文化遗产哈尼梯田核心区的土锅寨村委会，以人类学参与观察的方法考察这一小型社区中的族际通婚禁忌的社会记忆，分析当地人以诸多厌胜的方式实现在其社会内部整合缔结婚姻的族群身份，从而完成身份过渡仪式等诸多事象，并进而分析近期出现的结婚典礼形式变化，在梯田景区拍摄婚纱照以及向游客

---

① 参见《民族问题五种丛书》云南省编辑委员会编：《哈尼族社会历史调查》，民族出版社 2009 年版，第 57、62、81—83 页。

分撒红包等新的文化行为就是有意义的，这些尝试既是对哈尼族传统文化的认识，也是对哈尼族努力实现文化模式与社会结构的重新协调机制的理解。①

## 一、禁忌：维护社会结构的稳定

土锅寨村委会隶属元阳县新街镇，距离新街镇 7 公里。北与水卜龙村委会（彝族）相连，南与全福庄村委会（哈尼族）相邻，是进入世界文化遗产红河哈尼梯田核心区重要通道上的村寨，也是外界进入梅花间竹般杂居着七种民族的哈尼梯田核心区的必经之地。土锅寨村委会由箐口、黄草岭、大鱼塘、小水井及土锅寨五个村子组成，其中小水井和土锅寨是彝族村子，靠近水卜龙村委会，箐口、黄草岭、大鱼塘是哈尼族村子，靠近全福庄。

对于何种家庭是理想家庭一类的问题，不同的社会有不同的理解。当一些社会认可"工作＋挣钱＋离开原生家庭＋开始自己的家庭"模式是成功的，而一些社会则认为留在原来的家庭中照顾长幼才是成功的。②同样，对于族群内婚还是族群外婚更利于社会稳定的问题，不同的社会也可以有不同的理解。在许多情况下，族际通婚可以促使不同群体间获得创造与维持联盟关系的可能，以此保证相互取得对方群体的资源和社会网络，从而杜绝自己群体的灭绝。③而一些社会，如哈尼族社会在传统上却认为族内婚更有利于社会稳定。在包括土锅寨在内的哈尼族地区流传的哈尼族迁徙史诗以及传说故事中都有许多有关族际通婚的禁忌故事，这些故事长期影

---

① 以下材料及案例，除特殊注明出处，均来自作者田野调查。下文中所有土锅寨的人名均是化名。

② 参见 Luke Eric Lassiter, *Invitation to anthropology*, Lanham : Rowman & Littlefield, 2014, pp. 161-162。

③ Conrad Phillip Kottak, *Cultural Anthropology: Appreciating Cultural Diversity*, Columbus : McGraw-Hill Education, 2011, pp. 262-267.

响着人们的婚姻观念。

族际通婚在红河南岸的哈尼族传统社会中是一种禁忌。弗洛伊德曾说过，"禁忌是针对人类某些强烈的欲望而由外来所强迫加入的原始禁制"[①]。禁忌是人们对于他们认为有可能对社会秩序带来不稳定因素而采取的消极性的防范措施。禁忌在社会生活中往往起着非常严格的规范与制约作用。哈尼族反映创世、迁徙等内容的古歌经常预言族际通婚可能带来厄运。这些史诗中讲述过诸多与异族展开生存空间激烈竞争的故事。元阳地区的迁徙史诗《哈尼阿培聪坡坡》中记，哈尼人迁徙到一处叫作谷哈密查的地方后，曾试图通过与已经生活在此的蒲尼人展开联姻而寻求和平共处。哈尼头人纳索迎娶蒲尼头人罗扎的女儿为妾。由于两个族群对生产生活资料的竞争关系日益紧张，最终不可避免地走向了族群战争。哈尼头人纳索迎娶的外族女人不断将哈尼人的机密泄露出去，哈尼人在惨败后只得离开谷哈并逃亡至今天的红河南岸。[②]

娶进外族女人不祥，嫁出自家姑娘也同样危险。哈尼族史诗《窝果策尼果》里有这样的传说，一个名叫杰姒的哈尼姑娘无论与"河坝的阿撮"、"半山的卜拉"还是"老林里的苦聪"等外族人结婚，她的婚姻都非常不顺利。杰姒经历了多次失败的族际通婚并最终被赶回了家，犯下众怒的她又偷走了哥哥的权杖。这根权杖后来长成了遮天蔽日的大树，严重影响了人们的生活。后来，几个族群打算联合起来砍树又结下了世代的仇怨。[③] 而在与元阳相毗邻的其他哈尼族聚居地区，也有类似的传说——传说有个哈尼姑娘不愿意听从长辈劝说，非要打破禁忌嫁给外族的小伙子，但是生活习俗的巨大差别使她在婚后经历了严重的健康问题

---

① ［奥］弗洛伊德：《图腾与禁忌》，文良、文化译，中央编译出版社 2005 年版，第 39 页。
② 云南省少数民族古籍整理出版规划办公室主编：《云南省少数民族古籍译丛（第 6 辑）哈尼阿培聪坡坡》（汉文、哈尼文对照），云南民族出版社 1986 年版，第 122—176 页。
③ 云南省少数民族古籍整理出版规划办公室编：《云南少数民族古典史诗全集》（上卷），云南教育出版社 2009 年版，第 436—447 页。

和精神挫折，这个姑娘最终决定离开夫家，她在回娘家的路上喝了太多泉水，肚子里便长出了一棵遮天的大树。人们将那段暗无天日的可怕时光归咎于哈尼与异族之间的联姻。这类故事都告诫哈尼人，必须避免与外族通婚。尽管史诗中的跨族婚嫁传说同时也揭示着历史上存在族际通婚的欲望及事实，但这些传说显然对族际通婚的结果进行了否定。哈尼史诗及传说中不断言说的通婚禁忌无疑对型塑哈尼人的婚嫁观念起到了重要作用。

　　直到 30 年前，分布在红河南岸一带的哈尼族村民总体上依然遵循着传统的族内婚。历史上，元阳哈尼族虽然与彝族等周边民族交往关系较为融洽，但哈尼族与这些周边民族间的族际通婚在很长的一段时间里却极为少见。诚如马成俊在分析撒拉族和藏族的关系时所指出的那样，通婚状况不足以判定一个地区的民族关系，良好的民族关系并不是只能依靠族际通婚得以表现。① 哈尼族人中一直都有"哈尼哈窝启玛札"的说法，意思是"哈尼族和彝族是一娘生的好兄弟"，但是彝族年轻小伙并不会被允许到哈尼族村子"串姑娘"，反之亦然。土锅寨村委会的哈尼族箐口村和黄草岭村与彝族的小水井村和土锅寨村的地界是相连的，人们的日常交往也颇为频繁，但缔结婚姻的事情却极少发生。这种长期维持的通婚禁忌其实与通过加强族内婚、减少族外婚来保护"我族"的资源和利益的诉求有关。以农耕为主的资源配置方式决定了生活在梯田世界中的哈尼族通过族内婚以维护社会结构的相对稳定。这一区域的不同民族拥有着极为相似的资源禀赋，生产方式也没有实质性的差别，这就使得族际交往并不容易形成更加合理、更加有效的资源配置方式，收益也不会有明显的改善。深层次的族际交往由于缺乏动力而不易发生。

---

① 研究表明，仅仅依靠有无族际通婚现象或族际通婚率的高低去衡量族群关系的好坏是缺乏解释力的。参见马成俊：《"许乎"与"达尼希"：撒拉族与藏族关系研究》，《西北民族研究》2012 年第 2 期。

## 二、厌胜：规训他者的族群身份

改革开放以来，尤其是随着工业化与城镇化时代的到来，哈尼族极少与外族通婚的状态开始发生了较大的转变。大规模的物资、人口及信息流动以及多种生活方式的敞开在实际上扩大了哈尼人的通婚范围，现代化背景下的婚嫁逻辑要求哈尼人开始考虑从新的交往关系中获取具有差异性和稀缺性特征的物质资源和社会资源。正是在这一意义上，史诗里不断言说的禁忌在今天也开始面临挑战，当然，文化挑战的过程必定是漫长且复杂的，哈尼族接受族际通婚也经历了文化不断调适的过程。

20 世纪 90 年代，土锅寨哈尼族青年男女的跨族婚嫁尝试依然遭遇着父母、村中长者等传统权威的重重阻挠。但是这种状况也开始被不断打破。当土锅寨村的彝族女青年李玉花与箐口村的哈尼小伙张正学决定各自向家中坦白他们的恋爱关系时，就遭到了双方老人的激烈反对，理由是"哈尼和彝族是两兄弟，不兴结婚"。这对年轻人只好策略性地选择一直在外打工，僵持了三四年后，长辈们意识到实在无法让他们分开，最终只能妥协并承认他们的婚姻。20 年后，族际通婚却变成寻常之事了。箐口村是土锅寨最大的一个村落，人口总数达 1008 人。至今已经有 23 个外族姑娘嫁入了这个 238 户人家的哈尼村落，外族媳妇户数占总户数的 9.7%。20 年前，80 户人家的大鱼塘村没有一个外来媳妇，现在，91 户人口的大鱼塘村有 7 个外族媳妇，外族媳妇户数约占总户数的 7.7%。这些外族媳妇多数并非本地人。其中有三个彝族妇女来自其他乡镇，有一个苗族妇女来自邻县，一个汉族妇女来自另一个州。黄草岭村有 98 户，外族媳妇户数达 5 户，约占总户数的 5.1%。[①] 村民们将这个村外族媳妇相对较少归因于黄草岭村不像另外两个村那样是旅游村，村民与外面的人接触相对较少。现在，虽然村寨之间还有些差别，但土锅寨村委会的这三个哈尼族村

---

① 土锅寨村委会 2015 年人口统计数据，资料来源：土锅寨村委会。

的族际通婚已经成为一种新常态。

　　尽管哈尼族长期以来对族际通婚充满疑虑，担心这种联姻随时会导致灾难，但是，现实社会的工业化、城镇化产生的巨大影响使这种忧虑难以阻止族际通婚的不断出现。土锅寨村委会五个村子共 799 户人家，人口总数为 3392 人，男女人口比例为 1.04∶1，乡村劳动力资源达 2056 人，常年（半年以上）外出务工人口数量几乎占了劳动力资源的三分之一，达651 人，其中在乡外县内务工人员为 215 人，乡外省内务工人员为 264 人，省外务工人员为 172 人。① 此外，近 20 年的旅游开发也使哈尼梯田为越来越多的人所了解。每年数百万的中外游客造访哈尼梯田都使得当地哈尼族获得了更多的直接与其他民族、其他文化交流的机会、外出寻觅工作机会，留在家里种田或参与一些旅游服务工作都是可以的。如古德所言，工业化促使新职业的出现，创造着尽可能多的新机会。年轻人通过进入市场就业，以个人身份而不再是以家庭成员身份获得个人收入，不再依靠家庭占有的土地谋生，这极大地削弱了家庭长者的权威。② 以企业为单位的工业生产方式代替了以家庭为单位的生产方式，这非常容易夷平劳动个体本身所携带着的文化差异。不同文化间的频繁接触及其常态化已然免去了个体间相识的烦琐程序，不同群体间更多的交往，生计方式上的巨大转变为婚嫁个体间的认识与交往创造了便利条件。

　　外面的世界很精彩，但精彩的外部世界也依然要经过内部文化的整合才能被真正接受。由于不同民族有着自己特定的婚姻合法性的认定程序与形式。无论认定的仪式程序复杂与否，没有经过社会认定的婚姻往往是得不到社区承认的。譬如，特罗布里恩岛民的结婚形式是非常简单的——简单到仅需女方留在男方家并一起公开吃顿饭。但是，如若没有得到女方父母的承认并与男方家庭进行山芋、菜肴等传统礼物的交换，这对男女之

---

① 土锅寨村委会 2015 年人口统计数据，资料来源：土锅寨村委会。

② ［美］威廉·J. 古德：《家庭》，魏章玲译，社会科学文献出版社 1986 年版，第 249—250 页。

间就只能算是尝试了结婚而非社区认可的结婚。① 由于新的社会交往关系的建立而导致的外族媳妇进入使哈尼族村寨的社会结构开始发生一定的变化，为了使社会结构与文化模式之间能够协调一致，一些针对异民族身份的厌胜行为开始被发明并使用，通过这类主要是在社区内具有调适文化心理紧张作用的新的策略的实施，族际通婚带来的文化紧张感得以缓解，异族媳妇融入村寨生活的过程变得相对平顺。

面对在当下已经不可能禁止外族媳妇进入村寨的现实，土锅寨一带的哈尼族根据"模拟巫术"或曰"顺势巫术"②的原则对外族媳妇实施改族称、改姓名和"改口"之类的巫术方法来使外族媳妇的族群身份和哈尼族的族群身份相一致。这种用人的主观能动的力量和预言所言及的灾祸力量"对抗"，以使两者力量互相抵消，从而达到清除灾害目的的巫术性手段即是普遍存在于各个民族中的"厌胜"。通过咒语或改变与对方相关的事物来对禁忌事物进行克制，是厌胜的基本逻辑。厌胜术可以是通过某些行为来压制、规制对象的，也可以是通过某些行为来改变、满足或迎合对象的。③将非哈尼族媳妇的族群身份改写为哈尼族，给她们新的名字，让她们用哈尼族语言称呼家人和亲戚的厌胜方法使村内哈尼族人可以更加容易相信作为外来者的她们已经与自己成为一类人了。这使得族际通婚的婚姻双方是相当的、相称的，是可以平安地生活在一起的。

上文提到簪口村的张正学娶彝族李玉花的事情是经历了许多波折的。长辈最终同意这桩婚姻的一个条件就是李玉花必须在落户到张家的时候把民族成分改为哈尼族，同时也要改成张姓，并且由张家老辈的人取一个新

---

① 参见 [英] 马林诺夫斯基：《未开化人的恋爱与婚姻》，孙云利译，上海文艺出版社1990年版，第55—56页。

② 弗雷泽认为在巫术中，人们可以根据"相似律"推导出可以通过模仿来达到目的，这种巫术被称为"模拟巫术"或"顺势巫术"。参见 [英] 弗雷泽：《金枝》，赵昶译，陕西师范大学出版社2010年版，第16页。

③ 参见史杰鹏：《"厌胜"之词义考辨及相关问题研究》，《励耘学刊（语文卷）》2013年第2期。

名字。结果，彝族李玉花就变成了哈尼族张艳芬。① 箐口村的李有先25年前到壮族村寨当小学老师而认识了后来成为他妻子的壮族姑娘罗萍。在嫁入箐口村后，罗萍就开始被唤作李兰萍，户口簿上民族成分也由壮族变成了哈尼族。

2004年国家开始使用第二代身份证，这使得改民族成分和姓名变得困难起来。更为重要的是这些新一代的媳妇基本都有打工的经历，姓名对她们来说并不再像从前那样只是家人和村内人使用。对外族媳妇的厌胜方法开始减少。2008年嫁到箐口村的彝族女性杨会就没有被要求更改姓名，只不过她的民族身份与罗、李二人一样，被登记为哈尼族。箐口等三个哈尼村子依然倾向于告知上门进行信息登记的工作人员，自家的外族媳妇也是哈尼族。外族媳妇的民族成分在村委会人口登记册上依然存在更改的情况。近年来，由于政府相关部门对于户籍管理更加严格，改族称和改姓名不再像从前那样易于操作，加之身份证上的姓名和民族成分等内容也不会由于男方家在村委会登记人口时进行改动而发生改变，逐渐地，改族称和改姓名的情况变少了。现在，针对族群身份进行规训的厌胜手段更集中于重视婚礼中以哈尼语称呼家人及亲戚朋友的"改口"中。2017年2月8日，佤族姑娘王英和箐口村青年卢俊举办婚礼，当他们在两对伴郎伴娘的簇拥下来到长辈就座的第一张酒桌准备敬酒时，卢俊的长辈在明知王英不会说哈尼话的情况下要求新娘必须用哈尼话称呼他们。长辈们表示，既然不会用哈尼语称呼，那就只能现场完成另一项特殊任务才会接受他们的敬酒。后来，卢俊只得接过凑热闹的伙伴们递过来的菜盆，由王英拿着一根竹棍敲打菜盆，二人沿着村子东头的广场四周走了一圈，边敲边大声喊出对方是自己的妻子／丈夫的话语。之后，人们又教新媳妇用哈尼语称呼长辈及亲属。王英没有被要求改姓名或者改族称，但在婚宴现场被亲人及村民们

---

① 曾经多年在外地矿山上做工的张正学夫妇因哈尼梯田越来越多的发展机遇回到了家乡。他们的两个儿子都尚未成婚，大女儿四年前因外出务工结识了土锅寨村的彝族青年，现在已经嫁回母亲出生的村子并生育了两个孩子。

要求按照哈尼语来称呼亲属等，即"改口"。特定的亲属称谓指称特定的亲属关系及特定的义务与权利。事实上，要求用哈尼语来称呼亲属的"改口"是外族女人承认自己是哈尼族一员的表征，应答用哈尼语叫出的称呼则表明了对外族媳妇进入自己社区的接纳。要求不会说哈尼语的外来者当着村内人的面学会用哈尼语来称呼新的家人和亲属的"改口"过程，新媳妇的张皇无措以及发音不准自然都会成为哄笑的对象，这类带有戏谑成分的厌胜行为主要目的并不是为了张扬本民族的高位，而是为了象征性地使原本拥有另一个族群身份的人能和哈尼族人在身份上相一致。这就是以文化调适的手段对由于外来者进入而导致的社会结构的变化进行整合的努力。一旦通过这算不上十分为难的"改口"之后，在村民心里，外族媳妇也就获得了和其他嫁入村内的哈尼族媳妇同样的社会身份。

不论是改族称、改姓名或者改口都具备了民俗学意义上的"厌胜"的意涵。"厌胜"具有压服以及迎合使之和谐两重意思。[1] 在哈尼族村寨中，针对外族媳妇的厌胜则更多地具有规训并使之和谐的意味。压服的味道则基本不存在。箐口村哈尼族对外族媳妇实施改族称、改姓名以及改口的实践，是出于达到族群身份契合的目的。通过抹去对方原来具有"危险"意味的名与族等"非我族类"标识，并通过植入亲属称谓等重要符号而为新鲜转化的新加入者配置了新的社会角色与职责。这也是哈尼族民间社会缓和大传统与小传统之间紧张关系的一种有效的文化策略。

土锅寨村委会过去 20 余年的族际通婚发展的历程表明，传统的族际通婚禁忌被不断打破，哈尼族通过系列厌胜行动调适着传统与现代之间的平衡。当然，传统禁忌的打破并未带来什么社会危机，这一事实被不断接受之后，改族称、改姓名以及改口等厌胜做法逐渐呈式微之势，更具积极性的有助于扩大社会交往的各种新的文化调适策略不断出现。

---

① 参见史杰鹏：《"厌胜"之词义考辨及相关问题研究》，《励耘学刊（语文卷）》2013年第2期；王志清：《"借名制"：民间信仰在当代的生存策略》，《民俗研究》2008年第1期。

### 三、调适：动态地同构社会与文化

现代生产生活方式给土锅寨哈尼族生活带来的变化是巨大的。社会交往扩大带来的社会变迁也必然会导致传统文化结构与社会结构之间一定程度的抵牾。然而，哈尼族文化的活力就表现在它能够在现实的迫力下转变为主动地调适社会与文化之间的关系，使社会和文化的整合同构可以在较短的时间内形成，并为应对新的问题的出现提供解决的平台。达到文化结构与社会结构之间动态平衡的关键性因素是传统文化在新的变化了的社会结构面前能够有所坚守，同时又能够有所改变。在一段时期内施行的对外族媳妇改族称、改姓名以及改口的厌胜行动很快就成为历史。此外，应对文化差异的方法也不仅限于村寨内部对外来媳妇有各种要求，如外族媳妇也会借助进入哈尼村寨就更换为哈尼服饰的方式来寻求主动融入当地社会，这也是化解文化与社会张力的具体行为。哈尼人秉持着追求村寨整体性利益的传统，按照这种特殊的传统，女性嫁到男方家就自然成为男方家寨子中的成员之一。① 因此，嫁入箐口村的媳妇并不是仅仅得到家庭的认可就可以的，待在村寨中就尽量穿哈尼族服装，更主要的意义是向村寨主动宣示自己对村民身份的接受。社会交往的显著扩大引发哈尼族村民对自身文化认知不断清晰化，对族际通婚的接受既是对其他文化的认可，也是对自身文化的自信。

纳采、问名、纳吉、纳征、请期、亲迎等所谓"婚姻六礼"是汉族传统社会中婚姻成立的必要条件和必经程序。哈尼族传统社会的合礼合法的婚姻程序与此也大同小异。随着社会的发展，哈尼族缔结婚姻的程序和礼仪也在发生诸多变化。仪式的变化即表现了个人之间、个人与社会纽带之间关系的变化。哈尼族现代婚嫁观念的变化尤其凸显于作为过渡仪式的婚礼过程中。过去，土锅寨的青年男女不论是通过自由恋爱还是包办婚事，

---

① 马翀炜：《村寨主义的实证及意义——哈尼族的个案研究》，《开放时代》2016年第1期。

都需要由男方请人（哈尼族通常由舅舅和姨妈作为媒人）到女方家说亲并向女方家送出彩礼，女方在正式举办婚礼之前要到男方家中祭拜祖先认亲，新娘在婚礼当天哭嫁、躲婚后再由哥哥背着出门，婚礼第三天新娘再回到娘家住下，直至新郎将新娘接回男方家中定居下来，婚礼仪式才算结束。① 现在，新娘的家乡或许远隔十里、百里乃至千里，认亲、迎亲和婚礼仪式等认定程序都难以满足过去婚嫁规则的各种要求而必须有所变化：在神龛前磕头认祖的环节可能安排到婚礼后，迎亲时间大多不再继续延续黄昏时分的传统，婚礼的举行也不再局限于男方家中。如果经济条件允许，婚礼通常还会在附近城镇的酒店里举行。而不论是在酒店还是在本村举行婚礼，新婚夫妇在婚礼当天大都会在亲朋好友、伴娘伴郎的陪同下沿哈尼梯田核心区的旅游环线到坝达、多依树、箐口村、大鱼塘村等多个景区摄影留念，而这也越来越成为梯田核心区一带的哈尼族现代婚礼中的一项重要内容。此时，梯田景观婚纱摄影以及向陌生游客散发红包等个体创新行动也就具有了扩大社会交往、彰显自身文化以及自觉融入外部文化的积极意义。

过去，婚礼的日子基本都是请家族内的宗教人士摩批及村寨头人咪古来确定。吉祥的日子自然寓意着未来生活的平安。遵循这样的规矩其实也是遵循着村寨的传统。而在今天，确定婚礼的日子采取的是一种折中的办法。因为现在年轻人的时间安排并不如祖辈那样主要根据农事活动来安排，他们的时间规划多与外出打工、跑运输以及进城做生意等安排有关。婚礼的日子不能再完全由摩批决定。因此，摩批在举办婚事的人自家预选的几个吉日里确定一个的做法已经成为常态。选择良辰吉日方式的变化本身也表征了传统与现代达成妥协的可能性。

当地村民隆重的婚礼客观上也成了哈尼梯田旅游景区新的景观。2016

---

① 马翀炜编：《中国民族地区经济社会调查报告——元阳县卷》，中国社会科学出版社2015年版，第203、210页。

年 11 月 27 日，在外务工的哈尼族青年杨杰迎娶来汉族姑娘刘敏，当他们来到梯田景区拍摄婚礼视频时遇到了好多游客。这对新人自然为游客带来了吉祥的惊喜，也收到了许多来自游客的额外的祝福。为了感谢游客们的祝福，他们纷纷向游客派发红包。见到游客们感叹着新郎新娘以及伴郎伴娘身上民族服饰的绚丽的时候，杨杰主动把镶着银饰、土布染制、手工刺绣的马褂脱下，邀请宾客穿上拍照。告别时，一对新人还不忘记又一次向这些陌生人送上喜气满满的红包。如果说以民族服饰为代表的符号指称的是对内部传统的尊重，那么以红包等主流文化元素为代表的符号彰显的则是对外部文化的融入。新的婚礼仪式是地方文化与主流文化进一步融合的缩影，民族服饰和红包是过渡礼仪中的两个亮点，协助新婚夫妇在内外两种文化中进行穿梭和融入。

在缔结跨族婚姻时，对某些哈尼族婚姻仪式环节的坚持还有可能表现出对外族媳妇的真正的尊重。过去，只有当男方家交足了奶水钱（"阿妈阿楚楚匹"）时，才可以将女方接回家中。奶水钱是要用秤称的，奶水钱既是对女方家的象征性补偿，也是对娶进家门的媳妇今后在男方家的地位的肯定。2016 年，大鱼塘的杨成迎娶曾经经历过一次失败婚姻的苗族女性陶爱芬时就坚持在他们领结婚证前按照哈尼族的规矩，请村中的摩批择了吉日之后，找本村五个有声望的中年男性，专程到上百公里外的陶爱芬的娘家去送奶水钱。帮着杨家送奶水钱的李顾生告诉笔者说，"她娘家人觉得姑娘已经结过婚，奶水钱就不一定要了，而我们坚持说结没结过婚那是以前的事，现在嫁给我们哈尼族，就是我们哈尼族的新媳妇，奶水钱要收，而且一分都不能少收。"

新近举办的一场族际通婚的婚礼也很好地证明了哈尼族在延续与调适传统过程中因我群与他者之间的相互理解中不断增进的文化自信。马家专门在外经营建筑工程的独生子娶了来自北方的汉族女孩周晓慧，马家一直等小周生育了两个孩子之后才在村里为他们举办了婚礼。公公婆婆要求小周在当地拜另一对哈尼夫妇为"干爹干妈"，因为当家里举行一些重大祭祀活动需要姻亲的到场，小周的家人离得实在太远无法参加，那么干爹干妈便可以代替她的娘家人出席这样的场合，"免得场面不好看"。又由于小周在当地有了"父母"，所以这一场迟来的婚礼也就以新娘出嫁后的"回门"这种形式举办。马家在村内搭起了舞台、铺上了红地毯、请来了当地出名的哈尼族歌手表演，马家独生子的朋友甚至还专门从外地带来了无人机进行婚礼仪式的空中拍摄。这场时尚文化元素充分的婚礼得以举办的内在驱动力是村民个体对村寨集体的传统社会结构的尊重，早就领了国家认证的结婚证并已经有了两个孩子的一家人，如果不在村里举行这样的婚礼就始终是不圆满的，这次补办婚礼就是对村寨社会的尊重。同时，这场特殊婚礼的举办也意味着在许多哈尼族村民的内心深处依然保留着这样的观念：没有回到家里，没有得到村寨认可，在外面职场的成功以及在外面获得一定的社会地位依然算不得真正的成功。

一些传统的村寨性仪式对于解决族际通婚可能带来的族群身份迷失问题 ① 也是有益的。每年"昂玛突"（祭寨神）期间，哈尼族村寨的每一个家庭的男孩儿都要在节日的最后一天到宗教头人大咪古家参加"之凿凿"的仪式，即向咪古们敬献烟酒，并获得咪古的祈福。无疑，外族媳妇所生育的孩子和本族媳妇所生育的孩子一样，都会参与到"昂玛突"之类的集体性村寨祭祀仪式中，否则"就不能被算作是村里的人"。那么，参加了这类仪式，得到了咪古的祝福，就是得到了村寨的祝福，新一代的人就自然有了自己的族群身份归属。

## 讨论和结语

据笔者调查，那些外嫁其他民族的哈尼族女性人数和嫁入本地的其他

① 有研究数据显示，族际通婚引起了犹太人后代的身份迷失。参见 James S. Frideres，"Offspring of Jewish Intermarriage"，*Jewish Social Studies*，1973，vol. 35，no. 2，pp. 149-156。

民族的女性的人数大致相当，对那些远嫁不同区域和不同民族的外嫁女的生活的研究也是非常有意义的，这里的有关哈尼族族际通婚的研究是在哈尼村寨内进行的，主要关注了外族女性嫁入哈尼社区的事情。更加全面的包括外嫁女在内的研究只能留待以后更加深入、全面的调查。但仅仅通过对有关哈尼村寨内部社会和文化变迁材料的分析也可以看到，如果将文化完全视为社会组织各种形式的派生产品，或者把社会组织的各种形式看作是文化模式的行为体现，那么就不能平等地对待社会过程和文化过程，当文化模式无法与社会组织的各种形式协调一致从而产生社会变迁时，其动力因素及变迁的行为方式就难以得到表述。① 也就难以把握高速变迁的社会中存在的社会与文化之间互动与调适的问题。因此，也如格尔茨所认为的那样，把文化以及社会结构看成独立变化且又彼此依赖的因素，这样就可以发现文化与社会"是可以采用多种模式相互融合的，其中，简单的同构模式仅在有限情况下发生——通常是在社会稳定时期被维持得足够长因而使社会方面以及文化方面可能获得密切调整。在多数社会中，变迁是社会的特性，而非异象"②。

哈尼族在历史上形成的族内婚制度是其社会与文化同构的结果。当然，这样的同构也是适应其特定历史阶段的发展要求的，并且是不断地遭遇挑战并应对挑战的结果。如果族内婚从来都没有受到挑战，各种禁忌传说就没有必要经常说起。"扩大社会交往以及实现族外婚必然对民族的发展有益"已经成为大多数人的看法，但这种看法的合理性依然需要特定的历史条件作为基础。不同民族之间的交往有利于他们的生存与发展的前提条件是交往活动会带来真正的社会发展。当中国市场经济发展为各个民族的发展带来明显的促进作用的时候，哈尼族村民也就越来越多地意识到与

① Clifford Geertz, *The Interpretation of Cultures: Selected Essays of Clifford Geertz*, New York: Basic Books, 1973, pp.143-144.

② Clifford Geertz, *The Interpretation of Cultures: Selected Essays of Clifford Geertz*, New York: Basic Books, 1973, p.144.

外部世界交往的必要性。正如作为惯习存在的所有传统的改变都不是轻而易举的，从族内婚进入跨族婚的过程中也有通过迎合甚至压服而使婚姻和谐的各种"厌胜"行为，但这都已经不是简单的拒斥，而是运用文化进行调适以使社会和文化能够同构的努力。更加多样的缔结婚姻的方式以及对家庭进行文化整合的行为都有助于哈尼族对外部社会环境的适应。但是，适应外部社会环境并不意味着就要在文化上与外部同质化。事实上，"文化上的同质性远不足以保证人们和平共处"①。如西方哲言所谓，"须知参差多态，乃世界本源"。保留差异性并协调好差异之间的关系是有助于社会的发展的。土锅寨哈尼族村民演绎的婚嫁观使人口与物质资料两种再生产都获得了新的延伸空间。婚嫁观念持续变化的结果有利于对新的发展机遇的找寻，以及对新的社会身份的适应，这在本质上与过去实践族内婚以求得生存空间的智慧并不相悖。为达成族际通婚而实践的扩大社会交往的种种行为都表明了哈尼族在融入现代社会的进程中拥有能够实现传统与现代平衡、个体诉求与集体利益兼顾以及我群与他者相互理解的文化方式和文化自信。鉴于此，哈尼族传统文化以新的形式进行发展也是必然的。

## 声部二

### 嫁谁？娶谁？自己定吧

婚姻是维系人类生活的一大要素，什么样的社会和什么样的族群可能会缔结什么样的姻缘，有什么样的社会生产经济就会有什么样的婚姻历

---

① ［德］李峻石：《何故为敌——族群与宗教冲突纲论》，吴秀杰译，社会科学文献出版社2017年版，第9页。

史，生活在中国哈尼梯田核心区域的箐口哈尼族又有与其他地方不同的婚姻生活情况。随着社会经济文化的不断发展和改变，人们对待社会婚姻的观念也在改变。特别是这几年，村里的年轻人外出务工的人数增加，他们的社会交往关系扩大化，外嫁的姑娘增多，娶回来不同民族的女子也在增多。我在想，箐口村不过是两百多户的寨子、一千多人口的社会，村里的婚姻变化，估计不过是社会历史变化之中的一个小影子，其他多数地方的婚姻估计也在随着社会的发展和变革发生很大的变化。下面是我对箐口村这么多年来婚姻情况变化的一点观察，希望对调查箐口村婚姻历史情况的有关人员有用。

简要地回顾一下 20 世纪八九十年代箐口村的婚姻基本情况。那时候的箐口村经济落后，交通闭塞，很少有外出务工的机会，很多时间都就在家里务农，信息封闭，年轻人根本没有现在的手机等电子设备，到了谈婚论嫁的时候，对象基本都是通过生产生活中认识的本村和附近村寨的人，这或许就是造成本村联姻比较多的原因之一。

到了春末夏初播种的时间，这也是候鸟情窦初开的季节，也是年轻人寻觅自己心上人的最佳时间。插秧的时候，男女年轻人往往会聚到一起，敞开自己的心扉，向自己喜欢的心上人诉说自己的心声。这个时候年轻人说些打情骂俏的话，谁也不能计较，要是有近亲在旁边也只会有意地回避。情投意合的话，进一步加强联系，白天到田边对唱山歌，晚上到孤寡老人家约会叫作"串姑娘"。感情发展到要结合的话，年轻人就会向自己的家人或者亲戚说明情况，叫亲戚转告父母，做家长的觉得适合的话，就会找能说会道的人去提亲，一般情况是找男方年轻人的舅舅或者姨妈去说亲。双方对接他们的生辰八字，认为合适的话，就商量彩礼的金额，选择年月日给女方家送过去，双方就可以自由地来往。来往的时间长了，村民也自然地会认定他们是谈恋爱了。而男方家的话，也要选择日子请摩批做一个法事，让夫妻两个在堂屋的神龛下跪拜，从民俗的角度来说就是办理了结婚证，认定就是男方家的媳妇了，其他的年轻人也不会去干涉。

能说会唱的杨正明、李世忠等这样的人容易得到姑娘的喜爱，他们就是这样找到媳妇的。这样成家的人数估计在现在这些中年人中占一半以上，还占了结婚中的绝大比例。

以前的村民还有一种迷信的思想，双方在对接他们生辰八字的时候，认为属相相克的话，做父母的也会责令禁止双方来往，或者说，有的家长"门当户对"的思想观念比较重，认为双方经济和地位上差异比较大，做父母的也会站出来讲话。张某某和李某某就是相互比较喜爱的一对，他们两个来往已经很长一段时间了，说是张氏还怀上了李氏的种。张家父母认为李家的经济基础比较薄弱，怀疑会给以后的女儿生活带来困难，做父母的硬是把张氏姑娘嫁给其他寨子的一个小伙子。这是包办婚姻的沿袭，这种情况已经越来越少啦。另外，也不是说所有的包办婚姻都是不成功的，这或许是男女青年由于性格内向的原因而不善于交际而已，有的年轻人通过朋友或者亲戚介绍认识，达成婚姻过上幸福日子的还是多的。也听老人说过20世纪五六十年代的时候还受政治风声的影响，很多贫下中农是不敢娶地主或者富农家的女孩，反过来，地主或富农家女孩也不愿嫁到贫下中农家的也有。只不过到了20世纪80年代的时候，这种情况在箐口村就基本没有了。

在婚姻中，哈尼族地区也是实行一夫一妻制的，氏族外婚是必须遵守的规矩，无论在什么地方，相隔多少代，只要是同一祖先的后代都是禁止通婚的。箐口村现在有238户，1015人，其中，大李氏有七十多户，二李氏有三十多户，三李氏与张氏结盟共有六十几户，卢氏有六十几户，其他少许的有几户罗姓、杨姓和高姓。或许是受社会交往区域的限制，以前的话，村内几个大姓中互相通婚的情况比较多，张氏嫁娶卢氏家，卢氏嫁娶李氏，李氏嫁娶张氏的，一个寨子的人基本成了三亲六戚，不是男方的亲戚就是女方的亲戚。但是，对于三李氏和张氏是结盟的一个家族，说是以前结盟时候的老一代就立下誓言而绝对禁止通婚的。其他的，只要不是三代近亲之内就比较自由地恋爱、自由地结婚，所以，箐口村内几个大家族中联姻就比较多了。

原则上说是一夫一妻制，可是听说，20世纪五六十年代的时候，有个卢氏家在当时算来田地要多一些，就是说家业要大些，娶的第一个妻子不能生育，为了继承香火以及祖业，卢氏家人又娶了第二个老婆才生育的。在那个年代来讲，也许"继承香火""后继有人""养儿防老""不孝有三，无后为大"等等这样的思想观念还浓重地镶嵌在村民的脑海里。

说是不能生育而再娶的有上面说到的例子，说是退婚的例子也有几个的，这是以前的事情了。或者是生理的原因，目前，村里还是有几对夫妇不能生育的，他们多数是办理了合理的手续领养了其他村民的孩子，有的是本村的孩子，有的是外村寨的孩子，他们也能正确看待，像对待自己的孩子一样抚养他们，孩子长大了知道自己的亲生父母也不会太在意，而是像对待自己的生身父母一样对待自己的养父母。而不能生育的夫妇知道自己的身体情况，也能正确地对待对方，尊重对方，生产生活中相互商量，组建属于自己的家庭。村民的观念在更新，视不生育的夫妇为不正常的村民估计是会有些，但是，在正常的日常生活中基本不会表现出来，只有到了矛盾激化的时候被当作刺激对方的材料抖出来。我认为，这是村民的思想还在固守的一个表征，应该慢慢去淡化，更多是建立人与人之间平等友好的情感，多一份和谐，少一点矛盾，和平与发展是永久的道理。

在正常情况下，箐口村的年轻人谈恋爱，只要男女双方能够很好地相处，到了结婚的年纪，通过双方认可，男方给女方家商量好的彩礼钱（又叫妈妈的"吃奶费"），女方选择日子带上自己的行李嫁妆以及一只小母鸡到男方家落户生产劳动即可。由于经济的原因，多数女孩子是没有上过学的，她们就很少有自己的学名，到男方家登记落户也会被一些也是识字很少的农村干部登记成男方家的姓氏，也难怪以前的老妇女往往取姓氏的时候就按照男方家的来改口叫了。

过去结婚的年纪偏小一些，特别是女孩子，到了十七八岁还没有出嫁的话，也会被村民认为是女方家有问题而被耻笑。当时的经济落后，给的彩礼金就是六七百元，随着社会经济的发展，到了 20 世纪八九十年代上升到五六千元。举办婚礼的仪式也是民俗化，只要男方家根据商量好的日子给女方家送礼金过去，男方家选择日子请摩批做一个法事，村民就认为他们已经结婚了，可以自由地往来，村民几乎都没有到民政局办理结婚登记领取结婚证的。到了当年过春节的时候，女方家再做几背篓的糯米粑粑以及购买一些行李、烟酒等送过去，夫妻就可以自由地同房、生育。或许是观念上的原因或者是经济上的原因，办酒席请村民吃饭喝酒的人家也基本没有。20 世纪初的礼金是一两万元左右，到现在是五六万元，三年前出嫁的李某某家女儿说是要了三十万元彩礼钱，李某某年轻时候就外出做生意，时来运转，经济上得到改善，已经在新街镇买地建了自己的房子，从某种角度来说建立了自己的经济地位，而听说是对方家境也不错。这几年来说就给了那么多的彩礼钱，这在箐口村到现在来说是最大的礼金了，这在村民的眼里绝对是天大的数字。

随着社会经济的发展，我们明显地发觉，彩礼钱也是随着社会经济的发展而得到提高，村民意识的提高，村民对待婚姻的态度也在逐渐地得到改善。村民逐渐地接受与其他民族的联姻，自由恋爱结婚的年轻人多起来，这几年中，嫁往外地的有李某的女儿，有马某某的女儿，有李某某的女儿，有李某某的姐姐，李某某的女儿等等，所嫁的民族有汉族的，有彝族的。村里的年轻人也有娶回来汉族的、苗族的、佤族的、壮族的、藏族的。村里的年轻人结婚除了按照民俗的仪式办理之外，还学着汉族的仪式举行婚礼酒席，有的在本村里办理，有的就到附近的新街镇或者南沙镇酒店办理宴席来显摆。

这些年国家实行结婚手续合法化政策，户口已经书面化，要求已经生育的夫妇也要重新补办结婚登记。所以，现在的村民夫妇都已经基本上办理了元阳县民政局的结婚登记，领取了结婚证书。

这个时候，经济已经发展到一定的程度，多数女子也是上过学了，有了自己的学名，登记结婚证的时候就用不着跟着男方姓氏，可以根据自己的民族和姓氏登记，也就用不着更改自己的姓氏。特别是建档立卡户的村民，他们要享受国家的有关补贴和优待政策是必须要办理结婚登记，要有国家认证的结婚证。所以，就有这样的情况，有的到了五六十岁的中年人还是要补办结婚登记，以前没有结婚证，现在都已经办理了结婚证书。

从我这么多年的调查分析来看，箐口村民养育观最希望的是儿女双全。而人的生育能力强弱是有区别的。村里有几个特别的家庭值得说一说：一个是张氏家，因为没有儿子，找了一个外地马姓人氏来上门，马氏子女现在都已经成家立业了，还是留一个儿子家跟着张氏家族结拜，做什么民俗习惯都沿着张氏的来做，不能跟张氏家族结婚，而其他几个马氏弟兄就随着马氏家族的习俗来办理。另一个是二李氏李某某家堂叔家，他们的老人也只有一个女儿，没有自己的儿子，也是找了一个全福庄姓卢的人氏上门，这人已经过世几年。老人在世的时候，他们卢氏家都是跟着二李氏的习俗来生活，当他们的老人过世之后，他们三个弟兄家就改口跟着卢氏家族，现在就沿着他们卢氏家族的习俗来生活了。说实话，在一些村民的心里，他们会说是外地来的人。但是，生活久了，与原有的村民生活建立了感情基础以后，自然就落户在这个村寨，基本上没有人不认同他们的，也看不出有什么异样来。

离婚，估计是什么样的年代、什么样的社会区域都会出现的一个普遍的社会现象。分析箐口村离婚的主要原因可能有两个：一个是双方生活上一段时间以后发现双方志向不同，不能接受对方的思想，感情确实到达破裂的程度而离婚的。这样的例子有卢某某，他和妻子已经生育了四个孩子，两男两女，看起来是一个比较满意的家庭了。但是，由于家庭的原因，他的父母感情又不和，六十多岁离家出走五六年又回来，卢某某的情感还偏向母亲，他的妻子是要顾全儿女的，婆媳双方经常吵闹，夫妻感情也有所改变，不得已，他们是到法院被判决离婚了，大女儿由妻子带走，其他三个小孩子由卢某某抚养，现在的卢某某家看起来日子是难过的。另一个是因为不能生育而造成离婚的。村里的话，这种情况要多一些，卢某某的父亲就他一个儿子，卢某某也只有一个男孩，卢某某就希望多生育一个男孩继承香火继承家业，而他妻子只生育了一个女孩就怀不上孕了。多年以后，家人就逼着他与妻子离婚，娶了现在的这个老婆生育了两男两女，算是了却了他们家人的愿望。在村里来看，夫妻生活了很长一段时间也不能生育而离婚的多些。从村民们的观点上看，谁都希望拥有自己的亲生后代。

夫妻一场，总是会商量了再办理离婚手续的，要是因为感情上的事情女方提出离婚的话，原来男方给的彩礼钱要全部退还给男方的，女方只能带走结婚时带来的自己的行李等生活用品，男方家还要还给女方家结婚时带来的一只小母鸡。而要是因为不能生育或者其他原因等男方提出离婚的话，女方不一定退还彩礼钱，有的还要男方家给补偿的。这就要看具体的情况了。

村里还有一句听起来不太顺耳的话："天下没有剩男剩女，只有剩菜剩饭"，有的人好吃懒做，生活不能自理，这样的男人估计就不会有姑娘喜欢的，村里有过终生未娶的男人，这人已经过世了；也有终生未嫁的姑娘，因为大家知道这个姑娘是智障。当然，有的人估计是心理的原因。有个李氏的姑娘，现在已经到四十多岁的中年了，已经出嫁过两次，在两家都生育过的，就是不能正常与家人生活，回到自己的娘家建了一个小房子生活而不愿意再嫁。

在村民看来，男人喝酒过度，好吃懒做，生活糜烂，也是造成离婚的一个重要因素。村里有几个已经三十多岁，也有四十岁到五十岁的人，经常喝酒，不务正业，原本家境困难的农村怎么耐得住一个男人整天吃喝玩乐呢？所以，村里是有十几个中年人到现在还不能正常料理家务的情况，有的已经七八婚了，所骗来的女人知道现实情况就出走，到现在就还有十个中年男人，仅靠一个人操持家庭的情况。

村里禁忌复婚，说是复婚的情况会给家庭带来灾难。听村民说这样的家庭村里有两个例子，他们都是离了婚又复婚的，他们的孩子的婚姻就常常出现问题。一个是张某某家，他都已经六十多岁了，他的大儿子婚后生育了一个女孩就过世了，儿媳离异，留下一个小女孩由他们抚养。小儿子媳妇生下的一个小孩不幸夭折，小儿子和儿媳最后又离婚了，婚事上来说很不完美。另外一个是李某某家。有一个姑娘出嫁了又离婚，又多次改嫁；儿子和儿媳妇不能生育，经常吵架，看起来生活不是很如意。也许是巧合，或许是信则有灵。这两个家庭的子女婚姻生活也不是很好，家庭困难是有点多。村里这几年没有出现过复婚的情况。

　　进入 21 世纪，国家经济快速发展起来，箐口村的交通得到改善，各方面的基础设施也得到建设，进入信息时代，随着旅游业的开发，箐口青年人到外面世界精彩舞动也成了理所当然的事情，外出的年轻人多起来，给他们提供了就业的机会，也给了他们提高经济收入的相应机会。到现在，基本上人手一部手机，寻找对象主要就要依靠手机联系了，拓宽了年轻人寻觅对象的路子。或许是这样，这几年村里的年轻人带回来外地的女孩也相对多些了，有汉族的、苗族的、佤族的、壮族的。同样，村里的女孩在上班中认识了外地男士后，也有多个女孩嫁外地的情况，她们也是嫁到不同的地区和民族，很大程度上改变了婚姻的历史。我认为，这是值得庆幸的事情。可以改变村民旧的思想观念，增进与其他地方和民族交流的机会，向其他民族学习先进的生产技术，丰富自身民族文化多样性，带动经济的发展也是很有可能的。

　　列举以上村里的种种婚姻情况，我认为婚姻也是一种文化，是一个很复杂的话题。就像对待生活一样，你用正能量的观点看待，你的生活就会幸福；你用负面的观点去对待，生活的琐事足以击倒你的意志的话，你的生活就可能不够幸福了。以前的箐口村民受各种社会条件的限制和影响，村民生产生活的空间就小，联姻的社会区域小，民族文化似乎典型而单一化。而现在的话，随着社会和经济各方面的发展，人们交往的社会空间逐渐扩大化，交通和信息发展的推动下，村民活动的范围不断扩大。我们在继承和发扬本民族文化的同时接受其他民族的文化，能够与他们联姻，与其他民族共同发展，让民族文化多样化，估计也拓宽了年轻人寻觅对象的路子。

让民族文化多样化估计是必须的也是必然的。特别是强势文明日益发展的今天，箐口村民还在一味强调固守本土文化的话，将可能导致落伍。我们只有面对这样的形势，发展自己的文化以及经济，才能融入整个社会发展的大潮，这才是我们正确的选择。

# 第十三章 福寿

## 声部一

### 福寿来自何方：箐口村哈尼族"博热博扎"宗教仪式的人类学分析[①]

在哈尼族家中举行的祈求福寿的"博热博扎"仪式是社区生活中掀不起什么大波澜的"琐事"，然而，这种仪式活动却是当地社会结构的绝好缩影，可以说是"显微镜下的解剖所要做的那种琐事"[②]。尤其是在这个社会生活各个方面都发生着急速变化的时代，为了不断满足各种新的需要（如旅游开发）而不断地"凸显"仪式的某些方面，或者"发明"某些传统的时候，"博热博扎"这类宗教仪式因其微小，更无须向谁"表演"，反而能比较本真地反映出当地社区当下的社会文化状态。此外，相对于为了说明一个社区的亲属制度、宗教观念、权力结构等社会关系的某种理论分析的需要，而将一个个的个体从"田间地头"召唤到文本中来的情况，这种祈求福寿的宗教仪式活动的参与者们是自动汇集到研究的"聚光灯"下的。本章拟聚焦于云南省元阳县箐口村哈尼族村民家中的"博热博扎"仪式活动，从对这个仪式所做的民族志记录中认识这个社区的社会结构，并

---

[①] 原文发表在牟钟鉴主编：《宗教与民族》（第5辑），宗教文化出版社2007年版。作者马翀炜。

[②] 《马克思恩格斯全集》第23卷，人民出版社1972年版，第8页。

对这个仪式中所展现出的各种深刻的文化内涵进行解读，从而深入理解社会学家始终关注的个人与家庭、个人与国家、个人与历史流传给他的传统之间以及个人与群体的共同习俗之间的纽带等诸多问题。[①]

## 一、"博热博扎"仪式过程

"博热博扎"仪式是箐口及周边地区的哈尼族家庭中举行的一种小型祈福仪式。近年来，这种仪式比之过去有增多的趋势。由于无关的人出现在这类家庭中举行的仪式中是不受欢迎的，故而请参加者对这一仪式进行记录是我们现在所能采取的较好的办法。下面引述的是箐口村支部书记兼村民小组副组长张明华有关该项仪式的村寨日志。[②]

> 2006年2月10日　星期五　农历1月13日　天气晴朗　属马日
>
> 在我们这里，这个属马的日子，又是一个好日子——村里谁家做祭祀，或者出远门，谈婚论嫁，或者求福保佑之类的大事情，一般都选择在属马日、属猪日、属虎日这几天做。当然，也有根据自己家里的情况来定吉日的，只是从很多村民选择日子做的情况来看，似乎这几天是公认的吉日，何况，现在这是新一年的开始阶段，谁都祈求来年有一个新的收获、新的希望。
>
> "博热博扎"就是"求保佑"、"求福求寿"，是一个统称，这是本人译成汉语的说法。俗话说，"身体是革命的本钱"，从老年人说教的意思来分析，最主要的一层意思是保佑其身体健康，长命百岁。健康是福，是人生最大的财富，人们把身体看得比什么都重要，现在又是

---

① 参见［法］涂尔干：《社会分工论》，渠东译，生活·读书·新知三联书店2000年版，第358页。

② 云南大学"云南少数民族调查研究及小康社会建设示范基地"一项重要工作就是聘请箐口村民做村寨日志。这项工作始于2004年3月6日，日志的主要内容包括人生大事、村务事宜、人员流动、生计活动、年节及休闲活动等六项内容。除张明华外，参加这次仪式的人的名字都做了相应的处理。

和平的年代，都认为只要身体好，钱财可以去找，要是身体不好，财富在自己家的门前也不一定是属于自己的。

今天，本人有幸参加了张 ZH 家做"博热博扎"的仪式，把本人所看到的和听到的记录了下来。因为本人在去年已经参加过类似于此情况的事情，所以，我等到了九点左右才去。张 ZH 是我们张氏家族的大摩批，但是因为他就是当事人，不能做这次的主摩批，而是让他的徒弟张 BX 来主持。主持仪式时念的有些词段需要大摩批张 ZH 在一旁提醒，而且，主要是这一段时间，张 BX 一直忙于和姜文他们工作，① 近期又是到了电影拍摄收工的时候，事情很多，张 BX 的思想已经不可能集中到摩批工作上来，他自己也承认，只是由于他师父的情面而无可奈何之下来主持一下而已。我到达的时候，摩批张 BX 和另外的一个从外面回来，他们是去招魂回来，将张 ZH 的魂灵从野外招回来，摩批一边拿着供物一边背词，一直要叫到他家的祭坛处。完毕时要让张 ZH 喝一口他们从水井里打回来的水，意为魂灵已经招回就附于主人身体里。这个招魂的方法各家稍有不同，有的家庭在门前叫，有的是到这个人经常去的地方，或者，他出过事的地方。要是到栽秧的时候，大都到自己家的田里去叫。招魂中需要的物品有主人的一件衣物，帽子或者衣服都行，刚开始出门时候就带上了，回来之后让他象征性地穿一下。表示魂已经在身上了。

张 ZH 他们回来的时候，家里人在家杀猪（一对小猪）。仪式中主要的活动还是等他请来保佑他的这几个人来了以后再进行的。参加仪式的有张 ZH 舅舅家的人，姑姑家的人，村民小组长张明华，代表这个家族的人，这次是他的堂兄，还有咪古。这五种人是必须的（第一次做"博热博扎"就必须是这五种人）。因为张 ZH 原先做过一

---

① 姜文导演的电影《太阳照常升起》的一个重要拍摄景地就在箐口村，许多村民被聘用做一些劳务工作。

次，这一次就是最高级别了，所以就又请了村里结盟的小李家的代表李PZ，他的妹夫、他儿子舅舅家的人，他老婆的舅舅家的人。总共九个人。

这九个人每人拿一些米来（每人大约三四斤）。等这些人到齐后，张ZH家又杀了一只大公鸡，红色。不必念经。然后把带来的米象征性地抓一些连同这只鸡一起煮熟，（这锅饭必须由这九个人吃完，摩批不吃）摩批和另一个请来做饭的人也带米来，但他们两人不吃这锅饭。

这九个人在开始吃饭之前就不可以再起身。等吃完饭之后，张ZH就必须来给这九个人磕头。先从他的舅舅开始，从右到左依次磕头。"舅舅、咪古、官员（当官的）……请你们保佑我。给我长寿给我发财给我平安吉祥。"给大家敬酒、夹菜，请大家吃。大家也回敬酒菜等："给你福气，给你长寿，给你多活十年。"一个给十年，就可以活到100多岁（150岁）。舅舅这个人可能还要准备一些银钱币或者银手镯。同时再给他一条一米长左右的黑色布带缠在头上。别的人就给一些钱（成双的，一般是2元或者6元）。李PZ给了6元。张明华给了20元，他的妹夫也给了20元，张ZH的舅舅还有别的人都分别给了2元。事后，张ZH要用这些钱买一个手镯或者手表，代表护身符。保佑他健康吉祥的意思。到此就基本结束。九个人也可以起身回家了。

有事的人就可以走了。主人家每人送两到四块成双的粑粑还有一片鸡肉夹在粑粑里面。那只大公鸡的鸡脯子（先就切下来也在一起煮，吃之前就拿出来），那先前杀的一对鸡和鸭子，还有猪也都煮好了，在吃完那只大公鸡之后大家又一起吃这些东西。我们村女的不做这个仪式，没有成家没有孩子以前，男人也不做这个仪式。参加完这个仪式之后，大家三天之内不能和老婆一起睡觉。

## 二、社区的社会结构

箐口村民家庭中举行的由摩批主持，咪古、堂兄、舅舅、姑姑家的人以及村干部共同参与的"博热博扎"活动构成了箐口村现行深层的社会关系与权力结构的仪式表达。这也是箐口哈尼人对社会各种关系的理解和尊重。爪哇人曾直截了当地对人类学家格尔茨说"成为人类就是成为爪哇人"[①]。这里不是指成为某一个人，而是指成为一种特殊种类的人，即成为某一种文化中的人。当然，这并不是说生活在某一种文化中的人都是没有差异的，而是说在这一文化中的人都必然在表面上的差异中受到一套符号手段、行为规范以及价值观的制约，即在对于人们的生产方式、交往方式和思维方式以及相应的活动目的和活动方向具有规定作用的文化图式的指导下成为个人。对于箐口村民而言，宗族、地缘、政府以及姻亲等关系是他们现实生活中最为重要的关系。

在哈尼族传统社会里，头人、摩批和工匠被列为最为重要的三种人，有了头人，"世间有了公理"，摩批唱起祭词，"一切魔鬼逃遁"，工匠拉响风箱，"世间百业兴旺"[②]。而就我们考察的"博热博扎"这个仪式而言，工匠在此仪式中没有出现。这似乎可以理解为他们主要从事的是世俗世界的事情，与神界不发生更多的关系的缘故，同时也可以说是现在生活背景中，其专业知识不再享有独占性的一种表现。

仪式主持者摩批在历史上就具有十分重要的作用。虽然现在已经很难完全弄清楚最初摩批制度是如何产生的，但学者一般都认为，摩批"源于哈尼族父系氏族社会的祭司和酋长"[③]是政教合一的氏族领袖。从对箐口

①　格尔茨：《文化的解释》，纳日碧力戈等译，上海人民出版社1999年版，第60页。

②　参见卢文静：《论哈尼族均衡心理》，李子贤、李期伯主编：《首届哈尼族文化国际学术讨论会论文集》，云南民族出版社1996年版，第107页。关于三种"能人"，大部分的研究者只是提到"头人"、"摩批"和"工匠"，卢文静在该文中明确将"头人"理解为"资玛"，即"咪古"。

③　毛佑全：《哈尼族文化初探》，云南民族出版社1991年版，第169页。

村的田野考察来看，摩批的主要职能限定在主持宗族内的祭祀仪式方面。包括念经驱鬼、开路送魂等活动。箐口村村民主要由张姓、李姓以及卢姓组成，李姓实际上是三个不同的宗族（大李、二李和小李），相互可以通婚。张姓以及大李、二李家都有自己的摩批，卢姓也是三个宗族，他们在本村没有摩批，小李家也没有。如果要举行诸如"博热博扎"以及婚礼、葬礼之类的仪式，村民就必须到他们祖辈迁出地去请他们的摩批。由摩批来主持仪式可以理解为是对本宗族关系的一种肯定。哈尼族实行父系继嗣制度。哈尼族也大都通过实行父子联名制来明确自己的宗族来源。许多地方的哈尼族人一生中有三个名字，首先是小名，然后是学名，还有一个是父子联名的名字。而绝大多数箐口村人不知道自己的后一种名字，只有摩批知道他们的这种名字，而且平时也不用，只有在人死的时候，摩批需要送亡灵去往祖先所在的地方的时候才会用到。在被调查到这个问题时，村民们都不怎么愿意谈论这个问题。由此，我们可以发现摩批具有他们与父系祖先联结的中介的意义。

一般来说，"哈尼族还没有形成虔敬的一种崇拜，原始的万物有灵，多神崇拜和祖先崇拜，是其宗教信仰的主要内容"[1]。过去，哈尼人都相信冥冥之中有许多的超自然的力量在主宰着人们的生活，"一年之中固定的或临时性的宗教活动极为频繁……这些原始宗教活动，约占去人们全年四分之一左右的时间。"[2]虽然现在的宗教活动要少了很多，但各种宗教活动仍可说是很频繁的。在箐口一带的哈尼人的观念里，灵魂与生命个体有着密切的联系。人不但有灵魂，而且每个人都拥有 12 个灵魂。每个灵魂都有一定的作用。灵魂可以离开身体单独行动，因而贪恋某个地方、受到惊吓等都可以造成灵魂的走失，就必须叫魂。灵魂完整才能有健康的体魄，做事才顺畅。日常生活中的许多问题都归因于人的魂掉了，如人生病或者

---

① 《哈尼族简史》编写组：《哈尼族简史》，云南人民出版社 1985 年版，第 106 页。

② 《哈尼族简史》编写组：《哈尼族简史》，云南人民出版社 1985 年版，第 107—110 页。

做事情不够顺利等都可能与此相关。解决的办法也多是请摩批做法事。在大多数箐口村民的观念里，人的灵魂只有都附着在身上了，才可能得到福寿，所以在"博热博扎"仪式前的喊魂就是必须的，只有被祝福的人是处于没有灵魂脱离的状态，即完整的人的情况下，祝福才是有用的。

参与者中的咪古①一般是负责主持全寨性的宗教活动的。"咪古"每寨一人，一般从本寨的老户中产生，父子相传。咪古"可能是农村公社时期政教合一的村社领袖，伴随着贫富的分化，从富有者中产生了新的头人，最玛的作用就逐渐限于宗教和习俗的范畴，但在群众中仍享有很高的威信。"②主要的宗教活动与农事活动密切相关。宗教活动的时间只是相对固定，每年都由咪古按当时情况选择，可以稍前或稍后。咪古在群众中享有较高的威信，由能替群众办事、清清白白的人（指家中没有生过双胞胎，没有被老虎吃过，没有调戏过已婚妇女，不做坏事等等）来充当。③哈尼族有这样的俗语："一年三百六十天，最大的是头人，最聪明的是贝玛，祭寨三天，最大的是咪古，最聪明的也是咪古。"④箐口村的咪古是大李家的一位老人。

根据实地调查，可以对咪古与摩批的关系做出这样的理解，摩批是宗族的祭司，咪古是村社的祭司。从分工来看，摩批更多地负责为宗族内的人驱鬼、降魔、招魂、保魂、祈福等事情，在他们身上更多体现的是宗族内部的关系。咪古主持的是诸如"苦扎扎"（六月年）、"昂玛突"（祭寨神）、"普酋突"（祭山神）之类的社区性的公祭活动。如果说摩批主要负责宗族内部的一些事务，咪古则负责地缘性关系的事务。当然，对于共处于一个社区里的这两类人员来说，他们既有分工又有合作。咪古主持的村社层面的公祭活动，摩批作为协助者都会积极参与。箐口村最有名的摩批也会

---

①　红河南岸称为"咪古"，西双版纳地区称为"最玛"，一些地方又叫"资玛"。

②　《哈尼族简史》编写组：《哈尼族简史》，云南人民出版社1985年版，第107页。

③　《哈尼族简史》编写组：《哈尼族简史》，云南人民出版社1985年版，第102页。

④　马居里、罗家云编：《哈尼族文化概说》，云南民族出版社2000年版，第157页。

主持一些为全寨驱邪的活动，如一般在阴历六月属虎日举行的"什汗普龙搅"（"七月驱鬼送瘟神"），笔者于 2004 年 7 月 22 日在箐口村观察到的这个驱鬼送瘟神仪式就是由大李家的摩批主持，咪古也参与其中。咪古和摩批的合作还表现在咪古要维护只有属于箐口村的村民才能在寨子中生育的原则。比方说，那些来箐口做生意的大理人必须到医院去生孩子，否则对村里人不利。如果外来者真的在村里生了孩子，那么他必须出钱请摩批做法事来驱除"污秽"。2004 年冬，一个来此做生意的大理人在接到这样的警告后去医院分娩。

在箐口村，由咪古负责主持的仪式主要有"苦扎扎"（六月年）、"昂玛突"（祭寨神）、祭山神、封火神等，这些仪式都是村社性的。"仪式习俗是社会借以影响其个人成员、将某种情感体系在他们思想中保持活跃的手段"①，这样一些关乎所有的村民的祭祀仪式实质上是一种整合不同的姓氏、不同的家庭、不同的人，使大家在年复一年的仪式中保持村社的团结，加强村社中人们的感情的活动。以"昂玛突"为例，箐口村寨神祭祀点寨神林中的高大树木有好多棵。包括咪古和摩批在内都没有人能分辨哪一棵是属于哪个姓氏的，他们在寨神祭祀中强调的是村寨的整体性。祭寨神其实就是一种社祭。寨神即是村社之神。堆土为社在许多少数民族地区仍然存在，以大树、巨石、木桩以及竹排围成土堆，谓之寨心。树，尤其是高大茂密，因其高耸宜于引起关于天梯的联想"建木在都广，众帝所自上下"（《淮南子·地形训》），也因其茂盛而干脆认定树即社神之化身。结综会社（百家共立之社）祭祀社神，然后分享祭肉。② 箐口村的祭寨神活动明显体现着社祭的公共性。社神是地方社会的集体的主神。除"昂玛突"外，"苦扎扎""普酋突"等仪式都有为村社祈福的重要内容，而且不是单单为了某家的私愿。箐口村民对这些公祭仪式是十分重视的，只要有可

---

① ［英］拉德克利夫-布朗：《安达曼岛人》，梁粤译，广西师范大学出版社 2005 年版，第 240 页。

② 参见萧放：《岁时——传统中国民众的时间生活》，中华书局 2002 年版，第 126 页。

能，在外打工的人一般都会回来参加。

如果说"博热博扎"仪式中，摩批主持、咪古参加是体现了村民们对宗族血缘关系以及地域性联盟关系的肯定的话，那么，村干部的出场更多地体现了对现行的政府权力的合法性的认可，当然，村干部出场应该同时还是传统的"头人"观念的体现。这次祈福仪式中，张 ZH 下跪祈福的对象不是他的侄儿张明华，而是张明华扮演的社会角色。

就我们的观察而言，村干部在目前的村社生活中扮演着十分重要的角色。过去主要由咪古、摩批以及家族老人解决的一些村寨内部的矛盾冲突以及与外村寨的矛盾冲突问题，现在基本上都由村干部负责解决。特别是在经济发展问题上，政府的各种政策法规的执行大都是要经过村民小组的干部的。与村民现实生活密切相关的人畜防疫工作、通电工程、饮水工程、孩子上学、建盖沼气池等工作都是村干部们的职责。

村干部的工作和咪古、摩批等人的事务也常常由这几方共同协商完成。上级政府安排布置的工作在得到咪古、摩批等人员的认同和理解后办起来就会顺畅很多。而村干部们作为村民也尊重他们，也一样会按照村里的习俗来参与宗教性的活动。按以前的规定，箐口村里每户人家每年都要向咪古交纳两升谷子（一升谷子大约 2—3 斤）。如 2004 年 11 月 10 日村干部们也和村民一样到咪古家交了谷子。为了取得更加全面的认同，咪古的选举也邀请村干部参加。如 2005 年 2 月 18 日咪古、摩批、村民小组长召开了一个会议，会议就是讨论选举和产生咪古、这一年中负责收取宗教活动费用、购买祭祀品以及在公祭活动中负责分肉的两个"龙头"。箐口村每年都重新选举龙头，龙头一般都是过去从未当选过的人，而且是按照过去人民公社时期划分的生产队为单位来选取的。这一年的龙头是由原生产队三、四队中各产生一人。"苦扎扎"期间宰杀牛都是由咪古亲自操刀，捆牛和分牛肉则是由年轻的村民以及龙头负责。2004 年"苦扎扎"节日中，协助宰杀牛和分牛肉的人则是原第一、二生产队的。

"博热博扎"仪式中的另外一位参与者是堂兄。箐口村张姓有 26 户，堂兄的参与实际上是对宗族内部的家族关系的进一步确认。此外就是在张ZH 第二次做"博热博扎"时请来的有结盟关系的小李家的代表。特别值得注意的是，尽管张姓和李姓明摆着没有父系血缘关系，但因为这两家的祖先曾结拜为兄弟，虚拟的血缘关系在现实生活中就起到了真实的作用。张姓和小李姓人家是决不能开亲的。虚拟的血缘关系肯定的恰好是地缘关系的重要性。但是，小李家的人如果遇到要请摩批来做"博热博扎"、婚礼以及葬礼一类的仪式的时候，他们并不请张姓的摩批，而是要到他们祖先的迁出地麻栗寨去请自家的摩批。这样，地缘关系又还没有完全抹去血缘关系的重要性。

在"博热博扎"仪式活动中的一个重要环节就是"磕头祈福寿"。第一个磕头的对象必须是舅舅（或者舅舅家的人）。如果说主持仪式的摩批以及参与者中的堂兄等人已经表明了父系团体以及父方神灵的重要性已经得到肯定，那么首先要向舅舅磕头就是对于整个母系家族，最终对待母方神灵，即母亲团体的祖先的敬重。这就像拉德克利夫-布朗所说的，在这类社会中，其社会联系中"最牢固的就是母子关系，经过那种不可避免的扩张，在孩子和母方家族之间也会有非常牢固的联系"。进一步还可以说："即使在最牢固的父权制社会中，母系亲属也受到一定的重视。"[1] 舅父具有重要作用的地方，往往也可以"发现姑母也具有同样的作用，尽管其作用方式不同。"[2] 如果说舅舅是与母亲联系在一起的，那么姑母就是和父亲联系在一起的。不过，如果不把问题搞得过于复杂，也可以说这些人的出场，是较为明显地表明了当地人对婚姻关系所建立的社会关系的肯定。祈福者的妹夫，即他儿子的舅舅家，他老婆的舅舅等都是对这种婚姻关系所构建的社会关系的肯定。

---

① ［英］拉德克利夫-布朗：《原始社会的结构与功能》，潘蛟等译，中央民族大学出版社1999 年版，第31 页。

② ［英］拉德克利夫-布朗：《原始社会的结构与功能》，潘蛟等译，中央民族大学出版社1999 年版，第18 页。

　　姻亲之间的互助在箐口村是经常性的，在农忙的时候，如栽秧及收割水稻的时候，这种互助关系表现得尤为明显。在元阳一带，由于海拔高度的不同，栽秧和收获的季节自然也不同。农忙时节，村里每家人都存在劳动力紧张的问题，而住在不同地方的姻亲的帮忙在这时就显得十分重要了。优先帮亲戚家是起码的原则。此外，每年正月初三，出嫁的妇女都会收到来自娘家的几背甚至十几背的糯米粑粑。葬礼在箐口是十分受重视的，亲戚中来献祭的礼物中就属女婿家的最重，一般都必须是献一头牛，儿媳的娘家则多是献一头羊。当他们带着吹鼓手吹吹打打到来的时候，主人家一定要到寨门外去迎接，迎接时，主人还必须下跪，之后由献祭的人扶起，而且主要人物要穿一种特制的民族服饰，非常严肃。

　　"博热博扎"祈福仪式直接展示了箐口村人的社会关系网络，而正是这些网络的绵延构成了箐口村的社会结构。家族、氏族、村社、干部（头人）以及姻亲等各种因素构成了社区的基本社会结构。

## 三、文化图式意义

　　如果说"人的思想是完全属于社会性的"[①]，那么，这些思想、观念必然会因社会的变化而产生变化并最终通过一些具体的行动表现出来，而在面对这些变化而进行的社会文化关系的重新建构中，原有的对于人们的生产方式、交往方式和思维方式以及相应的活动目的和活动方向具有规定作用的不同的文化图式或者说文化的逻辑又会在此发生着根本性的作用。实现个人利益而必须具备的形式和手段，是由完全独立于这些事务的社会与文化来给定的。

　　"社区可以说是以一定的社会整合性为标志的。"[②] 女性不能做也不能

---

① ［美］格尔茨：《文化的解释》，纳日碧力戈等译，上海人民出版社1999年版，第415页。

② ［英］拉波特、奥弗林：《社会文化人类学的关键概念》，鲍雯妍等译，华夏出版社2005年版，第51页。

参加"博热博扎"仪式，甚至参加完"博热博扎"仪式的男人们为了保持仪式的神圣性，三天之内还不能与妻子同房都在表明，父系继嗣制度是当地社区进行社会整合的基点。仪式之后，各种新的社会关系得以建立，但同时社会意义的建构就主要地成为相关男性的事情。当地俗语有"浮萍不是草，女人不是人"的说法，这里对人的判定并非从生物意义上讲，而是从是否具有社会地位的意义而言的。"人之所以是人，不是因为他是一个机体，而是因为他在社会结构中占有位置。"[1]在箐口村这样的社区文化中，妇女社会地位的建构和获得，离开男性是无法实现的。

一般情况下，祈求福寿的"博热博扎"仪式是为满了60岁的男人做的。从文化意义上讲，满了60岁就意味着人生经历了一个完整的过程。对这个人而言，该做的事情都已做完，安享晚年是幸福的，但更为重要的可能还在于平心静气地面对每一个人都必须面对的事情。一个人在圆满完成他所必须履行的义务以及必须建立的各种社会关系的任务之后，也便完成了生命的意义，死而无憾。特别值得注意的是，"博热博扎"并非只是简单地祈求福寿，这个仪式也还是对生死关系的一种深刻的理解。当地人没有谁不知道再活60年或90年是不现实的。事实上，当地人甚至认为一个人在很老之后还活着并非吉利的事情，因为这个应该离开的老人很可能就是以他的生命在偷村里年轻人的寿命。村里一位中年人曾对我们这些调查者谈起，当村里有年轻人发生意外之后，他都特别难堪，因为总有人在背地里指责他家，因为他的母亲是现在村里年龄最大的老人。在可能的盗取年轻人的寿命的老人中，他母亲的嫌疑最大。这样看来，"博热博扎"仪式的真正意义在于对人生意义的一次肯定，咪古等人赐予的长寿并非个人生命长久留存的保证，而是对这个圆满地完成了社会化过程以及参与了社会关系的建立以及社会结构建构的完美人生的褒奖。未满60岁的人，一般

---

[1] [英]拉德克利夫-布朗：《原始社会的结构与功能》，潘蛟等译，中央民族大学出版社1999年版，第10页。

是不能做这种仪式的。这十分明确地表明了，一个没有完成最起码的人生历程，即没有真正建构一个完整的社会关系的人是算不得完整的人的，因而也不能得到来自这些社会关系的护佑。举行"博热博扎"仪式的目的也是希望通过对自己进行明确的社会定位，通过对自己生命的社会意义的确认来使自己在生活中去灾得福。

参与"博热博扎"仪式的村干部的身份是最为可疑的。尽管村干部从表面上说代表的是现在的政府，村干部的参与是村民从内心深处对他们代表的权力的合法性的认同。但这样的认同是经过了当地文化的文化图式的转换的。在现在老人的记忆里，过去参加仪式的"保长"，尔后是"生产队长"，现在是"村民小组长"，而他们是都被称为"头人"的。这并不是说在村民的心中，这些人是没有差别的。尽管现在的村民小组是自己选出来的，但在已有的文化图式中，这些村干部还是要还原为"头人"才可能在这个仪式中体现其意义。

从可考的历史材料中可以看到，箐口村所在的地区在历史上经历了相当大的社会变迁。元阳县域在明代为纳楼长官司等土司地，隶临安府，1949 年以前也实行过保甲制。之后，与中国其他民族地区一样，箐口村也经历了从多元异质结构特征走向同质化建设的过程。即经历了新中国成立之后的合作化、人民公社和新乡制等几个阶段。20 世纪 80 年代，随着人民公社的解体以及新的乡制的逐步建立和完善，"乡政村治"的政治结构模式开始形成，经济建设成为所有村寨工作的中心，政治生活的各个方面都受到经济因素的影响。在箐口这样的民族村寨中，传统的权威在实行村民自治之后又开始逐步回升，但是，由于这些权威在经济建设中的影响力有限，从而也不再具有过去那样大的影响力。在村寨政治生活中具有十分重要意义的村委会选举中，受过较多的现代学校教育的年轻人得到了大多数村民的支持。如在 2004 年 4 月 6 日举行的村民小组选举中，当选的领导成员都在 30 岁左右。

与周边其他哈尼族村寨相比，箐口村发生更加重大的变化是从 2000

年开始的。当地政府开始建设"箐口哈尼族民俗文化生态旅游村"，2001年底元阳哈尼梯田被国家建设部列入"世界遗产预备清单"。为了配合红河哈尼梯田申报世界文化遗产的工作，当地政府选择箐口村作为哈尼民俗文化的窗口，在箐口村设立民俗文化旅游村管理委员会。2003年9月管委会正式建立并走上正轨。政府还在箐口成立了文艺表演队，并投资200余万元对村寨进行了规划改造。2003年来此旅游的有11486人，实际收入114290元，2005年游客人数增加到16061人（海外1794人），实际收入增加到158520元。"村民小组""管委会""文艺队""外出打工""旅游开发""拍电影""拍电视"等各种各样的新事物出现在了箐口村。拍摄于此的《婼玛的十七岁》获得了华表奖，姜文执导并主演的电影《太阳照常升起》以及由红河州投资的电视剧《天下一碗》已经封镜，8家专门经营旅游小商品的铺子已经在期盼"申遗"成功中等待三年多了。箐口这个哈尼小山村成了哈尼梯田的一张名片，成了元阳县乃至红河州向外展示梯田文化的重要窗口。"名片"是需要"打造"的，"窗口"总得展示点什么。于是，梯田成了哈尼农耕文化的代表，蘑菇房成了极富个性的建筑艺术，一些比较适合展示当地文化的村寨仪式活动，如"昂玛突"（祭祀寨神）、"苦扎扎"（六月节）等就开始成为不断吸引外来游客的旅游文化符号。大量游客的到来已经使得这些仪式的神圣性受到了干扰。

总之，村里村外到处都是因外来文化引起的喧哗与骚动，但外来文化却又很少能真正为当地人提供一套现实的保证和心理的慰藉。人们的魂灵不能因骚动而丢失，或许正是因为难以理喻的东西实在太多，保魂、固魂就更加重要了，年轻人外出打工大都要请摩批做保魂、固魂的仪式。外出打工比较集中的春季，摩批都忙不过来。现代社会对于传统社区的影响正在通过这样一些和现代性意义相左的仪式的增多而得到体现。现代社会的多变性也恰好使得无所适从的人们更倾向于用原有的文化模式来应对这一切。祈求福寿的"博热博扎"仪式在近年来日趋增多也就是十分自然的了。

就箐口村而言，其个体性生产力发展水平以及建立在此基础之上的以家庭经济为核心的生产组织形式并没有实质性的改变。这样一些文化建构所需要的最基本的条件没有改变，那么，社会结构仍将绵延下去，任何构建社区文化的行动都还得按照原有的文化图式进行。因为"即使在最急剧的革命中，结构仍然保持着一定的延续性"①。更何况，"普天之下，文化都能涵盖外来的物与人，并将其收编进自己逻辑严密的关系之中"②。这一点在箐口村祈求福寿的"博热博扎"仪式中得到了集中的表现。因为，福寿仍旧来自祖先、家族、村社、头人和姻亲。作为一个箐口人，他必须对家族、氏族、村社、干部（头人）以及姻亲等这样一些社会关系进行确认，在确认了这些社会关系的时候，他就找到了他本人在社会结构中占有的位置，也因而确认了生活的意义，从而可以保魂、固魂，因而也才是能够得到福寿。

## 声部二

### 禳解与好运

看过马老师写的《福寿来自何方》这篇文章，篇幅长，理论性强了一点，有些地方我还不能全部理解，只是理解大概意思。但总的来说，文章内容很切合我们箐口村的实际情况，我们箐口村里确实有这样的仪式，主要是村民遇到不顺的事情比较多的时候，就请在哈尼族里有特别功能的摩批来做法事，和其他形象较为完美的人来参加保佑。希望有所禳解，给以

---

① ［英］拉德克利夫-布朗：《原始社会的结构与功能》，潘蛟等译，中央民族大学出版社1999年版，第216页。

② ［美］萨林斯：《别了，忧郁的譬喻：现代历史中的民族志学》，李怡文译，王筑生主编：《人类学与西南民族》，云南大学出版社1998年版，第30页。

后的生活和命运带来好转。

我是 2004 年被云南大学民族研究院的马老师聘请做云南大学哈尼族调查点的日志记录员。记录村里每天发生的有关经济、政治、文化、生活，以及各方面我所观察到的、参加的，觉得有意义好玩的东西，我觉得让我做这样的记录很好玩。于是，这样坚持了一段时间。刚开始的时候，我不知道写什么，有的时候就直接写"今天的村务正常"几个字就完了，再也不知道写什么。慢慢地，我觉得好玩的东西就多写几个字。再慢慢地，觉得有的事情确实应该认真记录下来，或许对以后的生产生活有用。然而，这样每天都要记录，并不是一两天的事情，也不是一两个月的事情，时间长了，有时候也会感到烦恼。但是，事情既然承担了，总不能半途而废，就这样勉励自己坚持着，有幸遇到了这样那样、好坏、美丑、善恶的事情。

遇到堂叔张正和本人的"博热博扎"的法事是一个例子。当时我参加了他请人给他做的这个法事。他本人就是我们张氏家族的大摩批，请的摩批是他的徒弟张保祥（现在已经过世，张保祥不知道的经词还要他在旁边指导），觉得这个事情有点意思，我抱着一定要记好这个事情的心态把那天所做的基本情况记录了下来。根本没有想到是，被马老师看了之后对他有那么多启发，站在学术的高度把这个事情论述得那么详细，这是我所想不到的，我很期望他的讲述对学术界有一定的研究价值。

在我们哈尼族村寨里，人们很尊重三种能人，即：摩批、工匠、头人。摩批代表的是文化、参谋（军师）这一类的人，在哈尼族社区里，说是找不到相关文字。我们的生产知识、文化生活、医药等科学技术全靠摩批口传心记，我们生活中需要那么多的知识全靠用心来记，确实需要太多的毅力。他还要负责哈尼人一生的所有礼仪，还要像警卫一样给人们驱魔赶妖，保卫人的安全。工匠的话，就是生产和生活中的人。没有劳动工具的生产是原始社会，仅靠人的身体是无法和自然抗衡的，读过一点书的人就知道，所以，哈尼族村寨的人们也很尊重生产、发明劳动工具的这一类人。头人的话，就不用说，做什么事情不需要带头人呢？有一种说法是："头人不在城墙倒，摩批不在鬼为王，工匠不在田地荒。"基本上说明了这三种能人在哈尼族村寨里的重要性，村民都要尊重的。

一个人的健康、福寿从何而来？这是每一个人都要面临的日常琐事，却很少有人知道这也是一个人们值得思考的问题。在我们箐口村举行的"博热博扎"仪式就是一个村民寻求得到解决的追询的表达方式。参加这个仪式的人中必须要有摩批主持、咪古、自己的亲（堂）兄弟、舅舅、姑姑、干部。我们先在参加这个仪式的人中，他们所代表的不同意义来分析：摩批是代表驱邪撵鬼的能人，是警卫的替身；咪古是村中家庭和睦、集善一身，村寨中完美形象的代言人；自己的亲（堂）兄弟，是家族人团结友爱合作的展现；舅舅则是代表了母系的力量，生命的象征；姑姑又是表示父系力量外在势力；干部代表的是领导者（官方）的力量。参加这种仪式的人要求必须是身体健康、五官端正、没有做过违反社会道德之事的人，都是比较好的人选。但是，要是谁的身体特殊（残疾）或者被行政处分过的人是不能参与的，只能由近亲属代表。比如，亲舅舅代表如果四肢有问题也不能入席这个正式的仪式，只能由其小辈代替出席，他可以参加这个仪式的其他事情，但不能列席到正式仪式中的主席桌上。还是简要地回顾一下 2006 年 2 月 10 日，星期五，农历 1 月 13 日，属马日，这个大好的日子给张正和摩批做"博热博扎"的仪式吧。提前几天通知好需要的人选，我们于当天早上到他家集合。办这样的大事是需要提前通知好的，届时找不到人选就很麻烦，而通知到的人没有什么特殊情况也必须到位。张正和是大摩批，他已经组织过这样的仪式，知道这个仪式中所需要的一切。我们参加的人要带一点糯米或大米（一斤左右够了）也行，再带一个鸡蛋或者一只鸡也好（看能力行事），还要带一点钱（带金银财宝）更好，他的舅舅和姑姑还要带上一段染黑的布匹。他舅舅李正明这次（现在已经去世了）记得给了两块银币。

等我们几个需要的人选到齐后，他们家人从我们每人的口袋里盛出一

323

点米拌装在一个盆里淘好做准备，同时，他们家请来的帮手就准备饭菜。

这次的话，有点特殊，说是给已经上60岁（而）做的"博热博扎"中最高级别的仪式了，所以，他家杀了一对猪（一头公猪一头母猪），不需要很大，象征意义上的一头十几斤的猪够了。首先是让主持的摩批张保祥叫魂，叫魂用的牲畜主要是一只母鸭和一对鸡，为什么先做这个仪式呢？说是被做仪式的人要是没有魂灵附在他身上，做什么仪式也没有用。做完叫魂仪式再来做"博热博扎"的仪式。这个"博热博扎"用的是一只鸡身完好，特别是鸡冠要好的大红公鸡，就是今天主要的仪式对象。由摩批张保祥拿着鸡念经词（可能他对这个仪式的经词不太熟悉），他的师父（就是张正和）在旁边指导着念完，这是生祭。之后，把鸡杀了解剖，连同其他几个主要人士带来的米煮熟。这一锅就得注意了，必须由这几个主要人士吃完的，所以，事先最好定量煮，不能有吃剩余的。煮熟后再熟祭一次，之后，这一锅鸡肉加米饭就拿到这几个人就座的桌子上，其他人是不能吃的。这个仪式做了一个多小时还没有完，其他的饭菜也做好了。就开始摆桌子，等饭菜上好，几个主要人士就上桌了（记住：上桌了在没有结束之前不准离开这桌子，所以，知道的人或者摩批通知上桌前就要排好大小便）。那天是有三桌的人来吃饭，主席桌之外还有其他来帮助做饭菜的两桌人，几桌子的人可以先吃喝一点。稍后，摩批就叫做仪式的人抬着已经上好饭菜的一张桌子饭菜来到主席桌，把他抬的小桌子轻轻放到主席桌子上，他在旁边下跪，求拜他们："阿威，阿波咪古，索爬——请你们来保佑我，我还要吃还要活下去，保佑我平安，健康！"之类的话。他可以给每人倒一点酒，而就座的这几个人每人给他夹一点不同的菜，给他说些祝福的话："希望你长寿，每人保佑你十年，让你活得好好的，活到100岁。祝福你子孙满堂，幸福健康"等。同时，就座的几个人可以将准备的钱物交到他桌子上，仪式完毕。来的人就可以在各自的桌子边吃饭喝酒了。听说，这几个人给的钱物要用来打铸或者买一只银手镯戴着，意在他们随时保佑着他。一定要这几个人把专门给他们做的一锅鸡肉和饭吃完，之后，他们才可以起身，让其他人洗刷一下。这个仪式就基本结束了，可以再并桌子重新吃喝或者离开。那天仪式结束后，家人把几个来参加的老人送到家以后，年轻的几个还真并了桌子重新吃喝。因为那次是他人生中最高级别"博热博扎"仪式了，那次主席桌上增加了两个本家族的中年人，还有跟张氏结拜的三李家族的李平清，一共是九个已经到顶了，其他的人就不能再增多了。

福寿从何而来？是从父系中家族的团结友爱中来，是从母系的关爱中来，是从村寨中长辈的关爱中来，是从政府的好决策、好领导中来，是从人与人之间相互友好中来。"独木不成林"，一个人的福寿何去何从？那是没有理由的事。"家和万事兴"，只有与家人团结、与亲戚友好、与村民友爱，才是一个幸福的家园。

类似这样的仪式还有上面说到的叫魂仪式。说是哈尼族相信灵魂的事情，村民相信每个人都有 12 个灵魂，每一个灵魂保护着人的某一个身体部位，当它们都正常地附着在人身上的时候，人的身体就正常，就能正常地生活、过日子。相反，当某一个灵魂没有附着在某人身上的时候，人就会出现各种不同的病情，人的表现就不正常了，做事情就不顺利，给他带来灾难。所以，箐口村民喜欢叫魂，希望每一个人的身体随时都保持正常，特别是插秧的四五月份，很多人家根据自己家的吉日请摩批来做叫魂仪式。进入农闲时间了，村民也有时间，也会请亲戚朋友吃饭喝酒，这个一般的叫魂仪式主要请的是摩批主持，让被叫魂人家的姑姑来参加，其他的就不限制了。所以，村里四五月份是很有吃喝的，基本上每天都会有亲戚朋友家做仪式去吃饭的，这个仪式可以针对一个人，也可以针对一家人来做。

还有一个仪式是专门给外出的年轻人做的祈福仪式，哈尼语叫作"哈撒"。主要是针对十八九岁以上的年轻人，叫村里没有什么产业的年轻人就业，而他们每天的吃喝是需要资金的，他们必须外出打工。出门祈求平安、发财，就是为这样的一个愿望而做的祈福仪式。这个祈福仪式就有点讲究了，也是要求参加的人干净，最好选择年轻力壮的汉子参加。这或许也是出于一种健康、平安的初衷吧。参加这个仪式的人选还有一个规定必须是三、五、七、九等单数，因为还有一个要求，说是参加仪式的人在三天之内不能行房事。所以，正常情况下请的人就是三个或者五个，再多的不能请的，以免有些人不自觉地搅乱就不灵了。

还有一种是专门给老人叫的魂，叫作"红扎咕"，汉语就是"叫吃饭"的意思。人上了一定年纪，反应就会减慢，本来是应该在家院里休息的，但是整天闲着也不太可能。所以，他们有时候就会跑出去，忘记了回家，特别是七八十岁的老人，病发以后，自己走到什么地方都不知道，有时连回家的路都会忘记的。为了避免这样的事情发生，家里有老人的就会选择吉日做这样的仪式，做这个仪式的时间一般是农历的一二月。

正规的叫魂和"红扎咕"一定要请摩批和姑姑的。有一年，村民张某某家收谷子，秋收嘛，一般要叫上三五个人才会正常的劳作。当天，张某某家就请了他的姑姑来帮助，到了中午吃饭的时候，姑姑家突然遇到事情，打电话叫她回去，于是，他的姑姑连中午饭都没有吃就回去了，等张某某他们吃过中午饭再去收谷子的时候，发现一条拇指大的蛇睡在谷仓里。他们家人感到纳闷，也没有打死那条蛇，而是把它赶到田边去。过了一些日子，张某某生病了。于是，他们家人带了糯米和鸡蛋去有灵验的尼玛处占卜，回来说是他姑姑的灵魂作怪了。之后，他们家人按照尼玛的说法带了一些糯米，带上一只鸡去姑姑家以求身体康复。同样，姑姑也根据尼玛的说法，找了一个好日子带上一条白线来到张某某家看望他，用这条白线拴在张某某的手臂上。之后，张某某慢慢康复了。这就是姑姑们参加叫魂仪式时带上一条白线甚至一段布匹的原因，来到自己的娘家好歹都要吃一顿饭才能离开的原因。

以上是针对个人和家庭的事情。同样，说是寨子也有灵魂的，每年二月，箐口村正常的有咪古组织的时候就要举行叫寨魂，要是不给寨子叫魂的话，寨子就不得安宁，村民不能正常地生活。箐口村这几年没有咪古组织了，没有过以前的正常民俗节日了，寨子当然就有问题了。没有咪古组织，村民想做一个"博热博扎"的仪式，也就只有请以前当过咪古的人了。

# 第十四章　寨神

## 声部一

### 祭龙？哈尼族"昂玛突"文化图式的跨界转喻 [1]

"昂玛突"是哈尼族最为重要的节日之一。在 2011 年 5 月 23 日国务院公布的第三批国家级非物质文化遗产名录中，由云南省元阳县申报的序号为 1208，项目编号为 X—133 的"祭寨神林"项目，即"昂玛突"。在申报该项目的时候，当地政府相关部门考虑到"祭寨神林"是"昂玛突"节日的核心部分，又考虑到"昂玛突"是哈尼语的音译，不如"祭寨神林"这个名称更加容易为其他民族所理解。于是，在非物质文化遗产语境中，"昂玛突"这一文化事象就叫作了"祭寨神林"。

随着"祭寨神林"文化事象进入国家级非物质文化遗产名录，尤其是红河哈尼梯田于 2013 年 6 月 23 日被联合国教科文组织列入世界遗产名录，与哈尼梯田一样，"昂玛突"这个节日也更加受到学界及来自各地游客的广泛关注。有关"昂玛突"是否是祭龙，如果不是祭龙，是祭祀什么，以及"祭龙说"又是如何产生的等诸多问题的辨析就显得十分重要，而更为重要的还在于需要更加深入细致地分析这些不同的理解所产生的影响及文化意义等诸多问题。

---

① 原文载于《西南边疆民族研究》第 16 辑，云南大学出版社 2015 年版。作者马翀炜、刘金成。

## 一、没有龙的"昂玛突"

哈尼族分布较广,支系众多。在不同的地方,举办"昂玛突"的时间也不尽相同。从农历十一月至第二年的二月,都有村寨举行"昂玛突"。每年"昂玛突"的举行时间都要由村寨内的宗教头人咪古等人来确定。节日时间一般是三四天。不同村寨的"昂玛突"的节日内容和顺序也是有一定差别的。但叫寨魂、立寨门、神林祭祀、摆长街宴等都是不会缺少的最基本的内容。下面根据笔者的田野调查,以国家级非物质文化遗产项目"祭寨神林"的代表性传承人元阳县新街镇土锅寨村委会大鱼塘村村民卢文学所在的大鱼塘村及该村委会其他几个哈尼村寨的"昂玛突"节日为主进行介绍。

在节日的第一天,叫寨魂及立寨门(又叫封寨门)是主要的内容。在哈尼语中,叫寨魂是"普哈枯","普"是寨子的意思,"哈"有"鸡"的意思,也有"魂"的意思,"枯"意为"叫""喊"的意思,故哈尼语"普哈枯"可以用汉语意译为"用鸡做牺牲来叫村寨的魂",简而言之"叫寨魂"。这一天,村寨里的民间宗教领袖摩批带着几个助手从寨神林(哈尼语叫"昂玛昂丛")出发,从西向东纵穿寨子来到磨秋场,一边走一边叫寨魂:"昂玛,快回来啊。带着三对喜鹊回寨子里吧。带着三窝瓦雀回寨子里来。昂玛,无论你到哪里,我们也要把你叫回来……"之后,摩批一行人敲锣打鼓又从原路返回到寨神林。之后又来到村寨的西南路口叫魂:"哈尼一寨的昂玛,我们祭你的大猪已长足六拃的肥膘,回来接受我们的祭献,回来给我们的寨子赐福。母猪一窝产下七个儿,母牛一胎产七条儿,母马一胎产七匹儿,哈尼阿妈生下七个小娃,赐给我们多多的福……"然后,叫魂队伍由原路返回到寨神林,然后又来到寨子东南面叫魂:"哈尼的昂玛,求你保佑哈尼人家,哈尼有了众多的后代,寨子人才会热闹,哈尼的祖先快回来……"叫完魂后,摩批等人回到咪古家。

下午,咪古和他的助手开始立寨门。立寨门的时间一般都选择在下午，当寨门立好时，寨子里的人及畜禽等差不多都已经回到寨子里了。立寨门是为了将一切不好的东西驱除出寨子，而将一切好的东西都留在寨子里。立寨门之后，寨子里就清洁、安宁了。

第二天，咪古及其助手祭祀水井，之后净身。中午时分，咪古及其助手从咪古家出发，边敲锣打鼓边喊："我们要去寨神林啰（寨神林在哈尼语中是"昂玛昂丛"），我们要去寨神林啰……"他们到了寨神林，杀猪、宰鸡。助手们将猪肝、猪腹部的皮、猪脚等猪身上诸多部位各切一点下来放到带去的锅里煮熟。煮熟之后祭祀神灵。之后，他们从大寨神林回咪古家。背回来的肉按村民户数平均分好。村民们陆陆续续来咪古家取肉。晚上，那些在上一年"昂玛突"之后生了孩子的人家会用篾桌端着饭菜和礼物来献给咪古及其助手，请他们为小孩"贺生"。咪古及其助手等孩子的父亲敬完酒后，会端起酒杯，嘴里说些祝福孩子的话。

第三天，各家各户很早就起来用祭祀过神灵的肉来祭祀自家的祖先。有一些人家会专门把这很小的一块肉再留下一小点，以备不时之需。在后面的日子里，有家人生了病，如肚子痛之类的，就可以取一点点肉和剩饭、冷茶水在一个碗里拌了，泼到门外。他们相信，惹麻烦的鬼可以通过这种方式被赶走。这一天的清晨，寨子里有些人家还会拿出一碗染成黄色的糯米饭和一个鸡蛋到秧田里祭祀田神。

中午，咪古们敲锣打鼓地通知寨子里的人该聚餐了。听到声音的人们纷纷从家里将早已经准备好了的饭菜端出来放在篾桌上，摆在村中的巷子里。咪古家门口就是第一桌，接下来是村民们一张接一张的篾桌。各家各户都会派一位代表端着酒瓶来到咪古的桌子旁，给咪古及其助手的碗里倒一点酒，感谢咪古保佑寨子平安，咪古也会对村民进行祝福。敬完咪古之后，咪古开始动筷子，大家也就开始喝酒吃菜。聚餐之后，各家各户还要请亲戚们吃饭。"昂玛突"节到此才算正式结束。

"昂玛突"，或者按国家级非物质文化遗产名录中的说法，"祭寨神林"是哈尼族集祭神、祭祖、农耕祭祀为一体的一个传统节日。节日举行的日子即是新的一年播种之际。节日期间，全体村民必须停止一切农事活动，在家里也不能做针线活。对于仪式主持者咪古来说，还有一些规矩必须遵循："昂玛突"节日前一个月内，咪古就不能再和妻子同房，睡觉时也不能翻身。进寨神林之前要沐浴更衣等。咪古在节日期间及其后约十五天时间里只能吃素。这些规矩都在表明人们对新的一年耕种的重视、对新的丰收的期待。这个节日是虔诚地祭祀神灵"昂玛"，让"昂玛"来保佑村寨，祈求粮食丰收、人丁兴旺的仪式活动。

虽然有一些论者在他们的论著中将"昂玛突"理解为"祭龙"，但笔者在多个哈尼村寨所进行的田野考察中却没有发现"昂玛突"仪式过程有任何内容与龙相关。辨析"昂玛突"的意义变得十分必要。

## 二、"昂玛"辨义

在哈尼语中，"昂玛突"中"突"这个读音对应为"祭祀"是没有疑义的。然而，"昂玛"是什么却依然需要进一步探讨。

关于"昂玛突"，许多学者认为是祭寨神。如哈尼族学者李克忠、白玉宝等都认为"昂玛突"是祭寨神，"昂玛"是寨神[1]；李克忠还进一步认为，"昂玛"是一个女性神。以地神咪松和寨神阿玛（即昂玛）为中心的地上诸神在社会生活中具有十分重要的意义。绿春县车里村哈尼族又将他们视为居于村寨的、保护村寨的一对夫妻神祇，他们的存在关系到村寨居民的生产生活，是幸福平安的化身，所以他们是"昂玛突"仪式活动中的中心神灵。[2] 王清华在对金平、绿春等地的"昂玛突"（又写作"奥玛突"）

---

[1] 李克忠：《寨神——哈尼族文化实证研究》，云南民族出版社 1998 年版；白玉宝：《红河水系考察实录》，云南民族出版社 1999 年版。

[2] 李克忠：《绿春县车里村哈尼族"阿玛拖"节日整合性文化特质的研究》，李子贤、李期博主编：《首届哈尼族文化国际学术讨论会论文集》，云南民族出版社 1996 年版，第296 页。

进行考察之后，称其为"寨神之祭"①。日本学者稻村务认为："昂玛突，一般被视为'祭寨神'，多在农历二月属龙之日举行。不过每个寨子的时期不尽相同。这是哀牢山区哈尼族最盛大的祭典之一，祭典由'咪谷'主持，主祭对象是寨内的神树。"②哈尼族学者邹辉认为："'昂玛'是哈尼族祖先的象征，'昂玛阿波'即'昂玛'神树则是哈尼族祖先的具体物化象征。"③

在哈尼族的传说故事中，对于"昂玛突"和"昂玛"有较为细致的解说。由元阳县攀枝花乡洞浦村哈尼族村民朱小和演唱、卢朝贵翻译、哈尼族学者史军超整理注释的哈尼族古歌《窝果策尼果》中，有专章叙说"昂玛突"（该书写作"艾玛突"）。

《窝果策尼果》中说到，在很久以前，最大的鬼头策德阿窝给哈尼族定下了规矩："每年祭树送鬼的时候，成年的男人要死两个。"每年都要"砍头祭鬼"。如果每年不送两个人头给策德阿窝，那么，"住在神林底下的人家（指哈尼人），永远生不出后代"，"大田里的庄稼，一颗也不会饱"，"关牛关马的地方，只是空空的畜圈"。人头祭祀是悲惨的，"一年一回地砍呵，到处望得见没有儿子的父母，一年一回地砍呵，到处找得着没有阿爸的儿女。"一年，"砍头的规矩转到了寡妇艾玛家，两个儿子要被拉去砍了"，艾玛实在不能忍心儿子被杀掉，于是想了一个办法，让两个儿子穿上长长的衣服，戴上高高的闪出白亮的光的帽子，在半夜三更的时候，装成天神威严的样子在寨头寨尾说："从今往后，不再吃人肉，猪和牛都可以拿来祭祀了。"哈尼人开始改规矩了，以后只拿猪和牛来祭祀。策德阿窝得不到人头，非常生气，就经常跑进村里来抓小娃娃吃。艾玛决定"挖掉哈尼苦难的根根"。她让两个儿子假扮成姑娘嫁给策德阿窝，两个儿子

---

① 王清华：《梯田文化论：哈尼族生态农业》，云南大学出版社1999年版，第275页。

② [日]稻村务：《哈尼族的昂玛突节》，余志清译，戴庆夏主编：《中国哈尼学》（第三辑），民族出版社2005年版，第191页。另，在有关哈尼族的研究中，"咪古"又写成"咪谷""米古""米谷"等，尚未统一汉字写法。

③ 邹辉：《植物的记忆与象征——一种理解哈尼族文化的视角》，知识产权出版社2013年版，第66页。

在策德阿窝高兴的时候，"阿哥跳进阿窝的大床，揪住它胸口的白毛，兄弟拔出七拃的尖刀，戳进阿窝的胸膛"。策德阿窝终于死了。从此以后，哈尼人"把寨头的神林认作艾玛永远的家，从前砍头祭鬼的二月，认作艾玛突的好月，从前鬼讨媳妇的三天，认作艾玛突的三天，哈尼来祭英雄的艾玛，把她认作护寨的天神"。①

在这首哈尼古歌中，"艾玛"即"昂玛"就是为哈尼族除掉魔鬼的具体的英雄。史军超总结认为，昂玛是一位擒杀魔王策德阿窝的女英雄，因为人们感怀其丰功伟绩遂将其奉为村寨守护神，也就将"昂玛"从人升华为神。② 这样，"昂玛突"就是"祭寨神"。

这个传说故事对于"昂玛突"以及"昂玛"的解释得到了许多学者的赞同。在笔者所主编的《云海梯田里的寨子——云南省元阳县箐口村调查》对元阳县箐口村的"昂玛突"有过记录。对"昂玛"采用了课题组成员哈尼族学者黄绍文的理解："'昂玛突'是哈尼语'hhaqmatul'的音译。'昂玛'是人名，据传说为寨神，'突'意为祭，故'昂玛突'汉语意译则为祭寨神。节日一般都在阴历二月举行。"③尽管在箐口村以及周边几个哈尼族村寨中，大多数的哈尼族村民都已经讲不出有关昂玛的传说故事，但也有少数村民，如箐口村村民卢建忠也能讲述一二。他说："早年间，每年都要用人来进行祭祀。有一年轮到一个寡妇家要献人去祭。寡妇有两个孩子，她就让孩子半夜在村寨中学鬼叫，说是不吃人了要吃猪，这才变成以猪来祭祀。"因此，在《云海梯田里的寨子——云南省元阳县箐口村调查》中也采纳如下说法。"昂玛是村寨的保护神，是远古时代与魔王较量除祸根的英雄，她装扮成天神三更半夜到神林里游玩，改变人头供奉魔王的规

---

① 西双版纳傣族自治州民族事务委员会编：《哈尼族古歌》，云南民族出版社1992年版，第292—304页。

② 史军超：《哈尼族文学史》，云南民族出版社1998年版，第268页。

③ 马翀炜主编：《云海梯田里的寨子——云南省元阳县箐口村调查》，民族出版社2009年版，第296页。

矩；她让两个儿子男扮女装，最终杀死了吃人的魔王。因此，箐口村每年阴历二月属羊日杀猪祭献她。"① 黄绍文在之后的研究中也继续认为，"'昂玛'是为了保护村寨的安宁与妖魔斗争而牺牲的母亲及其子兄弟俩"②。概而言之，这一类关于"昂玛"的观点也可以称为"纪念英雄说"。

从民间文学研究的角度看，传说"叙说历史发展中的现象、事件和人物，表达人民的观点和愿望。从这个意义上讲，民间传说可以说是劳动人民'口传的历史'。尽管如此，传说也绝对不是严格意义的历史"③。在传说中，这种情况是较为普遍的。在汉族关于"过年"的传说故事中，"年"是消除凶猛的兽"夕"的神仙。"夕"在腊月三十的晚上来伤害人，神仙"年"与人们齐心协力，通过放鞭炮赶走了"夕"，人们才可以过上幸福安宁的生活。于是，人们为了纪念"年"，把三十那天叫"除夕"，即"除掉"了猛兽"夕"，为了纪念"年"，把正月初一称为"过年"。其实，"年"字最早的写法是一个人背负成熟的禾的形象，表示收成。《说文》："年，谷熟也。"《尔雅·释天》："夏曰岁，商曰祀，周曰年。"年者，禾熟之名。每岁一熟，故以为岁名。"夕"，当然不是兽。"除夕"不是"除掉夕"。因为一年的最后一月为"除月"。农历十二月最后一晚即"除夕"。此外，"端午节"为中国国家法定节假日之一，已被列入世界非物质文化遗产名录。关于端午节的来历，最有名的应该是"纪念屈原说"了。但事实上，端午节最初是古人祛病防疫的节日，吴越之地春秋之前就有在农历五月初五以龙舟竞渡形式举行部落图腾祭祀的习俗；另外，"牛郎织女"传说最早源于古人的星辰崇拜，是人们把天上的星宿神化与人格化的结果。尽管传说不等于真实的历史，但有关"昂玛突"的传说，情节诡秘多姿，饶有趣味，

① 马翀炜主编：《云海梯田里的寨子——云南省元阳县箐口村调查》，民族出版社 2009 年版，第 379 页。

② 黄绍文等：《云南哈尼族传统生态文化研究》，中国社会科学出版社 2013 年版，第 283 页。

③ 钟敬文主编：《民间文学概论》，上海文艺出版社 1980 年版，第 183 页。

与中国其他民族的传说一样，"演绎着民族文化的表层，蕴含着民族文化的深层"①。

从哈尼族古歌《窝果策尼果》中关于"昂玛突"的传说中，应该可以窥见"民族文化的深层"：在远古的时候，哈尼族先民很有可能也像其他一些民族的先民一样，曾经有过人头祭神的习俗。在中国历史上，这种将活人杀死向神灵献礼，祈求神灵保佑，使生产能够丰收，人民可以繁衍的观念以及体现这种观念的仪式是存在的。"在殷代，从卜辞中可以看到大量的人祭现象。至春秋时期，某些侯国还有人祭现象的残余。作为民间的习俗，一直到北魏时，文献中尚有记载。"②直至近代，中国还有佤族、高山族泰雅人存留这种习俗。当这种习俗为历史所淘汰之后，人们要给改变后的祭祀方式一个合理的解释，于是便完全有可能去为这一重要转变提供一个令人容易理解且信服的传说。

也许正是由于对这样的传说未能真正反映历史感到遗憾，有学者可能也是秉着"许多神灵的起源，都是由对自然界作功能性解释的需要出发，而后被人格化为实体"③的理念出发来对"昂玛突"中的"昂玛"进行功能性解释的。如李元庆提出："寨神'昂玛'为哈尼语，'昂'即是精神、力量，也即是村寨之精神、力量，意译为村寨之灵魂：'玛'即母、主。全意译为村寨之精神之母、灵魂之主，即寨神。"④日本学者稻村务也提到，"如把昂玛的 hhaq 和 ma 分开来考虑，hhaq 是力量，ma 是母亲及源，可以将其译为'力量之源'"。并且认为："从昂玛突的语感上应该将'力量之源'看作是一种旨在连接一个村乃至一个亲族集团的重要作用。"⑤

---

① 梁庭望、张公瑾主编：《中国少数民族文学概论》，中央民族大学出版社 1998 年版，第 145 页。

② 傅亚庶：《中国上古祭祀文化》，高等教育出版社 2005 年版，第 296 页。

③ 何新：《诸神的起源》，生活·读书·新知三联书店 1986 年版，第 62 页。

④ 李元庆：《哈尼族宗教活动中莫批突》，《艺术探索》1997 年增刊。

⑤ ［日］稻村务：《哈尼族的昂玛突节——介于村落祭祀与亲族祭祀之间的仪式》，余志清译，戴庆夏主编：《中国哈尼学》（第三辑），民族出版社 2005 年版，第 200 页。

笔者曾经尝试着将这类"力量之源说"的说法询之于村民，没有得到任何肯定的答复，且村民大都是一脸茫然的样子。《窝果策尼果》的演唱者朱小和于 2007 年成为国家级非物质文化遗产名录红河州哈尼族"四季生产调"的代表性传承人，在 2014 年 1 月及 7 月两次回答笔者有关"昂玛"是什么的提问时，他都不再说是那个带领儿子杀死魔王的女英雄了，他开始改口："'昂玛'就是力量的意思。"笔者曾问箐口村大摩批李正林同样的问题的时候，他说，现在也说不清楚了。访谈时在场的文化馆干部提醒他："是力量、力量之源的意思！"但他还是认为两者的读音不完全一样而不同意。元阳县的一些文化部门的干部都希望文化传承人能将"昂玛"理解为"力量之源"。尽管如此，国家级非物质文化遗产项目"祭寨神林"的代表性传承人大鱼塘村的卢文学也依然表示不能接受这个说法。当然这个从哈尼语读音来进行的解释，也是一种解释。姑且称为"精神力量之源说"。

笔者在调查中曾让村民把"昂玛"的读音分开来进行理解，得到的答案却不是"力量之源"。一些村民认为，以读音来讲，"昂玛"在哈尼语中是可以表示母猪的意思的。因为，在哈尼语中，"阿昂"是猪的泛称，单独的"昂"也可以表示猪的意思，其后加上具有雌性、阴性意味的"玛"，合成"昂玛"就能指称母猪；如狗是"克"，"克玛"即母狗的意思。"昂玛"之后再加上表示祭祀的"突"，"昂玛突"或也可以说有"以母猪献祭"的意思。但是，以国家级非物质文化遗产项目"祭寨神林"的代表性传承人卢文学所在的大鱼塘村，以及其周边的全幅庄、黄草岭村以及箐口村的情况来看，在"昂玛突"的祭祀活动中使用的牺牲品是公猪。卢文学也说，他在进行"昂玛突"祭祀时，使用的一定是公猪，而且这头公猪必须是健康的，没有受过伤的。

当然，也应该注意到并非所有哈尼族村寨过"昂玛突"节的时候都是使用公猪进行祭祀。李克忠关于绿春县车里村的"昂玛突"记录中就说到当地的哈尼族民众就有在"昂玛突"上使用母猪献祭的实例："参加祭祀的人到了寨神所居住的神林，清扫、修整离祭地前方 10 米左右的竹瓦房，咪古在祭棚下面摆好桌子，并在靠地神方向的一棵树桩上挂一只小灯笼，象征村寨各户神灵参与祭供，用鸡 4 只（其中红白公鸡各 1 只），猪 1 头（雌性），羊 1 只，蛋 5 个。"①

尽管从笔者的调查资料来看，"昂玛突"祭祀时用的都是公猪，没有见到以母猪祭祀的情况，而且"以母猪祭祀"这种说法似也未见于已发表的文献，但这个说法在民间是存在的。

在对卢文学等咪古以及箐口村的大摩批李正林等人的访谈中发现，他们这些村寨宗教仪式的主持人，对"昂玛"所指到底是什么大都是模糊的，没有清晰的答案。实际上，这种"日用而不知"②的情况在田野调查中是经常会遇到的，这可以解释为一种文化"惯习"现象，表达的恰乎是该文化的一种普遍认可的知识与思想，也是人们日常生活操持的解释和理由，也是该文化的底色。

上面三种关于"昂玛突"理解的说法其实都没有能给出关于"昂玛"的清晰答案，但大致而言，以"祭寨神"或者"祭寨神林"来理解和移译"昂玛突"都是可以接受的。然而，并非清晰的有关"昂玛突"的不同言说都没有任何与龙有关的解释。那么，一个与龙没有任何关系的仪式，怎么会与龙有关联呢？

### 三、龙的来处

尽管从对"昂玛突"仪式过程的田野考察中没有发现任何与龙相关的

---

① 李克忠：《绿春县车里村哈尼族"阿玛拖"节日整合性文化特质的研究》，李子贤、李期博主编《首届哈尼族文化国际学术讨论会论文集》，云南民族出版社 1996 年版，第283 页。

② 葛兆光关于"日用而不知"问题有非常精辟的探讨。参见葛兆光《中国思想史》（导论），复旦大学出版社 2001 年版，第 14 页。

文化因素，但在当地哈尼族村民口中，却是可以发现龙的存在的。关于"昂玛突"，最多的说法是祭寨神林，有村民说是祈求多子多福的意思，也有村民说是长街宴，但也有的村民说，"昂玛突"就是祭龙。

从20世纪90年代后期开始，元阳县政府不断加大民俗旅游开发的力度。大鱼塘村、箐口村以及其他一些村寨的旅游路线图等越来越多。随着2013年6月22日中国云南哈尼梯田被成功列入联合国教科文组织世界遗产名录，来自海内外的观光客日益增多，村寨中的旅游景点示意图也同样在增加。这些村寨示意图中，如果提到寨神林，也会标注为"龙树林"。最早进行旅游开发的村寨箐口村村口的示意图就将该村的两个寨神林标为了"龙树林"。

村民们对此的解释是，"寨神林就是龙树林"，"这一片是寨神林、龙树林"，"寨神林和龙树林是一样的"，"龙树林只是寨神林的不同说法而已"等。既然"寨神林"就是"龙树林"，那么"寨神"就是"龙"吗？绝大部分村民却都不同意。哈尼语的"昂玛"是汉语"龙"的意思吗？都说不是。进一步问，哈尼语中"寨神林"怎么说？回答是"昂玛昂<u>丛</u>"，是"昂玛突"的祭祀地点。"昂<u>丛</u>"是什么呢？"树林。"

"昂玛突"节日期间举行的聚餐活动，也在许多时候，尤其是作为文化品牌宣传的时候被称为"长街宴"和"长龙宴"。近年来，元阳县俄扎乡哈播村举行"昂玛突"节日时，总会邀请许多客人。来宾登记处的牌子上写的是"哈播长龙宴报到处"。既然是"长龙宴"，村民们把坐在第一桌的咪古叫作"龙头"，把分给村民的祭祀过的猪肉叫作"龙肉"也就是自然之事了。

哈尼族的"昂玛突"这一仪式过程与众所周知的龙神信仰并没有什么关系，在有关"昂玛突"的神话传说中也自始至终都没有"龙"的形象出现。那么"龙"是怎么进入"昂玛突"的呢？

"龙""竜""龙树""祭龙""长龙宴"等与龙相关的一些概念进入"昂玛突"语境是与一些学者对这些文化事象进行文化图式的跨文化转喻的理

解方式有关的。众所周知，龙是中华文化中非常重要的一个文化形象，尤其与汉民族关系密切。汉文古籍《礼·礼运》有云："麟、凤、龟、龙，谓之四灵。"龙是古代传说中的一种善变化、能兴云雨、利万物的神异动物，为鳞虫之长。① 经过了长期的演变、发展过程，龙成为一种观念意义上的存在。龙不仅是兴云雨、利万物的神异动物，还是权势、高贵、尊荣的象征，又是幸运和成功的标志。由于这样的理解，对于龙的崇拜，汉文化中也就出现了祭祀龙神以求风调雨顺的习俗。祭龙是基于汉文化的龙崇拜而演绎出来的。

关于汉字的"龙"字进入哈尼族祭祀活动的有关书写，日本学者稻村务在其文章中给出了索引性的提示，"由尤中提出了'祭龙'的译法并开始形成了'祭龙研究'的认识"②。邹辉也同意稻村务的指认，并且认为"这是因为研究者本身不懂哈尼语或不习惯用哈尼语本身的语义来进行解释，没有跳出'主位'研究的禁锢所致"③。

确实，尤中曾在1962年7月19日的《云南日报》的第三版上发文指出，"对于一切鬼神的敬祭，在哈尼族中称为'龙'"，"哈尼族的祭'龙'是与他们的生产和生活有密切的联系的"。同时，尤中也还对"祭龙"进行了一些说明："墨江、红河等地的哈尼族，正月'龙日'要祭'龙树林'，是为了求得全年五谷丰收，人畜兴旺……祭龙树林、祭天等等由'龙头主持，他们是各村寨或者各家族中年纪大、有生产和生活经验而又为群众所尊敬

---

① 在学术界，认为龙是蛇，是马，是鱼，是虫，是云，是猪，是龙星，是蜥蜴，是蚕，是蜗牛，是闪电，是海蟒以及是鳄的观点都存在。参见朱炳祥：《伏羲与中国文化》，湖北教育出版社1997年版，第112页。

② ［日］稻村务：《哈尼族的昂玛突节——介于村落祭祀与亲族祭祀之间的仪式》，余志清译，戴庆夏主编《中国哈尼学》（第三辑），民族出版社2005年版，第191页。

③ 邹辉：《植物的记忆与象征——一种理解哈尼族文化的视角》，知识产权出版社2013年版，第65页。需要指出，邹辉对人类学"主位"与"客位"概念的理解可能有误。对于尤中等汉族学者而言，他们在进行哈尼文化研究时，他们的汉族文化背景应属"客位"而非"主位"。所以，邹辉的意思的准确表达应该是尤中等学者没有能从"主位"的角度进行研究。

的人，由他领导祭'龙树'，祭过之后，大家便聚集在一起唱'酒歌'，跳舞娱乐。"①

其实，在20世纪50年代开始的少数民族社会历史调查过程中，就已经有学者开始将"昂玛突"理解为祭龙了。从《哈尼族社会历史调查》中可以看到，在有关红河州金平县马鹿塘地区的调查中，就有有关"昂玛突"祭祀活动的记载：在祭祀"厄阿玛周"之前有"戛斗斗"仪式环节，即要扫寨子，封寨门。"哈尼族崇拜树，在村寨寨头和寨尾选择两棵巨树作为崇拜对象。一棵为公龙树（厄阿玛周），位于寨头；一棵为母龙树（木图周），位于寨尾。正月祭祀厄阿玛周，祭时杀公猪一口，各家派男性一人参加。三月祭祀木图周，亦叫祭小龙，其祭祀形式同于祭祀厄阿玛周。"②关于金平县五丫果寨的调查报告中也写道："在夏历二月举行阿玛突（祭龙）之前，同样举行'戛斗斗'。"③关于红河县哈尼族调查中有云：正月祭祀龙树。④关于元阳县的哈尼族宗教文化情况，则有"春耕前举行祭龙（阿玛透），由龙头（咪古）祭祀龙树（阿玛阿抽）。祭龙前先举行净寨（哈度或克度）。哈度则在寨门上挂鸡翅膀、木刀、木槌驱鬼。克度要在寨门上挂狗的四肢、尾巴、木刀、木槌驱鬼。举行克度比哈度为隆重"⑤等。根据读音可以知道，"哈"是鸡的意思，"克"是狗的意思。"哈度"和"克度"分别可以理解为"以鸡祭祀"和"以狗祭祀"。这些调查所提到的"祭龙活动"就是哈尼族的"昂玛突"仪式。根据读音可知，调查报告中的"厄

---

① 尤中：《哈尼族的祭"龙"》，《尤中文集》（第五卷），云南大学出版社2009年版，第99页。

② 《民族问题五种丛书》云南省编辑委员会编：《哈尼族社会历史调查》，民族出版社2009年版，第59页。

③ 《民族问题五种丛书》云南省编辑委员会编：《哈尼族社会历史调查》，民族出版社2009年版，第63页。

④ 《民族问题五种丛书》云南省编辑委员会编：《哈尼族社会历史调查》，民族出版社2009年版，第76页。

⑤ 《民族问题五种丛书》云南省编辑委员会编：《哈尼族社会历史调查》，民族出版社2009年版，第82页。

阿玛周"即本文所说的"昂玛昂丛","阿玛透"即本文所说的"昂玛突"。

调查报告直言"厄阿玛周"即"公龙树","阿玛透"就是祭龙，龙头就是"咪古"，但都没有给出充分的理由。既没有对这些词在哈尼语与汉语之间的对译关系进行说明，也没有在对仪式活动进行呈现的时候让人看到仪式中有什么内容是与龙相关的，何以会出现这些误解呢？窃以为，这些调查者对于这些活动进行的是"以己度人"式的理解。以为龙是神圣的，龙是可以兴云雨、利万物的，因此，这类与祈求神灵保护，祈求风调雨顺、人丁兴旺的仪式便是与龙有关的。此外，这些调查者有关西双版纳地区哈尼族"耶枯扎"的理解也存在类似的情况，如他们将"耶枯扎"视为"火把节"，说哈尼族"以打秋千的方式过火把节"，然而，从他们关于这个节日的记录上看，找不到任何与"火把"有关的活动内容的记载。①

《哈尼族简史》在提到西双版纳地区哈尼族的宗教信仰与节日的时候，将宗教领袖"最玛"称为"龙巴头"，寨门称为"龙巴门"，将神林称为"龙树林"，将忌日称为"竜日"等等②，都是调查者的误用。在西双版纳地区，哈尼语"寨门"的发音大致相当于汉字"洛抗"的发音，"神林"的读音大致相当于汉字"昂丛"的发音。在元阳地区以及西双版纳等地进行的有关哈尼族文化的调查中，笔者发现哈尼族村民对于"龙"的印象是不能接近，让人害怕。在他们的日常生活中，很少说到龙，也没有发现有什么事情与龙相关。笔者在老挝、缅甸以及泰国的哈尼/阿卡人地区进行的调查中，都没有见到与龙有关的文化事象。事实上，元阳县一带的哈尼语中的龙的发音大致可以写成汉字的"别厄摇"，西双版纳地区以及老、缅、泰等国的哈尼语中龙的发音大致可以写成汉字的"别厄央"。这些读音都与"昂玛""洛抗"（寨门）、"昂丛"（树林、神林）的发音相去甚远。《哈尼族简史》所提到的这些事情其实与龙没有任何关系。之所以有这样的说法，

---

① 《民族问题五种丛书》云南省编辑委员会编：《哈尼族社会历史调查》，民族出版社2009年版，第134页。

② 《哈尼族简史》编写组：《哈尼族简史》，民族出版社1985年版，第106—110页。

很可能是当时的调查者依然是按自己的文化图式理解这一在汉文化中没有的事象所造成误读的结果。

## 四、讨论

美国人类学家马文·哈里斯受到以创立法位学语法闻名的语言学家肯尼思·派克基于音位学与音素学的研究而提出的主位（emic）与客位（etic）理论的启发，提出在人类学的研究之中，应该既要从"主位"，即从文化内部的立场进行理解，又要从"客位"，即基于文化外部的立场做出分析。在田野工作和民族志书写中理当对哈里斯提出的方法给予重视。① 龙被误置神林即是以客位的观点覆盖于主位观点之上的结果。

尽管在 20 世纪 90 年代中期，就有学者说明了"昂玛突"并非祭龙 ②，而且在后来的一些学术研究中依然将"昂玛突"误解为"祭龙"的情况开始减少③，但是，在那些旅游开发区域的哈尼族村民中，以"祭龙"来解释"昂玛突"的现象却在增多。无论是针对民族学调查者提问的回答，还是对于大众游客好奇所进行的解释，"祭龙""长龙宴""龙肉"等言说都开始变得普遍。如"'龙头'只能是我家传下来，神灵只喜欢我们家""分龙肉""吃了龙肉就会平安"等说法 ④ 已不是偶尔遇到了。随着绿春县哈尼族长街宴品牌的不断打造，"祭龙""长龙宴""龙头"等不仅为游客等外来者所接受，而且也为村民乃至咪古等人所接受并对外言说。

---

① 夏建中：《文化人类学理论流派》，中国人民大学出版社 1997 年版，第 250—251 页。
② 李学良：《关于昂门神的性质》，《云南社会科学》1994 年第 4 期。
③ 陈寿康：《哈尼族的"长龙宴"》，《今日民族》2001 年第 2 期；杨文安：《祭龙与少数民族传统文化研究》，《北京大学学报》（哲学社会科学版）2001 年第 S1 期；贾溪涛：《哈尼族的"祭龙"节》，《民族艺术研究》2001 年第 3 期；李维宝等：《哈尼族的三大节日溯源》，《天文研究与技术》2006 年第 1 期。
④ 秦臻：《隐秘的祭祀：一个哈尼族个案的分析》，《民族艺术研究》2004 年第 5 期。

　　王清华在其《梯田文化论》中，对 1984 年元阳县俄扎乡哈播村进行的"昂玛突"有非常细致的记录。他在指出"'昂玛突'，哈尼语意为'祭寨神'"之后，断然否定"昂玛突"是"祭龙"，并说"旧时汉语称'昂玛突'为'祭龙'，实为风马牛不相及"。但又用"龙树"指称祭祀的树，其解释是"哈尼族对此树没有专门的称呼，故暂用旧名"①。这就十分清楚地表明了在对没有"昂玛突"这一类文化事象的人去说明"昂玛突"问题的困境。

　　总而言之，这也是文化图式跨界转喻产生的误解或误读。作为人脑中已有的知识经验网络的文化图式在人们认识事物的过程和结果方面会产生重要的影响。人们往往会根据在已有的经验生活中逐渐形成的文化图式来加工相关信息。特定文化中的人"经过长期的实践已经培养出各种各样彼此相关联但又自成体系的表象结构，他们根据具体的事物和事件，灵活地运用这些'默认'的结构，并且在必要的时候填充以'默认值'"②。也就是说，人们总是倾向于以自己的文化图式去认识理解新的经验事象。当他们需要向拥有其他文化的人来进行解释的时候，他们也有可能按照他们自己的理解，到其他文化拥有者的文化图式中寻找他们认为可以说明问题的一个图式，并用这个他者的图式来解说自己的文化图式。如"苏州是东方威尼斯"。人们常常通过在他们自己看来是有着某种相似性的，存在于不同文化中的事象之间进行文化图式转喻而求得理解。如"瑞士是西方的桃花源"。这也就是虽然村民们都知道"昂玛突"不是"祭龙"，但为了让外人，即有龙这一文化图式的人理解，他们便以外人的"祭龙"图式来转喻自己的"昂玛突"图式的原因。这也是民族志作者在理解了哈尼族"昂玛突"仪式文化之后要向还没有理解这一文化的可能的读者进行言说时又不得不用"龙树"这一图式来表达祭祀的树的原因。然而，在同一个文化语

① 王清华：《梯田文化论：哈尼族生态农业》，云南大学出版社 1999 年版，第 364—373 页。
② 庄孔韶主编：《人类学通论》，山西教育出版社 2002 年版，第 219 页。

境中，这种用指称甲类现象的词去指称乙类现象的方法也未必不会出现误解，那么，在不同的文化之间用这类转喻的方法来进行解说就更加容易出现误说和误解。从认知与文化的关系来看，将"昂玛突"说成"祭龙"，将"昂玛昂丛"说成"龙树"就是为了让没有有关"昂玛突"这一文化图式，却有有关"龙"的文化图式的人去理解"昂玛突"而进行的一种文化间的跨界转喻。

不同文化之间确实存在一些观念和事象是难以找到完全对应的词来进行翻译的问题。在这种情况下，采取音译的办法也不失为一种手段。与哈尼族"祭寨神林"一起作为民俗事象入选了第三批国家级非物质文化遗产名录少数民族节日活动的还有内蒙古自治区额尔古纳市的"俄罗斯族巴斯克节"，黑龙江省讷河市的"鄂温克族瑟宾节"以及新疆维吾尔自治区塔城地区的"诺茹孜节"等就是对这些节日采取了音译的办法。俄语称为"巴斯克"的节日即俄罗斯族一年中最隆重、最热闹的节日"耶稣复活节"；鄂温克族源于猎熊成功之后的庆贺活动"瑟宾"，慢慢演化到了对山神的祭祀，如今的"瑟宾"逐渐演变为该民族一年一度的盛大狂欢。维吾尔、哈萨克、柯尔克孜、乌孜别克等民族的传统节日"诺茹孜"一词来自古伊朗语，意为"春雨日"。故而"诺茹孜"节也可以理解为迎春节。这几个节日都没有像哈尼族的"昂玛突"被译为"祭寨神林"那样意译。当然，无论是用哪一种民族的语言来命名"非遗"事象，只要能够反映该文化事象的文化内涵，能够继承和弘扬中华民族优秀传统文化，促进社会主义精神文明建设就是可行的。

然而，许多完全可以意译而又去采取音译的做法也是值得商榷的。如有研究者在云南红河南岸哀牢山哈尼族主要聚居区元阳、红河、金平等地搜集整理了哈尼族古歌，将之命名为《十二奴局》。由于书名简单采用音译的办法，一般读者是无法理解"奴局"的意思的。其实，"奴局"是可以意译而不会产生误会的，如该书的整理者所言："'奴局'是哈尼语，相当于汉族述中的'篇'、'章'或汉族曲艺中的曲目。'十二奴局'即十二路歌的意思。"① 此外，该书的目录全部采用音译，一、牡底密底；二、牡普谜帕；三、昂煞息思；四、阿资资斗；五、阿扎多拉；六、阿匹松阿；七、觉麻普德；八、牡实米夏；九、杜达纳嘎；十、汪咀达玛；十一、觉车里祖；十二、伙及拉及。显然，能够阅读汉语的人面对这样的音译词进行理解是完全不可能的。其实，这十二章完全可以意译为：一、开天辟地；二、天翻地覆；三、杀鱼取种；四、砍树祭日；五、火的起源；六、三种能人；七、建寨定居；八、生儿育女；九、祖先迁徙；十、孝敬父母；十一、觉车赶街；十二、四季生产。此外，景洪县民委主编、由云南人民出版社出版的《雅尼雅嘎赞嘎》一书②，一般的读者也是无法理解这个书名的意思的。其实，"雅尼雅嘎赞嘎"的意思就是"（哈尼族）雅尼人迁徙史"。直接音译的结果很可能就会导致接受和理解困难。尽管人们现在对于西太平洋航海者那种涉及商业事务、社会组织、神话背景和巫术仪式的交换活动依然还只能以音译"库拉"称之③，并且也在不断的认识中理解了"库拉圈"这一文化图式，但是用意义明确的词汇来言说文化事象是更应该提倡的。诸如说"民主"而不再说"德谟克拉西"，用"灵感"而不再用"烟士披里纯"，用"禁忌"代替"塔布"，以"夸富宴"言说"波特拉赤"是更加便于人们对这些事情进行理解的。

　　人们应当充分认识到人的知识如何被表征、被分类和被有效应用是会因文化的不同而存在很大的差异的。文化要通过语言来表达、传承与传播，语言又受到文化图式的影响或者说就是文化图式的表征。因此，进行跨文化的理解本身就是一个进行跨文化创造的过程。在同一文化之内，可意会却不可言传之事并非少见。为了说明某事而采取转喻的方法，其结果可能是充分表达，也可能是误会丛生。在无法意译的时候，音译不失为一

①　赵官禄、郭纯礼、黄世荣、梁福生搜集整理：《十二奴局》，云南人民出版社 2009 年版，第 210 页。
②　景洪县民委编：《雅尼雅嘎赞嘎》，云南人民出版社 1992 年版。
③　[英] 马林诺斯基：《西太平洋的航海者》，梁永佳、李绍明译，华夏出版社 2002 年版。

种良策，但一味求助于音译可能造成类似食古不化、食洋不化之类的"食异不化"的结果。因此，意识到问题的存在，意识到解决问题的不易，但仍然去努力进行创造性的理解的做法就是值得肯定的。

用"龙"的异体字"竜"来代替"龙"从而言说一些少数民族的文化事象便是一种对这些文化进行创造性理解的做法。一些学者在意识到用"龙林""祭龙"来表达某些少数民族的宗教活动有方枘圆凿之感，便用"龙"的异体字"竜"来代替"龙"从而出现"竜林""祭竜"等说法。其实，"竜"即"龙"。《集韵》中有"龙，古作'竜'"的说法，也就是说，"竜"是"龙"的异体字。其音、义相同，都是表示龙的意思，唯有写法不一致。但把这个并不常见的"竜"字与其他民族的文化事象进行结合而产生如"竜日"（忌日）、"竜林""祭竜""竜肉"等在汉语语境中不常见的概念时，便是在构造一种新的文化图式。研究者力图通过赋予"龙"的异体字"竜"以新的意义的方式来使"竜"和"龙"具有不同的文化意义。这也就是通过建构新的、与龙文化图式不同的竜文化图式来获得对其他民族文化中与神圣、禁忌有关事象的理解。朱德普在对傣族树木、森林崇拜的研究中，对傣族研究中的"祭龙""祭垄""祭陇""祭竜"等祭祀对象进行辨析，指出"龙""垄""陇""竜"等皆出于傣语"森林"的音译①。在有关少数民族传统文化的研究语境中，出自汉语的"竜"这个词已经成为与神圣、禁忌有关的文化图式。这是民族学研究中新的文化图式不断建构和结构化的结果。

对龙被误置神林问题进行思考，其意义并不在于简单地指出前辈学者是否懂哈尼语、调查是否深入又或者是否有主位视点的问题，也不在于简单地指出现在的哈尼族村民口中的"祭龙""龙头""长龙宴"以及"龙肉"等说法是否正确的问题，而在于指出在进行人类学调查以及民族志写作过

---

① 参见朱德普：《傣族"祭龙"、"祭竜"之辨析——兼述对树木、森林的崇拜及其衍变》，《云南民族学院学报》1991 年第 2 期。

程中进行跨文化理解的不易。理解某些文化观念和事象时，不仅应当尽力找到合适的词来迻译，而且要警惕可以对译的词在不同的文化中所具有的文化图式之间可能存在的差异。人们的交往是主体间性行为，不同文化主体间的交往与理解往往要经由文化图式的跨界转喻才能达成，但由于不同文化的特定文化图式间具有的难以一一对应的特点，使得这样的跨界转喻经常变为"误说"和"误解"。理解他者往往需要经由文化图式跨界转喻这一道路，但是，"道路总是有变成歧途的危险。行这样一些道路，要求做行走方面的练习"①。

## 声部二

### 贺新生的昂玛突，护佑村寨的摩批

在哈尼族村寨里，有一个比较重要的节日——昂玛突。"昂玛"据说是人名，也说是一个寨神，"突"意为"祭祀"，汉语意译为祭祀寨神。箐口村过"昂玛突"节一般是在农历二月上旬，时间程序都比较严格，中间也有一些禁忌。对这个节日，村民都很认真，一到过"昂玛突"节的时候，在外的年轻人都要回来，特别是生有小孩的年轻人，这个节日是必须回来参加的。对这个节日来说，村民最初的原始意义是庆贺新生，庆贺村寨又增添了人口，村民用来表示祝贺。但是，2000年以后，箐口开发旅游，"昂玛突"又被外来的领导或者学者们作为一种民俗演说，其间出现过一些误解。我想以村民的观点来试说一些看法。

箐口村的"昂玛突"时间一般是农历二月上旬。具体时间是属马日封

---

① 孙周兴选编：《海德格尔选集》（下），上海三联书店1996年版，第1187页。

寨门，属羊日到寨神林杀猪，属猴日，每户村民家做一桌饭菜到寨神林祭祀，属鸡日，每户又再做一桌子饭菜到咪古的院子里集中，看摩批算鸡卦，之后，这个节日就算结束。

在这个节日之前的属虎日，村民还要请摩批举行叫寨魂。村民认为人是有灵魂的，每个人都有12个灵魂，分别负责管理每个人身体的每个部位，要是某一个灵魂不附在人的身上，人就会不正常，就会出现生病，给生活带来不顺利的事情，给家庭带来灾难。寨子也是有灵魂的，要在"昂玛突"之前给寨子叫回寨魂，这样，寨子才有灵魂来保佑村民，村民的生产生活也才会顺利吉祥。这是村民的一点唯心观点，我很不赞同。但是，村民就这样习惯地认为，这是一个严格的程序，每个程序都不能轻易地更改。

属马日傍晚，就是当村民都从田地里生产完毕回到家的时候，几个咪古分头到寨子的两个主出路口，带上他们所需要的祭祀物品进行封寨门，封寨子脚（寨东面）的那个门要用一只白公鸡，寨子西面用的是一只红公鸡，草绳上拴着木刀、木锤、木棍等。他们要把鸡杀了剥皮，连同这一条草绳挂着寨门的上方，表示寨子外面的邪气不会进入，让它们挡在寨子门外，以保村寨人民的平安无恙。

属羊日早上，咪古们要选出家庭健全的中年人到寨子的每一个水井杀鸡祭祀，还有村里用来与对面山头对峙的石老虎，每个组一般是两到三人，每个组的人要带回来鸡肋骨，属鸡日到咪古的院子里集中，由摩批查看是否吉祥顺利。

属羊日早饭前，每个村民家要做好记号把两块糯米粑粑交到咪古家，用来咪古们到寨神林献祭，吃过早饭后，几个咪古要到白龙泉洗澡（用意净身）。而不太清楚的是，卢文华一家早上是要到他们家族的陈列室旁边的树林里杀鸡祭祀，有人说这是因为他们家族最先入驻箐口村，他们家得优先祭祀自己的神林（地点在陈列室下面一点），我调查的情况也没有得到确实的证据证明。只有他们家吃过早饭后，几个咪古才到寨神林杀猪。这也是村里的一个不解之谜。村民只能照着历史的沿袭而做着。几个咪古要到寨神林时，他们要敲锣打鼓，村民都要回避的，以及晾晒的衣物也要收回，避免让咪古们看见秽物带来不洁。

　　属羊日这一天，村民要停止生产劳动，也不许村民们到大神林观看咪古们杀猪献祭。两个每年负责向村民收取过节日要用的钱物的人，也只有咪古们杀好猪再进去背猪肉出来。咪古说他们在祭祀中也不能说话的，他们得按照事前说好的程序进行，不得已就打手语。要是破坏了这个规矩就会给村民或者寨子带来不利。总之，属羊日这天的仪式比较严肃，事后的两个属羊日（此后的第 12 天和第 24 天）也要村民停止生产劳动，谁家要是做了违规的事情也要受到相应的处罚，如罚一点钱或者物。傍晚，咪古们把猪肉背回到大咪古的院子里，村民再按照登记的名单领回早上交去的两块糯米粑粑和几小块猪肉，村民再回到自己家献祭。也就是这天从去年的"昂玛突"节到今年的"昂玛突"节间，生有孩子的年轻人家可以多领到一块猪脚或者肥肉，表示祝贺。就在这个晚上，生有小孩子的人家要做一桌饭菜、带上烟酒到大咪古的家里闹通宵。叫作"知桌巴"，即，摆酒席。估计这就是村民原始的"昂玛突"的意义所在了，祝贺新生儿。村里又增多了人口，人气就更旺了。

　　第二天就是属猴日，吃过早饭后，咪古通知村民做好饭菜。到了中午，在咪古的带队下端着自己家的饭菜再来到另外一个寨神林集体祭祀，等咪古们祭祀完毕，每户人家都要向坐着的几个咪古敬酒。每户人家要带上几封鞭炮，新生孩子的人家要鸣响几件鞭炮以示高兴。在这天的这个仪式中，禁忌村民喝醉，或者把桌子弄翻，或者绿树叶掉到桌子上，如有这些情况出现，预示来年不顺。在神林里祭祀完之后，直到下午才返回家里。

　　第三天中午就是属鸡日，村民每户又再做一桌子饭菜到咪古院子里集中。这时候，几个参加水井祭祀的村民就得把所带回来的鸡肋拿出来交到咪古的桌子上，还有生有男孩的人家要交一只小鸟，生有女孩的人家要交几尾鱼或者泥鳅。用意估计是男孩子将来能打猎，女孩能够种田。让摩批逐一算卦杀鸡祭祀水井的鸡肋，认为不合适的人不能参加来年的祭祀。看完鸡肋后，村民再次逐一地给他们敬酒，献烟。到了下午，这个仪式就算基本结束了。

篝口村有两个寨神林，一个是六个咪古用来杀猪，这个寨神林只能他们几个人进入祭祀时候用。另外一个就在旁边，都在寨子的上方，有的哈尼族村寨只有一个寨神林，篝口村这一点就有点例外了。哈尼族寨子寨神林禁忌村民砍伐，严禁牲畜进入。

2004 年，篝口村有 203 户。"昂玛突"节中每户要做一桌子饭菜到寨神林，到咪古的院子里集中，这在我们边疆的村寨来说是中等型的寨子了，这两天所摆出来的桌子多，村民请来的客人也会多，会拿出家里最好的饭菜接待客人，节日的气氛最浓了。因为村民的房屋拥挤，没有宽敞的广场，只能摆在公共的路面上来，村民的桌子摆得比较长，这就是所谓的"长街宴"了。实际上，是村民用来祝贺新生的一种朴实的仪式，以及村民用来祈福，对美好生活向往的表达方法。

绿春县是哈尼族最集中的县份之一，有的官员和学者把哈尼族贺新生的节日进行了演化。2004 年的时候，绿春县政府组织过长街宴，摆出2004 桌的超长宴席申请了吉尼斯纪录，而把这一文化形象加以提升，使更多人士知道并了解哈尼族。

有的旅游团队或者有关领导为了认识和目睹哈尼族的长街宴，村里也由政府来组织过几次大型的表演：在村里的陈列室广场比较平整的路上摆上几百桌，加上丰盛的饭菜接待游客和考察团，村民李正林摩批也到其他树林里表演过"昂玛突"节的仪式，因为村民集体用来正式祭祀的寨神林只能是一年一次的按时进行，平时是不能去动用的。

2010 年，篝口村管口村进行新农村建没，政府对村民的房屋进行了改造。为了让游客们能够更好观察寨神林，政府特意出资建设了一条进入寨神林的石板路。在一棵高大的五眼果树边围栏铺设了石板，做假的祭祀台，目的是让游客们观光，然而，村里接连有老人去世。村民有个习俗，家里老人去世后的农历第二个月，会叫家人到有某种灵验的尼玛处占卜，占卜回来的几户人家说是这一条路作怪，这条通往神林的小路伤了寨神林的经脉，打搅了寨神的安宁，才给村民带来这么多的灾难。于是，村民自发的组织青年人把这条路封住。似乎这样就能解决一点问题。

2014 年，有一个小咪古去世，一个小咪古生病，因此要重新选咪古。按照传统，出现了因故没有举办"昂玛突"仪式就要停三年，大家刚开始也不觉得着急。2017 年以后，村里依然没有选出合适的咪古人选。大摩批李正林试图恢复，叫几个基本符合人选的中年人来担任，他们以各种理由拒绝，没有了咪古组织，村里的集体仪式就无法举行，节日的热闹场面就没法得到体现。对此，有的文化主管部门也找过村民商量对策，希望恢复民族的节日彰显民族的文化。

然而，直到 2019 年还是没有得到落实。村民对咪古的这一特殊的人选，以及村民对寨神林的一点神圣的观念性，很多村民还是抱着敬畏的心态敢说不敢当。当咪古是要为村寨负责的。如果做的不好就会发生对村寨或者自己家不利的事情。现在，不想当咪古的情况比较普遍，有些老人想当，但子女可能会反对，打工挣的钱完全可以供老人用。村民不再看重村里给咪古的那一点报酬——几包烟、几斤酒和比村民多分一点点祭祀时的肉。附近的黄草岭村也是没有人愿意当咪古，后来就是村民推选出来符合条件的人选，再以抽签决定当选咪古。箐口村民也有人曾经想以抽签的形式推出咪古人选再次恢复村里传统的民俗节日，这一种做法没有得到摩批李正林的支持，他认为也不是符合条件的人都可以承担这个责任的，没有福气没有能力的人当咪古可能会给寨子和这些人带来不好的事情。也有部分中老年人持有反对意见。最终都无法选出咪古。

怎样才能成立箐口村的咪古组织，恢复集体的仪式是这几年村民议论比较多的话题，没有过集体的节日仪式已经五六年了，有的村民对此集体仪式节日的重视也有所淡化。甚至，有的村民已经不再热心，因为附近的麻栗寨、坝达、棕定寨等很多寨子也是没有咪古组织，而没有过集体的节日仪式了。每当过节时间到来的时候，村民自行的买来鸡，或者染黄糯米饭，或者其他的，也是自己自行过节，自己家庭的仪式也基本没有什么改变，集体的仪式好像不是多重要了。村子越来越散啦。

对此，我是希望得到恢复的，一个民族的节日，怎么就这样忘记呢？回想以前的村民们成立这样的节日仪式，我想他们是有目的的，一个寨子里一年中能有这样几个节日？增强村民的凝聚力，以节日为活动，加强村民间的来往，交流感情，相互学习，亲戚朋友间也能相互了解。没有这个仪式，村民们就自己忙于生产，彼此间来往的机会就减少，不太利于亲戚朋友的团结。

我看过不少人写过关于"昂玛突"的文章。有名的哈尼族长街宴也与"昂玛突"有关。但是，好像他们还有一些事情没有说得那么清楚。这个节日最初的意义是庆贺新生——村寨又增添了人口，村民过节来表示祝贺。但是，2000年以后，箐口村开发旅游，"昂玛突"又被外来的领导或者学者们作为一种民俗进行了演绎，其间出现过一些误解。我想以村民的观点来试说一些看法。

据说"昂玛"是人名。但是，到底是什么还不清楚。元阳县文化馆何志科老师认为"昂玛"是"力量"的意思，过"昂玛突"节就是要使整个村子充满力量充满生机。箐口村大摩批李正林也说不清楚到底是什么。马老师有他自己的看法，当然，他首先不同意把"昂玛突"理解为"祭龙"，但他说他也不完全同意何老师的看法。他有他的看法，但是他说的也不是非常清楚，我觉得他好像是不愿意完全说清楚。我当然也不同意把"昂玛突"叫作祭龙。因为确实和龙没有关系。"昂玛"到底是什么还真不容易说清楚。虽然马老师他们几个人的看法会有一点不同，但都承认"昂玛突"就是祭祀寨神。"突"意为"祭祀"。"昂玛突"汉语意译为祭祀寨神。

最后，我专门说一下摩批吧。

在我去过的哈尼族村寨中，每一个寨子里都有几个摩批负责村寨的各种节日活动。他们是哈尼族村中的文化传承能人，也是生产的技术师，他们上懂天文、下懂地理还知人间情。他们用心记着村寨的历史、家族的谱系和村寨的文化，为民族的文化传承保航护驾，在村寨中发挥着其他人不可替代的作用。

解放之前，哈尼族没有自己的文字，我们哈尼族人民的生产经验，文化知识，医药等科学技术全靠心记口传，摩批是重要的文化传承人。为了生产或者说继承文化的需要，国家于1956年创造和发明了哈尼族的文字，希望能更好地用到生产生活中，对生产生活带来有利促进作用。但是，在哈尼族村寨中能学习哈尼文的概率很小，箐口村也基本没有能用哈尼文写自己名字的人，利用自己的文字记录生产经验和文化知识的可能性为零。现在的箐口村中，摩批还是村寨中的文化能人，还在负责着村寨的各种节庆活动，也负责着每一个村民的生老病死。很多场合下，村民的生产生活是离不开摩批的，他们这些人在生产生活中仍然发挥着他们的力量。我觉得很有意思，想走近他们的生活，了解一点他们的文化生活或许对我了解更多的哈尼族有用，这群人值得我们去研究。

摩批，相传就是哈尼族中知书达礼的文化能人，只是说在迁徙过江来的时候，遇见河水很大，不忍心把所带的文化知识和科学技术的书丢到河里，他就把所带的书都全部吃到肚子里。过江后到现在，就只能把肚子里书中的文化知识和科学技术用嘴说出来了。摩批，可以父子传承，也可以拜师，变成师徒关系来学习继承，记住哈尼族的迁徙历史、家族的谱系和驱邪避鬼的经词，学习算卦和选择日子等民间文化知识，由于哈尼族解放前没有自己的文字，这就要求学习者要有坚强的毅力和良好的记忆。

我参加过村里张氏家族举行的一次高级别葬礼中的仪式，主要是其他人不符合他们的要求，便叫我坐到他们摩批的主席桌上来。坐下后，从晚上的九点左右开始，摩批张正和和张学贵父子两人轮流念经词，直到凌晨三点左右鸡打鸣了这个仪式才算基本做完。我就知道做摩批也不容易，需要记住那么多的经词，需要很好的记忆力，还要有足够的体力支撑，坐那么长的时间。那么，摩批文化为什么还会在村寨中保留如此长久呢？我知道：一个是在不违反国家法律的情况下，国家允许他们在一定历史时间一定的社会区域内存在；一个是社会历史发展的原因，村民知识文化、技术能力水平低下，见识少，受地方文化根深蒂固，地方文化植根村民的思想意识，很难一时拔除；另外一种原因估计是，一种受地方人尊重的文化一旦被谁接受了，他就成了文化的替身。摩批亦然，他们成了地方文化的化身，就容易受人尊重，他们是哈尼文化和知识的替代者和传承者，他们能驱邪避鬼，消灾除难，给人带来健康和平安，是村民的保护神，理应得到村民的尊重。

当然，村民在请摩批做这些仪式的时候，因为他们也是付出了劳动，主人家也给他们相应的劳动报酬。随着社会的发展和物价的上涨，这个报酬也在相应地提高。摩批做法事给他们带来经济上的利益，这也应该是一种理由。菁口村有一句话："俎然（头人）不断酒，匹然（摩批）不缺肉。"摩批们在做法事的时候，是需要牺牲品的，他们是可以经常吃肉的，法事做得多的时候，带回家的肉就多，家里就不会缺少肉了，现在的话，烟酒也足够消费的。

当然，也有他们的小费或者就说是他们的劳动报酬也是相应的，而做法事的机会不是每天都有，现在的年轻人主要是偏向外出打工挣钱，能真的参加做摩批给村民做法事的人变少，当摩批给村民做法事的人会获得的物质和经济的利益也算比较高的。这估计也是摩批能在哈尼族村寨中继承和发扬的另一个原因，还有没有其他的理由？

回头看看现在的菁口村，现在的菁口村主要有两个家族的摩批，是李正林领导的李氏家族摩批与张正和领导的张氏家族摩批。他们两个摩批是父子继承过来的，说是以前建立菁口村没有多久，村里人口稀少，没有自己的摩批，要请摩批做一个法事也要到其他村寨请的，很麻烦。于是，李氏和张氏两个家族商量，两个家族都凑齐费用委派了李正林的父亲和张正和的父亲到可能建寨比较久的主鲁村拜师学习，学成之后，回到自己村里负责做家族的法事。菁口村现在姓氏主要以李氏、张氏、卢氏三大家族为主。其他有几户姓氏少的有高姓的、杨姓的和罗姓的。李姓中还分着大李、二李、三李。大李氏家族有七十二户，二李氏家族三十二户，三李家族和张姓家族结拜为弟兄，共有六十五户，卢氏家族有六十二户。卢氏家族传说是当官的后裔，有过遗嘱不许后代行使摩批职能，村里就没有自己的摩批，即使他们懂得摩批的文化也不去做法事。他们卢氏家族的大的法事都要到麻栗寨请摩批来，小的法事可以请村里的摩批做一些。事情就是这样蹊跷，三李氏家族的葬礼等大法事也是要到麻寨赛请来的；二李家族的有几户是李正林管理，有几户是由张正和管理，就是不知道什么原因？这就是村里主要的两个大摩批组织，这两个摩批组织家庭的葬礼，叫作"斯匹"。此外，有李贵文和李世文是从其他村寨的亲戚朋友学来的摩批文化，他们只做一些村民的小法事，而不做葬礼，叫作"则匹"。卢氏家族和三李家族的人有懂摩批经词的，但是，他们就是不去做法事，他们家的大法事都要到其他村寨请来，小的简单的会请村里的摩批来做。这是村里的摩批的基本情况。

哈尼族崇拜祖先，崇拜鬼神，崇拜自然，相信这世界中有某种神灵指导村民生产，保护村民健康生活。同时，也相信有某种鬼怪来侵害村民的健康，给村民在生活中带来疾病与灾难，而摩批就是人与这些灵界之间交往的使者。一方面要会占卜村民的疾病和灾难的原因，另外一方面就要负责给村民消除疾病与灾难。像警察一样保护人民的安危，像医生一样治病救人，他是善良的一面。同样地，村民还相信寨有寨魂，人有人魂，只有寨子有灵魂了，寨神才会保护它的村民安居乐业，人丁发展，六畜兴旺；而人呢，同样要有灵魂保佑在身，身体才会健康，才能正常的生产。所以，正常情况下，村里每年要有祭火神、祭山神、叫魂、"昂玛突""苦扎扎"等集体的仪式。村民也会有叫人魂，出门祈福、消灾避魔等各种仪式。

李正林的父亲是老大哥，和张正和的父亲是兄弟，村里的集体仪式就由李正林继承来做，张正和做家族的法事和其他村民来请的一些小仪式。他们两个之间感情上是弟兄，仪式上各有区分负责自己的范围。这样，他们招生徒弟也基本在自己的家族范围内了，李正林招收他们大李氏家族的人，张正和招收张氏家族的人。人是要新陈代谢的，摩批也是正常人，老的摩批会老去，总是要有新的摩批来接班，早在几十年前，村里年轻人务工的机会少，在家的时间多，有时间和机会跟着大摩批们学习，我觉得当时的小徒弟们是比较多的。现在不同了，外出务工的工钱上涨，很少有年轻人喜欢学习摩批文化的。李正林的徒弟李则安，李建国去世，张里保已经80多岁，体力不支不能参加做法事了，他现在有徒弟张庆贵、张小华、李红亮和李世忠。

张正和的徒弟张保祥去世了，现在只有张正和的二儿子张学费和李当普跟着，大儿子张牛志和小儿子张学只有在葬礼等大事情时回来帮助。张里保、张庆贵、张小华是父子三个，原来是跟着张氏摩批指导的，他们两家本是一个老祖，两家还是隔壁邻居，为什么会跟到李氏家族的摩批来呢？说是十多年前，大摩批张正和家与张里保两家在建新房子的时候由于地界的争执出现纠纷闹矛盾而相互不来往了，张里保父子三个就只有跟到李正林这边来了。学摩批，做摩批，还是有所选择的。一个摩批的帮手要有五六个人，不然，做葬礼的大事人手不够忙不过来。张正和已上年纪了，体力不支，跟他在一起的时候，他时常会要求我们张氏的年轻人跟班，但是，年轻人就是听不进去，或者说为了生活不得不外出挣钱。所以，他无奈之下或者说也只有叫他的大儿子张牛志参加，刚参加了一段时间，张牛志妻子生病了，张牛志去砍树时也摔了一大跤，差点危及生命。这样，张牛志家只有请医生来医，请外地的摩批来做法事（自己家的法事一般是自己家人不做，而是请外地人来做），家运才慢慢好转起来。现在的张牛志只是在人手缺少的时候跟着去帮助，而他是不念摩批经词的，而小儿子张学又要为了孩子们学费要外出挣钱。

李正林也是70多岁了，他还是省级非物质文化遗产"苦扎扎"传承人，他同样也面临这样的问题，希望自己的孙子来继承摩批这一文化，带领其他的徒弟们正常过渡。可是，孙子的年纪又小，说是当大摩批一定要成家立业，到了三四十岁有了自己的后代才能有魄力担当，要不然，会给家庭带来负面的影响。原来，做摩批要有师门传承，哈尼语叫作"突玛"，就是他们的师祖们，我也时常会参加他们法事，他们在念经词的时候一定要"请他们的师祖们来指导"，"今天请你们来，不是寨子有了什么灾难，不是寨神林有难，而是村民某家某人生病了"，"不要给我念错经词"，"请你们来给他消灾除难"，"我们给你们杀鸡吃，有姜汤喝，有糯米吃"等，这是生祭；把牺牲煮熟之后再念经词送他们返回，这或许是每一次做法事中的生祭和熟祭的原因吧。这摩批的事情是一定要认真，不能开玩笑，没有"突玛"最好不要行事。

据说，村民李某某等几个人，年轻的时候，有一天到山上放牛，抓了几只小鸟，觉得做摩批好玩，他们几个就仿着摩批一样念经词："不是山上的鸟，而是家里养的大鸡，不是山芋，而是很好吃的鸡蛋，不是冷饭，而是刚热好的糯米饭……"做完，他们几个就吃饭了，殊不知，他们几个没有过多久就闹起病来，不知道如何是好，回来后重新请了摩批来禳解，之后，身体才得以逐渐恢复。

村里，还有一个叫某某的人，现在上了一点年纪，年轻的时候，他主要到个旧市和建水县附近处打工，他知道村里的摩批们能够通过做这样的法事赚钱，又可以吃到好吃的鸡鸭肉，也就约了一起过去的村民做法事骗他们的钱财，刚开始的几桩法事还算成功，病人的情况会稍微好转，自己也没有发生什么事情。但是，时间长了，麻烦就来了，他的家里多灾多难，自己也得了几场大病，差点要了他的老命。之后，他也是不敢再做了。现在，我们偶尔跟他开玩笑，问他"还敢不敢"，他都只会摇头说："不敢了，不敢了。"

事有偶然，说是李某家有一天三更半夜里孩子突然生起怪病了，他无奈之下，拿起关着的一窝鸡，触碰了一下孩子，就说："这三更半夜的，哪里去找摩批，你们想吃鸡肉就小鸡连母鸡都带走吧！"这样做了之后，孩子的病情倒是慢慢好转了。我第一次听这个故事的时候是笑了出来：

"天下还有这样的奇事？"但是，还是有好多村民相信这些事情。这也难怪早晚出入寨子的时候，经常会看见路中间或者寨子边路口有烟头、米饭、小鸡等村民用来献给鬼怪的东西，肯定就是村民模仿摩批做的一点法事。

我是受过学校教育的人，也是在部队接受过教育的人，很不相信鬼怪的东西，更多的是相信科学。哈尼族是中国56个民族之一，我们哈尼族要放眼世界，向其他先进的民族学习。但是，话又说回来了，我的朋友李庆云也是受过中等教育的人，也不是很相信这些很没有科学依据的东西，他又给我讲了一个故事。说是他的母亲有一次生了怪病，精神失常，昏迷过去一段时间，迷糊中说"我要吃肉，我要喝酒，我要抽烟……"，之后，请来摩批张正和做法事，照她说的杀了一只鸡，点了烟，盛了一碗饭倒到寨子边，他母亲的身体才慢慢恢复起来，他说这事情也是真发生过。村民说是这是一个非正常死亡的村民鬼魂害的，说是这个非正常死亡的人已经类似害过几个村民了，这里不再列举。

我还是不太相信鬼怪的事情，相信这个世界善良的人多，邪恶的人少。也不排除势利眼、小人心。说是寨子里有一种人叫作"丫莫"，就是巫婆，她们能变成小猫、小狗，或者猪等牲畜，选择日子，到了夜间就会变成小猫、小狗等来害村民的小孩，或者害那些生病体质弱的人，诅咒要害的家人，摄取他们的灵魂，让他们病情增重乃至死亡。通过这样来增强她的功力。我很不相信的，可是，我的一个好朋友又说：村里确实存在这样的人，说是他年轻力壮的时候，有一天，他从政府开会回来，有点晚了，估计已经是十二点多了，就在路口一家房子墙上看到爬着一头猪。猪怎么会爬到墙上呢？他怀疑就是丫莫，于是，找来一根粗大的棍子过去打。由于他身体强壮，丫莫斗不过他，就选择逃跑，他不服气又使出全身的力量追赶，最后，丫莫跑不动了，变成人投降说："别再打了，饶过我吧。"他才不说话回了家。他说这事是真的，也告诉了我这个丫莫是村里的谁，我在这里也不提及实名了。他还交代我，要是以后跟丫莫打斗的话，不能说话，说了话，灵魂会被她们勾去，没有力量斗就斗不过她们；

打丫莫的时候不能从上到下地竖着打，她们会披蓑衣等厚物，这样打就伤不了她们。要横着打才会打赢他们。现在的社会好了，大概没有这样的人了吧？要是这样的人被其他村民识破了，她们的家庭、她们的子女怎么跟其他村民打交道呢？

话又再啰嗦一点，说是其他村寨还有一种能人，叫作"尼玛"，说是这种人是天生的，能与上界沟通，占卜生命的安危。人们只要拿着所需要的鸡蛋、糯米等物资去占卜，她就会说出去占卜的人的家庭的位置、人口、疑难，以及说出你所希望得到解决的问题。这一种人箐口村还没有出现过，说是箐口村风水不硬，生不出尼玛来。一般来说，丫莫害人，尼玛说出来，摩批来治理。分析也是有道理的，只有丫莫害人了，尼玛说出来了，摩批也才有事情要解决，也就是摩批还在村寨中立足的根源之一，我就不用怀疑了。摩批能在哈尼族村寨中生存是情有可原的，村民是他们生存的土壤，而村民生存的每一片土壤有的还有杂物，需要一种有能力的人来清理，摩批就是清理杂物的人。

我一直以为摩批是男人的事情，但是，前些年，看见李世荣家请了一个女摩批来做他家的法事，才知道哈尼族也有女摩批；又看见张正和摩批家有个彝族的女摩批来做法事后，又知道彝族也有他们的摩批。看来，不仅哈尼族有摩批，其他民族也有他们的摩批，只是，根据不同地方的叫法有所不同而已。听说，有的摩批还会法术的，说是谁得罪了他，不得已的情况下，他就会使用法术，使人生病、神经失常，甚至死亡。不过，善人要做善事的。善有善报，恶有恶报，不是不报，而是时辰未到，这样害人的摩批最终也会导致家庭灾难，甚至全家灭亡。所以，只有家庭无牵无挂的摩批才因为钱财势利等原因施用这种法术，一般的摩批是绝对不会去用的，这也是要求摩批成家立忠，到了三四十岁心智成熟了才出道的一个原因。正常的摩批是用来行好事、积好德，治病救人，给村寨保平安，交朋友，创造一个和谐的社会环境而继承摩批文化的。

这些年来，国家实行九年义务教育普及，年轻人都基本接受了小学或者初中以上文化知识，已经能够用文字做记录了，现在出道的三四十岁年轻的摩批可以用文字记录经词了，很大程度上解决了以前没有文字记录的情况。特别是录音、音像、手机等电子设备产品进入边疆山区以后，很多摩批也学会了利用这些器材，张正和的儿子张学贵和李正林的徒弟张小华两个年轻一点的就读过几年书。听说，他们就用文字已经把所学到的经词全部记录在笔记本上了，也难怪现在有摩批直接就用这些设备去做法事了，如念经的时候可能就放录音机。当然，一定要根据某一个人某一件事情的具体情况适当加一些经词，这种情况在其他村是有过的。不过，多数的摩批还是依靠自己清晰的记忆来做法事，平时的话，他们也会加强回忆，牢记经词，到做法事场上就不会忘记了，用录音等来做法事的还是少。

我知道的箐口村摩批的故事就这些。做一个摩批很不容易，需要付出艰辛的劳动，负责每一个村民的出生，一旦谁家生了小孩也要请他们做法事，保他们平安，希望他们健康成长。到了人升天的一天，也要请家族的摩批来给他们指路，希望他们回归先祖的灵堂，与先祖们团圆。我的观点是：摩批是哈尼族中传承文化的代表，受当地人尊重。摩批文化还能让当地民众接受，是一种精神文明的象征。在不违反国家法律的情况下，允许在一定时间范围内存在，给村民带来精神上的慰藉，促进社会的发展，抛开也许对社会不利的一面，正确对待他们。更多的是，哈尼族人民要放眼世界，向其他众多民族学习先进文化，为世界和平与发展增添自己文明的一页。

# 第十五章　村寨啊村寨

## 声部一

## 村寨主义的实证及意义：哈尼族的个案研究 ①

### 一、问题的提出：何为村寨主义

村寨是一定的人群按照一定的经济关系、社会关系和文化关系组成的一种生产生活空间。村民由建村寨的人和他们的后代子嗣以及被村寨接受的后来的外来者组成。村寨一般都不仅仅是以物质实体的方式存在的，往往还是精神文化的体。村寨主义意指什么？这是本文的基本问题。笔者认为，村寨普遍存在，但组成村寨及维系村寨社会的原则是不同的。如华南汉族地区的村寨就有以宗族利益为最高原则和理想来组织和维系民众的宗族主义。而村寨主义则是指以村寨利益为最高原则来组成和维系村寨社会文化关系并运行村寨日常生活的社会文化制度。村寨主义的村寨有明确的村寨物理空间标识，并且用系统的村寨性宗教祭祀活动来建构和强化村寨空间神圣性，村民的集体行动总是遵循以村寨为边界的文化逻辑。村寨主义概念的提出也力图使人的实践活动所造成的空间社会性对人的实践的重要性得到进一步的彰显。

① 原文载于《开放时代》2016 年第 3 期。作者马翀炜。

　　人与空间的关系是密不可分的，如海德格尔所说，"并不是有人，此外还有空间"①。列斐伏尔就认为，"社会生产关系仅就其在空间中存在而言才具有社会存在；社会生产关系在生产空间的同时将自身投射到空间中，将自身铭刻进空间。否则，社会生产关系就仍然停留在'纯粹的'抽象中"②。人的物质资料再生产和人口再生产的社会再生产过程总是要在特定的空间中完成的。如马克思所说，"生产物质生活本身"、"新的需要的产生"以及"每日都在生产自己生命的人们开始生产另外一些人，即'繁殖'是一切人类生存的第一个前提的三个方面"③。而且这样的历史活动，现在和几千年前都一样是要在特定的空间中完成的。或者如他更加明确指出的，"空间是一切生产和一切人类活动所需要的要素"④。这也就表明，从事实践的人以及人的实践空间是进行历史创造的两个不可或缺的要素。作为社会性存在的人，"家庭起初是唯一的社会关系，后来，当需要的增长产生了新的社会关系而人口的增多又产生了新的需要的时候，这种家庭便成为从属的关系了"⑤。人类实践活动所必需的空间要素使得血缘关系和地缘关系在人类社会形成之初便同时存在。随着社会的发展，新的社会关系的出现是必然的。作为基础的家庭关系也可能进一步发展出一种沿男系或女系血统延长为新的组织关系即宗族关系，从而使宗族关系成为一种维系社会的重要纽带。这在中国一些乡村社会中是得到了充分表现的。同时也必须看到，人们在特定的空间中进行社会再生产而使这个特定的空间具有了社会性，通过对村寨空间的社会意义不断强化而使其成为维系社会的纽带也是可能的。再言之，维持群体存在的纽带也可能是多样性的。

---

① 孙周兴（选编）：《海德格尔选集》，上海三联书店 1996 年版，第 1199 页。
② 转引自 ［英］德雷克·格利高里、约翰·厄里编：《社会关系与空间结构》，谢礼圣、吕增奎等译，北京师范大学出版社 2011 年版，第 95 页。
③ 《马克思恩格斯选集》第 2 卷，人民出版社 1995 年版，第 79—80 页。
④ 《马克思恩格斯选集》第 2 卷，人民出版社 1995 年版，第 573 页。
⑤ 《马克思恩格斯选集》第 2 卷，人民出版社 1995 年版，第 80 页。

对于村寨主义村寨而言，特定的物理空间的边界必须在建寨之初进行确定，确定边界的过程必须伴以各种仪式，从而使这个空间具有神圣性，作为赋予空间以意义的村民实践活动和身份的获得等也必然要在与村寨空间相关的各种仪式活动中得到明确。外来者进入村寨或者村民外出都要有相应的仪式来保证这些行动具有合法性。村寨的社会结构及信仰体系会确保以村寨利益为主，家庭、宗族利益次之的方式协调村内关系以使村寨主义文化逻辑得以遵循。正视中国西南地区广泛存在的村寨主义村落的存在，从更加周边的少数民族社会文化来看中国的社会与文化，就可能具有避免从中心的视角认识周边民族地区的视角单一性的意义。以村寨主义范式来审视作为周边的中国西南乡村社会，对于理解中国乡村社会文化的丰富性，甚至对于理解由中国西南地区延伸至东南亚的乡村社会的历史特点，认识这一地区当代社会文化发展的特点都具有非常重要的现实意义。

## 二、村寨主义的哈尼族实践

这里呈现的有关哈尼族村寨空间的确立与分化，村寨边界的仪式呈现，村寨道路的通与堵等个案都是村寨主义的具体实践。这些村寨中当然也有家族，血缘关系也具有重要的意义，但是，从总体上看，这些村寨的社会空间的意义对于村寨来说却具有更为根本性的重要意义。

### （一）村寨空间的确立与分化

哈尼族与其他许多民族一样，建新寨是大事。宗教人士摩批、咪古负责选寨址，驱邪祈福，选定寨神林，确定寨门位置，新开水井，建磨秋房（祭祀房），立秋千和磨秋，确定山神的位置，确定水源林及村寨集体山林等。诸多仪式使这一由人筑造的新的物理空间具有了神圣的社会文化意义。建村寨这一筑造也如海德格尔所说的"筑造不只是活动栖居的手段和途径，筑造本身就已经是一种栖居"①，即是使人的存在意义得以呈现的栖居。

然而，寨子建成之后，随着人口的不断增加，分寨子也就成为必定会发生的事情。分寨子大多都是"人多了，住不下了，要分出去过"的自然结果，但分寨子也必须要经过建构文化意义的仪式过程，唯其如此，无论是新建寨子还是老寨子的空间所具有的意义才能得到肯定。

1. 帕瓦寨建新寨

1968 年，云南省西双版纳傣族自治州景洪县的一个位于高山上的哈尼族帕瓦寨有 45 户、约 250 人。由于水源不充足，村民的生活遇到许多麻烦，部分村民开始考虑搬迁到新的地方。地方政府也希望帕瓦寨全村能搬迁到约 40 公里外中缅边境线附近的一个地方去。搬到那里，一方面是那个地方周边没有人居住，有大量的土地可以满足帕瓦寨生产生活的需要；另一方面，在那里新建寨子还可以守卫边境线。

由于那个地方的土地算不上肥沃，一部分村民选择留下来，另一部分人则选择搬迁到政府指定的地方建立新的村寨。当然，新村寨的具体寨址是村民们在政府指定的相对较大的范围内由村民按照古规选定的，然后村民举行各种仪式，建立自己的村寨。搬迁过去的 18 户约 100 人分别来自帕瓦寨的三个家族。这个新的村寨就叫作帕瓦新寨，现在隶属于景哈乡土鲁村委会。另外还有 3 户搬迁到了新勐宋村。最后仍有 24 户村民没有搬迁。原来的帕瓦寨则改称帕瓦老寨，隶属于景哈乡坝那村委会。截至 2014 年底，帕瓦新寨有 103 户、453 人，帕瓦老寨有 106 户、462 人。两个村寨如今早已是各自独立的村寨，所有的村寨性祭祀仪式都是各自举行，两村的村民都不会去参加对方村寨的村寨性祭祀仪式活动。尽管两村的村民有亲戚关系，但两个村寨与其他村寨发生的关系也各自处理，不会因为血缘关系的存在而联合起来。由于分寨子已是差不多半个世纪前的

---

① 孙周兴选编：《海德格尔选集》，上海三联书店 1996 年版，第 1189 页。

事了，且两村距离不算很近，亲戚朋友走动逐渐减少，相互往来也越来越少。

2. 全福庄大寨分寨

云南省红河哈尼族彝族自治州元阳县新街镇全福庄村委会大寨是一个有 300 多年历史的哈尼族村寨。该村现有 282 户、1387 人，有 12 个姓氏。人民公社时期，大寨被分成了 5 个生产队，现在是 5 个村民小组。从居住格局来看，1、2 组，3、4 组和 5 组各自相对集中，但中间距离最远的也不超过 50 米。在乡村社会中，大寨依然只是一个村寨。除了在"文化大革命"时期外，村寨性的传统节日如"苦扎扎"（六月节）、"昂玛突"（祭寨神）等都是全村人一起过。最早来建寨的人是 3、4 组的卢姓、李姓村民的祖先。建寨之后，陆续有其他地方的人搬到这个地方。由于大寨在建寨之初选定的寨神林不那么大，不能满足逐渐增多的村民在"昂玛突"节日时集中到寨神林里祭祀的需要，1、2 组以及 5 组又各选了一个树木茂密的地方作为他们的寨神林。但是多年以来，因为还是一个寨子，大寨在过"昂玛突"节的时候，仍然有统一的安排。每年"昂玛突"祭祀寨神林的仪式仍然沿袭古制，由大寨的大摩批主持。大摩批统一安排其助手到各个寨神林去主持仪式。"苦扎扎"节日中搭建秋千、搭建磨秋、翻新磨秋房的茅草屋顶时，大寨的每家每户都要参加。杀牛祭祀、分牛肉等活动都是全村人的事情。一年一度的"苦扎扎"使以村寨范围形成的独有神圣时空在这种仪式中得到强化，同时，村寨的凝聚力也得到有节律的强化。

2011 年，5 组的 43 户、270 人突然提出要修建自己的磨秋场、磨秋房和秋千。这也就意味着他们要从大寨中分出去建立一个新的寨子。相关部门选定大寨的 5 组作为传统文化保护与开发的试点之后，5 组的传统民居开始按照相关要求进行改造，除了民居得到改善之外，道路等基础设施也得到了改善。5 组作为展示传统文化的村寨，如果没有磨秋场、磨秋房和秋千这些最具象征意义的文化符号，那么，被外界所想象的传统哈尼族村寨的空间形象就是不完整的。为了使村寨中的民族文化显得更加浓郁，政府部门还拿出钱来让村民们搭建秋千，进行祭祀表演等。在政府部门看来，5 组就是一个村民小组，是可以和其他村组分开的。但大寨中的其他村民不这么认为。按他们的理解，政府对村寨的改造应该是整个村的，所有的改造及由此带来的好处应该是利益均沾的。

5 组的分寨行为没有得到其他组的村民的同意，也没有得到村寨宗教领袖大摩批和大咪古的同意。按照传统规矩，分寨子，或者说另外新建寨子是要请大咪古来主持新寨子的磨秋场选址，并主持各种仪式的。比如要由咪古从老磨秋房的神龛上抽出 3 根篾条来编到新磨秋房的新神龛上。这既表明分寨子是合法的，同时也表明新寨子与老寨子曾经的紧密关系。由于大寨的大咪古不答应主持这个仪式，原本归大咪古领导的 5 组的小咪古就自行主持了一系列的分寨仪式。而这些仪式在大寨的其他村民眼中则是不合法的。

与 5 组有较近血亲关系的 3 组和 4 组的村民开始把之后村寨中出现的几个村民非正常死亡的原因归结到 5 组分寨子的事情上。村民说找出这个原因的是尼玛。尼玛往往是妇女大病一场之后突然"通灵"的。她们平时也可能给村民看看病、弄点草药什么的，但她们更重要的社会功能则是可以为村民找出生活中的麻烦所在。村民们一般在遇到不顺的事情的时候往往会带上一些米和一个鸡蛋去很远的村寨咨询尼玛。村民们大都认为尼玛异于常人的能力就表现在可以通过做法事知道一般人不可能知道的事情。

2013 年春天的插秧季节，村里又发生了一起一个年轻人因触电而死亡的事件。这个事件成了全福庄大寨村民捣毁 5 组磨秋场的导火线。每家一人，大约两百多人一起跑到 5 组的磨秋场，"噼里啪啦"地把磨秋房敲垮了，秋千架也被砍了。5 组的村民人数少，他们没敢阻止这件事。此后，5 组的人再也没有把磨秋房、秋千架重新建起来。虽然 5 组的人很生气，但他们无可奈何，也没有去找政府相关部门，他们认为政府也管不了。从此，5 组与大寨其他人的关系陷入了僵局。尽管 5 组的人是从大寨分出去的，大家的亲戚关系还很近，但现在的各种关系却弄得很僵。

村寨神圣空间建立之后，如果不是必须，迁寨子或分寨子都不能轻易为之。即使是不得不分寨子了，这个过程也必须按照维护村寨整体利益的原则出发，各种分寨子和新建寨子的仪式必须严格举行，否则就极有可能发生矛盾冲突。

（二）村寨边界的仪式呈现

在日常生活中，村寨的物理边界是有形的，社会文化边界是无形的。要使无形的社会文化边界不断得到凸显，相关的仪式就是必需的。仪式正如显影剂一般，可以使村寨的文化边界在生活中呈现。村寨空间确立之后，并不意味着村寨内部与外部交往关系的中断。只是，人们进入村寨和走出村寨都必须按照一定的合乎社会要求的规范来进行。

女性嫁到男方家就自然成为男方家寨子中的成员。女性的进入不会改变原有村寨的家族结构。那些家中只有女孩的人家也可能招婿。上门的男子只需参与村内的村寨性祭祀活动，如参加"苦扎扎"和"昂玛突"等就可以算作是该村的村民了。但上门女婿依然保持原本的姓氏，保留自己家的父子连名，其子女也都跟着他本人的父子连名顺序取名，都不算是女方家的人。他们一般都会建一个属于自己的房屋。上门女婿日常生活中既可以居住在岳父岳母的房屋里，也可以居住在自己的房屋里。但是，上门女婿家的所有祭祀仪式都要在自己的房屋里举行。此外，上门女婿只能照顾岳父岳母的日常生活，而在祭祀仪式、葬礼等场合，本应由岳父岳母的儿子履行的职责和义务，只能由侄子们履行。

一些非哈尼族的人（包括非哈尼族的女婿）也可能进入村寨成为村民。要想成为哈尼族的村民或为村寨的神圣空间所接纳，就必须举行"普多多"或者"帕多多"仪式。"普"是村寨的意思，"帕"是家族的意思，"多多"则是攀附的意思。"普多多"就是攀附村寨或加入村寨的意思。"帕多多"则是攀附家族或加入家族的意思。

这里以景洪市嘎洒镇曼典村委会干借村的"普多多"和"帕多多"仪

式为例说明人们要如何才能算作是乡民社会中合法的村民。该村现有 146 户、623 人，其中外来者有 17 户。虽然这些外来者可以按照政府的相关规定合法地移民到该村生活，但是按照哈尼族的习俗，如果没有举行"普多多"或"帕多多"，他们依然是外人，村寨性的节庆活动是不能参加的。人死后也是绝不允许葬入村寨的公共墓地的。此外，如果他们不能按照村寨的习俗举行仪式加入村寨，那么，村民很有可能将村内出现各种问题的原因归结到他们，也就是未经村寨同意的"闯入的外来人"身上。

20 世纪 50 年代之前，干借村一带的哈尼族实行刀耕火种的生计方式。人们以家庭为单位在村寨公有的土地上生产。砍倒树木烧地之后，村寨会根据每家人口的多少来划出份地，各家在自己的份地上生产。虽然地广人稀，但土地资源毕竟是有限的，因此，一般情况下是不允许外来者加入该村的。由此也对加入者有"干净"的要求，所谓"干净"是指没有生理缺陷、没有恶疾等。由于接纳新来者的村民事实上要担保新来者不会给村寨带来不好的东西，因此一般也只有那些男性成员特别少的家族才会以"帕多多"的形式增加新成员。相较而言，以"普多多"仪式加入村寨的情况要多得多。

攀附村寨的"普多多"和攀附家族的"帕多多"仪式有许多的相似性。第一，都要求加入村寨者是"干净"的；第二，举行仪式时，村寨宗教头人最玛、村内各家族代表及一些老人参加；第三，举行仪式的日子往往都不选属龙日或属蛇日这两个不好的日子，也不选属虎日或属狗日这两个好日子，因为不好的日子会给村寨和新加入者带来不利，而好日子则有可能使新加入者在今后有非常好的运气，而这有可能会压住原来的村民；第四，加入的人必须按哈尼族的父子连名制的方式取名字。"普多多"和"帕多多"的不同则在于，首先，举行"普多多"仪式的地点是在提出加入村寨的新来者的家中，举行"帕多多"仪式的地点是在被攀附的老村民的家中。其次，攀附家族的"帕多多"仪式中，由家族的老人给新来者取名；攀附村寨的"普多多"仪式中，由最玛给新来者取名。"帕多多"中的取名是从所攀附的家族名字开始取，而"普多多"的取名则从"尊唐盘"开始。取名的方式与举行仪式的日子相关。如属狗日举行的话，其家谱为"尊唐盘—唐盘科—科 ×"(狗在哈尼阿卡语中的读音为"科")；属鸡日举行的话，其家谱为"尊唐盘—唐盘哈—哈 ×"(鸡在哈尼阿卡语中的读音为"哈")。哈尼族的父子连名一般都是从"松密窝"开始的。最早的十四代是"松密窝—窝腿累—腿累宗—宗明耶—明耶恰—恰提息—提息利—利普边—普边乌—乌牛雅—牛雅错—错磨威—磨威尊—尊唐盘"。"尊唐盘"之后就不再是单传，即开始分支。新来者的始祖只能从"尊唐盘"算起。尽管新来者被接受了，但在父子连名上他们还是会被老村民区别出来的。

近年来，由于西双版纳地区的橡胶种植业有很大的发展，村民的经济收入有非常大的提高，以上门形式进入干借村的人不断出现。在干借村146 户村民中，有 17 户包括来自外省的汉族在内的外来者，已经有 7 户以"普多多"的形式加入该村，剩下的则正在考虑以这种方式加入。

传统上讲，哈尼族社会的人口流动并不十分普遍，但少量的家户离开村寨或村民出外的情况也是存在的。在西双版纳地区的哈尼族社会中，如果是某家人离开原来的村寨去加入其他村寨，离开之后，其原本耕种的土地将由村寨收回，接纳这些人的村寨会提供耕种的土地。那些并不离开村寨而只是出远门做事或走亲戚的人则需要举行相应的出门保佑仪式。西双版纳地区的哈尼族村寨社会中，这类仪式叫作"拉得把"。"拉得"是"手臂"的意思，"把"是"栓"的意思，合起来就是"在手臂上栓线"的意思。一般由贝玛主持仪式，如果贝玛不在，也可以由家里的长辈主持。在红河州的哈尼族村寨社会中，这类仪式叫作"哈撒扎"。"哈"有"精神好"的意思，"撒"有"做"的意思，"扎"是"吃"的意思。村民会选择一个吉日，由摩批在村寨边为出门的人杀公鸡举行"哈撒扎"，参加仪式的总人数必须是单数，且举行仪式的人要遵守当日和随后的两三天时间内不能和妻子同房的禁忌。无论是"拉得把"还是"哈撒扎"，都是保佑出门者平安的仪式。在村民的观念中，离开了村寨，安全问题便难以保证。举行此类仪式就成为必须。现在，外出打工的人非常多。春节之后，各地开始招工，哈尼族村民外出前差不多都会举行保佑出门者的仪式。这段时间，大大小小的摩批非常忙碌，用来祭献的公鸡的价格都会比平时翻倍。这样的仪式当然有保佑出门在外者安全的意思，同时也有强化村寨边界、强化村民对村寨的认同的意味。

### （三）村寨道路的通与堵

在村寨主义村落中，村寨的空间神圣性是必须得到保证的。村寨内外的通行也是必须按照空间神圣性建构的需要进行的。如果不按照这个需要来进出村寨就可能产生对村寨空间神圣性的破坏，最终为了维护村寨空间神圣性而将不合法的通道堵上。

位于元阳县新街镇土锅寨村委会的篝口村是较早开发的民俗旅游村。政府相关部门恢复传统蘑菇房的民居改造工程、道路修建工程、民族文化展览馆及广场建设等工程使篝口村的村落格局面貌产生了巨大的变化。篝口村业已成为哈尼梯田最重要的一个景点。尽管像其他许多地方一样，村民们在外来力量推动的开发过程中基本处于被动参与的位置，经济收入也没有得到什么实质性的增加，甚至有许多矛盾发生，但在十几年的开发过程中，各种规划项目都还算是在顺利推进。

2011 年 7 月，村民们突然以集体行动的方式把一条相关部门于 2009 年修建的旅游观光路堵死了。堵路事件的发生有一定的偶然性。作为哈尼族村寨神圣空间标志之一的寨神林一般都是树木茂盛的。旅游部门请来的专家认为在寨神林旁修建一条蜿蜒进村的小石板路是很美的。在实施项目的过程中，已有村民提出修这条路可能会打扰神林里的神灵，可能对村寨产生不好的影响。但是，这些村民也拿不出证据来说明到底不好在哪里。于是，小石板路修好了。游客在进村之前，就体验了"曲径通幽"的优美。慢慢地，村民也开始走这条路了。似乎一切都像从前那些项目实施时出现矛盾的情况一样，村民提一下意见，相关部门拖延一下，实在不行又让点步，最后，项目还是实施了。

然而，在 2011 年 1 月至 2 月，不到一个月时间内，村里有四个人死亡，当一些村民怀着恐慌的心情去请尼玛看原因之后，这些死亡事件突然就和磨秋房旁新修的一条狭窄的水沟及寨神林前边修的那条供游客观光的石板路发生了关系。那些去找过尼玛的人说，村子里出了这些事情可能与新修的水沟和石板路有关。

2009 年之前，同样是具有表达村寨空间神圣意义的磨秋房旁边原本没有建水沟。那时候，磨秋房旁边只有左边的路可以通往寨脚。但自从旅游部门修建了一条小水沟以后，水牛和赶牛的人有时也从右边的水沟走过。现在，既然尼玛说了村里发生不好的事情与此有关，那最好就堵上。2011 年 2 月 9 日上午，有村民不动声色地在磨秋房后边的那条新修的水沟上面砌了一堵墙。旅游管理部门也没有怎么注意这件事情。这条路堵上之后，村民们还有疑虑，因为寨神林前面的那条石板路依然没有堵上。村里人开始相信这条小路挡住了寨神林的脚，栏杆挡住了寨神林的眼睛，使寨神的脚伸不直了，眼睛看不见东西了，寨神因此也就无法保佑村民。7 月初，村里又有一个人非正常死亡。恐惧再次弥漫开来，村子里又开始流传各式各样的鬼故事。最后，由村里的年轻人带头，每家出一个人，一哄而上，在寨神林前的旅游观光路上砌了一堵墙。为了这次行动，每户村民都出了十块钱。他们在堵路之前用这些钱买了一头猪，堵完路后，参加堵路的村民在寨子外边把猪杀了，吃完饭之后才回到村里。这是以共餐形式整合社会。村民们都认为，堵路之后村里再也不会有非正常死亡的事情了。

当然，旅游部门来找村民小组长、大咪古和大摩批的时候，他们都表示不知情，并且都有当天不在现场的证明人。当相关部门最后了解到堵路行为是尼玛暗示的结果之后，也无可奈何。这条路最终没有再打通。

当村寨空间被确立之后，内部和外部的边界便得到了明确，并由于人们的各种实践活动得到不断加强。特定的进出村寨的通道本身也是对空间完整性的肯定。像这类另开新途的做法被认为是对村寨空间神圣性的破坏。村民的集体反抗本身也说明了维护空间神圣性对他们所具有的重要性。

### 三、哈尼族村寨主义的文化架构

尽管在历史上已有土司制度的渗入，但随着 20 世纪中期开始的国家权力的全方位渗透，哈尼族的社会、经济、文化等各个方面都发生了巨大的变化。现在，村委会组织及村党组织都在乡村社会中发挥了重要的作用。然而，传统的民间宗教组织及传统文化依然具有重要的影响。在元阳一带的哈尼族社会中，咪古、摩批以及尼玛以各自的作用形成的三元一体的文化架构的影响依然很大。

"咪古"是对村寨祭祀活动主持人的称呼。他们不脱离生产劳动，只是在节日活动期间负责村寨节日祭祀活动。咪古从村寨的老户中选出，最早也可能是"政教合一的村社领袖"①。一个村寨的咪古团体，一般由一个大咪古同几个称为小咪古的助手组成。咪古组织成员中，除了大咪古有一定的报酬外，其余的几乎都没有报酬。咪古的选择有严格的标准：一是妻子健在，有儿有女；二是历代祖先及家属未出现过非正常死亡的情况；三是为人正派，办事公道，不偷盗。达到上述标准并经村民公选以后，摩批打鸡骨卦确定其能否胜任。每年"苦扎扎"时咪古会得到所有村民一定数量粮食的供奉，每户村民都会在磨秋房祭祀时向咪古敬酒表达尊敬。在"昂玛突"节日期间，年内生育孩子的家庭必定端一篾桌的饭菜来咪古家向咪古表达敬意，感谢咪古对新生儿的保佑。这也是在表达作为个体的人只有在得到作为村寨代表的咪古的承认之后，其作为社会性存在的人的意义才得到了承认。与之相应，不属于该村的人，比如来村寨中做生意的人

---

① 《哈尼族简史》，云南人民出版社 1985 年版，第 107 页。

是不能在村内生孩子的。

"摩批"可视为哈尼族的家族祭司与巫师。有学者认为，摩批萌芽于公元 6 世纪初的"祭司或氏族长"制，这是一种"在氏族、部落首领和原始宗教祭司"基础上形成的有着"政教合一"特征的鬼主制度。[1] 随着后来长期的外族力量的介入和影响，特别是元朝以来土司制度在大部分哈尼族地区的建立，掌握地方政治和经济大权的土司，破坏了摩批或咪古原先拥有的政治权力，最终导致了他们与政治权力的脱离。[2] 红河州大部分哈尼族村寨都有数量不等的几名大摩批，以及跟随他们的多名普通摩批。仅仅元阳县，目前就有大大小小摩批达 2000 多人，主要从事村寨、家族、个人三个层面的各种祭祀活动。

从当地村民所说的"头人不在城墙倒，摩批不在鬼为王"话语中可以知道咪古和摩批的重要性。然而，无论他们多重要，他们的权力都要受到制约。从哈尼族村寨社会稳定性的角度看，咪古是村寨的头人，但他的权力是受到制约的，比如是否能够担任咪古一职还需要摩批占卜来决定。此外，一旦其妻子去世或家中发生不好的事情，他就必须放弃这一职位。摩批的主要活动包括：首先，主持家族性质的祭祀，包括主持和参与家族内的命名礼、婚礼、丧礼，以及建房等各种仪式；其次，为个别家庭或个人进行祈福、消灾、招魂、治病等带有巫术特征的活动；最后，作为咪古的助手主持全寨性的驱邪、招魂等仪式。这第三项任务主要由村内老户中较大宗族的摩批担任。但大摩批的影响主要还是体现在本家族之内。哈尼族聚多族而居，几乎没有见到一族一村的情况。大摩批总会受到其他摩批的制约。如果咪古和大摩批同属一个宗族，也不意味着这个宗族就可能在村里独大。

可以通灵的"尼玛"的存在可以大大减少某个宗族独大情况的发生。

① 毛佑全：《论哈尼族"摩批"及其原始宗教信仰》，戴庆夏主编：《中国哈尼学》第 2 辑，民族出版社 2002 年版，第 102—106 页。
② 史军超主编：《哈尼族文化大观》，云南民族出版社 1999 年版，第 492—493 页。

一旦有村民觉得有不如意的事而又找不出原因，他们就可能去远处问尼玛。如全福庄大寨发生的毁掉 5 组的磨秋场的事情据说就是因为尼玛看出了给全寨带来危险的根源所在。此外，也是因为有尼玛说了箐口村人非正常死亡的原因就在于修了不该修的路，箐口村村民就把旅游局修建的路堵上了。因为村民去看尼玛之后，会把尼玛的说法以流言或谣言的形式在村寨中散布，这些影响很大的流言往往又无迹可寻。因此，也不排除会有村民借尼玛之口来批评咪古做事不公的事情发生。2013 年箐口村就发生了村民传言有尼玛认为当时的咪古保佑不了全村而迫使咪古辞职的事情。有学者认为，哈尼族延续至今的两种神职人员摩批与咪古，立足于当地血缘和地缘关系，以各自的宗教功能，形成了相互补充的"摩批—咪古"宗教组织。哈尼族以村寨为基点，血缘、地缘关系逐层裂化地交替作用，最终构筑起该民族独特的双重性社会结构。① 然而，更加准确地说，在元阳一带的哈尼族村寨中，咪古—摩批—尼玛这三种具有不同社会文化功能的民间宗教人士共同在村寨社会结构中发挥了重要的作用。

中国西双版纳地区以及缅甸、老挝和泰国等地的哈尼族阿卡人的社会文化结构又有另外的特点。② 在哈尼族内部，他们把村寨内的人分为最玛、批玛、几玛、哈玛以及麻五种。最玛相当于元阳县哈尼族村寨中的咪古，是村寨的宗教头人，担任最玛的人也必须是"干净"的。最玛负责主持"耶苦扎"（即"苦扎扎"）之类的村寨性的宗教仪式。批玛相当于摩批，承担的任务和摩批的基本一样。几玛是指工匠，在村寨内得到很高的尊重。哈玛是一些得到村民敬重的有威望的老人。麻则是指普通的百姓。

西双版纳等地的哈尼族村寨在体现村寨主义方面起到至关重要作用的

---

① 郑宇：《哈尼族宗教组织与双重性社会结构》，《民族研究》2007 年第 4 期。

② 参见马翀炜：《秋千架下——一个泰国北部阿卡人村寨的民族志》，中国社会科学出版社 2013 年版；马翀炜、张雨龙：《流动的橡胶——中缅边境两个哈尼／阿卡人村寨的经济交往研究》，中国社会科学出版社 2013 年版；马翀炜、张振伟：《在国家边缘——缅甸那多新寨研究》，中国社会科学出版社 2013 年版。

原则是这些地方的哈尼族建寨必须要有三个家族的人，或者说是具有另一种形式的三元一体架构。批玛与红河地区的摩批最大的不同就是批玛不能主持自己家族的葬礼。由非本家族的批玛主持这类仪式的结果就使这些共同生活于同一村寨空间内的家族相互离不开。此外，那些有威望的工匠几玛和老人哈玛都会在村寨的重要活动中发表重要的意见，从而也制约了最玛的权力。一般来说，最玛都得要公正地处理村寨的各种事务。

哈尼族村寨边界的确定一方面与空间神圣性的确定有关，另一方面还与时间神圣性的确定有关。就空间神圣性的确定方面来看，哈尼族村寨就是通过确定寨子的范围、立寨门、确立寨神林、搭建磨秋、磨秋房和秋千架等仪式活动使村寨的空间不断得到明确，边界不断得到强化，在村寨空间神圣意义不断强化的过程中，村寨得以确立。村寨空间的神圣性还表现在如下一些方面：如迎娶媳妇往往以寨门为界，送出寨门意味着已经嫁出，迎进寨门意味着娶入。在外横死者必须要在寨门外做禳解仪式后方能抬入寨内的家中完成一系列丧葬仪式。做了伤风败俗之事的人必须认错，杀猪请全体村民，此举名为"洗寨子"。村寨内对做了坏事的人的更大惩罚就是不让他参加村内的集体性祭祀活动，被整个集体所抛弃就意味着作为社会存在的人的意义被否定。

村寨中的人们在这个他们创造并赋予神圣性的空间中生活，获得各种生活的意义，从而是实在的，这个空间的丧失或者被破坏就意味着具有神圣性的空间意义的丧失，从而使得作为社会性存在的社会意义丧失。一旦在分寨子过程中有任何不符合文化意义建构的事情出现，都会使这一新空间的社会文化意义受到质疑，由此也可能导致矛盾的出现，严重者甚至可能导致冲突。如全福庄大寨新建磨秋场等行为就因其对传统的村寨神圣性的破坏而导致冲突。"苦扎扎"节日中集体共享在神圣的磨秋场祭祀过的从而具有了神圣意义的牛肉，也就是通过聚餐来共享村寨集体意识。所以，分寨子的人如果力图以"人多了，分的牛肉太少"来作为分寨子的理由，是不可能为其他村民所认可的。涂尔干曾经说过："当圣物被分解以后，它的每一部分仍然等同于圣物本身。换句话说，就宗教思想而言，部分等于整体，部分具有整体一样的力量、一样的功效。"①

就时间神圣性的确定方面看，作为社会生活中具有重要意义的节日时间的确定基本上都是以村寨为单位的。在哈尼族的传统社会中，"重大的宗教活动都是全寨集体举行"②。而且"绝大部分的宗教活动与农事活动紧密相关，相对固定的节日活动也都包含有祭祀等宗教内容。节日文化的展示空间也基本上是以村寨为单位的"③。节日的时间都由咪古和摩批等人根据自己村寨的具体情况来确定。如果某村在准备过"昂玛突"或"苦扎扎"之类节日的时候，村内有人去世，那么节日时间一般要往后推。在哈尼族阿卡人社会中，"嘎汤帕"（过新年）的时间也不完全一致。一个村已经到了新年，另一个村还是旧年的情况是十分普遍的。过去，不在同一年内的两个村的人是不能参加同一场葬礼的。④ 哈尼族村寨性的节日祭祀活动具有祈福消灾的意义，也有整合村寨共同体的功能。更为关键的是，共同参加这些由村寨确定节日时间的活动是获得村寨社会成员身份的关键。

祭祀活动中，祖先身份的笼统性使村寨的整体性得到加强。在哈尼族民间信仰中，祖先崇拜是最重要的信仰之一。他们相信祖先的护佑是每个家庭、每个宗族及每个村寨兴旺发达的重要原因。在哈尼族的集体性祭祀活动中，祭祀的神灵是天神和祖先，而祭祀天神和共同祖先的场所是在寨神林及磨秋场等村寨公共的神圣空间。哈尼族基本上没有宗族性的祭祀活动，分家之后就在自己家中祭祖，每家每户都有祭祀自家祖先的神龛。祭

---

① [法]涂尔干：《宗教生活的基本形式》，渠东、汲喆译，上海人民出版社1999年版，第300页。

② 《民族问题五种丛书》云南省编辑委员会编：《哈尼族社会历史调查》，民族出版社2009年版，第3页。

③ 马翀炜、张雨龙：《国家在场对于文化多样性的意义——中、老、泰、缅、越哈尼／阿卡人的节日考察》，《世界民族》2013年第5期。

④ 马翀炜：《秋千架下——一个泰国北部阿卡人村寨的民族志》，中国社会科学出版社2013年版，第147页。

祖非常严肃，环节也很多，不同的家族在具体的祭祀方式上也会有所不同，但是，他们祭祀的祖先都是非常笼统的，并不与特定的某位建寨的祖先或为家族做出贡献的祖先相联系。在"昂玛突"节日摆长街宴时，除了第一桌规定好了是村寨头人咪古、摩批等人坐的，其他桌子的顺序大都没有明确的规定，每户端出来的桌子上摆放的大都是村民日常生产的东西，基本上没有炫富竞争的事情。从最为隆重的一些祭祀仪式情况看，最具神圣性的其实是所有村民共有的村寨空间。

哈尼族实行父子连名制，但许多地方的哈尼族父子连名的名字在日常生活中是不使用的。只有当一个人去世了，摩批才会按照父子连名制来将死者的灵魂送回祖先所在的地方。由于并不在日常生活中使用，这一套父子连名制并不产生出强化宗族的效用。而在另一些日常生活中使用父子连名的哈尼族村寨中，村民们也不会轻易背诵完整的父子连名。他们大都相信，如果自己的父子连名为外人所完整掌握，就可能遭受黑巫术的危害。总之，哈尼族社会中父子连名在日常生活中操演的缺席也使宗族主义难以获得成长的土壤。

此外，一些策略和禁忌也会使村内某个家族独大的情况得到控制。如在箐口村，村民可分为张、卢、大李、二李和小李等几个家族。张家与小李家结为兄弟，互不通婚，由此成为一个更大的家族。但家族大了也有大了的难处，如果一个家族里有人去世了，在结束葬礼的最后一个叫魂仪式之前，整个家族的人都不能从事劳作，也不能出寨子，更不能去参加别的村寨的葬礼或者婚礼。为了使生产生活不过多受这些规矩的影响，一些较大的家族也往往会主动分为两个较小的家族。

村寨内家族的众多使村内通婚的情况比较普遍。西双版纳地区的哈尼族建寨必须要有三个家族的人。通过上门或"普多多"之类的方式进入村寨的人都成了新的家族。他们与寨中其他家族也没有地位上的差别。村内通婚使村内姻亲关系很多。哈尼族村民在举行葬礼以及叫魂、增福增寿等仪式活动时，舅舅是必须参加的，所谓"舅舅为大"。因而，村寨中家族之间的关系盘根错节而使村寨的整体性意义的重要性得到加强。

以村寨利益为最高原则来组成和维系村寨社会文化关系及运行村寨日常生活的社会文化制度使村民们往往会以整合全村寨力量采取行动的方式处理村寨出现的危机。在全福庄大寨和箐口村出现几例死亡事件的时候，村民们强调的是整个村寨都处于危机中。至于是哪个家族的人出了问题根本不重要。他们维护的是村寨的整体利益。这种对于村寨主义的维护，也反映在村寨内部事件的处理当中。分家之后，如果一个人与其他人发生了冲突，他的亲兄弟是没有理由来帮助他的。所以，同一个村寨里不同家族的冲突是少见的。那种不同村寨之间有血缘关系的人联合起来从事某种社会活动的情况也自然不容易发生。

## 四、讨论和结论：村寨主义何以重要

### （一）作为范式的村寨主义

一般而言，在乡村社会生活中，"同族"重要，"同乡"也重要。血缘关系和地缘关系的相关性就表现在即使是在汉族的宗族社会中，地缘关系也不可谓不重要，但基于血缘关系，甚至拟血缘关系而发展起来的宗族关系往往成为凝聚地方社会的主要纽带，从而更加重要。而在哈尼族的村寨社会中，血缘关系也很重要，但基于地缘关系而发展起来的以村寨利益为最高利益的村寨空间关系有可能成为凝聚地方社会的主要纽带，从而更加重要。正如汉族社会并不可以简单地用宗族主义社会来完全涵括一样，少数民族社会也不都是村寨主义社会，也有宗族主义社会。[1] 中国社会文化的多元性使得通过某些社区或某几个地理区域来代表中国都是非常困难的，以某个民族哪怕是人口最为众多的汉族的社区来代表中国也是不够全面的。中国大量的少数民族乡村社会的结构关系是非常复杂的，与汉族乡

---

① 参见钱宗范、梁颖等：《广西各民族宗法制度研究》，广西师范大学出版社 1997 年版。

村社会相似者有之，与汉族乡村社会不同的也大量存在。甚至还不能简单地认为所有的哈尼族村寨都是村寨主义的，这里提供的个案至少说明村寨主义在一些哈尼族村寨中是存在的。此外，还应该看到，还有其他许多民族也是有寨神林或寨心石的，尽管这些不同的村寨在对村寨空间神圣性的理解和维持这种神圣性的仪式活动及日常生活实践方面会有差异，但把维护村寨利益作为最高原则的村寨主义的大量存在是可以确定的。

正如宗族社会研究的现实动力在于思考宗族对于中国发展到底意味着什么一样，提出以有寨神林或寨心石等符号象征的村寨主义的一类村寨来思考中国西南地区民族关系的历史，乃至思考从这一地区直到东南亚地区的民族与国家的关系都是有益的，这些思考对于从更加周边的角度来理解中国的现代发展问题也同样有益。

西南地区民族关系的特点可以概括为分布上的大杂居与小聚居、政治上的多元一体、发展阶段的不平衡性、经济上的互补性、文化上的多元交融。这些特点的形成跟中央政权与少数民族政权的关系、少数民族政权之间的关系、汉族民间与少数民族民间的关系、少数民族民间关系的政治关系发展变化有关。从民族融合的角度看，元代以前以同源异流为主，元代以后则是同源异流、多源合流和异源异流等并存，以上情况都对这些特点的形成起到了重要的作用。[1] 而民族分布上的大杂居与小聚居状况很可能对这样的总体特点的形成发挥了重要作用。西南地区的立体地形、立体气候导致了民族的立体分布的观点当然是有合理性的，然而有许多民族同时分布在大致相同的地理区位和生态环境中的事实，也要求人们对这些民族在共享相同资源的时候何以能够从总体上和谐相处的原因进行探究。根据村寨主义的行动逻辑，村寨主义对于不进入村寨及不破坏村寨空间神圣性的他者是相当宽容的，村寨边界的相对稳定性的结果就是其他人只要没有危及村寨内的人的生存，是可以在周边生产生活的。对血缘性的宗族不是

---

① 王文光、龙晓燕：《中国西南民族关系研究散论之二》，《思想战线》2002 年第 1 期。

特别重视也使得村寨主义村寨中的人们具有对其他民族更大的包容性。不容许其他民族进入而形成某一地域的某一民族独大的情况不容易发生。

无疑，近代以来有关乡村社会的研究是在国家背景下展开的，从乡村看到国家的影子已经成为一个挥之不去的情结。早期对中国乡村社会进行研究的明恩溥就明确提出了"中国乡村是这个帝国的缩影"①的观点。之后大量的有关汉人宗族社会的研究也在实证着这个观点。英国人类学家王斯福避开汉学人类学在乡村研究时经常使用的宗族研究范式，径直从民间宗教当中来理解中国社会的组织形式。他看到的是包括日常生活实践以及种种民间宗教活动背后都隐藏着"帝国隐喻"的逻辑，尽管这些隐喻并非帝国的复制，但这些隐喻是帝国与民间社会之间进行沟通的主要途径。②杜赞奇在有关华北乡村的研究中把华北的社区分为宗族社区和宗教社区两类。③他发现，且不说宗族社区可以与帝国相联系，就算是宗教社区之类乡村祭祀的神祇也还是"与官方神祇联系在一起"④。然而，真正算得上"帝国的边缘"的包括哈尼族在内的西南地区许多少数民族的日常生活及各种仪式活动并不是"帝国的隐喻"。在哈尼族等许多民族的村寨主义的村寨祭祀活动中的神祇与官方的神祇无关，并无通过神祇相关来使村落社会与官方联系的冲动。国家符号的缺位当然可以理解为文化差异的原因，同时也可以理解为国家意识在村寨空间神圣性中并不存在。

国家，无论皇权国家还是现代民族国家，当然也无论正面的国家形象还是负面的国家形象，在村寨主义的村寨神圣空间中都不存在。他们的内外之别只以村寨空间为界，并不特别把民族的不同作为边界确定的根据。相反，即使是同一个民族，也会因为是否属于共同的村寨而有区别。从哈

---

① ［美］明恩溥：《中国乡村生活》，午晴、唐军译，时事出版社1998年版，第1页。

② ［英］王斯福：《帝国的隐喻》，赵旭东译，江苏人民出版社2008年版。

③ ［美］杜赞奇：《文化、权力与国家——1900—1942年的华北农村》，王福明译，江苏人民出版社1996年版，第102页。

④ ［美］杜赞奇：《文化、权力与国家——1900—1942年的华北农村》，王福明译，江苏人民出版社1996年版，第116页。

尼族迁徙史来看，导致哈尼族先民迁徙的原因主要是自然灾害、瘟疫以及内部矛盾，外族的入侵当然也是一个原因，但绝非唯一的原因。[①] 此外，斯科特等人所划出的"左米亚"地区是存在着大量的村寨主义村落的，那种山地人是在不断"逃离国家"[②]的说法其实是很难成立的。[③] 斯科特的言说可能具有的意义只在于他无意中提醒了我们，中华民族从自为的民族共同体向自觉的民族共同体的转变工作还应加强。此外，村寨主义的存在也还会促使我们去反思过去简单以"炎黄子孙"之类的拟血缘关系来整合现代民族国家的充分有效性。

### （二）作为现实的村寨主义

对空间的占有和利用以及使之神圣化是哈尼族村寨主义实现的空间过程。人们的行为方式、价值观念都会在此空间过程的社会化中与宗族社会中的行为方式和价值观念有很大的不同。无论是村民在村寨当地进入现代不断提速的社会发展当中，还是不断走出村落，转变为农民工而生活在别处，他们的行为方式，尤其是价值观念都会在相当长的时间内继续保持。在民族文化不断受到尊重的社会环境下，人们更是会珍惜自己的文化传统。那些长期影响他们的维系社会关系的组织方式，在此种组织方式下进行的处理人与人、人与自然之间的关系，以及由此形成的各种观念等都必然会在现实的生活中产生重要的影响。

村寨社会组织方式的不同对于社会发展具有重要的意义。社会组织方

---

① 云南西双版纳景洪县民委编：《雅尼雅嘎赞嘎——西双版纳哈尼族迁徙史诗》，施达、阿海译，云南人民出版社 1992 年版；云南省少数民族古籍整理出版规划办公室编：《哈尼阿培聪坡坡》，云南民族出版社 1986 年版。

② J. C. Scott, *The Art of Not Being Governed: An Anarchist History of Upland Southeast Asia*, Yale University Press, 2009.

③ 马翀炜、张雨龙：《国家在场对于文化多样性的意义——中、老、泰、缅、越哈尼/阿卡人的节日考察》，《世界民族》2013 年第 5 期；杜树海：《山民与国家之间——詹姆斯·斯科特的左米亚研究及其批评》，《世界民族》2014 年第 2 期。

式不同的一个重要方面就体现在以什么作为内部和外部的区别上。村寨主义社会中的人由于不像宗族主义社会中的人那么看重血缘关系，因此，在生存与发展过程中相对更能接受"非我族类"的人，也并不觉得与他人的交往有什么不妥。然而以村寨空间神圣性来区别内外的结果往往又造成囿于空间的局限，而成为真正意义上的"家乡宝"。这就使得这些人难以走出村寨、走出地方。即使在被现代社会的巨变卷入外出打工的大潮之后，他们的道路也是充满了各种困难的。从村民通过"走出去"谋求发展的情况来看，不以宗族主义作为基点的亲缘关系的延伸十分有限。这自然可以使村民们进入其他社会空间时少了许多羁绊，但在新的社会交往不断扩大的现代社会中，其走出去过程中所依托的社会关系也往往有限。村寨主义也很难在地域上有更大的拓展，从而使得通过扩大地缘关系来构建新的社会资本的可能性很难存在。依然还是社会性存在的这些村民，要在离开了村寨空间而进入城市空间后找到社会生活的神圣意义，往往更加困难。

此外，就村落所在地区的发展而言，外来的各种发展动力的进入往往并不困难。如一些项目最初只是与某些特定的村民发生关系时，因其背后并没有牵扯更多的人群而往往较为顺利，而一旦这些发展开始之后，在改变村落社会结构的过程中使村寨的空间意义发生变化时，作为整体的村寨就可能会因为需要维护整体社会空间意义的神圣性而成为阻力。政府主导并实施诸如"整村推进"等项目时，如果不能真正理解村寨对于村民而言的社会文化意义，即政府理解的"整村"和村民理解的"整村"有差别的时候，这些项目最终引发各种问题也是很有可能的。

人的社会组织方式对于人们处理人与自然的关系也有很大影响。村寨主义村寨的自然生态环境大都保持得很好。这与他们理解和处理人与自然的关系时更好地注意村寨整体与自然的关系，以及在此基础上形成的对自然的敬畏观念有关。人的社会性存在决定了生产是社会地组织起来的生产。人们面对自然、改造自然的方式和过程受到人的组织方式的制约。特定的人们通过特定的组织方式与自然界发生关系。以村寨主义为基点进行的社会组织方式使人们在处理人与自然关系的时候更加注意生态环境与整个村寨空间如何和谐相处。无论是寨神林、水源林的保护，还是神山的保护，都与他们对空间神圣性的理解相关。这些有关人与自然关系的理念和行为对现代社会重新审视人与自然的关系是富有启发性的。

海德格尔曾经说过："虽然科学研究侧重于这种实证性，但研究所取得的进步却主要不靠收集实证研究的结果，把这些结果堆积到'手册'里面，而主要靠对各个领域的基本建构提出疑问。"① 尽管本文限于篇幅而只能提供十分有限的实证性材料，相关的思考也尚属粗浅，但这里至少尝试了以有别于宗族主义研究的范式来理解西南中国乡村，使一些以村寨主义作为维持村寨利益最高原则的乡村社会的社会文化架构得以呈现。也尝试了从更加边缘的周边来审视中国社会，并力图呈现中国乡村更为复杂的一面。这样，无论是更加细致地思考这一区域的民族关系形成的社会基础，理解与该区域相连的东南亚一些山地民族的社会特点，还是进一步理解不断拓展交往空间的现代社会对于西南少数民族地区的现代发展具有怎样的意义等论题，便可能被认真对待。

## 声部二

### 应该叫回寨魂，但怎么叫啊

看过马老师写的关于村寨主义这篇文章，联系我们箐口村的过去和现在，我确实也有那样一些想法。过去，所有人都把村寨的利益当成最大的

---

① ［德］海德格尔：《存在与时间》，陈嘉映、王庆节译，生活·读书·新知三联书店2006年版，第11页。

利益。但是，现在的情况有了不小的变化。现在，当关系到自己利益的时候，"以我为中心"的言行有时候就表现得淋漓尽致。现在，大家越来越不关心村子的事情了。

有关哈尼族的文化丛书里说到过哈尼族建立新寨需要一定的程序，说是要由寨子里的摩批、咪古等人员进行占卜，划定区域，杀牲畜做法事驱邪祈福。寨子脚设立磨秋场，寨子头建立寨神林。挖沟开渠，建水井，筑梯田，创造人们生活生产必须的场地。"树大分枝，人大分家"，这是人们常说的一句话，当一个寨子的人居环境达到饱和程度的时候，就有分寨子的情况。

箐口村上有树林，下有梯田，水源比较丰沛，也许是老人看中了此地才在此落脚了。据说，20世纪五六十年代，箐口村里也只有五六十户。附近户数最多的还是黄土坡（现在叫作箐口小寨），最多的时候已经达到70几户了，那里有个汉子叫李阿黑，年轻力壮，智勇双全，比较厉害，能够带领村民打土匪，把村里的社会秩序维护得很好，村民也愿意跟随他。后来他外出遇害了，之后的黄土坡人气慢慢减弱，村民也逐渐迁移走了。有的迁来箐口村，有的迁到大鱼塘或者黄草岭。到2000年的时候，黄土坡只有8户了，而这一年，箐口村已经发展到185户。一个村寨里，如果没有凝聚起人心，寨子就会散的。我们村里有一句老话："弟兄吵架要被村民笑，村民吵架要被其他村寨笑。"村寨中不论是什么家庭，也不论是什么家族，都要把村寨的利益放在最重要的地方。

下面我说几个箐口村的事情。

一个村寨的村民生产生活是需要足够的水源的，或许，先民们就是因为看中了箐口一带是水源丰富的地方才在此建寨的。箐口村原来就在寨里有三个水井，一个在寨子头，一个寨子中间，一个在寨子脚。20世纪五六十年代的时候，村民的生活很困难，交通不便，政府也没有钱补贴村里，村民建的水井只是简单的用石头砌一个小水塘点，把泉水关在里面而已。人口不多的情况下，足够保证村民的生活用水。村民用水桶取水也很方便。旱季到来，用水有点紧张的时候，还可以到寨子旁边的三百米远的"白龙泉"或者七八百米远"长寿泉"挑水用，这两股泉水出水量大，基本可以保证箐口村三四百亩左右的梯田灌溉。箐口水源丰富，这或许是在箐口里见不到木刻分水或者石刻分水措施的原因之一。因为水源丰沛，所以，村里就很少建水塘或者鱼塘等蓄水设施，只要每天或者每隔一段时间去灌溉就能满足梯田用水的。

20世纪90年代后，村里的人口增多，村民的生活用水不够了，新街镇政府出资买来水管从大鱼塘村下面引来两股泉水供村民用。此时，还在村里加修了五个水池，村民的生活用水基本上得到满足，谁家到水池取水也不用走长的路段。

2000年箐口村要开发旅游业，为了保证箐口村蘑菇房有备用的消防水池，饮用水和消防水要分开。这样，又从大鱼塘村旁边的张学贵家的地里以3000元买了一股水源，修了一个小水池。2004年水池修好后，一直到2008年左右，水池里流出汩汩泉水，寨子的水沟里流淌的也是清澈见底的净水。为了好上加好，2010年新农村建设开始，自来水到户工程也进行，刚开始修理完毕试用的一两个月还好，基本上每户家的院子里也能出水来了。时间再长一点，有的人家的水龙头坏了也不修理，水源不平衡，有的人家能出水，有的人家不能出水。打扫水池、维护水池也没有形成制度，有些时候，水池出水口被堵了也没有人去管。村委会和村民小组也没有人来管。公家铺的管子不出水，就用些村民三五一伙自己去水池接水，下水管道从几根变成了十多根，大家也不珍惜用水，问题开始出现。村民议论纷纷，但也就是议论议论，都不解决问题。

到2017年，政府再次出资扩建村里的水池，原来建水池的那块土地的主人家以各种理由拒绝在他家那里扩建水池。一般认为是嫌补偿费太低。找不到合适的地方建水池，这个事情就只有拖着。半年多以后，村民李某某同意把他家的地卖给村里，村民小组是以14368元买他们家的地的。承包建设水池的老板后面又遇到了麻烦。因为施工要经过一些人的田，这些田主人不准施工队走他们的田埂。老板没有办法，只好把整个工程转包给村民小组的人。

做什么事情都不是那么容易的。建水池更是马虎不得，是很需要技术的。包揽到工程的那个人为了省钱装到口袋里，钢筋少放，砖墙墙体只有24公分厚。这是要来建一个容量有170立方米的水池啊。懂一点建筑技术的人都会毫无疑问地说，24公分砖墙怎么耐得住170立方米的水呢？果真，水池建好后，试放水的第二天，水池爆裂，幸好是凌晨，那些田里也没有人。否则那些碎砖块崩到人就麻烦啦。

箐口村民的蓄水池到2020年8月还是没有得到修复。这两年来，村民们的用水都是东一桶西一桶去接。一会儿用水管接一点原来的水管，一会儿到老水池里挑水用，回忆并实践一下原始的挑水生活的日子也不赖！

大家开始各顾各的。村里的家族势力开始变得重要起来。寨子脚的张氏几户人家因为没有足够的水源，就集资买水管，自己从寨子头的水池里直接接水。

过去，遇到损害村寨利益的事，咪古和摩批是会说话的。现在，咪古自己也早就没有权威了，摩批说话也不管用了。他们现在好像也主要在关心自己的事。

另外，再说一下我们村寨里的一些人为了村子的利益出力不讨好的事情。

2002年，国家实行退耕还林政策。在此之前，箐口村、大鱼塘村、黄草岭村就是共同管理着现在的新街林场这一片森林。退耕还林的时候，三个自然村之间也全部划清了界限。新街政府要求箐口村民集体到大鱼塘后面的集体林实施退耕还林，再补栽种一些树种，希望享受国家的有关补助政策。宣传这一事情的时间是九月份，村民快要收谷子，有的栽种早谷的已经收了，村民有点忙，大部分人不知道退耕还林对大家有多少好处。村民小组的人以村民忙着收谷子为由，简要地草写了一份协议给李某某承包，没有什么承包租金，也没有开过什么会议，主要就是叫他管理八年，八年后退还给箐口村民。

当时的新街镇镇长与李某某的关系又好，每年退耕还林的 4 万多元由李某某拿。当然，他每年要支付一定的费用安排护林员管理。到 2007 年，国家实行林权改革，村民小组以林权改革为理由要求收回这一片林地，李某某以有协议为由不同意收回。结果是代表村民集体的小组领导与李某某之间产生了矛盾，新街镇政府多次来进行调解，双方各持己见，还到元阳县林业局进行调解。之后是到元阳县法院起诉，最后是红河州中级人民法院判决归集体所有。村集体，或者说是村里的所有人的利益得到了维护。但是，代表村民集体的村小组领导和李某某之间的矛盾和隔阂从此加深。在路上面对面路过都不能打招呼。集体纠纷变成了私人恩怨，只有时间去抹平他们之间留下的隔阂。

再说另外一件事吧。

随着社会的发展，经济越来越重要，当今的农村年轻人也越来越多地进入城市，尽最大的能力满足自身发展的需要。常年在农村的年轻劳动力越来越少，而农村处理一些事情就是需要年轻力壮的人。有时候他们因为工作的原因回不了家。村里或者家里出现大事的时候又没有露面的时候，这就会成为话题。无论是在城市还是在农村，家还是一个不变的话题。农村的年轻人什么时候出去、什么时候回来，一般都是知道的。过年过节或者家里有什么特殊情况时就会回来。没有什么事情的时候就外出。为了生活的需要外出挣钱已经成为一个常态。

从这么多年的情况来看，村里的年轻人对葬礼这样的大事都比较重视。过去，有谁家办葬礼，几乎是全村人都会帮忙的。现在，因为各人顾各人的情况非常严重了，遇到葬礼或者其他大事就非常麻烦。

听说过其他哈尼族村寨有这样的事情。某家有两个弟兄，大的哥哥务农，常年在家，村里谁家有事情也要参加，出力出物。弟弟因工作的原因多年不回家，也没有帮助过其他村民。等到这家老人过世，村民把老人的棺材抬到一半的路程就不愿意抬了。村民说：他家有两个弟兄，大哥经常跟我们村民帮助，我们理应帮助他，这次我们算是给了大哥的面子把老人送到半路了。弟弟有钱了，从不回来帮助我们，也不需要我们村民帮助。下一半的路程就由他的兄弟想办法送出去吧，由此搁置一阵。当然，最后还是把老人送到山上安葬了。

箐口村由于越来越不把村寨的整体利益当最重要的事情，家族就开始来负责好多重要的事情了。为了把红白喜事之类的大事办好，几个家族开始集资。小李家和张家是结拜过的，算一个家族，他们在 2018 年初开始集资。每家出 500 元，由选出的出纳负责。如果遇到谁家需要办事情，一下子凑不齐，就用这个集资里的钱。这一笔集资款的主要目的就是解决突发事件，主要用途就限制在用于喜事和白事的花费上。一般来说，办理完事情一个星期或者稍微再长一点时间就要归还。卢家每户集资 500 元，大李家每户集资 500 元，二李家族户数少，每户集资 1000 元。村里一些小姓人家也都加入到不同的家族当中。对于那些常年不回家的人，就是在遇到重大的事情不回来的话就罚款。一两次的话说明事因，收了罚款后可以原谅。三次以上就直接开除家族。以后不再允许他家参加家族的事。家族的人也不准去参加这一户的事情了。这也是一个非常严肃的事情。

应该叫回寨魂，但怎么叫啊？

2019 年 2 月 18 日，凌晨三点左右，正是村民都在沉睡的时候，我忽然梦见了去世多年的老咪古李沙惹爷爷。梦中，他正带着生前的弟子们在寨神林磕头，面色还是那么庄严、神肃，有条不紊地做着节日里该做的仪式，我也正在聚精会神地看着他们。看了十多分钟后，村里的鸡鸣声突然打破了我的梦，我却久久不能再入睡了。老人已经去世五六年了，他又不是我家什么亲人，我为什么还会梦见他？这个梦怎么这么奇怪？我左想一想，右想一想，就是想不明白为什么。

我查看了一下我的日记，老咪古李沙惹爷爷是在 2013 年 6 月 12 日去世的，到现在已经六年多了。我年轻的时候在外读书又去服兵役，很少在家，不知道他是什么时候当上村里的大咪古的。听村民说他是一个大好人，为人正直，身体健康，家庭又和睦，已经当了二十多年的大咪古了，在村里很有威望，是个德高望重的老人。在他当大咪古的时候，村民都很听他的话，村里的集体民俗节日也都能正常的开展。每当村里正常过集体节日的时候，在外的村民都要回来，来的客人很多，村里的人气也很旺。特别是过年过节，村里的停车场是摆不下来客的车辆的。在箐口村的村口公路边建了一个寨门，上面写着："箐口民俗村"五个大字，纷纷吸引了不少的客人。听有的领导说：也正是这样，箐口村被元阳县人民政府作为第一个旅游开发的寨子，投入了大量的资金用于基础设施建设，开发文化旅游事业，箐口村还是建设了不少。到 2007 年 11 月 8 日，李沙惹的妻子过世，根据村里大咪古的条件要求，2008 年以后，他就不能担任大咪古了。2008 年初，春天来了，村里的集体节日要开展了，村民小组和摩批李正林想尽办法选举出比较适合的新的大咪古李小生还有其他的助手咪古五个，算是正常地接班了，村里还是能过正常的节日了。到 2013 年 6 月 12 日，李沙惹老人去世的时候，李小生还是正常地当大咪古，村里还是正常地过节日。而到了 2014 年初，李沙惹老人去世已经一周年了，也就是李沙惹的儿子李志和家，已经办理了李沙惹老人去世的全部事情。根据民俗，老人去世一年之后，李志和可以接班了。李志和儿女齐全，妻子健在，从来没有干过坏事，更没有被劳教过，他的老父亲又在村里当了二十多年的大咪古。有的人想当然地说，他家是最适合当大咪古的家庭，李志和是村里最完美的大咪古人选。从另外一个角度讲，村里主要负责组建大咪古的摩批李正林是他的亲家，某一程度上说来多少也带上了感情色彩，注定之后的大咪古就是李志和了。于是，这一年的大咪古就由李志和担任，这一年的节日正常过完了。第二年，也就是 2015 年初的节日要开始了，组织正常节日的摩批李正林去通知每一个咪古到李志和家集中开会，有的小咪古说出不能胜任咪古的各种理由不干了，左找右找，还是找不到人来担任小咪古，他们私下里说摩批和大咪古两人的不是。这样，村里的集体节日就停止了。话说一旦停止这样的节日就要连续停止三年的，也就停止了三年多。等到 2018 年，也就可以恢复正常过节了，李正林还是用了一下心去动员适合的人选，可就是没有人来担任，私下里传出话来有这样那样的原因。到 2019 年还是没有咪古人选，这样，说是要到第七年的那一年再看了。从 2000 年到 2019 年，我一直都在村里注视着各种变化，就没有想到咪古这一组织还有这么多的条件要求，村里还会出现这样的变化。我觉得没有过节的这几年，村里还是冷清了很多，没有节日的气氛，人心涣散，也没有以前团结了。于是，我就有了以这个为题探讨一点箐口村生活的想法：对比过去与现在，觉得还是恢复民俗节日的好。

根据村民的说法，人，是有 12 个魂灵的，魂灵随时要附在身体上的，这样人的身体才会好。一旦魂灵与身体离开，就会出现生病、精神不振等情况，家庭也会出现灾难，只有魂灵与身体健在，做事情才会顺利。所以，有些遇到事情不顺的家庭多会举行叫魂，每年四五月份插秧的时候叫魂的村民最多了，平时只有少许的人家才会这样做。村寨也有村寨的魂灵，正常情况下，每年的二三月份，村民是要选择好日子给寨子叫魂的。我在这里主要介绍的是二月份"昂玛突"节时的叫魂仪式了。

箐口村地势西高东低，房屋建筑面向东，背朝西，在村寨背后也就是寨子的上头有两个寨神林。正常情况下，每年昂玛突节都要村民摊钱购买猪、鸡、鸭等用来献祭，用意就是希望来年的寨神保佑村民健康生产、人丁发展、六畜兴旺。我觉得箐口村有点特别。村里有两个寨神林，一个是属羊的第一天用杀猪来祭祀，这一天只能是咪古们进去杀猪祭祀，两个龙头背猪肉回来，而村民们都不能进去甚至在外面也不能跟他们搭话，包括去背猪肉的两个龙头也只能在外面等他们做好仪式打手语背猪肉回来，绝对禁止说话。要是这一天有人跟他们说过话了，就预示着这一年要发生什么情况了。第二个就是属猴日的第二天，寨子里每家每户都要抬一桌子饭菜去献祭。在我们箐口村附近的大鱼塘村、全福庄村、黄草岭村、棕疋寨、麻栗寨、阿档寨、上马点、黄草岭、哈达普、多沙等我去过的三四十个其他哈尼族寨子，每一个寨子都只有一个寨神林，每年都要正常的祭祀。就连附近的土锅寨、小水井、水卜龙、大新寨等彝族寨子都有这样的树林，有点类似我们哈尼族祭祀。自记忆起，包括我们调查过的红河县大羊街几个哈尼族寨子都有寨神林，那些寨子的村民说的都很神圣，他们把寨神林围得很好，平时是不许牲畜或者闲散人员进入，他们多数都是按照正常的时间祭祀，里面的树木是绝不允许村民砍伐而严格管护的。

我们箐口村以前按照正常情况进行祭祀的时间是农历二月第一个属羊日，因为有两个寨神林，属羊日这天是要求全体村民休息的。早上，每户人家要交两块糯米粑粑给咪古们，咪古们把全村摊钱买来的猪带到寨神林杀了，他们祭祀时间内要求全村民回避，祭祀期间连他们几个之间都不能搭话的，只能按照大咪古事前分工的顺序有条不紊地进行，严禁任何村民到他们祭祀的地方观看和搭话。杀猪回来的当天下午，村民们到大咪古家的院子里拿回自己家的糯米粑粑，每户的两块糯米粑粑中间要夹一块从寨神林背回来的猪肉，算是接福了。当天晚上，当年生有小孩的人家每户要做一桌子好饭菜，带上烟酒到大咪古家庆祝，这就是"支桌巴"，庆祝新生，摆酒桌，"昂玛突"的真正意义就在这里。第二天，全村每家每户都要做十几个菜，在咪古的带队下到另外一个寨神林参加祭祀，当年生了小孩的要在寨神林鸣鞭炮。在这两天，村里的妇女是不能进入寨神林参加仪式的。第三天，每户人家还要做一桌饭菜再到大咪古家的院子里占卜，占看每一个水井的祭祀，从他们占卜的情况看不吉利的人下一年是不能参加这些祭祀活动的，包括选举出来的咪古都被要求退出。这一天寨子里可热闹了，村民们都可以出来参加活动，朋友之间相互交流喝酒，所谓的"哈尼族长街宴"就是指这一天。如果寨子小，参加的村民就会少些，如果寨子大，参加的户数和人员就会多。哈尼族人口和户数都比较集中的绿春县在县政府组织的情况下已经达到两千多桌，申请长街宴成为世界吉尼斯纪录就是这样形成的，从而成为哈尼族的一个文化符号，代表着村寨节日和精神符号在众多民族文化之间展演，有了其特殊的文化内涵和历史意义。

就在箐口村村民过"昂玛突"节的前两天，要么是属虎日要么是属马日，村民们认为这两天是好日子、硬日子，就要首先做叫魂仪式。基本过程是这样的：摩批一定要叫上两个龙头（每年向村民收取费用并负责购买物资的成年人）敲锣打鼓，还要叫上村里年轻力壮（现在的年轻人外出打工了，由小孩子们代表）的伙子们在寨子的四周——东西南北的路口来回叫："唔，阿唔，唔来，普哈，唔来。"基本意思是："回来吧，寨魂！回来。"

"保佑村民的寨神回来，让村里人丁兴旺，温暖家屋的燕子回来，猪鸡牛羊的魂灵也回来，谷神也回来"。总的来说，就是希望寨子平安，村民健康生活。

在这个叫寨魂仪式中，值得一提的是，每三年两次要有两个男扮女装的年轻人（现在由小孩子们替代，以前一定要年轻力壮的人），村民说这是为了纪念为寨子除魔的英雄而扮装的。以前，哈尼族寨子的上头有一个妖魔，每年要送给他一个年轻貌美的女子。有一年轮到一个只有两个女儿的寡妇，村民们绞尽脑汁商量出一个计策，叫了两个年轻力壮的汉子装扮成女子杀死了妖魔。为了纪念这两个英雄就有了叫寨魂仪式中的男扮女装的角色。

我认为，某一种文化的诞生有它特殊的历史条件，也有它特殊的表达方式。我不相信：人，有无魂灵，寨，有无寨神。但是，生活在一定区域的人们一旦创造了某一种文化就不应该轻易地放弃。就像上面说到的，红河州人民政府、元阳县政府以及新街镇政府为了发展旅游事业，在我们村陆续投入了很多资金建设各种基础设施，村里的水电、路面、公共场所都有所改善，给我们的生活带来了很大的方便。我们也不得不承认这么多资金的投入和建设大大地推进了我们箐口村的发展，美化了箐口家园。我们箐口村一直保持了哈尼族的文化，展示了我们民族的信仰和崇拜，也更具有特有文化的魅力，增添了民族文化的多样性。相信一回吧：村民是有魂灵的，只有魂灵附在身上才会身体健康；寨子也是有魂灵的，每年应该叫一回，叫它不要四处游走，叫它回来保护它的村民，村里才会人丁兴旺，六畜生长。村民的生产生活才得以正常，在与其他村寨和平相处的同时发扬自己村寨的民族文化特色。

值得一提的是，在 2009 年箐口村的旅游开发中，政府组织的"昂玛突"节使用的寨神林是新建的一个假的祭祀平台，是在村民祭祀时使用的祭祀台旁边用石头围了一棵大树并铺了一块平整的石头好让游客们表演祭祀，体验一番哈尼族的文化活动。也正是这一年，为了能让更多的游客进寨神林参观，在原来进寨神林路的旁边投入了一定的资金重新建宽了一条路，游客和村民平时都是可以走这条路的。村里有一个习俗，每户人家把死亡的人送出去之后的农历第二个月要到有某种灵验的尼玛处占卜，占卜回来的几个村民家说是这条新修的通往寨神林的路作怪，说是这条路是寨神林的主脉，好比人的腿一样，因为新修的这条路伤了它的大腿就反过来伤害了村民，它在很大程度上不能保佑村民了，于是，村民们不顾政府的反对，自发地组织了每家每户出一个青年劳动力并处罚了没有来参加的人家各自出资 10 元买了几包水泥，找了一些石头封了这条路，晚上还集资买了一头猪杀了吃。我们无法用科学的语言说明一些事例的发生是否有它的理由，村民就是认为寨神林是神圣的祭祀场所侵犯不得，在这个寨神林有某种神灵保佑着村民生产生活。

我想说，我去过的哈尼族村寨村民都把寨神林看得很神圣，平时都不能进入这个树林里的，牲畜更是禁止入内，包括树林里面的树木枯老倒下了也不会有人去砍拾来烧火，只有寨子里做集体祭祀的时候会拿来烧火煮祭祀物品，其他情况是一律不能动用也不敢动用的。树林里的大树遮挡了村民的庄稼一般都不会去砍，只有老死枯死了倒在村民田地里的树枝挪开些能栽种庄稼就好了，其他的不要有非分之想。

这样说来，并不是说寨神林里的树种有什么特别，在我知道的哈尼族寨子中，树林里的树种都是适合当地的品种，并没有单一的、人为的选择品种来栽种。主要有当地的五眼果、杉木、水冬瓜、油果树、柳树、多衣树、山楂树、毛毛树、棠梨树等。咪古们选择祭祀的树木也不一定是比较高大还能结果、表示"多子多福"的五眼果。有人说五眼果能结果，高大，"大树底下好乘凉"，能给寨子庇荫的说法村民不一定都赞同。因为还有一个说法是"树大招风"，树大了老了还容易倒下，说不定还会给村里带来什么不祥，村民用来祭祀的几棵树是不希望随意动的。箐口村村民集体用来祭祀的树木动荡了还了得。记得 2008 年县政府请来一个摄制组来村里拍摄视频，用绳子捆绑了村民集体祭祀的磨秋柱（一般箐口村就是从寨神林砍回来的树），硬是引起了村民们的公愤，被他们集体处罚了 3000 元。箐口村的两个寨神林每个有大概两亩多，选择的祭祀台在树林的中上部，为了好摆放他们的祭祀品，在树脚摆了一块石头，摆桌子的地方也只是稍微平整了一点，我看所选择的树也不是很大的那些树，其他村民也选择能摆放桌子的稍微平整的就行了，也没有人想象人工用力地平整过。就这么简单，年轻人提出来"平整寨神林""把它用石头围起来"，老人们都是不同意的，说是"让它自然一点""有它活动的空间"。

以上这两个事情是我记得清楚的事情，要是到村民家调查，说不定还会搜出更多精彩的故事，让我们期待着。我们寨子附近的大鱼塘村看得更是神圣，说是每年当"龙头"的人（每年负责收钱购物资的两个人），无论是哪一年哪一个人都不能挪用这笔钱到私人的事情上来，要是一旦挪用了就会出现灾难。说是有一年有人动用了之后，人也飞出几百米，房子也动荡起来，这些事情在他们寨子里家喻户晓，多数孩子们都知道，就连附近我们几个寨子的很多人也都知道，我跟大鱼塘村的朋友们相处的时候也听说过几次，都说那事是真的。

总的说来，哈尼族民众对自己的寨神林很尊重，平时闲人都不能进入，牲畜更是禁止入内，树林的树木不分大小，都禁止村民砍伐，认为这是庇佑村民的树林。这是用不着明文规定的、村民也能自觉遵守的约定。人们一代一代地会教育孩子们不能进入玩耍，村民更不能进去破坏。没有明文规定谁破坏了就要遭到什么样的处罚。但是，我相信要是有人破坏了神林，村民是不会轻易放过的。就像上面说到的，政府特意出资来改建也是不被同意的。敢于惊动了寨神老爷的事情，在我这么多年的记忆中也仅有那么一次。

联系到我们的生产生活中都与树木息息相关，人们从来没有离开过树木。房屋建筑也是，生活中的门窗、桌子、板凳、床具也是的，给我们人类提供了舒适的生活环境。到目前为止，村民都在用木制的犁耙生产，锄头、镰刀、斧头都带着木制的手柄。虽然，近几年来出现了铁制的锄头、犁耙等生产工具，但更多还是在利用木制品生产。我不敢说以后是否被现代的电器和铁制品替代，在这几年中，木制品在村民生产生活中都占有很重要的位置。

我们重视植树，在田间地脚都栽培着树木，而且还很好地管理着。以前，村民需要大量的树木作为柴火，集体林还安排护林员管护，防止柴火用量大村民来偷砍的，包括私有林也基本每天都会去看护，因为偷砍树木被逮着的也出现过罚款和纠纷。几十年来田地承包到户后，村民更是重视自己植树，每户都要保证自己家的基本柴火。几十年的树木长大，再一个是社会的进步，人民生活水平的提高，电器在村民的生活中逐渐占据了主要位置，树木的需要量就减少了。村民就这样保证着树木遮阴乘凉，固土保水。特别是一些潮湿的沼泽地里，村民懂得栽种一种地方的柳树，说是这种树木特别保水，他们就有意地栽种，希望水源不断，给村民带来方便。因为特殊的地理因素，海拔高的地方栽种不出庄稼来，"山有多高，水就有多高"。山上植树，村民就生活在树下，旁边是涓涓流淌的河水，寨子脚就是他们的庄稼，难怪形成了"森林—村寨—河流—梯田"四素同构的一副人间美景，给哈尼族民众创造了美好的生活环境。我们要保护森林，保持生态平衡，与自然和谐相处。

回过头说，我们箐口村应该是建寨开始就建了寨神林，村民们把某一种我不会表达的精神世界交给了它，他们都在极其辛苦的生活条件下杀鸡杀猪来祭祀，祈求它的怜悯或者说托福保护着它，也希望它也同样来保护这一方的村民。没有树木的地方哪里来的水。从我们箐口村的情况看，树木就在山头上任凭风吹雨打，水就在它的根下流出，养育了梯田，养育了这一片土地上的人民。

村里有这样一种说法：寨子里寨神林的老树枯死的多，当年村里的老人去世的就会多；如果是小树倒塌或者树枝折断的多，当年的年轻人就会遇难的多。

到今年的 2019 年，村里不过集体的节日已经五六年了。虽然村民为了保证自己家庭的正常仪式，每到一个节日都会自发的买鸡买肉来祭祖，也可以算是过节吧，但总的说来，就没有以前村里集体过节的时候热闹。没有正常的过民族的节日，显得没有民族的味道，反而在说明自身的发展不足。特别是随着这些年市场经济的发展，年轻人都外出工作，老一辈村民老去，年轻人不来接班，时间长了，年轻人的观念发生改变，这种民俗的文化就有可能出现断代的危险。这种情况不仅是我们箐口村存在，附近的多个寨子也是这样。村里只有中老年人生活着，年轻人都外出工作挣钱去了，就是过年过节的时候有些人回来，多少增添了寨子的人气。

马老师的文章说我们哈尼族的村寨是把村寨利益看成最高利益的村寨，家族利益都要服从村寨利益。我同意这个说法。我们哈尼族要过得好就必须要有寨魂，大家都应该有集体精神。我们箐口村不过村寨性的节日都有好些年了，村民们的集体意识少了不少，村寨也不热闹了，没有传统的味道了。

所以说，我是认为还是每年给寨子叫魂，就像村民身体不好的时候举行叫魂，让魂灵回来保佑身体健康一样，我们也要给寨子叫魂，把它叫回到寨子上头的寨神林里，让它时刻在寨子的上头保佑村民生产生活兴旺发达。可是，怎么叫呢？没有人心的重新聚拢，集体过节都没有办法，怎么叫啊？

# 参考文献

[1]〔法〕阿尔都塞,路易、巴里巴尔,艾蒂安:《读〈资本论〉》,李其庆、冯文光译,中央编译局 2001 年版。

[2]〔德〕阿伦特,汉纳:《人的境况》,王寅丽译,上海人民出版社 2009 年版。

[3]〔美〕埃斯科瓦尔,阿图罗:《遭遇发展——第三世界的形成与瓦解》,汪淳玉、吴慧芳、潘璐译,社会科学文献出版社 2011 年版。

[4]〔美〕埃文斯-普里查德:《努尔人——对尼罗河畔一个人群的生活方式和政治制度的描述》,褚建芳、阎书昌、赵旭东译,华夏出版社 2001 年版。

[5] 白玉宝、王学慧:《哈尼族天道人生与文化源流》,云南民族出版社 1998 年版。

[6] 白玉宝:《红河水系考察实录》,云南民族出版社 1999 年版。

[7]〔法〕鲍德里亚:《消费社会》,刘成富、全志钢译,南京大学出版社 2000 年版。

[8]〔英〕鲍曼,齐格蒙特:《作为实践的文化》,郑莉译,北京大学出版社 2009 年版。

[9]〔英〕贝尔,克莱夫:《艺术》,薛华译,江苏教育出版社 2004 年版。

[10]〔美〕贝克尔,斯坦利,加里:《家庭论》,王献生、王宇译,商务印书馆 2005 年版。

[11]〔英〕伯克,彼得:《制造路易十四》,郝名玮译,商务印书馆 2007 年版。

[12]〔英〕波兰尼,卡尔:《大转型:我们时代的政治与经济起源》,冯钢、刘阳译,浙江人民出版社 2007 年版。

[13]〔法〕布迪厄,皮埃尔:《实践与反思——反思社会学导引》,华康德译,中央编译出版社 1998 年版。

[14]〔法〕布迪厄,皮埃尔:《实践感》,蒋梓骅译,译林出版社 2003 年版。

[15] 蔡英文:《政治实践与公共空间:阿伦特的政治思想》,新星出版社 2006 年版。

[16] 车树清、寒凌然:《哈尼语汉语常用词汇对照》,云南民族出版社 2015 年版。

[17] 陈炳卿、孙长颢:《营养与健康》,化学工业出版社 2004 年版。

[18] 陈萍：《"牛"的文化解析》，《重庆三峡学院学报》2005 年第 6 期。

[19] 陈寿康：《哈尼族的"长龙宴"》，《今日民族》2001 年第 2 期。

[20] 陈燕：《哈尼族迁徙研究的回顾与反思》，《思想战线》2014 年第 5 期。

[21] [美] 达比，J. 温迪：《风景与认同：英国民族与阶级地理》，张箭飞、赵红英译，译林出版社 2011 年版。

[22] [美] 大贯惠美子：《作为自我的稻米：日本人穿越时间的身份认同》，石峰译，浙江大学出版社 2015 年版。

[23] [日] 稻村务：《哈尼族的昂玛突节——介于村落祭祀与亲族祭祀之间的仪式》，戴庆夏主编：《中国哈尼学》（第 3 辑），余志清译，民族出版社 2005 年版。

[24] [英] 道格拉斯，玛丽：《洁净与危险》，黄剑波、柳博赟、卢忱译，民族出版社 2008 年版。

[25] [英] 迪克斯，贝拉：《被展示的文化——当代"可参观性"的生产》，冯悦译，北京大学出版社 2012 年版。

[26] 杜树海：《山民与国家之间——詹姆斯·斯科特的左米亚研究及其批评》，《世界民族》2014 年第 2 期。

[27] [美] 杜赞奇：《文化、权力与国家——1900—1942 年的华北农村》，王福明译，江苏人民出版社 1996 年版。

[28] [美] 凡勃伦：《有闲阶级论》，蔡受百译，商务印书馆 1964 年版。

[29] [南宋] 范成大撰：《骖鸾录》，中华书局 1985 年版。

[30] [唐] 樊绰撰：《云南志补注》卷 7《云南管内物产第七》，向达原校，木芹补注，云南人民出版社 1995 年版。

[31] 费孝通：《乡土中国》，江苏文艺出版社 2007 年版。

[32] 付广华：《环太平洋梯田文化圈论》，《广西民族研究》2008 年第 1 期。

[33] [法] 福柯，米歇尔：《规训与惩罚》，刘北成、杨远婴译，生活·读书·新知三联书店 2003 年版。

[34] [法] 福柯，米歇尔：《安全、领土与人口》，钱翰、陈晓径译，上海人民出版社 2010 年版。

[35] [奥] 弗洛伊德，西格蒙德：《图腾与禁忌》，文良文化译，中央编译出版社 2005 年版。

[36] [英] 弗雷泽，詹姆斯：《金枝》，赵昀译，陕西师范大学出版社 2010 年版。

[37] [美] 福赛尔，保罗：《品味制服》，王建华译，生活·读书·新知三联书店 2005 年版。

[38] 傅亚庶：《中国上古祭祀文化》，高等教育出版社 2005 年版。

[39] 高凯：《红河哈尼梯田文化景观的形与神》，《昆明理工大学学报》（社会科学版）2013 年第 6 期。

［40］高小刚：《图腾柱下》，上海三联书店 1997 年版。

［41］［美］格尔兹：《文化的解释》，纳日碧力戈等译，上海人民出版社 1999 年版。

［42］［美］格尔兹：《论著与生活：作为作者的人类学家》，方静文、黄剑波译，中国人民大学出版社 2013 年版。

［43］［英］格利高里，德雷克、厄里，约翰编：《社会关系与空间结构》，谢礼圣、吕增奎等译，北京师范大学出版社 2011 年版。

［44］葛兆光：《中国思想史》（导论），复旦大学出版社 2001 年版。

［45］古永继：《哈尼族研究中史误的三点辨正》，《民族研究》2007 年第 3 期。

［46］［美］哈里斯，马文：《好吃：食物与文化之谜》，叶舒宪、户晓辉译，山东画报出版社 2001 年版。

［47］《哈尼族简史》编写组：《哈尼族简史》，云南人民出版社 1985 年版。

［48］《哈尼族简史》编写组：《哈尼族简史》，民族出版社 2008 年版。

［49］［德］海德格尔：《诗·语言·思》，彭富春译，文化艺术出版社 1991 年版。

［50］［德］海德格尔：《形而上学导论》，熊伟、王庆节译，商务印书馆 1996 年版。

［51］［德］海德格尔：《存在与时间》，陈嘉映、王庆节译，生活·读书·新知三联书店 2006 年版。

［52］［英］海默尔，本：《日常生活与文化理论导论》，王志宏译，商务印书馆 2008 年版。

［53］［美］赫兹菲尔德，麦克尔：《什么是人类常识——社会和文化领域中的人类学理论实践》，刘珩等译，华夏出版社 2005 年版。

［54］何明、洪颖：《回到生活：关于艺术人类学学科发展问题的反思》，《文学评论》2006 年第 1 期。

［55］何明：《文化持有者的"单音位"文化撰写模式——"村民日志"的民族志实验意义》，《民族研究》2006 年第 5 期。

［56］何新：《诸神的起源》，上海三联书店 1986 年版。

［57］［德］黑格尔：《精神现象学》，贺麟、王玖兴译，商务印书馆 1997 年版。

［58］《红河哈尼族彝族自治州哈尼族辞典》编撰委员会编：《红河哈尼族彝族自治州哈尼族辞典》，云南民族出版社 2006 年版。

［59］侯甬坚：《红河哈尼梯田形成史调查和推测》，《南开学报》（哲学社会科学版）2007 年第 3 期。

［60］［德］胡塞尔：《欧洲科学危机和超验现象学》，张庆熊译，上海译文出版社 2005 年版。

［61］黄绍文：《哈尼梯田：蛮荒高原的乐章》，《时代潮》1998 年第 7 期。

［62］黄绍文：《诺玛阿美到哀牢山——哈尼族文化地理研究》，云南民族出版社 2007 年版。

[63] 黄绍文等：《云南哈尼族传统生态文化研究》，中国社会科学出版社 2013 年版。

[64] [英] 吉登斯，安东尼：《现代性的后果》，田禾译，译林出版社 2000 年版。

[65] 贾溪涛：《哈尼族的"祭龙"节》，《民族艺术研究》2001 年第 3 期。

[66] 姜定忠：《哈尼族史志辑要》，云南民族出版社 2007 年版。

[67] 江金波：《宁夏区域西夏建筑文化景观及其开发利用》，《资源开发与市场》2003 年第 1 期。

[68] 江南：《美丽的民族符号：哈尼梯田》，《资源与人居环境》2010 年第 21 期。

[69] 景洪县民委编：《雅尼雅嘎赞嘎》，云南人民出版社 1992 年版。

[70] 居阅时、瞿明安主编：《中国象征文化》，上海人民出版社 2001 年版。

[71] [德] 卡西尔：《人论》，甘阳译，上海译文出版社 1985 年版。

[72] [美] 克利福德，马库斯编：《写文化：民族志的诗学与政治学》，高丙中、吴晓黎、李霞等译，商务印书馆 2006 年版。

[73] [英] 肯尼迪，迈克尔、布尔恩，乔伊斯编：《牛津简明音乐词典》第 4 版，唐其竞等译，人民音乐出版社 2002 年版。

[74] [美] 拉比诺，保罗：《摩洛哥田野作业反思》，高丙中、康敏译，商务印书馆 2008 年版。

[75] [英] 拉波特，奥弗林：《社会文化人类学的关键概念》，鲍雯妍等译，华夏出版社 2005 年版。

[76] [英] 拉德克利夫-布朗：《原始社会的结构与功能》，潘蛟等译，中央民族大学出版社 1999 年版。

[77] [英] 拉德克利夫-布朗：《安达曼岛人》，梁粤译，广西师范大学出版社 2005 年版。

[78] [美] 拉帕波特，A，罗伊：《献给祖先的猪——新几内亚人生态中的仪式》，赵玉燕译，商务印书馆 2016 年版。

[79] 雷兵：《哈尼族文化史》，云南人民出版社 2002 年版。

[80] 李峻石：《何故为敌——族群与宗教冲突纲论》，吴秀杰译，社会科学文献出版社 2017 年版。

[81] 李克忠：《绿春县车里村哈尼族"阿玛拖"节日整合性文化特质的研究》，李子贤、李期博主编：《首届哈尼族文化国际学术讨论会论文集》，云南民族出版社 1996 年版。

[82] 李克忠：《寨神——哈尼族文化实证研究》，云南民族出版社 1998 年版。

[83] 李路力：《试论〈哈尼阿培聪坡坡〉所载各迁徙阶段的历史分期》，《红河学院学报》2008 年第 6 期。

[84] 李少军：《论哈尼族传统哲学思想》，云南省民族学会哈尼族研究委员会编：

《哈尼族文化论丛》（第四辑），云南民族出版社 2008 年版。

[85] 李维宝等：《哈尼族的三大节日溯源》，《天文研究与技术》2006 年第 1 期。

[86] 李学良：《关于昂门神的性质》，《云南社会科学》1994 年第 4 期。

[87] 李元庆：《哈尼族宗教活动中莫批突》，《艺术探索》1997 年增刊。

[88] 李子贤：《牛的象征意义试探：以哈尼族神话、宗教礼仪中的牛为切入点》，《民间文学研究》1991 年第 3 期。

[89] 李子贤：《水——生命与文化之源》，李子贤、李期博主编：《首届哈尼族文化国际学术讨论会论文集》，云南民族出版社 1996 年版。

[90] 梁庭望、张公瑾主编：《中国少数民族文学概论》，中央民族大学出版社 1998 年版。

[91]［法］列维-斯特劳斯，克洛德：《野性的思维》，李幼蒸译，商务印书馆 1987 年版。

[92] 刘辉豪、白章富：《奥色密色（哈尼族民间创始史诗)》，《山茶》1983 年第 3 期。

[93] 刘显成、杨小晋：《中国"崇石文化"论》，《文艺争鸣》2011 年第 4 期。

[94] 刘翔：《采取物的立场——让·鲍德里亚的极端反主体主义思想研究》，中国社会科学出版社 2012 年版。

[95] 刘晓春：《文化本真性：从本质论到建构论——"遗产主义"时代的观念启蒙》，《民俗研究》2013 年第 4 期。

[96] 卢文静：《论哈尼族均衡心理》，李子贤、李期伯主编：《首届哈尼族文化国际学术讨论会论文集》，云南民族出版社 1996 年版。

[97] 马翀炜、陈庆德：《民族文化资本化》，人民出版社 2004 年版。

[98] 马翀炜：《文化符号的建构与解读——关于哈尼族民俗旅游开发的人类学考察》，《民族研究》2006 年第 5 期。

[99] 马翀炜等：《仪式嬗变与妇女角色——元阳县箐口村哈尼族"苦扎扎"仪式的人类学考察》，《民族研究》2007 年第 5 期。

[100] 马翀炜：《村寨歌舞展演的路径选择——元阳县箐口村哈尼族歌舞展演的经济人类学考察》，《广西民族研究》2008 年第 4 期。

[101] 马翀炜主编：《云海梯田里的寨子——云南省元阳县箐口村调查》，民族出版社 2009 年版。

[102] 马翀炜编，张明华等记录：《最后的蘑菇房：元阳县新街镇箐口村哈尼族村民日志》，中国社会科学出版社 2009 年版。

[103] 马成俊：《"许乎"与"达尼希"：撒拉族与藏族关系研究》，《西北民族研究》2012 年第 2 期。

[104] 马翀炜、王永锋：《哀牢山区哈尼族鱼塘的生态人类学分析——以元阳县全

福庄为例》，《西南边疆民族研究》2012 年第 1 期。

[105] 马翀炜：《秋千架下——一个泰国北部阿卡人村寨的民族志》，中国社会科学出版社 2013 年版。

[106] 马翀炜、张雨龙：《流动的橡胶——中缅边境两个哈尼／阿卡人村寨的经济交往研究》，中国社会科学出版社 2013 年版。

[107] 马翀炜、张振伟：《在国家边缘——缅甸那多新寨研究》，中国社会科学出版社 2013 年版。

[108] 马翀炜、张雨龙：《国家在场对于文化多样性的意义——中、老、泰、缅、越哈尼／阿卡人的节日考察》，《世界民族》2013 年第 5 期。

[109] 马翀炜：《村寨主义的实证及意义——哈尼族的个案研究》，《开放时代》2016 年第 1 期。

[110] 马翀炜、罗丹：《哈尼梯田历史溯源及景观价值探析》，《西南边疆民族研究》（第 27 辑），社会科学文献出版社 2019 年版。

[111] 马翀炜、张雨龙编，张明华记录：《清泉转弯的地方：元阳县新街镇箐口村哈尼族村民日志》，学苑出版社 2020 年版。

[112] 马翀炜：《复数位的去蔽：对马库斯合作人类学思考的思考》，《广西民族大学学报》（哲学社会科学版）2020 年第 1 期。

[113] 马居里、罗家云编：《哈尼族文化概说》，云南民族出版社 2000 年版。

[114] 《马克思恩格斯全集》（第 3 卷），人民出版社 1960 年版。

[115] 《马克思恩格斯选集》（第 1 卷），人民出版社 1995 年版。

[116] 《马克思恩格斯选集》（第 2 卷），人民出版社 1995 年版。

[117] ［德］马克思，卡尔：《资本论》（第一卷），人民出版社 1975 年版。

[118] ［德］马克思，卡尔：《1844 年经济学哲学手稿》，刘丕坤译，人民出版社 1979 年版。

[119] ［英］马林诺夫斯基：《未开化人的恋爱与婚姻》，孙云利译，上海文艺出版社 1990 年版。

[120] ［英］马林诺夫斯基：《西太平洋的航海者》，梁永佳、李绍明译，华夏出版社 2002 年版。

[121] ［英］麦克利什，肯尼斯主编：《人类思想的主要观点》（上），查常平等译，新华出版社 2004 年版。

[122] ［美］曼昆：《经济学原理》，梁小民译，生活·读书·新知三联书店、北京大学出版社 2001 年版。

[123] 毛佑全：《哈尼族文化初探》，云南民族出版社 1991 年版。

[124] 毛佑全：《哈尼族历史源流及其南迁活动》，《玉溪师专学报》1996 年第 3 版。

[125] 毛佑全：《论哈尼族"莫批"及其原始宗教信仰》，戴庆夏主编：《中国哈尼

学》（第2辑），民族出版社2002年版。

[126]《毛泽东选集》（第1卷），人民出版社1991年版。

[127]孟悦：《什么是"物质"及其文化？（下）——关于物质文化研究的断想》，《国外理论动态》2008年第1期。

[128][英]米勒，丹尼尔：《物质文化与大众消费》，费文明、朱晓宁译，江苏美术出版社2010年版。

[129][美]明恩溥：《中国乡村生活》，午晴、唐军译，时事出版社1998年版。

[130][美]摩尔根，亨利，路易斯：《古代社会》，杨东莼、马雍、马巨译，商务印书馆1977年版。

[131][美]摩尔根，亨利，路易斯：《美洲土著的房屋和家庭生活》，李培荣译，中国社会科学出版社1985年版。

[132][法]莫斯，马塞尔、于贝尔，昂利：《巫术的一般理论：献祭的性质与功能》，杨渝东、梁永佳、赵炳祥译，广西大学出版社2007年版。

[133]南帆：《双重视域——当代电子文化分析》，江苏人民出版社2001年版。

[134][德]帕格尔，格尔达：《拉康》，李朝晖译，中国人民大学出版社2008年版。

[135]彭兆荣：《物的民族志述评》，《世界民族》2010年第1期。

[136][俄]恰亚诺夫，A：《农民经济组织》，萧正洪译，中央编译出版社1996年版。

[137]钱宗范、梁颖等：《广西各民族宗法制度研究》，广西师范大学出版社1997年版。

[138][美]齐美尔，格奥尔格：《时尚的哲学》，见罗钢、王中忱主编：《消费文化读本》，费勇译，中国社会科学出版社2003年版。

[139][美]齐美尔，格奥尔格：《金钱、性别、现代生活风格》，顾仁明译，华东师范大学出版社2010年版。

[140]秦臻：《隐秘的祭祀：一个哈尼族个案的分析》，《民族艺术研究》2004年第5期。

[141]饶恒久：《从〈诗经〉看牛与周文化的联系》，《宁夏大学学报》(社会科学版)1994年第1期。

[142]阮仪三、林林：《文化遗产保护的原真性原则》，《同济大学学报》（社会科学版）2003年第2期。

[143][美]萨林斯，马歇尔：《别了，忧郁的譬喻：现代历史中的民族志学》，王筑生主编：《人类学与西南民族》，李怡文译，云南大学出版社1998年版。

[144][美]萨林斯，马歇尔：《文化与实践理性》，赵丙祥译，上海人民出版社2002年版。

[145] [日] 桑山敬己：《学术世界体系与本土人类学》，姜娜、麻国庆译，商务印书馆 2019 年版。

[146] [印] 森，阿马蒂亚：《以自由看待发展》，任赜等译，中国人民大学出版社 2002 年版。

[147] 单霁翔：《从"文化遗产"到"文化景观遗产"（下）》，《东南文化》2010 年第 3 期。

[148] 沈从文：《中国古代服饰研究》，上海书店出版社 2002 年版。

[149] 史杰鹏：《"厌胜"之词义考辨及相关问题研究》，《励耘学刊（语文卷）》2013 年第 2 期。

[150] 史军超、芦朝贵等翻译，《云南省少数民族古籍译丛第 6 辑哈尼阿培聪坡坡》，云南民族出版社 1986 年版。

[151] 史军超：《哈尼族文学史》，云南民族出版社 1998 年版。

[152] 史军超主编：《哈尼族文化大观》，云南民族出版社 1999 年版。

[153] 史军超：《哈尼梯田文明价值》，《世界遗产》2012 年第 2 期。

[154] [美] 舒尔茨，W，西奥多：《改造传统农业》，梁小民译，商务出版社 2006 年版。

[155] 孙洁：《资源的价值内涵变迁的思考——以云南元阳县箐口民俗生态旅游村的水牛为例》，《贵州大学学报（社会科学版）》2007 年第 1 期。

[156] 孙沛东：《论齐美尔的时尚观》，《西北师大学报》（社会科学版）2008 年第 6 期。

[157] 孙周兴选编：《海德格尔选集》（上），上海三联书店 1996 年版。

[158] 孙周兴选编：《海德格尔选集》（下），上海三联书店 1996 年版。

[159] [法] 索绪尔：《普通语言学教程》，高名凯译，商务印书馆 2002 年版。

[160] [英] 泰勒，爱德华：《原始文化》，连树声译，广西师范大学出版社 2005 年版。

[161] [苏格兰] 特纳，维克多：《仪式过程：结构与反结构》，黄剑波、柳博赟译，中国人民大学出版社 2006 年版。

[162] [苏格兰] 特纳，维克多：《象征之林——恩登布人仪式散论》，赵玉燕等译，商务印书馆 2006 年版。

[163] [法] 涂尔干：《宗教生活的基本形式》，渠敬东、汲喆译，上海人民出版社 1999 年版。

[164] [法] 涂尔干：《社会分工论》，渠敬东译，三联书店 2000 年版。

[165] [法] 涂尔干、莫斯，马塞尔：《原始分类》，汲喆译，上海人民出版社 2000 年版。

[166] [墨西哥] 瓦尔曼，阿图洛：《玉米与资本主义——一个实现了全球霸权的

植物杂种的故事》，谷晓静译，华东师范大学出版社 2005 年版。

[167] Wall，Geoffrey，孙业红，吴平：《梯田与旅游——探索梯田可持续旅游发展路径》，《旅游学刊》2014 年第 4 期。

[168] 王铭铭：《从"牛人"说起》，《民俗研究》2006 年第 1 期。

[169] 王铭铭：《从"没有统治者的部落"到"剧场国家"》，《西北民族研究》2010 年第 3 期。

[170] 汪宁生：《民族考古学论集》，文物出版社 1989 年版。

[171] 王清华：《哈尼族的迁徙与社会发展——哈尼族迁徙史诗研究》，《云南社会科学》1995 年第 5 期。

[172] 王清华：《梯田文化论：哈尼族生态农业》，云南大学出版社 1999 年版。

[173] 王清华：《哀牢山哈尼族妇女梯田养鱼调查》，《民族研究》2005 年第 4 期。

[174] ［英］王斯福：《帝国的隐喻》，赵旭东译，江苏人民出版社 2008 年版。

[175] 王文光、段丽波：《中国西南古代氐羌民族的融合与分化规律探析》，《云南民族大学学报》（哲学社会科学版）2011 年第 5 期。

[176] 王文光、龙晓燕：《中国西南民族关系研究散论之二》，《思想战线》2002 年第 1 期。

[177] 王岳川：《福柯：权力话语与文化理论》，《现代传播》1998 年第 6 期。

[178] 王志清：《"借名制"：民间信仰在当代的生存策略》，《民俗研究》2008 年第 1 期。

[179] ［法］韦伯，弗洛朗斯：《人类学简史》，许卢峰译，商务印书馆 2020 年版。

[180] ［德］韦伯，马克斯：《经济与社会》（上卷），林荣远译，商务印书馆 1997 年版。

[181] ［美］威廉，古德，J：《家庭》，魏章玲译，社会科学文献出版社 1986 年版。

[182] ［奥］维特根斯坦：《逻辑哲学论》，贺绍甲译，商务印书馆 1996 年版。

[183] 吴英杰：《闽南牡蛎食俗的饮食人类学研究》，《文化遗产》2015 年第 3 期。

[184] 吴裕成：《中国门文化》，天津人民出版社 2004 年版。

[185] 徐光启：《农政全书》（上册）卷五《田制》，中华书局点校本 1956 年版。

[186] 西双版纳傣族自治州民族事务委员会编：《哈尼族古歌》，云南民族出版社 1992 年版。

[187] 西双版纳傣族自治州民族事务委员会编：《哈尼古歌》，朱小和演唱，卢朝贵译，史军超、杨叔孔采录，云南民族出版社 1992 年版。

[188] ［美］西敏司：《甜与权力：糖在历史上的地位》，王超、朱健刚译，商务印书馆 2010 年版。

[189] 夏建中：《文化人类学理论流派》，中国人民大学出版社 1997 年版。

[190] 肖笃宁、解伏菊、魏建兵：《景观价值与景观保护评价》，《地理科学》2006

年第 8 期。

[191] 肖笃宁、钟林生：《景观分类与评价的生态原则》，《应用生态学报》1998年第 2 期。

[192] 萧放：《岁时——传统中国民众的时间生活》，中华书局 2002 年版。

[193] 许嘉璐：《中国古代衣食住行》，北京出版社 2002 年版。

[194] 俞孔坚：《论景观概念及其研究的发展》，《北京林业大学学报》1987 年第4 期。

[195] 元阳县民族事务委员会：《元阳民俗》，云南民族出版社 1990 年版。

[196] 云南省编辑委员会编：《哈尼族社会历史调查》，民族出版社 2009 年版。

[197] 云南省地方志编纂委员会：《云南省志民族志》第 61 卷，云南人民出版社2002 年版。

[198] 云南省少数民族古籍整理出版规划办公室编：《哈尼阿培聪坡坡》，云南民族出版社 1986 年版。

[199] 云南省少数民族古籍整理出版规划办公室编：《云南少数民族古典史诗全集》（上卷），云南教育出版社 2009 年版。

[200] 云南省元阳县志编纂委员会：《元阳县志》，贵州民族出版社 1990 年 2 月版。

[201] 云南西双版纳景洪县民委编：《雅尼雅嘎赞嘎——西双版纳哈尼族迁徙史诗》，施达、阿海译，云南人民出版社 1992 年版。

[202] 杨善华、朱伟志：《手机：全球化背景下的“主动”选择——珠三角地区农民工手机消费的文化和心态解读》，《广东社会科学》2006 年 2 期。

[203] 杨庭硕等：《生态人类学导论》，民族出版社 2007 年版。

[204] 杨文安：《祭龙与少数民族传统文化研究》，《北京大学学报》（哲学社会科学版）2001 年第 S1 期。

[205] 杨筑慧：《牛：一个研究西南民族社会文化的视角》，《广西民族研究》2014年第 4 期。

[206] [罗马里亚] 伊利亚德，米尔恰：《神圣与世俗》，王建光译，华夏出版社2002 年 12 月版。

[207] 尹绍亭：《人与森林——生态人类学视野中的刀耕火种》，云南教育出版社2000 年版。

[208] [美] 尤林：《理解文化——从人类学和社会学理论视角》，何国强译，北京大学出版社 2005 年版。

[209] 尤中：《哈尼族的祭“龙”》，《尤中文集》（第五卷），云南大学出版社 2009年版。

[210] 袁爱莉、黄绍文：《云南哈尼族梯田稻禽鱼共生系统与生物多样性调查》，《学术探索》2011 年第 2 期。

[211] 张爱冰：《牛的文化控制及其动机》，《东南文化》2002 年第 11 期。

[212] 张保华：《云南民族文化概论》，中国社会科学出版社 2005 年版。

[213] 张瑾：《哈尼梯田的价值》，《森林与人类》2012 年第 8 期。

[214] 张敏：《哈尼族聚落景观的美学思考》，《贵州大学学报》（艺术版）2005 年第 1 期。

[215] 张一兵、苏明：《"回到事物本身"：马克思、列宁和海德格尔》，《南京社会科学》2012 年第 10 期。

[216] 赵官禄、郭纯礼、黄世荣、梁福生搜集整理：《十二奴局》，云南人民出版社 2009 年版。

[217] 赵玲：《全球化进程中哈尼文化的适应机制》，《云南社会科学》2002 年第 4 期。

[218] 郑宇：《哈尼族宗教组织与双重性社会结构》，《民族研究》2007 年第 4 期。

[219] 钟敬文主编：《民间文学概论》，上海文艺出版社 1980 年版。

[220] 钟敬文主编：《民俗学》，上海文艺出版社 1998 年版。

[221] 中国社会科学杂志社编：《人类学的趋势》，社会科学文献出版社 2000 年版。

[222] 中国营养学会：《中国居民膳食营养素参考摄入量》，中国轻工业出版社 2000 年版。

[223] 朱炳祥：《伏羲与中国文化》，武汉：湖北教育出版社 1997 年版。

[224] 朱德普：《傣族"祭龙"、"祭竜"之辨析——兼述对树木、森林的崇拜及其衍变》，《云南民族学院学报》1991 年第 2 期。

[225] 庄孔韶主编：《人类学通论》，山西教育出版社 2002 年版。

[226] 追克、次标演唱，施达采录：《欧夏奕汉哈尼对照哈尼族婚礼古歌》，云南民族出版社 2002 年版。

[227] 邹辉：《植物的记忆与象征——一种理解哈尼族文化的视角》，知识产权出版社 2013 年版。

[228] Boeke, J.H. *Economicsand Economic Policy of Dual Societiesas Exemplified by Indonesia*[M].New York: Institute of Pacific Relations, 1953.

[229] Constable, Nicole, *Romanceona Global Stage: Pen Pals, Virtual Ethnography, and "Mail Order" Marriages*, Berkeley: University of California Press, 2003.

[230] Frideres, JamesS. Frideres, "Offspring of Jewish Intermarriage", *Jewish Social Studies*, 1973, vol.35, no.2.

[231] Geertz, Clifford , *The Interpretation of Cultures*: *Selected Essays of Clifford Geertz*, NewYork: Basic Books, 1973.

［232］Kottak, Conrad Phillip, *Cultural Anthropology*: *Appreciating Cultural Diversity*, Columbus: McGraw-HillEducation, 2011.

［233］Mueggler, Erik , *The Age of Wild Ghosts*: *Memory, Violence, and Placein Southwest China*. Press: University of California, 2001.

［234］Popkin, *The Rational Peasant*: *the Political Economy of Rural Society in Vietnam* ［M］.Berkeley: University of California Press, 1979.

［235］Scott, J. C, *The Moral Economy of the Peasant*: *Rebellion and Subsistence in Southeast Asia*［M］.New Haven and London: Yale University Press, 1976.

［236］Scott, J.C, *The Art of Not Being Governed*: *An Anarchist History of Upland Southeast Asia*, Yale University Press, 2009.

# 后　记

　　时光荏苒。2004 年 3 月，云南大学何明教授在箐口村的时候和我说，"希望你们的研究基地能够坚持十五年！"现在，一晃十六年过去了。在这十六年间，当地村民张明华完成了近 200 万字的村民日志，现在又和我们外来调查者合作完成了这本书的写作。十六年的时间里，何明教授一直给予基地工作悉心的指导和激励，张明华在完成他自己的工作任务之外，对来基地从事研究的师生给予无微不至的关心。在此，特别感谢何明教授和张明华。

　　十六年的时间里也并不总是一帆风顺。有两年时间，课题经费没能及时到位。我的同事靳柯教授在知道我那时是用自己的工资在支撑基地运转的时候，曾慷慨解囊，给予帮助。虽然时间已经过去十年了，我一直能感受到那份温暖。

　　十六年来，箐口村的村民一直把我当成村里的一员。李学、李正林、李万祥、李祥、李庆云、张春华、张明德、卢建忠、李宏、卢世华、李小生、李朝生、李艳英、卢丽、李小强、李伟、卢永卿、卢国新等村民，国家级非物质文化遗产项目"四季生产调"的国家级传承人硐蒲村朱小和等村民，江外花窝窝客栈的李涔红、王卫东等朋友都给予我及我的同事和学生极大的帮助，感谢他们！

　　元阳县人民政府的有关领导，元阳县民宗局局长陈进忠、副局长邹佳佳以及段云红、黄贵田、白武、张明星等同志，文旅局文化馆何志科馆长及张竞超、徐航宇等同志，红河学院张红榛教授、卢鹏教授、张永杰教授、黄绍文教授、郎启训教授、孙东波博士等都对我们的研究工作给予了非常大的帮助，感谢他们！

岁月如梭。十六年时光也只是白驹过隙。希望有更多的学人能够加入箐口基地研究工作，能够和当地村民继续合作，能够有更多的成果。

是为记。

马翀炜

2020 年 12 月 28 日于云南大学东陆园

责任编辑：武丛伟

封面设计：林芝玉

**图书在版编目（CIP）数据**

风口箐口：一个哈尼村寨的主客二重奏 / 马翀炜，张明华著 . — 北京：
  人民出版社，2022.1
ISBN 978 - 7 - 01 - 024391 - 7

I. ①风…　 II. ①马… ②张…　 III. ①哈尼族 - 乡村 - 社会生活 - 研究 - 元阳县
  IV. ① D422.7 ② K285.4
中国版本图书馆 CIP 数据核字（2021）第 281230 号

风口箐口

FENGKOU QINGKOU

——一个哈尼村寨的主客二重奏

马翀炜　张明华　著

人民出版社 出版发行

（100706　北京市东城区隆福寺街 99 号）

北京汇林印务有限公司印刷　新华书店经销

2022 年 1 月第 1 版　2022 年 1 月北京第 1 次印刷
开本：710 毫米 ×1000 毫米 1/16　印张：27
字数：358 千字

ISBN 978 - 7 - 01 - 024391 - 7　定价：88.00 元

邮购地址 100706　北京市东城区隆福寺街 99 号
人民东方图书销售中心　电话（010）65250042　65289539